内蒙古自治区经济社会发展报告 2016

REPORT ON ECONOMIC AND SOCIAL DEVELOPMENT OF INNER MONGOLIA AUTONOMOUS REGION，2016

内蒙古自治区社会科学院

主　编　张志华

副主编　王关区　天　莹

焦志强　双　宝

远方出版社

编 委 会

目　　录

综合篇

经济发展篇

社会发展篇

地区发展篇

专题研究篇

综合篇

紧密团结在以习近平同志为核心的党中央周围，把祖国北部边疆这道风景线打造得更加亮丽

——李纪恒同志在自治区第十次党代会上的讲话

同志们：

现在，我代表中国共产党内蒙古自治区第九届委员会向大会作报告。

自治区第十次党代会，是在我区进入全面建成小康社会决胜阶段和深入学习贯彻党的十八届六中全会精神的重要时刻，召开的一次承前启后、继往开来的大会。大会的主题是：高举中国特色社会主义伟大旗帜，紧密团结在以习近平同志为核心的党中央周围，深入贯彻习近平总书记系列重要讲话精神和治国理政新理念新思想新战略，全面落实习近平总书记考察内蒙古重要讲话精神，守望相助、团结奋斗、一往无前，把祖国北部边疆这道风景线打造得更加亮丽。

党的十八届六中全会，最具标志性历史性意义的成果，是明确了习近平总书记的核心地位，正式提出“以习近平同志为核心的党中央”。党的十八大以来，习近平总书记带领全党全国各族人民开创了中国特色社会主义伟大事业和党的建设新的伟大工程新局面，实现了党和国家事业的继往开来。习近平总书记在新的波澜壮阔的伟大斗争实践中，已经成为党中央的核心、全党的核心。作为边疆民族地区，内蒙古2500多万各族人民衷心拥护、坚决维护习近平总书记的核心地位。我们要进一步增强“四个意识”特别是核心意识、看齐意识，在思想上衷心拥护核心，在政治上坚决维护核心，在组织上自觉服从核心，在行动上始终紧跟核心，更加紧密地团结在以习近平同志为核心

的党中央周围，更加坚定地维护以习近平同志为核心的党中央权威，更加自觉地在思想上政治上行动上同以习近平同志为核心的党中央保持高度一致，更加扎实地把党中央的各项决策部署落到实处，奋力开创内蒙古改革开放和现代化建设的新局面。

一、过去五年工作的回顾

自治区第九次党代会以来的五年是很不寻常的五年。面对错综复杂的经济形势和繁重艰巨的改革发展稳定任务，在党中央的坚强领导下，自治区党委团结带领全区各族人民，全面贯彻党的十八大和十八届三中、四中、五中、六中全会精神，深入贯彻习近平总书记系列重要讲话精神和治国理政新理念新思想新战略，深入贯彻习近平总书记考察内蒙古重要讲话精神，统筹推进“五位一体”总体布局，协调推进“四个全面”战略布局，攻坚克难、扎实工作，胜利完成“十二五”规划，顺利实施“十三五”规划，各方面工作都取得了新进展新成就。

——经济发展稳中有进。综合经济实力稳步提升，2016年地区生产总值将达到1.9万亿元左右、一般公共预算收入超过2000亿元。转方式调结构取得新进展，“三去一降一补”工作扎实推进，粮食产量和牲畜存栏连创新高，特色优势产业加快发展，现代服务业快速成长，科技进步贡献率提高，基础设施保障能力明显增强。常住人口城镇化率超过60%，呼包鄂等西部盟市发展水平提升，东部盟市发展步伐加快，全区发展的整体性进一步增强。

——改革开放全面深化。习近平总书记要求我区先行先试的三项改革深入推进，经济体制、政治体制、文化体制、社会体制、生态文明体制和党的建设制度改革全面推进，重要领域和关键环节改革取得突破性进展。国内区域协作全面加强，同俄蒙务实合作不断深化，向北开放桥头堡建设迈出重要步伐。

——民生保障切实加强。城乡居民收入增幅高于经济增幅，今年将分别超过33000元和11000元。农村牧区“十个全覆盖”任务基本完成，城乡就业持续扩大，贫困人口大幅减少，困难群众基本生活有效保障，安居工程建设成效显著。各项社会事业全面进步，主要社会保障标准达到或超过全国平均水平。

——民主法治不断发展。人民代表大会制度、中国共产党领导的多党合作和政治协商制度、民族区域自治制度、基层群众自治制度不断完善，爱国统一战线巩固发展，民族团结进步事业开创新局面，宗教领域和谐稳定，群团组织作用有效发挥。法治内蒙古建设扎实推进，科学立法、严格执法、公正司法、全民守法取得新进展。

——文化建设成果丰硕。思想理论武装持续深化，习近平总书记系列重要讲话和考察内蒙古重要讲话精神深入人心。社会主义核心价值观教育成效显著，群众性精神文明创建活动蓬勃开展。意识形态领域引导管理工作不断加强，主流思想舆论巩固壮大。文化事业和文化产业长足发展。

——社会大局和谐稳定。平安内蒙古建设不断深化，社会矛盾化解成效显著，安全生产水平全国领先，质量安全监管力度加大，人民群众安全感和满意度持续提升。维护国家安全工作全面加强，双拥共建和国防动员工作深入开展，管边控边稳边能力显著提高，祖国北疆安全稳定屏障进一步巩固。

——生态环境持续改善。重点生态工程深入实施，森林覆盖率和草原植被盖度“双提高”，荒漠化和沙化土地“双减少”。资源节约、污染防治工作有力推进，主要污染物排放总量大幅下降，节能降耗和淘汰落后产能任务圆满完成，生态安全屏障建设成效显著。

——从严治党纵深推进。建立从严治党“1+3”制度体系，管党治党责任全面落实。党的群众路线教育实践活动和“三严三实”专题教育取得重要成果，“两学一做”学习教育深入开展，中央八项规定精神和自治区28条配套规定有效落实，党风政风和社会风气持续好转。领导班子、干部人才队伍建设和基层组织建设进一步加强。反腐倡廉建设力度加大、成效显著，巡视巡察监督作用增强，政治生态不断净化。

五年来取得的成就来之不易。这是党中央坚强领导、亲切关怀的结果，是历届自治区党委接续努力、不懈奋斗的结果，是全区各级党组织和广大党员干部群众苦干实干、顽强拼搏的结果，是各民主党派、各人民团体、各族各界人士和各有关方面热情关心、鼎力支持的结果。在此，我代表自治区党委，向所有为内蒙古建设与发展作出贡献的同志们、朋友们，表示衷心的感谢，致以崇高的敬意！

五年来积累的经验弥足珍贵。这就是：必须坚持坚定正确的政治方向，不折不扣地贯彻落实中央大政方针和决策部署，始终同以习近平同志为核心的党中央保持高度一致；必须紧紧扭住发展这个第一要务，从内蒙古实际出发创造性开展工作，不断解放和发展社会生产力；必须深化改革、扩大开放，全面推进依法治区，确保全区既充满活力又井然有序；必须坚持以人民为中心的发展思想，全心全意为各族人民谋利益，不断增进人民福祉；必须高举各民族大团结旗帜，坚持守望相助，不断巩固发展团结和谐稳定的政治局面；必须加强和改善党的领导，全面推进从严治党，为自治区改革开放和现代化建设提供坚强保证。这些经验是宝贵财富，要倍加珍惜、长期坚持、不断发展。

在总结成绩的同时，我们也清醒认识到，内蒙古作为经济欠发达地区的基本区情还没有得到根本改变，发展中不平衡、不协调、不可持续问题依然突出。主要表现在：稳定经济增长压力较大，经济发展方式仍较粗放，产业结构不够合理，城乡区域发展不够平衡，基础设施体系不够完善。科技创新能力不强，人才力量薄弱。引领经济发展新常态的体制机制尚未健全，对外开放水平总体不高。城乡居民收入和基本公共服务低于全国平均水平，脱贫攻坚任务紧迫而艰巨。生态环境仍很脆弱，节能减排压力增大，资源环境约束趋紧。社会矛盾纠纷易发多发，维护社会和谐稳定面临新情况新问题。一些领导干部思想作风和能力水平有待提高，党员、干部先锋模范作用有待强化，全面从严治党任务艰巨繁重。对这些困难和问题，我们必须高度重视，进一步认真加以解决。

二、关键时期的形势与任务

今后五年，是全面建成小康社会的决胜阶段，是全面落实党中央对内蒙古发展战略定位、打造祖国北疆亮丽风景线的关键时期。2014年春节前夕，习近平总书记亲临我区考察指导并发表重要讲话，这是内蒙古发展史上的重要里程碑。总书记的重要讲话，深刻阐明了内蒙古在全国发展大局中的战略地位，明确提出了守望相助的重要要求、“四个着力”的重点任务、把祖国北部边疆这道风景线打造得更加亮丽的奋斗目标，为我区发展确立了新定位、赋予了新使命，是引领自治区改革开放和现代化建设的根本指针。我们要始终把贯彻落实习近平总书记考察内蒙古重要讲话精神作为重大战略任务，坚定自觉地用讲话精神统一思想、凝聚力量，扎实有效地推动讲话精神落地生根、开花结果。

面向未来，内蒙古发展仍处于可以大有作为的重要战略机遇期。党的十八大以来，以习近平同志为核心的党中央毫不动摇坚持和发展中国特色社会主义，形成一系列治国理政新理念新思想新战略，为我们在新的历史条件下深化改革开放、加快推进社会主义现代化提供了科学理论指导和行动指南。当前，尽管国际金融危机的影响仍然存在、经济形势错综复杂，但世界经济在深度调整中曲折复苏，全球治理体系深刻变革，国际力量对比趋向平衡，我国发展的外部环境相对稳定，特别是新一轮科技革命和产业变革蓄势待发，我国倡导的“一带一路”建设战略得到广泛响应，为我们加强国际合作提供了难得契机。尽管我国发展面临诸多矛盾叠加、风险隐患增多的严峻挑战，但经济长期向好的基本面没有改变，尤其是五大发展理念深入贯彻，经济结构不断优化，发展动力持续转换，改革开放释放出新的发展活力，为我们实现新的更大发展创造了良好条件。尽管我区转方式调结构任务艰巨繁重，但我们拥有得天独厚的资源禀赋和区位优势，具有比较雄厚的物质基础，随着国家“一带一路”建设、京津冀协同发展、长江经济带建设和西部大开发、新一轮东北振兴等战略的深入实施，随着国家促进内蒙古经济社会又好又快发展若干意见和支持民族地区发展政策的深入落实，我区面临多重叠加的发展机遇，后发优势凸显，发展潜力巨大。尤为可贵的是，内蒙古各族干部群众守望相助，形成了团结奋进的强大合力，蕴藏着改革创新的无限活力，这是我们推动事业发展的根本力量。

今后一个时期，全区工作的指导思想是：高举中国特色社会主义伟大旗帜，以马克思列宁主义、毛泽东思想、邓小平理论、“三个代表”重要思想、科学发展观为指导，全面贯彻党的十八大和十八届三中、四中、五中、六中全会精神，深入贯彻习近平总书记系列重要讲话精神和治国理政新理念新思想新战略，全面落实习近平总书记考察内蒙古重要讲话精神，统筹推进“五位一体”总体布局和协调推进“四个全面”战略布局，大力践行创新、协调、绿色、开放、共享的发展理念，坚决守住发展、生态和民生底线，加快推进转型升级，协同推进新型工业化、信息化、城镇化、农牧业现代化和绿色化，全面推进改革开放，深入推进依法治区，从严推进管党治党，守望相助、团结奋斗、一往无前，奋力夺取全面建成小康社会决胜阶段伟大胜利，全面开启基本实现现代化新征程，把祖国北部边疆这道风景线打造得更加亮丽。

贯彻落实上述指导思想，要牢牢把握以下原则要求：

——守住三条底线。这是建设现代化内蒙古的基本要求。守住发展底线，就是要坚持以经济建设为中心不动摇，主动适应经济发展新常态，保持经济中高速增长，决不能让经济增长滑出底线。守住生态底线，就是要坚持美丽与发展双赢，正确处理经济发展与生态环境保护的关系，决不以牺牲环境、浪费资源为代价换取一时的经济增长。守住民生底线，就是要坚持富民与强区并重、富民优先，扎实做好普惠性、基础性、兜底性民生建设工作，决不让一个困难群众在全面小康路上掉队。

——加快转型升级。这是建设现代化内蒙古的主攻方向。要坚持在加快发展中转型升级、在转型升级中加快发展，痛下决心减少对传统发展路径的依赖，强化创新驱动、改革推动、开放带动、项目拉动，着力推动体制机制转型、产业结构转型、资本结构转型，全面提高经济发展的质量和效益。

——促进“五化”协同。这是建设现代化内蒙古的必然选择。要大力推动新型工业化、信息化、城镇化、农牧业现代化和绿色化深度融合、深层互动，充分发挥工业化的主导作用、信息化的支撑作用、城镇化的带动作用、农牧业现代化的基础作用和绿色化的引领作用，在更高层次上推进我区现代化建设。

——深化改革开放。这是建设现代化内蒙古的治本之策。要以更加坚定的决心和勇气全面深化改革，以更加宽广的视野和胸襟全方位扩大对内对外开放，通过大改革、大开放，激发全社会的创造热情，拓展各领域的发展空间，不断增强经济社会发展的动力活力。

——坚持依法治区。这是建设现代化内蒙古的重要保障。要坚定不移走中国特色社会主义法治道路，加快推进法治内蒙古建设，更好地用法治凝聚改革共识、规范发展行为、促进矛盾化解、维护公平正义、保障社会和谐，推动经济社会发展全面步入法治轨道。

——从严管党治党。这是建设现代化内蒙古的根本保证。要坚持党要管党、从严治党，把纪律和规矩挺在前面，从党内政治生活管起严起，从党员领导干部做起抓起，深入推进党的建设新的伟大工程，不断提高党的建设科学化水平，确保自治区各项事业始终沿着正确方向前进。

全区经济社会发展的主要目标是：

——综合经济实力实现新跨越。发展的平衡性、协调性和可持续性不断提高，地区生产总值、固定资产投资、一般公共预算收入和城乡居民收入增幅高于全国平均水平，综合经济实力和人民生活水平同步提升，主要经济指标保持西部前列。

——深化改革开放实现新突破。重要领域和关键环节改革取得决定性成果，各方面体制机制更加健全完善。向北开放桥头堡建设取得突破性进展，在更大范围和更广领域融入全国、走向世界，形成充满活力的全方位开放新局面。

——经济发展方式实现新转变。构建多元发展、多极支撑的现代产业体系，一核多中心、一带多轴线的新型城镇体系，富有特色、具有优势的区域创新体系，适应发展、适度超前的基础设施网络体系，形成优势突出、结构合理、创新驱动、区域协调、城乡一体的发展新格局。

——民主法治建设实现新进步。民主制度更加完善，民主形式更加丰富，协商民主扎实发展，各族人民民主权利得到充分保障。依法治区深入推进，法治政府基本建成，司法公信力明显提高。

——文明和谐水平实现新提升。中国梦和社会主义核心价值观更加深入人心，民族文化强区建设取得突破，公民素质和社会文明程度显著提高。民族团结进步事业蓬勃发展，平安内蒙古建设不断深入，祖国北疆安全稳定屏障更加牢固。

——人民生活水平实现新提高。脱贫攻坚任务圆满完成，收入差距缩小，中等收入人口比重上升，覆盖城乡、趋于均等的公共服务体系更加健全，城乡居民收入和基本公共服务达到全国平均水平。

——生态环境质量实现新改善。能源资源开发利用效率大幅提高，城乡人居环境进一步优化，主要生态系统步入良性循环，生产方式、生活方式更加绿色低碳，生态文明建设进入全国前列，我国北方重要生态安全屏障更加牢固。

经过未来五年的不懈努力，到建党100周年时，祖国北疆这道经济发展、民族团结、文化繁荣、边疆安宁、生态文明、各族人民幸福生活的风景线一定会更加亮丽！

三、加快推动经济转型升级

发展是解决所有问题的关键。必须坚持以新发展理念引领经济发展新常态，以供给侧结构性改革为主线，以转型升级为主攻方向，以建设国家重要能源基地、新型化工基地、有色金属生产加工基地、绿色农畜产品生产加工基地、战略性新兴产业基地和国内外知名旅游目的地为重要抓手，着力转变发展方式、转换发展动能，打造新引擎、构建新支撑，努力走出一条质量更高、效益更好、结构更优、后劲更足、优势充分释放的发展新路子。

（一）保持经济平稳较快增长

针对经济发展新常态特征更加明显的实际，努力扩大需求总量，着力改善供给结构，促进经济稳中有进、进中向好。发挥好投资的关键作用，多方争取国家投资，充分激活民间投资，努力扩大招商引资，加快实施一批大项目好项目，提高投资的有效性，有力支撑经济增长、促进转型升级。加大消费供给改革和结构性调整力度，深度释放服务消费、信息消费、绿色消费、健康消费和农村牧区消费潜力，努力扩大个性化、中高端消费需求。创新对外贸易方式，增加优势特色产品出口和紧缺急需设备、先进技术、原材料进口，促进外贸向优质优价、优进优出转变。坚决有力化解过剩产能、淘汰落后产能，因地制宜消化房地产库存，积极稳妥防范化解金融财政领域潜在风险，多措并举降低企业成本，聚焦短板扩大公共产品和公共服务有效供给，切实提高供给体系质量和效率。

（二）加快农牧业现代化进程

我区农牧业资源丰富、特色鲜明，发展潜力巨大。要坚持和完善农村牧区基本经营制度，坚守耕地红线，推进土地草牧场所有权、承包权、经营权分置，完善农企利益联结机制，发展壮大农牧业龙头企业、专业合作社、专业大户、家庭农牧场、农牧业园区等新型经营主体。优化农牧业区域布局，积极调整种养结构，稳定粮食综合生产能力，扩大畜产品生产经营规模，建设优质农畜产品产业带和大宗农畜产品主产区。转变畜牧业发展方式，稳步发展草原畜牧业，大力发展农区畜牧业，促进规模化、标准化、集约化养殖，提升乳肉绒等优势特色产业竞争力。推进农牧业供给侧结构性改革，发展绿色农牧业、节水农牧业、效益农牧业，加强农畜产品质量安全监管体系建设，打造优质绿色农畜产品品牌，推进农牧业与二、三产业融合发展，加快实现农牧业大区向农牧业强区转变。

（三）推进产业结构战略性调整

我区经济发展方式不合理，集中体现是产业结构不合理。必须坚持发挥优势和补齐短板一起做、调整存量和做优增量同步抓，做好资源转化增值这篇大文章，着力推动我区产业向高端化、智能化、绿色化、服务化方向发展。更加注重运用高新技术和先进适用技术改造提升能源、化工、冶金、建材、装备制造、农畜产品加工等产业，让传统产业焕发新活力、增强竞争力。更加注重立足现有基础和优势，统筹部署、集中力量，加快培育打造新能源、新材料、节能环保、高端装备、大数据云计算、生物科技、蒙中医药等战略性新兴产业，使其成为支撑我区经济增长的主要动力。下大气力推进园区、开发区转型升级，打造更多百亿企业与千亿园区，促进产业集中集聚发展。更加注重在服务业领域培育支柱产业，下大气力抓好金融、物流、文化、商务会展、健康养老等产业发展，尽快把服务业这块“短板”补起来。旅游业是综合性产业，是拉动经济增长的重要动力。内蒙古自然风光辽阔壮美、民族文化独具特色，要着眼发展全域旅游、四季旅游，实施“旅游+”战略，高起点规划、高强度投入、高标准建设、高效能管理、全方位推介，打造“壮美内蒙古·亮丽风景线”品牌，把我区建成国内外知名旅游目的地。

（四）实施创新驱动发展战略

创新是转型升级的关键驱动，要坚持有所为有所不为，围绕产业链部署创新链，围绕创新链延伸产业链，加快形成以创新为主要引领和支撑的经济体系和发展模式。瞄准国内外科技前沿，加强重点产业领域共性关键技术攻关，着力在资源能源高效利用、现代农牧业发展、新一代信息和生态环保等领域实施一批重大科技专项，掌握一批自主核心技术，加快科技成果转化和推广应用，抢占产业变革的制高点。充分发挥企业、高校、科研机构、社会组织等各类创新主体的作用，加强与国家科研院所和高校的合作，加快打造一批重点实验室、工程研究中心、企业技术中心和“双创”示范基地。深化科技管理和运行机制改革，加大科技研发投入力度，推进产学研用一体化建设，优化创新创业环境，激发全社会创新活力和创造热情。实施人才优先发展战略和“草原英才”工程，突出“高精尖缺”导向，大力培养人才，广泛聚集人才，用活用好人才，为建设创新型内蒙古提供有力支撑。

（五）推动城乡区域协调发展

全面小康是城乡区域共同的小康。要积极推进以人为核心的新型城镇化，统筹规划、合理布局，促进大中小城市和小城镇协调发展。依托盟市、旗县所在地和中心镇，全面提升城镇服务功能，积极引导产业集聚。推进城市执法管理体制改革，提高城市规划建设管理水平。深化城乡户籍制度等相关改革，加快农村牧区转移人口市民化进程。大力发展县域经济，打造一批各具特色的经济强旗强县。扎实推进新农村新牧区建设，巩固农村牧区基础设施和环境建设成果，健全完善基础设施和公共服务投入、管护长效机制，加快推进城乡发展一体化进程。深入实施呼包鄂协同发展战略，促进基础设施互联互通、产业发展协作互补、科技创新联合攻关、公共服务共建共享，建设我国西部重要增长极和一流城镇群。积极争取在呼和浩特建设国家级新区。深入落实新一轮东北振兴战略，以特色优势产业和中小城镇群建设为抓手，推进东部盟市跨越发展。认真实施呼包银榆经济区发展规划，积极推进乌大张合作区建设，促进乌海与周边地区一体化发展。大力支持老少边穷地区发展，让各地区各民族充分共享改革发展成果。

（六）加强现代基础设施网络建设

基础设施滞后是我区现代化建设的突出短板，要科学编制规划，打好攻坚会战，加快构建铁路网、公路网、航空网、市政网、水利网、能源网、信息通信网七大网络体系。建成呼和浩特至北京、赤峰和通辽至京沈高速铁路，加快推进包银、包西、巴银、锡张、齐海满等快速铁路和城际铁路建设，推进高等级公路和农村牧区公路、旅游公路、口岸公路、边防公路建设，推进呼和浩特新机场等重点机场迁改扩建和支线机场、通用机场建设，努力实现所有旗县通高速公路、重点城市通高铁、合理半径有机场，通过时空变革创造经济发展新优势。加强城市地下管网和轨道交通等市政基础设施建设，提高城市综合承载和公共服务能力。加快推进重大水利工程建设，实施“引绰济辽”等水资源调配工程，实施河套等大中型灌区续建配套和节水改造工程，统筹解决好资源性缺水和工程性缺水问题，全面提升水资源保障能力。加快推进特高压电力外送通道建设，推进区内骨干电网升级改造，推进蒙西—华中“北煤南运”通道建设，推进油气管道建设，为国家发展大局多作贡献。抓住我区列入国家大数据综合试验区建设机遇，加快推进新一代信息基础设施建设，强化信息资源综合开发利用，打造我国北方大数据中心和云计算产业基地。

（七）深化经济体制改革

围绕使市场在资源配置中起决定性作用和更好发挥政府作用，不断深化重要领域和关键环节改革。加大“放管服”改革力度，深化商事制度改革，提高政府效能，激发市场活力和社会创造力。分类推进国有企业改革，完善企业治理模式和经营机制，加强国有资产监管，做强做优做大国有企业。放宽市场准入，优化营商环境，放手扶持非公有制经济发展，积极构建“亲”“清”新型政商关系。深化电力体制改革综合试点，推进电力市场化改革，扩大我区电力资源和电价成本优势。深化财税体制改革，加快建立现代财政制度，提高财税管理水平。健全现代金融体系，促进资本市场健康发展。深化农村牧区、国有林区垦区改革，增强农村牧区发展活力。通过全面深化改革，着力清除妨碍社会生产力发展的各种障碍，加快形成有利于引领经济发展新常态的体制机制和发展方式。

（八）全方位扩大对外开放

开放发展是内蒙古实现富民强区的必由之路。要充分发挥内联八省区、外接俄蒙的区位优势，主动融入和服务“一带一路”建设、京津冀协同发展、长江经济带建设等国家发展战略，提高开放型经济发展水平，加快形成北上南下、东进西出、内外联动、八面来风的对外开放新格局。完善对外开放战略布局，积极推进“中蒙俄经济走廊”建设，完善同俄蒙合作机制，深化各领域合作，加快建设我国向北开放的重要桥头堡；扩大对东北亚的开放，打造东北亚地区合作的重要枢纽；密切同港澳台及东南亚的交流合作，拓展向南开放的新空间；加强同中亚、西亚和欧洲的经贸往来，构筑向西开放的国际经贸大通道。提升中蒙博览会的层次和水平。坚持“走出去”“引进来”并举，深化国际产能合作和人文交流，在互利共赢中实现新的更大发展。全方位深化区域经济协作，加强同周边省区的务实合作，主动融入京津冀、辽吉黑等地区发展，积极承接沿海地区先进产业转移，抓好跨地区重大基础设施建设和产业园区共建。大力发展口岸经济，加强口岸基础设施建设，抓好重点开发开放试验区、合作先导区和跨境经济合作区、边境经济合作区、综合保税区、跨境旅游合作区等对外开放平台建设，让沿边地区成为充满活力、更具魅力的发展热土。

我们坚信，通过全区上下的共同努力，一个更加繁荣富裕的内蒙古一定会崛起在祖国北疆！

四、积极发展社会主义民主政治

加强民主法治，维护民族团结，是建设现代化内蒙古的重要目标和保障。要坚持党的领导、人民当家作主、依法治国有机统一，扎实推进政治文明建设，巩固发展民族团结大局，广泛汇聚团结奋进的智慧和力量。

（一）扩大人民民主

人民民主是我们党始终高扬的光辉旗帜。要推动人民代表大会制度与时俱进，健全依法行使立法、监督、决定、任免等职权的制度机制，加强旗县、苏木乡镇、街道人大工作和建设，支持和保证人大代表依法履行代表职责，加强联系人民群众工作，更好地发挥根本政治制度的作用和优势。坚持和完善中国共产党领导的多党合作和政治协商制度，围绕团结和民主两大主题，加强人民政协协商民主建设，推进协商民主广泛多层制度化发展。坚持和完善基层民主制度，开展形式多样的基层民主协商，切实保障人民依法直接行使民主权利。增强群团组织的政治性先进性群众性，发挥好桥梁和纽带作用，组织动员各族群众为促进自治区改革发展稳定建功立业。

（二）巩固壮大爱国统一战线

统一战线是凝聚人心、汇聚力量的政治优势和战略方针。要全面落实统一战线工作条例，牢牢把握大团结大联合主题，正确处理一致性和多样性的关系，完善大统战工作格局，扎实做好统一战线各领域工作，充分发挥各民主党派、工商联和无党派人士，党外知识分子、民族宗教界人士，非公有制经济人士、新的社会阶层人士、出国和归国留学人员、港澳台侨等方方面面的作用，不断扩大团结面、凝聚正能量。全面贯彻党的宗教工作基本方针，积极引导宗教与社会主义社会相适应。

（三）巩固发展民族团结大局

各民族大团结是内蒙古的光荣传统，是自治区各项事业发展进步的基石。要全面贯彻党的民族政策，坚持和完善民族区域自治制度，大力发扬各民族心连心、手拉手的好传统，深入开展民族团结进步教育和创建活动，使“三个离不开”“五个认同”的思想深深扎根各族人民心中，使“模范自治区”的荣誉永放光彩。深入推进兴边富民行动，加大对少数民族聚居区和人口较少民族发展的扶持力度，重视做好城市民族工作，促进各民族共同团结奋斗、共同繁荣发展。组织开展好自治区成立70周年系列庆祝活动，展示成就、总结经验、凝聚共识，增强各族干部群众热爱内蒙古、建设内蒙古的自豪感和使命感。

（四）推进全面依法治区进程

紧扣法治内蒙古建设目标，深入推进科学立法、严格执法、公正司法、全民守法。抓住提高立法质量这个关键，加强重点领域立法，拓宽公民有序参与立法途径，健全完善地方性法规规章。坚持依法行政，建立完善权力清单、责任清单制度，加快形成权责统一、权威高效的依法行政体制。深化司法体制改革，健全保证审判机关、检察机关依法独立公正行使审判权和检察权制度，健全冤假错案有效防范、及时纠正机制，提高司法公信力。弘扬社会主义法治精神，加强普法宣传教育，促进全社会特别是公职人员尊法学法守法用法。加强对宪法和法律实施情况的监督，捍卫宪法法律尊严，在全社会形成厉行法治的浓厚氛围。

众志成城，无往不胜。我们一定要把人心聚起来，把干劲鼓起来，汇聚起建设现代化内蒙古的磅礴力量。

五、大力弘扬社会主义先进文化

文化承载历史，文明昭示未来。要坚定不移走中国特色社会主义文化发展道路，全面推进精神文明建设，加快建设民族文化强区，促进社会主义文化大发展大繁荣。

（一）守好各民族共有精神家园

坚持不懈地抓好中国特色社会主义宣传教育，深入实施“三带三创”工程，加强哲学社会科学创新体系建设，教育引导各族人民坚定共产主义远大理想和中国特色社会主义共同理想，巩固团结奋斗的共同思想基础。坚持不懈地用中国梦和社会主义核心价值观凝聚共识、汇聚力量，把核心价值观建设融入国民教育中，融入红色文化传承和文化创新发展中，融入民族团结进步和群众性精神文明创建活动中，教育激励各族干部群众，大力弘扬民族精神和时代精神，大力弘扬吃苦耐劳、一往无前的蒙古马精神，共同守卫祖国边疆、共同创造美好生活。

（二）加强意识形态领域引导管理

坚持党管意识形态不动摇，落实党委（党组）意识形态工作责任制，强化阵地意识、国门意识和主导意识，管好阵地、管好导向、管好队伍，始终高扬主旋律、激扬正能量。把握意识形态多元多样多变特点，推进主流媒体传播方式创新，推动传统媒体和新兴媒体融合发展，加强网上思想文化阵地建设，搞好正面宣传，打好舆论斗争主动仗，巩固壮大主流思想舆论。实施文化“走出去”战略，加强国际传播能力建设，上下联动、内外互动，讲好中国故事、内蒙古故事，增强对外宣传的吸引力和影响力。

（三）丰富各族人民精神文化生活

坚持以人民为中心的创作导向，实施重点文艺工程，扶持文艺精品创作，提高地区文化创造力，为人民提供更多更好精神食粮。坚持面向基层、服务群众，推进重点文化惠民工程，创新公共文化服务方式，繁荣社区文化、乡村文化、企业文化、校园文化，组织更多由群众唱主角的文化活动，引导群众在文化建设中自我表现、自我教育、自我服务。完善文化人才激励机制和扶持政策，实施文化名家工程、重点文艺人才和乡土文化人才培养计划，为建设民族文化强区、繁荣群众文化生活提供人才支撑。

（四）推动文化事业和文化产业改革发展

坚持把社会效益放在首位、社会效益和经济效益相统一，深化文化体制改革，完善公共文化服务体系、文化产业体系和文化市场体系，推动基本公共文化服务标准化均等化发展。加强民族文化保护传承与创新发展，实施精准性普查、抢救性挖掘和创造性转化工程，构建地区文化遗产保护体系。培育壮大一批文化企业，谋划建设一批文化工程项目，推进文化与相关产业融合发展，加快把我区文化产业打造成为支柱产业。

文化是根，文化是魂。我们一定要坚定文化自信、增强文化自觉，创新发展草原文化，为中华文化增添瑰丽色彩。

六、着力增进各族人民福祉

幸福安康是民心所向。各级党委、政府要始终树立和践行以人民为中心的发展思想，全力做好保障改善民生和创新社会治理工作，让各族人民幸福生活、祖国北疆安宁永驻。

（一）坚决打赢脱贫攻坚战

这是头号民生工程，是沉甸甸的责任。要深入实施精准扶贫、精准脱贫基本方略，创新扶贫体制机制，落实“六个精准”“五个一批”和“三到村三到户”要求，深化京蒙扶贫协作，加大对口帮扶、定点帮扶力度，因户因人施策，提高脱贫成效。大力推进特色优势产业、基础设施网络和基本公共服务体系建设，推动贫困地区尽快步入自主发展轨道。严格实行脱贫工作责任制和贫困退出机制，用好考核“指挥棒”，兑现脱贫“军令状”，层层压实责任、传导压力，确保如期实现脱贫摘帽目标。

（二）大力促进就业增收

实施就业优先战略和更加积极的就业政策，鼓励多渠道多形式就业，建立覆盖城乡全体劳动者的技能培训制度，做好高校毕业生和农村牧区转移劳动力、城镇困难人员、退役军人就业工作，实现经济发展与就业增长良性互动。推进大众创业、万众创新，完善创业扶持政策和激励机制，支持创业园区、创新工厂、创客空间等孵化平台建设，努力使人人都有干事创业、实现梦想的机会。深化收入分配制度改革，推行企业工资集体协商制度，健全最低工资调整机制，增加一线劳动者劳动报酬，完善机关事业单位工资制度，扩大中等收入者比重，形成合理有序的收入分配格局。着力促进农牧民收入较快增长，增加经营性收入和政策性收入，扩大财产性收入和工资性收入，努力缩小城乡居民收入差距。

（三）健全完善社会保障体系

实施全民参保计划，完善养老保险参保缴费和转移接续政策，整合城乡居民医保政策和经办机制，稳步提高保障待遇水平。完善城乡社会救助、法律援助体系，加强对城乡困难群体的生活保障，统筹推进扶老、助残、救孤、优抚等福利事业发展，使所有困难群众基本生活都得到保障。大力推进住房保障工作，扎实开展棚户区改造，将进城落户农牧民纳入城镇住房保障体系，帮助住房困难家庭逐步实现安居梦。通过健全完善以社会保险为主体、社会救助为托底、社会福利为补充的多层次保障体系，把我区民生保障安全网织得更密更牢。

（四）着力办好人民满意的教育

教育是富民强区的百年大计。要坚持教育优先发展战略，落实立德树人根本任务，深化教育领域综合改革，提高教育质量，促进教育公平，扩大教育开放，构建各级各类教育协调发展格局。加大统筹城乡基础教育发展力度，鼓励普惠性幼儿园发展，完成县域义务教育均衡发展目标任务，完善12年免费教育机制，扩大优质教育资源覆盖面。优先重点发展民族教育，保持民族教育国内先进水平。大力发展职业教育，为我区建设发展培养更多技能人才。提高高校教学水平和创新能力，抓住国家推进“双一流”建设机遇，建设一批具有国际水准的优势学科、特色专业和重点实验室，引领我区高等教育内涵式发展。加强继续教育、老年教育和特殊教育，支持和规范民办教育发展。

（五）全面提高人民健康水平

没有全民健康就没有全面小康。要坚持新时期卫生与健康工作方针，抓好重大疾病防控，重视重点人群健康，倡导健康文明生活方式，营造绿色安全健康环境，全方位全周期做好健康保障工作。优化基本医疗和公共卫生服务，强化医疗卫生三级网络建设，提高基层服务能力。按照保基本、强基层、建机制的要求，重点推进分级诊疗、现代医院管理、全民医保、药品供应保障、综合监管制度改革。加强蒙中医药基础设施和标准化建设，实施蒙中医药科技创新工程，促进民族医药振兴发展。坚持计划生育基本国策，提高出生人口素质，促进人口长期均衡发展。广泛开展全民健身活动，巩固发展足球改革成果，促进群众体育和竞技体育全面发展。切实保护妇女儿童合法权益，重视做好关心下一代工作，积极发展残疾人事业、红十字事业、慈善事业和老龄事业。

（六）努力建设更高水平的平安内蒙古

筑牢祖国北疆安全稳定屏障，既是重大政治责任，也是重要奋斗目标，一刻都不能放松。要把专项治理和系统治理、综合治理、依法治理、源头治理结合起来，加快立体化社会治安防控体系建设，加大重点部位、重点场所、重点人群管控力度，优化完善服务管理平台，深化基层平安创建，夯实维护社会稳定的基层基础。落实重大决策社会稳定风险评估制度，健全社会利益表达、利益协调、利益保护机制，有效预防和化解矛盾纠纷。加强社会治理创新，推动社会治理社会化、法治化、智能化、专业化，提高预测预警预防各类风险能力。健全完善公共安全体系，严密防范和依法惩治各类违法犯罪活动，严格落实安全生产责任和管理制度，深入实施质量立区战略，完善食品药品安全监管体制机制，健全突发事件应急处置机制，增强防灾减灾能力，切实维护人民群众生命财产安全。加强维稳处突力量和手段建设，严密防范、严厉打击敌对势力渗透破坏颠覆活动，牢牢掌握对敌斗争主动权。内蒙古是祖国“北大门”、首都“护城河”，有八千多里边防线，加强军民团结和军地联防具有特殊重要意义。要把支持国防建设和军队改革作为义不容辞的责任，深化双拥共建工作，推进军民融合深度发展，千方百计帮助部队解决实际问题，形成众志成城固北疆的强大合力。

我们要始终把人民放在心中最高位置，团结带领各族人民不懈奋斗，把内蒙古建设成为和谐幸福的美好家园。

七、全面加强生态文明建设

绿色是内蒙古的底色和价值，生态是内蒙古的责任和潜力。要全面推进绿色发展，像保护眼睛一样保护生态环境，像对待生命一样对待生态环境，进一步筑牢我国北方重要生态安全屏障。

（一）推进生态修复和环境保护

我区生态环境保护正处在“进则全胜、不进则退”的历史关头，必须持续用力、久久为功。要严守生态红线，坚持保护优先、自然恢复和人工恢复相结合，组织实施好京津风沙源治理、“三北”防护林建设、天然林保护、退耕还林、退牧还草、水土保持等重点生态工程，搞好重点区域植树造林，落实好草原生态保护补助奖励政策，实行好禁牧休牧和草畜平衡制度，加快呼伦湖、乌梁素海、岱海等水生态综合治理，推进荒漠化治理，扩大森林面积、提高森林质量，加强湖泊湿地保护，提高草原、沙区植被盖度，不断巩固扩大生态保护建设成果。坚持预防为主、综合治理，着力解决大气、水、土壤污染等突出环境问题，实施工业污染源全面达标排放计划，加强农业面源污染防治，加强矿山地质环境和城乡环境综合治理，加强自然保护区监督管理，为各族群众创造良好生产生活环境，为子孙后代留下可持续发展的“绿色银行”。

（二）推动形成节约资源和保护环境的空间格局、产业结构、生产方式

坚持在发展中保护、在保护中发展，促进绿色化与新型工业化、

城镇化、农牧业现代化融合互动。加大主体功能区战略实施力度，严格按照主体功能区规划确定发展定位，构建科学合理的城镇化格局、农牧业发展格局、生态安全格局。加快转变资源开发利用方式，严格实行能源和水资源消耗、建设用地等总量和强度双控，严格落实节能减排约束指标，促进各类资源节约高效利用。大力推动低碳循环发展，全面推行企业循环式生产、产业循环式组合、园区循环式改造，促进生产流通消费全过程减量化、再利用、资源化。大力发展节能环保产业和林沙草产业。

（三）加强生态文明制度建设和文化培育

保护生态环境，制度是保障，文化是支撑。要深化生态文明制度改革，以强化考核奖惩、严肃责任追究、明晰资产产权、严格用途管制为重点，健全完善法规规章、管理制度、标准体系和经济政策，构建系统完整的生态文明制度体系，推动保护建设工作全面步入法治化、制度化轨道。坚持试点先行和整体推进相结合，积极探索、大胆实践，努力形成一批可复制可推广制度成果。大力培育发展生态文化，传承民族文化崇尚自然的优秀基因，倡导勤俭节约、绿色低碳、文明健康的生活方式和消费模式，形成崇尚生态文明、共促绿色发展的社会风尚。

我们一定要走好绿色发展之路，使内蒙古的草原林海、沙漠雪原、湖泊湿地成为聚宝盆，让内蒙古的天更蓝、山更绿、水更清、空气更清新、人民更开心。

八、深入推进全面从严治党

做好内蒙古工作，关键在党，关键在党要管党、从严治党。要切实履行好全面从严治党使命，坚持在党言党、在党忧党、在党为党，做到在党爱党、在党兴党、在党护党，加强和改善党的领导，不断提高我区党的建设科学化水平。

（一）坚持不懈地用习近平总书记系列重要讲话精神和治国理政新理念新思想新战略武装头脑、指导实践、推动工作

抓好思想理论建设这个根本，把深入学习贯彻习近平总书记系列重要讲话精神和治国理政新理念新思想新战略作为长期重大政治任务，发挥党委（党组）中心组示范带动作用，读原著、学原文、悟原理，不断提高思想政治觉悟和理论政策水平。毫不放松加强党性教育，持之以恒加强道德教育，教育引导广大党员、干部坚定理想信念，坚持党的基本路线，增强中国特色社会主义道路自信、理论自信、制度自信、文化自信，增强政治意识、大局意识、核心意识、看齐意识，向党中央看齐，向党的理论和路线方针政策看齐，向党中央决策部署看齐，做到党中央提倡的坚决响应、党中央决定的坚决执行、党中央禁止的坚决不做。坚持理论联系实际，完善党内教育制度机制和方式方法，增强思想政治建设的针对性和实效性，提高党员干部运用马克思主义立场观点方法分析解决问题的能力和水平。

（二）加强和规范党内政治生活

党要管党必须从党内政治生活管起，从严治党必须从党内政治生活严起。要认真落实新形势下党内政治生活若干准则，着力增强党内政治生活的政治性、时代性、原则性、战斗性，努力形成又有集中又有民主，又有纪律又有自由，又有统一意志又有个人心情舒畅生动活泼的政治局面。严明党的纪律特别是政治纪律和政治规矩，坚定不移维护党中央权威和党中央集中统一领导，始终对党忠诚、光明磊落，说老实话、办老实事、做老实人。坚持集体领导制度，认真执行党委（党组）议事规则和决策程序，实行集体领导和个人分工负责相结合。用好批评和自我批评武器，坚持实事求是，讲党性不讲私情，讲真理不讲面子。严格党的组织生活制度，坚持和完善“三会一课”、民主生活会和组织生活会、谈心谈话、民主评议党员和党性定期分析等制度，创新方式方法，增强党的组织生活活力。坚持党内民主，深入开展调查研究，广泛听取各方面意见和建议。尊重党员主体地位，保障党员民主权利，畅通党员参与讨论党内事务的途径，拓宽党员表达意见渠道，营造党内民主讨论的政治氛围。

（三）建设忠诚干净担当高素质干部队伍

坚持德才兼备、以德为先，坚持五湖四海、任人唯贤，坚持事业为上、公道正派，坚持新时期好干部标准，真正把忠诚干净担当的干部精心培养起来、及时发现出来、合理使用起来。选优配强“一把手”和关键岗位领导干部，强化优秀年轻干部的培养和使用，加强女干部、少数民族干部和非中共党员干部的培养选拔，加大从基层一线培养选拔干部力度，努力形成结构合理、素质优良的干部队伍。强化党组织的领导和把关作用，严格执行推进领导干部能上能下若干规定和防止干部“带病提拔”的意见，切实防范和纠正用人上的不正之风和种种偏向。建立容错纠错机制，宽容干部在工作中特别是改革创新中的失误。抓好大规模培训干部工作。加强离退休干部工作。坚持党管人才原则，深化人才发展体制机制改革，统筹抓好各类人才队伍建设，激发人才创新创造活力。

（四）全面提高基层党建工作水平

实施“北疆先锋”工程，树立大抓基层鲜明导向，扎实推进农村牧区、城镇社区、机关、国企、高校和非公有制经济组织、社会组织等领域党建工作，深入开展基层党建工作述职评议考核。强化基层组织政治功能和服务功能，加强基层党组织带头人队伍建设，坚持和改进选派优秀年轻干部和高校毕业生到嘎查村任职工作，整顿转化软弱涣散基层党组织。抓好党员发展、教育、管理和服务工作，及时处置不合格党员。推进基层党组织标准化建设，关心和爱护广大基层干部，推动基层组织建设全面过硬。

（五）持续加强作风建设

认真贯彻党的群众路线，改进和创新联系群众方法，坚持问政于民、问需于民、问计于民，保持党同人民群众的血肉联系。巩固拓展党的群众路线教育实践活动、“三严三实”专题教育和“两学一做”学习教育成果，深化“四风”整治，推动落实中央八项规定精神常态化、长效化。各级领导干部要求真务实、真抓实干，多到条件艰苦、情况复杂、矛盾突出的地方解决问题，多干打基础利长远的事情，坚决反对搞劳民伤财的“形象工程”和“政绩工程”。大力倡导雷厉风行、立决立行作风，着力整治不负责任、为官不为现象，旗帜鲜明地为敢于担当的同志担当，为敢于负责的同志负责，在全区上下营造起万众一心抓落实的良好局面。

（六）坚定不移推进党风廉政建设和反腐败斗争

反腐倡廉永远在路上，必须拧紧责任螺丝、深化标本兼治，筑牢拒腐防变的思想防线和制度防线，着力构建不敢腐、不能腐、不想腐的体制机制。严格落实党内监督条例，加强对权力运行的制约和监督，突出抓好对“一把手”和重点领域、重要岗位、关键环节的监督，建立健全监督体系，加大制度执行督察力度，把权力关进制度的笼子。发挥巡视巡察利剑作用，把握政治定位，加强政治巡视，实现巡视工作全覆盖、巡察工作全链接、监督工作无死角。严格落实廉洁自律准则和纪律处分条例，坚持纪在法前、纪严于法，用好监督执纪“四种形态”，使广大党员干部切实守好纪律底线。严格落实问责条例，促使领导干部做到有权必有责、有责要担当，用权受监督、失责必追究。坚持有腐必反、有贪必肃，坚持无禁区、全覆盖、零容忍，坚持既打“老虎”又拍“苍蝇”，着力解决干部身上的问题、群众身边的腐败，促进干部清正、政府清廉、政治清明。各级领导干部要带头践行社会主义核心价值观，带头执行廉洁自律准则，讲修养、讲道德、讲诚信、讲廉耻，自觉同特权思想和特权现象作斗争，注重家庭、家教、家风，教育管理好亲属和身边工作人员。

（七）严格落实全面从严治党主体责任

管党治党责任是最根本的政治责任。各级党组织要把抓好党建作为最大的政绩，严格执行党建工作责任制，坚持党建工作和中心工作一起谋划、一起部署、一起考核，确保管党治党责任落到实处。各级党委要认真贯彻落实党的地方委员会工作条例，充分发挥总揽全局、协调各方的领导核心作用，把方向、管大局、作决策、保落实，全面加强对经济建设、政治建设、文化建设、社会建设、生态文明建设的领导，大力支持同级人大、政府、政协和法院、检察院以及人民团体依照法律和章程独立负责、协调一致地开展工作，组织动员所属党组织和广大党员为实现党的目标任务不懈努力。

我们一定要深入推进全面从严治党，着力营造风清气正、干事创业的良好政治生态，为内蒙古各项事业发展提供坚强有力的保证。

同志们！夺取全面建成小康社会决胜阶段伟大胜利，把祖国北部边疆这道风景线打造得更加亮丽，是时代赋予我们的崇高使命。让我们高举中国特色社会主义伟大旗帜，更加紧密地团结在以习近平同志为核心的党中央周围，守望相助、团结奋斗、一往无前，不断开创决胜全面小康的新局面，把祖国北部边疆这道风景线打造得更加亮丽，以优异成绩庆祝自治区成立70周年，迎接党的十九大胜利召开，向伟大的中国共产党成立100周年献礼！

“十三五”时期经济社会发展的主要任务和2016年重点工作

——巴特尔同志2016年《政府工作报告》(节选)

“十三五”时期，是我区全面建成小康社会的决胜时期、是全面深化改革的攻坚时期、是全面推进依法治区的关键时期。根据党的十八届五中全会精神，自治区党委确定了“十三五”时期我区经济社会发展的总体要求、主要预期目标和重点任务，已经全面体现在《内蒙古自治区国民经济和社会发展第十三个五年规划纲要（草案）》中，提交本次大会审议。今后五年，要坚持发展第一要务，不断壮大地区综合经济实力。努力保持经济中高速增长，地区生产总值增速高于全国平均水平，主要经济指标平衡协调。推动产业发展向中高端迈进，基本形成多元发展、多极支撑的现代产业体系。构建适应发展需要的现代基础设施网络。坚持创新发展，着力提高发展质量和效益。形成以创新为主要引领和支撑的经济体系和发展模式，推进重点领域和关键环节改革取得决定性成果。坚持协调发展，着力增强发展的整体性。健全城乡发展一体化体制机制，促进公共资源均衡配置，形成全要素、多领域、高效益的军民深度融合发展格局。坚持绿色发展，着力建设我国北方重要生态安全屏障。促进草原植被盖度和森林覆盖率持续提高，生态环境质量持续改善，主要生态系统步入良性循环，大幅减少主要污染物排放总量，基本形成主体功能区布局。坚持开放发展，着力提高开放型经济水平。全方位融入国家发展大局，基本形成开放型经济新体制，加快建设我国向北开放的重要桥头堡。坚持共享发展，着力增进人民福祉。实现城乡居民收入增速高于全国平均水平，收入总量达到全国平均水平。持续提高基本公共服务均等化水平和人民群众思想道德、科学文化和健康素质。坚决打赢脱贫攻坚战，实现各族人民共同迈入全面小康社会。推进和谐内蒙古建设，筑牢祖国北疆安全稳定屏障。巩固发展平等团结互助和谐的社会主义民族关系，全面推进依法治区，基本建成法治政府，加快构建全民共建共享的社会治理格局。

我们要主动适应、准确把握、积极引领经济发展新常态，深刻认识重要战略机遇期的内涵变化，按照“十个更加注重”的要求，有效应对风险挑战，奋发有为做好工作，确保实现这些目标任务，不断开创现代化内蒙古建设的新局面！

今年是实施“十三五”规划的开局之年，做好各项工作意义重大。综合分析，我们面临的挑战和机遇并存，但机遇大于挑战。我区拥有资源禀赋、区位条件、要素成本等多重比较优势，五大基地建设积蓄了巨大发展动能；我国经济长期向好的基本面没有改变，宏观环境稳定，国家持续加大对西部和民族地区的支持力度；供给侧结构性改革的实施，“一带一路”、京津冀协同发展战略的深入推进，国内消费结构升级和发达地区产业转移加快，为我区调整结构、补齐短板、扩大对内对外开放带来了宝贵机遇。我们要抓住机遇，扎实工作，确保“十三五”良好开局。

今年政府工作的总体要求是：全面贯彻党的十八大、十八届三中、四中、五中全会和中央经济工作会议精神，以邓小平理论、“三个代表”重要思想、科学发展观为指导，深入贯彻习近平总书记系列重要讲话和考察内蒙古重要讲话精神，认真落实自治区党委九届十四次全委会议和全区经济工作会议的工作部署，按照“五位一体”总体布局和“四个全面”战略布局，牢固树立和贯彻落实创新、协调、绿色、开放、共享的发展理念，适应经济发展新常态，坚持改革开放，坚持稳中求进工作总基调，坚持稳增长、调结构、惠民生、防风险，落实宏观政策要稳、产业政策要准、微观政策要活、改革政策要实、社会政策要托底的总体思路，保持经济运行在合理区间，战略上坚持持久战，战术上打好歼灭战，着力加强结构性改革，在适度扩大总需求的同时，去产能、去库存、去杠杆、降成本、补短板，提高供给体系质量和效率，提高投资有效性，加快培育新的发展动能，改造提升传统比较优势，增强持续增长动力，推动我区社会生产力水平整体改善，努力实现“十三五”时期经济社会发展的良好开局，以优异成绩迎接自治区成立70周年，把祖国北部边疆这道风景线打造得更加亮丽。主要预期目标是：地区生产总值增长7.5%，固定资产投资增长12%，社会消费品零售总额增长9%，一般公共预算收入增长6%以上，城乡居民人均可支配收入分别增长8%和9%，单位生产总值能耗下降2.8%，城镇新增就业26万人，居民消费价格涨幅控制在3%左右，结构性改革取得实质性进展。为此，要重点做好以下工作。

一、加强结构性改革，促进经济持续健康发展

全面落实供给侧结构性改革五大任务。抓住用好新常态下动力转换、结构升级等机遇，研究出台供给侧结构性改革综合性政策。坚决有力化解过剩产能。正确处理巩固发展优势特色产业与化解过剩产能的关系，把控制新增产能和承接产业转移结合起来，下决心淘汰落后产能。研究制定总体实施方案和分类推进办法，通过技术改造升级一批、兼并重组整合一批、对外投资转移一批、严格标准淘汰一批、完善政策扶持一批，稳扎稳打、有力有序地做好工作，务求取得实质性进展。对资不抵债、连年亏损、扭亏无望的“僵尸企业”，加快兼并重组或依法破产清算，退出市场。多措并举降低企业成本。深入开展降低实体经济企业成本行动，在简政放权、减税降费、金融扶持、流通体制和电价市场化改革等方面打政策“组合拳”，进一步降低企业的交易、人工、财务、物流成本和税费负担，增强企业竞争力、盈利能力和发展后劲。扎实有序消化房地产库存。加大棚改货币化安置力度，实施不低于22万户的城镇棚户区改造，货币化安置比例达到50%以上。加快户籍制度改革和居住证制度落地，完善财政转移支付同转移人口市民化、城镇建设用地同转移人口落户数量挂钩机制。研究住房公积金支持农牧民进城购房政策，开展土地、草场、林地承包经营权及宅基地抵押担保，鼓励金融机构向转移进城农牧民发放购房贷款。探索共有产权等措施，逐步消化大平米住宅库存。推动建立租购并举的住房制度，引导房地产企业转型发展。取消过时的限制性政策，释放刚性和改善性住房需求。聚焦短板扩大有效供给。围绕农村

牧区基本公共服务体系建设，以脱贫攻坚、"十个全覆盖"等工程为主要抓手，加快城乡基本公共服务均等化。围绕现代产业体系建设，加强政策引导和金融支持，促进资金资源向传统产业改造集中，向新兴产业发展集聚，加快产业转型升级。围绕基础设施建设，提高投资的有效性和精准性，加快构建适应发展、适度超前的基础设施保障体系。切实防范化解金融风险。加强对各种风险源的调查研判和监测预警，做好政府存量债务置换、民间借贷监管、风险案件处置等工作，坚决守住不发生系统性、区域性风险的底线。

以扩大有效投资为重点创新投融资方式。进一步激发社会投资潜能。加大简政放权力度，继续取消和下放一批审批事项，提高事中事后监管和服务水平。大幅放宽电力、交通、市政公用等领域市场准入，推广特许经营、投资补助等方式，带动社会资本参与建设。全面取消银行贷款承诺、可研报告审查意见等企业投资项目审批前置事项，企业能够自主决定的事项一律不得作为项目核准的前置条件。提高金融支持实体经济发展的质量和水平。加大金融创新力度，鼓励金融机构运用信托、资产证券化等方式，扩大有效信贷投放、支持股权债权融资，实现新增贷款2000亿元、直接融资1200亿元。加快推进民营银行组建，加强多层次资本市场建设。实施企业上市三年计划，推动80家企业在"新三板"挂牌，支持符合条件的企业通过发行票据和债券筹集资金。加快发展现代保险业，推动保险资金参与经济建设。放大财政资金的引导撬动效应。发挥现有融资平台和发展基金的作用，创新政府投资、与金融机构合作等方式，利用财政间歇资金开展以存促贷，加大政府性担保资金投入，引导商业银行扩大信贷投放。支持金融机构和盟市政府合作，通过共同设立城镇建设和"美丽乡村"基金等方式，解决建设资金不足的问题。完善政府和社会资本合作模式，进一步扩大PPP实施规模。

加快重大项目建设。认真落实三年推进计划，启动一批"十三五"重大工程项目，力争固定资产投资达到1.5万亿元以上。产业方面，加快煤炭深加工、精细化工、有色深加工等重点项目建设，开工建设与外送电通道配套的煤电项目，新开工火电2700万千瓦、风电和太阳能装机300万千瓦，完成工业投资7000亿元。交通方面，加快推进呼和浩特新机场、呼张客专、通辽和赤峰至京沈客专、京新高速临河至蒙甘界、经棚至锡林浩特高速、海拉尔至额尔古纳一级公路等重点项目建设，力争呼和浩特至银川、包头至西安、满洲里至海拉尔至齐齐哈尔、通辽至乌兰浩特至海拉尔、集宁至大同、锡林浩特至张家口、巴彦浩特至银川等高铁项目进入国家“十三五”规划盘子或中长期规划。全年铁路建设规模5400公里，公路建设规模2万公里，完成交通建设投资1250亿元以上。发挥好通用机场的独特优势，充分调动企业参与的积极性，各级地方政府都要加大通用机场建设力度，培育发展区域性航空市场。能源通道方面，加快推进已开工的特高压通道建设，力争新开工锡盟至张北、通辽至青州特高压和鄂尔多斯至沧州输气管道等项目，规划建设呼伦贝尔等外送电通道，完成投资300亿元以上。水利方面，开工建设“引绰济辽”工程，力争东台子水库可研报告获得批复，加快推进节水灌溉工程建设，完成水利投资200亿元以上。城市建设方面，加快呼和浩特地铁、包头地铁及新都市区地下综合管廊等重点项目建设，加大地下管网改造力度，完成投资800亿元。此外，社会事业、民生领域及生态建设等方面，要力争完成投资1750亿元以上。

二、推进产业转型升级，促进产业城乡区域协调发展

加快建设“五大基地”。改造提升传统产业。鼓励煤炭、电力、化工、冶金、建材企业横向联合，支持煤炭转化企业与生产企业纵向重组，构建煤电用、选冶加一体化产业链，加快形成产业链竞争新优势。加大传统产业技术改造力度，促进现代煤化工向下游延伸、有色金属生产加工和装备制造向高端发展、农畜产品向终端拓展，提升传统产业竞争力。培育壮大战略性新兴产业。组织实施战略性新兴产业三年行动计划和特色产业链、“双创”示范基地等四大工程，加快构建国家级稀土、石墨、核燃料、复合材料基地。落实《中国制造2025》，大力推进协同制造、智能制造，做大装备制造业。拓展锂电池、永磁材料产业链，努力做大电动汽车产业。实施差别化、精准化产业扶持政策。坚持和完善电力综合扶持政策，扩大多边交易和大用户直供规模，深入推进输配电价改革，在有条件的地区开展配售电改

革，研究制定蒙西电网峰谷电价和蒙东电网同网同价政策。对产能过剩、技术落后、环保不达标的企业，取消各类保护性措施，倒逼其转型升级或退出市场。

实施创新驱动发展战略。发挥科技创新在全面创新中的引领作用。围绕重点领域创新需求，加快实施关键技术攻关、实用成果转化、创新平台载体三大工程。深入实施人才强区战略和“草原英才”工程。强化企业创新主体地位，更多运用财政后补助等方式，鼓励企业加大技术投入。推动高校、科研院所与企业组建技术联盟，力争国家级工程研究中心、企业技术中心达到35家。深化科技体制改革，整合各类科技计划，加大知识产权保护、品牌建设和社会信用体系建设力度，完善科技成果转化、技术交易等相关政策。深入落实质量强区决定，加快实施标准化建设三年行动计划。推动大众创业、万众创新。巩固扩大“三证合一、一照一码”改革成果，实施电子营业执照和工商注册全程电子化。充分发挥“双创”集众智、汇众力的乘数效应，打造众创、众包、众扶、众筹支撑平台，形成线上线下协同创新格局。加快推进市场化改革。大力发展非公有制经济，依法保护各种所有制经济权益。激发企业家精神，依法保护企业家财产权和创新收益。以降低企业生产要素成本为重点，加快形成市场决定价格机制，推动水、电力、石油天然气、交通运输等领域价格改革，全面实行居民用水、用气阶梯价格制度，推进农业水价改革。以市场为导向，推进国资运营公司组建和国企混合所有制试点，支持社会资本参与国企产权制度改革。加快推进管办分离、经营性国有资产集中统一监管。

大力发展现代服务业。提升服务业发展质量和水平。推动服务业与一、二产业融合，生产性服务业向专业化和价值链高端延伸，生活性服务业向精细化和高品质提升，制造业由生产型向生产服务型转变。完善服务业发展支持政策，用足用好服务业发展基金，做大服务业股权投资基金，抓好呼和浩特市国家级服务业综合改革试点，打造一批服务业集聚区和龙头企业。鼓励社会资本进入教育文化、健康养老、金融保险等服务业领域。培育新型消费热点。把握消费需求个性化、多样化特征，大力发展文化体育、娱乐休闲、家政服务等新型服务业，增加优质新型产品供给，推动消费结构升级。加快实施六大消费工程，大力发展电子商务，培育线上线下、跨区跨境等多种消费业态。积极争取“宽带乡村”试点，扩大互联网、电子商务在农村牧区的覆盖面，激活农村牧区消费潜力。加快发展现代服务业。建设一批大型物流园区、配送中心和内陆港，建立完善煤炭、钢铁、聚氯乙烯、稀土、农畜产品等大宗商品电子交易平台。实施“互联网+”和大数据发展计划，加快发展互联网经济。抓住旅游消费快速增长契机，实施“旅游+”计划，力争旅游业总收入增长20%以上。大力发展养老服务业，构建政府公共服务和社会化服务相结合、市场化运作的养老服务新模式。

促进城乡区域协调发展。尊重和顺应城市发展规律。加强和改进城市工作，处理好城市发展与经济发展、城市规模与承载能力、人口集聚和功能集聚等关系，加大对城市空间规模产业、规划建设管理、改革科技文化、生产生活生态和政府社会市民的统筹力度，着力解决“城市病”等问题，加快建设和谐宜居、富有活力、各具特色的现代化城市。调整优化城镇空间布局和功能定位。大力推进“多规合一”，完善“一核多中心、一带多轴线”城镇体系，提高土地节约集约利用水平。做好包头、扎兰屯等国家新型城镇化试点。

推进城乡规划、基础设施、基本公共服务一体化发展，增强城镇对农村牧区的反哺和带动能力。加大统筹区域发展力度。依据主体功能区定位和各地比较优势，从发展规划、扶持政策、协调机制等方面入手，促进以呼包鄂为核心的西部地区协同发展、东部盟市合作发展、基础薄弱地区加快发展。

三、加快推进农牧业现代化，扎实做好农村牧区工作

积极转变农牧业发展方式。优化农牧业结构。全面实行粮食安全盟市长责任制，在稳定粮食产量的基础上，加快转变玉米“一粮独大”的种植结构，积极推进“粮改饲”，引导农牧民种植整株青贮玉米和优质苜蓿，扩大绿色有机高端产品种植。坚持“稳羊增牛”发展方向，制定实施千万头肉牛发展规划，稳定奶牛养殖头数，提高单产、淘汰散养，力争规模化养殖水平达到85%以上。加强防灾减灾体系建设，做好动物疫病和人畜共患病防治工作。落实“藏粮于地、藏

粮于技”战略。实施耕地质量保护与提升工程，加快西北节水增效项目建设，探索实行耕地轮作休耕制度。建设高标准农田400万亩，新增节水灌溉350万亩，设施蔬菜达到250万亩以上。加快推进农牧业产业化经营。促进农牧业与工业、服务业融合发展，加大对领军龙头企业的扶持力度，加快行业整合重组。实施农畜产品品牌建设和输出工程，完善质量追溯体系，加快建设电商销售平台。加强农牧业标准化体系建设，健全社会化服务体系，提升服务农牧业综合能力。

深化农村牧区改革。完善农企利益联结机制，提升紧密型利益联结率，提高农牧民在产业化经营中的话语权和收益分配率。总结试点经验，全面推进农村土地承包经营权确权登记颁证工作，开展5000万亩以上土地确权。推进土地草牧场经营权有序流转，积极培育家庭农牧场、专业大户、农牧民合作社等新型经营主体，发展多种形式的适度规模经营。加强农牧民职业技能培训，培养新型职业农牧民。以垦区集团化、农场企业化为主线，推进农垦改革。按照政事分开、社企分开方向，深化供销社改革。实施县域金融工程，大力发展村镇银行和县域融资担保机构。

扎实推进农村牧区“十个全覆盖”工程。加大资金投入力度，进一步增加各级财政资金和地方政府债券投入，积极争取国家资金支持，动员企业、社会投入和农牧民投工投劳。加大政策支持力度，加强部门与盟市的协调配合，允许地方整合资金和项目。加大工程管护力度，探索各方安排管护资金或政府给予奖补等方式，发动群众参与工程管护。加大组织领导力度，进一步做好万名干部下乡驻村工作，加强督促指导，坚持典型示范，严格考核奖惩，确保全面完成所有行政嘎查村全覆盖任务。

打好脱贫攻坚战。坚持精准扶贫、精准脱贫，确保21万人稳定脱贫、10个左右自治区级贫困旗县脱贫摘帽。通过实施易地扶贫搬迁工程脱贫一批，年内完成5万人搬迁任务；通过产业扶持脱贫一批，帮助4万贫困户发展特色产业，使每户都有增收项目。加大金融扶贫力度，让有发展意愿和劳动能力的贫困户，每户都能得到3万元以上的扶贫贷款，全年新增扶贫贷款150亿元以上；通过教育、医疗扶助一批，对不在低保范围的贫困户子女接受职业教育给予资助，提高贫困人口大病保险报销比例；通过社会保障兜底一批，将4.1万贫困人口纳入低保范围。

四、加大改革攻坚力度，进一步提高开放水平

推进改革举措落地生根。发挥好改革在稳增长、调结构、惠民生、防风险等方面的重要作用，继续推出一批具有重大牵引作用的改革举措，在简政放权、价格市场化、国资国企、财税金融、农村牧区、林区垦区、城市管理体制以及教育医疗、养老保险等领域进一步加大改革力度。按照试点能多不少、范围能大不小、时间能短不长的要求，加大先行先试力度，发挥试点的示范、突破和带动作用。加强对改革任务的研究部署、调度分析、责任落实和督促检查，建立起横向协调、纵向贯通、层层负责的工作机制，全程跟进、全程负责、一抓到底。

全面扩大对内对外开放。深入落实国家“一带一路”战略，积极推进“中蒙俄经济走廊”建设，创新与俄蒙合作机制。大力推进基础设施互联互通。在国家的统筹推动下，加快建设连接俄蒙的重点铁路、公路项目，积极推进海拉尔至满洲里高速公路、满都拉至白云鄂博、乌里雅斯太至珠恩嘎达布其等口岸公路项目，力争年内开放鄂尔多斯国际航空口岸。加强开放平台载体建设。加快满洲里和二连浩特开发开放试验区、呼伦贝尔中俄蒙合作先导区建设，争取二连浩特—扎门乌德跨境经济合作区获得批复，实现满洲里综合保税区封关运营。加快推行“三个一”联合监管模式，深化大通关改革。全方位加强交流往来。积极开展与俄蒙在教育、文化、医疗、体育、科技、旅游等方面的人文交流，加强与俄蒙地方政府及部门间的定期协商会晤。推动外贸向“优进优出”转变。优化对俄蒙贸易结构，支持先进技术设备、关键零部件进口，扩大国内短缺资源性商品进口，为企业在境外开展承包工程和劳务合作创造条件。支持产能过剩企业“走出去”，开展国际产能合作。大力发展新兴贸易方式，支持企业开展跨境电子商务。全面提升区域经济协作水平。借助清洁能源基地平台，推动与京津冀、环渤海、长江经济带的合作。加快建设呼包银榆等经济合作区，深化京蒙区域合作，加

强与港澳台地区的交流合作。发挥我区土地、电力优势，通过园区共建等方式，加快承接高水平产业转移。

五、推进绿色发展，筑牢生态安全屏障

加强生态保护和建设。加快京津风沙源治理、退耕还林还草等重点工程建设，大规模推进国土绿化行动，完成林业生态建设1000万亩、重点区域绿化200万亩、种草3000万亩。实施新一轮草原生态补奖政策，提高补奖标准，坚持和完善阶段性禁牧和草畜平衡制度，推动草原生态持续好转。加快发展沙产业、草产业和林下经济，带动农牧民增收致富。继续实施呼伦湖、乌梁素海综合整治工程，争取治理规划获得批复。

加大环境保护力度。全面加强污染治理，开展大气污染区域联防联控，实施燃煤电厂超低排放改造，加快淘汰不达标机组锅炉和小电石、小硅铁等落后产能。加强乌海及周边地区环境综合整治，确保取得阶段性成效。大力整治工业园区环境问题，提高准入门槛，推动园区补欠账、上水平。全面完成环保违规项目清理整顿。加强城乡接合部、农业面源和重金属污染治理，推进农药、化肥、地膜减量使用。建设绿色矿山、和谐矿区。开展水体综合整治，强化重点流域水污染联防共治。大力推动低碳循环发展，推广绿色清洁生产，努力将节能环保产业打造成新的增长点。严格落实环境保护“党政同责、一岗双责、失职追责”责任制，加大执法力度，严肃查处环境违法问题。

加快生态文明制度建设。全面推进国有林场林区改革，确保按期完成改革任务。继续深化集体林权制度改革。科学编制自然资源资产负债表，开展领导干部自然资源资产离任审计试点。依据主体功能区规划，加快划定生态红线。实施排污许可和排污权有偿使用制度，提高排放成本，倒逼企业减排。建立环境保护督查机制，推进生态环境损害评估试点，实施生态环境损害责任终身追究制度。加快推进环保机构监测监察执法垂直管理。落实能源和水资源消耗、建设用地等总量和强度双控行动，实行最严格的水资源管理制度，加快推进盟市水权转让试点。积极培育生态文化，倡导勤俭节约、绿色低碳的生活方式和消费模式。

六、加强精神文明建设，促进文化繁荣发展

深入推进社会主义核心价值观宣传教育。坚持用习近平总书记系列重要讲话精神、用中国梦和社会主义核心价值观凝聚共识、汇聚力量，巩固各族人民团结奋斗的共同思想基础。加强精神文明建设，推进文明城市、文明村镇、文明单位和文明家庭创建活动，弘扬中华传统美德，强化思想道德和社会诚信建设。做好舆论引导和网络宣传管理工作，规范传播秩序，弘扬主旋律，传播正能量。

加快建设民族文化强区。坚持社会主义先进文化前进方向，推进草原文化创新发展。加大文物和非物质文化遗产保护力度，加强文化人才队伍建设，繁荣发展文艺创作，打造一批富有民族特色、时代特征、地域特点，思想性、艺术性俱佳的精品力作。创新对外传播、文化交流方式，推动民族文化“走出去”。加大文化惠民工程力度，实施新闻出版广播影视固边工程，引导文化资源向基层倾斜。倡导全民阅读，繁荣发展哲学社会科学事业。促进传统媒体和新兴媒体融合发展，加快推进“三网融合”。加大文化市场监管和文化领域知识产权保护力度。

大力发展文化产业。坚持把社会效益放在首位、社会效益与经济效益相统一，深化文化体制改革，完善文化产业和市场体系。按照“抓大扶小”思路，支持骨干文化企业和中小微文化企业加快发展，推动文化产业结构升级。优化发展环境，理顺管理体制，扩大投资规模，用好文化产业发展基金，抓好重点项目和集聚区建设。促进文化与旅游、科技、创意的融合，培育新型文化业态，扩大和引导文化消费，提高文化产业对经济发展的贡献度。

七、保障和改善民生，维护社会和谐稳定

做好就业创业和社会保障工作。积极应对化解过剩产能、处置“僵尸企业”可能带来的就业压力，实施更加积极的就业政策，确保完成就业目标。扎实推进就业创业工程，加大创业扶持力度，实施大学生就业促进和创业引领计划。组织引导劳务输出，促进农村牧区劳动力转移就业。做好困难群体就业工作。实施全民参保计划，进一步

扩大社会保险覆盖面。有序推进养老保险制度改革，构建公平、可持续的养老保险制度。适当提高大病保险人均筹资水平和支付比例。落实好国家精简归并“五险一金”政策，减轻企业负担。加强社会救助体系建设，保障困难群众的基本生活。继续办好“三个一”民生实事。

努力提高城乡居民收入。进一步加大工作力度，逐步缩小城乡、地区和行业间的收入差距。多渠道增加农牧民收入，提高农牧民在产权流转等方面的财产性收入，完善“一卡通”发放机制，确保惠农惠牧补贴政策不折不扣落实到位。强化企业收入分配调控，扩大工资集体协商范围，适度调整职工工资增长幅度。完善机关事业单位工资制度，落实旗县以下机关公务员职务与职级并行制度和乡镇工作补贴制度。

加快社会事业发展。实施第二期学前教育三年行动计划，扩大公办和普惠性民办幼儿园覆盖面。加快义务教育学校标准化建设，实施乡村教师支持计划，推进义务教育均衡发展。加快构建校企合作、产教融合的现代职业教育体系，更加注重学生创新创业精神和实践能力培养。统筹推进国内一流大学、一流学科建设，鼓励部分普通本科高校向应用型转变。以义务教育和职业教育为重点，加快发展民族教育。进一步提高民办教育、特殊教育办学水平。着力推进健康内蒙古建设，继续深化城市和旗县公立医院改革。推进分级诊疗试点、医师多点执业，优化医疗卫生资源配置。加强重大疾病防控，健全突发公共卫生事件应急机制，加快建设自治区本级重点医疗卫生项目和三级医疗卫生服务体系。推进蒙中医药事业加快发展。全面实施一对夫妇可生育两个孩子政策。积极开展全民健身运动，加快体育健身场地设施建设，深入推进足球改革发展试点工作。开展应对人口老龄化行动，保障妇女和未成年人权益，健全扶残助残服务体系。

维护社会和谐稳定。深入推进平安内蒙古建设，加强矛盾排查调处，创新治安防控体系，有效防范化解和管控各类风险。按照总体国家安全观要求，严厉打击危害国家安全行为和违法犯罪活动。支持国防和军队建设，加强国防动员和后备力量建设，加大人防和边防工作力度，提升军民融合发展水平。加大对各类安全生产事故和食品药品安全事件的查办追责力度。全面落实安全生产责任制，抓好重点领域隐患排查和专项整治，坚决防止重特大事故发生。加强食品药品安全内蒙古建设，落实最严格的、覆盖全过程的食品药品安全制度，保障人民群众生命健康安全。

八、加强民主法治和政府自身建设，加快建设法治、创新、廉洁和服务型政府

严格遵守党的政治纪律和政治规矩，增强看齐意识，经常、主动向党中央看齐，向党的理论和路线方针政策看齐，在思想上政治上行动上坚定自觉同以习近平同志为总书记的党中央保持高度一致，全面贯彻落实党中央、国务院和自治区党委各项决策部署。坚持党的领导、人民当家做主、依法治区有机统一，坚决维护宪法法律权威，依法维护人民权益、维护社会公平正义。自觉接受人大及其常委会的法律监督、工作监督和政协的民主监督，积极组织实施政府协商计划，充分听取各民主党派、工商联、无党派人士和人民团体的意见建议。

坚定不移走中国特色解决民族问题的正确道路，全面贯彻落实党的民族政策和民族区域自治制度，深入开展民族团结进步创建活动，进一步深化各民族交往交流交融，切实增进“四个认同”，巩固发展平等团结互助和谐的社会主义民族关系。完善差别化支持政策，在基础设施、扶贫开发、生态建设、基本公共服务等方面对少数民族聚居地区给予倾斜。深入推进兴边富民行动，着力改善边境地区农牧民生产生活条件。扎实做好城市民族工作。深入贯彻落实党的宗教工作基本方针，发挥好宗教团体、宗教界人士和信教群众在促进经济社会发展中的积极作用。

坚持依法行政，严格按照法定权限、法定程序和权力清单、责任清单履职尽责，把政府全部工作纳入法治轨道。加快转变政府职能，拓宽公共服务供给渠道。加大政务公开力度，推广电子政务和网上办事。加强新型智库建设，建立健全决策咨询制度，运用大数据等手段提升决策水平。加强廉政建设，严格遵守《中国共产党廉洁自律准则》和《中国共产党纪律处分条例》，严格落实党风廉政建设责任制，严肃查处各类违纪违法案件。加强审计监督，推进审计制度改

革。强化行政监察，提升行政效能。持之以恒加强作风建设，自觉践行“三严三实”要求，坚决整治行政不作为、乱作为和损害群众利益的行为。

各位代表，明年我们将迎来自治区成立70周年大庆，这是全区各族人民政治生活中的一件大事。我们将坚持为民务实节俭原则，把迎庆工作与促进自治区经济社会发展紧密结合起来，扎实抓好项目建设、环境整治、舆论宣传、组织动员等各项工作，集中力量解决一批事关民生的重大问题和制约经济社会发展的难点问题，以优异成绩向自治区成立70周年献礼。

各位代表，“十三五”帷幕已经拉开，我们正在向全面建成小康社会目标发起最后冲刺。让我们高举中国特色社会主义伟大旗帜，更加紧密地团结在以习近平同志为总书记的党中央周围，全面贯彻落实党中央、国务院和自治区党委的各项决策部署，守望相助、团结奋斗、扎实工作，奋力夺取全面建成小康社会决胜阶段的新胜利，努力把祖国北疆这道风景线打造得更加亮丽。

2016年内蒙古经济形势分析及2017年展望

自治区统计局报告

胡敏谦

2016年以来，面对着严峻复杂的国内外形势，在自治区党委、政府的正确领导下，认真贯彻落实创新、协调、绿色、开放、共享五大发展理念，加快推进供给侧结构性改革，抓好各项工作部署，全区经济发展总体实现了稳中有进。经济实现了平稳增长，结构调整深入推进，民生工作扎实有效，取得了“十三五”良好开局。但同时，当前全区经济发展中还存在一些深层次的矛盾和问题，需要克服并加以解决。展望2017年，我们认为，全区经济下行的压力仍然较大，但总体仍会保持稳中有进的发展态势。

一、2016年全区经济运行基本情况

总体看，全区经济保持了平稳增长，多数指标运行在合理区间，基本符合预期，为“十三五”开了一个好局。具体分领域看：

（一）整体经济保持平稳，保持了中高速增长

初步核算，2016年前三季度，全区生产总值12690.14亿元，按可比价格计算，同比增长7.1%，与上半年持平，高于全国平均增速0.4个百分点。分产业看，第一产业增加值648.77亿元，同比增长2.5%；第二产业增加值6356.15亿元，同比增长7.1%；第三产业增加值5685.22亿元，同比增长7.6%。第三产业增加值增速是2016年以来首次超过第二产业增速。产业结构继续优化。第三产业增加值占全区生产总值比重为44.8%，比上年同期提高2.5个百分点。预计全年生产总值达到1.9万亿左右，比上年增长7.3%。

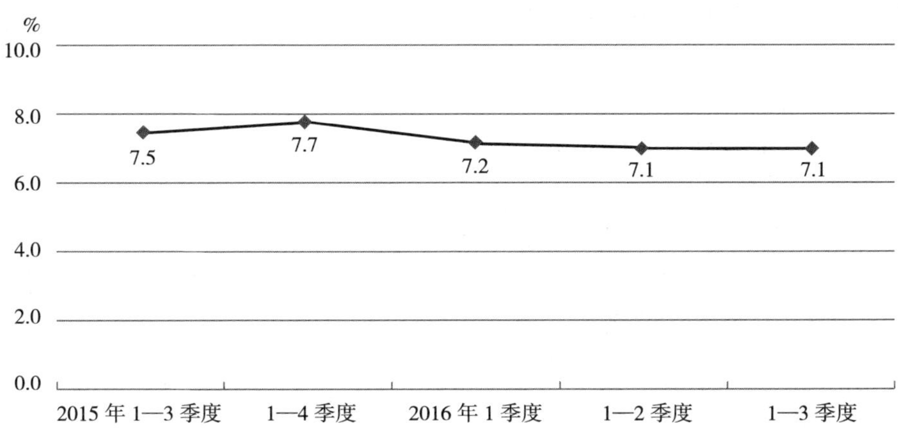

图1　2015年、2016年地区生产总值（GDP）可比价增速（累计同比）

（二）从供给侧主要指标情况看

1. 农牧业生产形势较好，牲畜出栏增加明显

前三季度，全区第一产业增加值同比增长2.5%，高于上半年增速0.1个百分点。从种植业看，基本保持平稳，全年粮食产量达到556亿斤，为历史第二个高产年。从养殖业看，牲畜头数继续增加。2016年牧业年度，全区牲畜总头数达到13597.92万头（只），同比增长0.1%；全区出栏牲畜总头数8439.68万头（只），同比增加536.52万头（只），增幅为6.8%。肉类产量保持增长。据内蒙古调查总队主要畜禽监测调查结果显示，前三季度，全区主要畜禽产品产量稳中有增，猪牛羊禽肉产量达到168.9万吨，同比增长2.9%。其中，猪肉产量54.9万吨，同比增长0.5%；牛肉产量37.3万吨，同比增长1.6%；羊肉产量64.9万吨，同比增长6.2%；禽蛋产量33.9万吨，同比增长2.8%。

2. 工业生产增长有所回落，但结构继续优化

受主客观因素的影响，当前全区工业生产增长下行压力较大。前10个月，全区规模以上工业增加值同比增长7.2%，增速较2015年同期回落1.4个百分点，但仍高于全国平均增速1.2个百分点。分行业看，前10个月在统计的41个工业行业大类中，有33个行业保持增长势头，占到80.5%。从六大支柱产业看，能源工业同比增长6.9%；冶金建材工业同比增长11.4%；工业结构继续优化，高新技术业和装备制造业增加值

同比分别增长8.2%和6.0%。

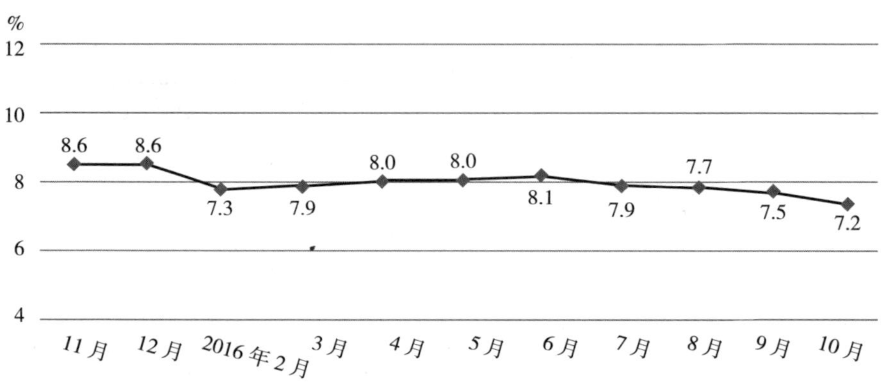

图2　全区规模以上工业增加值月度累计增速

3. 服务业运行平稳，部分新兴行业增势较好

服务业保持着平稳运行态势，前三季度全区服务业增加值同比增长7.6%，增速在全国各省区市的位次由上半年的第三十位上升至第二十七位，高于2015年同期增速0.2个百分点，也比上半年增速快0.6个百分点，对国内生产总值增长的贡献率达到了45.3%，拉动国内生产总值增长3.2个百分点。从几个代表性行业的发展情况看，金融业稳定发展，保障能力不断提高。前三季度，全区金融业增加值同比增长16.6%，高于国内生产总值增速9.5个百分点，也高于第三产业增速9个百分点，实现了较快发展。同时，金融对实体经济发展的保障能力也不断提高。10月末，金融机构人民币存款余额为21031.74亿元，比年初增加2954.15亿元，同比增长18.9%；金融机构人民币贷款余额为19041.06亿元，比年初增加1900.39亿元，同比增长14.6%。旅游业经济运行质量明显提高。2016年前三季度，全区接待旅游者7105.37万人次，同比增长13.3%；旅游业总收入1981.25亿元，同比增长24.3%。完成旅游项目投资260.86亿元，同比增长21.7%。满洲里中俄边境旅游区进入国家5A级旅游景区，"阿拉善英雄会"成为全球规模最大的沙漠旅游和越野赛事活动。交通运输业增长提速。2016年以来，全区交通运输业取得了新发展，又开工和竣工一批交通设施建设成果，货运量也有明显提升。前10个月，货运量同比增长6.7%，较1—9月加快0.8个

百分点。其中，公路同比增长8.7%，较1—9月加快0.1个百分点；铁路同比增长3.1%，较1—9月加快2.2个百分点。

（三）从需求侧主要指标情况看

1. 固定资产投资增速稳中趋缓，房地产开发投资增速有所提升

固定资产投资也呈逐月回落的态势。前10个月，全区500万元以上项目固定资产完成投资14186.15亿元，已经超过2015年全年的投资额（13651.69亿元），同比增长11.7%，增幅快于全国平均增速3.4个百分点。分三次产业看，第一产业完成投资662.69亿元，同比增长13.3%；第二产业完成投资6155.04亿元，同比下降1.4%，降幅较1—9月收窄1.1个百分点；第三产业完成投资7368.43亿元，同比增长25.4%，增速分别快于第一产业、第二产业12.1和26.8个百分点。分行业看，交通运输、仓储和邮政业完成投资1543.21亿元，同比增长32.6%；水利、环境和公共设施管理业完成投资2498.10亿元，同比增长56.5%；文化、体育和娱乐业完成投资199.93亿元，同比增长62.3%。从项目个数看，全区施工项目个数22001个，同比增长31.7%。其中，2016年新开工项目18899个，同比增长54.6%；2016年投产项目个数16373个，同比增长40.6%。

房地产开发投资增速有所提升。前10个月，全区房地产开发完成投资突破千亿元，达到1026.34亿元，同比增长3.0%，增幅较1—9月提高0.2个百分点，低于全国平均增速3.6个百分点。前10个月，全区商品房销售面积1749.77万平方米，同比增长3.6%，较1—9月回落8.6个百分点；商品房销售额797.64亿元，同比增长4.6%，较1—9月回落7个百分点。

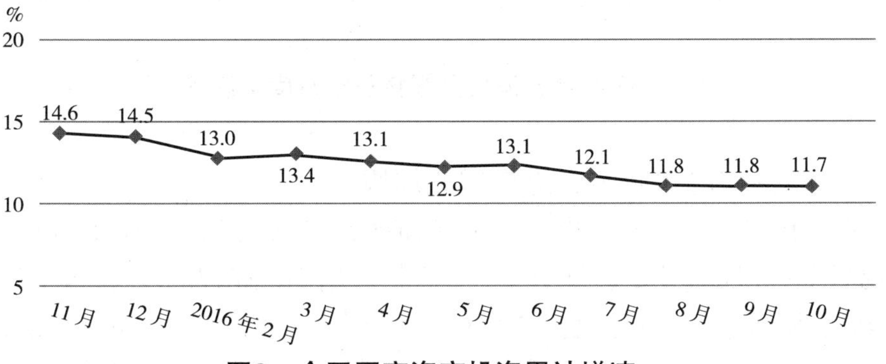

图3　全区固定资产投资累计增速

2. 消费品市场稳中有升，新商业模式蓬勃发展

2016年以来，消费对全区经济增长起到了稳定支撑的作用。前10个月，全区实现社会消费品零售总额5377.6亿元，同比增长9.6%，增速快于2015年同期1.7个百分点，低于全国平均增速0.7个百分点。分城乡市场看，城镇4861.7亿元，同比增长9.4%；乡村515.9亿元，同比增长11.6%。分消费形态看，全区餐饮业收入额为825.0亿元，同比增长10.5%；全区商品零售额为4552.6亿元，同比增长9.4%。居民对一些高端消费品和精神文化生活消费的需求明显加强。前10个月，金银珠宝类、家用电器和音像器材类及汽车类的增速较快，分别为13.1%、12.5%和11.0%。在推进电子商务发展方面，启动县域电商平台“易供销”。自治区首家连锁型农村商品流通在线批发平台——“易供销”正式运营，将逐步解决农村物资配送“最后一公里”问题。目前，该平台已上线300多种产品，可基本满足当地群众日常生活需要。前10个月，全区快递业务收入同比增长44.3%。

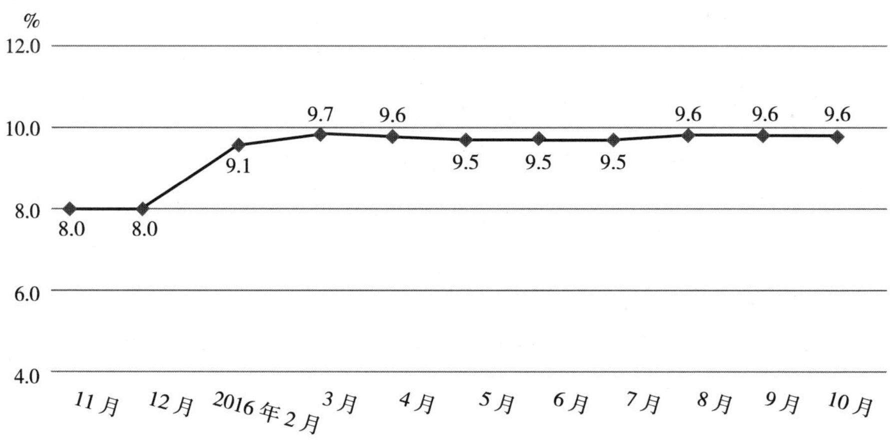

图4　全区社会消费品零售总额月度累计增速

3. 进出口降幅收窄，进口增速加快

前10个月，全区实现进出口总值621.75亿元，同比下降6.3%，降幅较1—9月收窄1个百分点。其中，出口238.70亿元，同比下降20.4%，降幅较1—9月仅扩大0.1个百分点，基本持平；进口383.06亿元，同比增长5.4%，增速较1—9月加快2.2个百分点。从贸易方式来

看，进料加工贸易进出口值增长较快，增速为150.7%。利用外资稳中有升。前三季度，实际利用外资15.02亿美元，同比增长3%。

4. 财政收入增长不断回落，用于民生领域支出保持增长

前10个月，全区一般公共预算收入完成1636.54亿元，同比增长3.2%，增速较1—9月回落1.8个百分点。其中，税收收入1081.77亿元，同比增长1.1%，增速较1—9月回落0.9个百分点；非税收收入554.78亿元，同比增长7.8%，增速较1—9月回落3.3个百分点。前10个月，全区一般公共预算支出3605.42亿元，同比增长5.9%。其中，一般公共服务支出同比增长7.3%，增速较1—9月回落3个百分点；城乡社区支出同比增长5.0%；医疗卫生与计划生育支出同比增长13.5%。

（四）从民生改善看

1. 居民消费价格保持平稳，生产价格继续回升

前10个月，全区居民消费价格同比上涨1.1%，涨幅与1—9月持平，低于全国平均涨幅0.9个百分点。其中，城市同比上涨1.2%，涨幅较1—9月提高0.1个百分点；农村牧区同比上涨1.1%，涨幅与1—9月持平。从类别看，“六涨二降”分别为食品烟酒（2.5%）、衣着（1.4%）、生活用品及服务（0.1%）、教育文化和娱乐（0.6%）、医疗保健（3.9%）、其他用品和服务（1.5%）、居住（–0.2%）、交通和通信（–1.5%）。工业企业生产价格降幅继续收窄。前10个月，全区工业生产者购进价格同比下降3.6%，降幅较1—9月收窄0.4个百分点；出厂价格同比下降3.1%，降幅较1—9月收窄0.8个百分点。10月，全区居民消费价格同比上涨1.1%，涨幅与9月持平，低于全国平均涨幅1个百分点。工业生产者购进价格同比下降0.1%；出厂价格继续保持上升势头，同比上升4.1%。

2. 居民收入稳步增加，居民消费继续增长

前三季度，全体居民人均可支配收入17766元，同比增长8.5%，比全国平均增速高0.1个百分点。按常住地分，城镇居民人均可支配收入24895元，同比增长7.9%，比全国平均增速高0.1个百分点；农村居民人均可支配收入7840元，同比增长7.7%，比全国平均增速低0.7个百分点。前三季度，全体居民人均生活消费支出13159元，同比增长7%。

按常住地分，城镇居民人均生活消费支出16654元，同比增长5%；农村居民人均生活消费支出8293元，同比增长11.2%。

3. 就业形势总体保持稳定，创业带动就业规模进一步扩大

前三季度，全区城镇新增就业23.1万人，城镇登记失业率为3.63%，低于年初控制目标0.37个百分点。重点群体就业稳步推进。前三季度，高校毕业生实现就业或落实就业去向9.4万人、就业困难人员就业4.7万人、城镇失业人员再就业5.1万人、农牧民转移就业243.5万人。创业带动就业成效明显。前三季度，创业培训4.1万人，培训后成功创业3.2万人，创业带动就业10.7万人。累计发放创业担保贷款13.01亿元，比2015年同期增加1.94亿元，增幅为17.5%。创新创业深入推进。内蒙古大学生创业园成立两年来，目前已接收企业申请300余份，一期孵化区入驻企业62家，带动就业2000人。为大学生创业创建了一个能提供创业培训、投融资对接、商业模式构建、工商注册、法律财务等全方位创业服务的系统。

二、当前经济运行中的一些积极变化

（一）工业结构调整取得了新成效，新型产业加快发展

制造业保持较快增速。前10个月，在规模以上工业中，计算机、通信和其他电子设备制造业同比增长75.2%，汽车制造业同比增长24.5%，铁路、船舶、航空航天和其他设备制造业同比增长36.8%，仪器仪表制造业同比增长11.7%，电气机械和器材制造业同比增长2.7%。前10个月，装备制造业增长6.0%，对规模以上工业增长贡献率达到4.9%，拉动工业增长0.4个百分点。

（二）内需增长新动力不断增强

第三产业及基础设施投资明显增长。前10个月，全区第三产业增长25.4%，对投资增长的贡献率达到70.7%，弥补了由于第二产业投资下降的缺口。前10个月，全区完成基础设施投资5682.26亿元，同比增长32.7%。其中，交通运输、仓储和邮政业完成投资1543.21亿元，同比增长32.6%；水利、环境和公共设施管理业完成投资2498.10亿元，同比增长56.5%，这两项投资达到4041.31亿元，占基础设施投资比重的71.1%。前10个月，社会消费品零售额同比增长9.6%，增速与1—9月

持平，也快于2015年同期1.7个百分点。消费对全区经济增长的稳定支撑作用仍在延续。

（三）企业降本增效效果显现

随着一系列降成本政策的出台实施以及企业自身的成本控制效力提升，企业成本费用负担有所降低。前三季度，全区规模以上工业产成品库存为556.64亿元，同比下降16.9%。企业盈利状况趋好，前三季度，实现主营业务收入13897.52亿元，同比增长4.6%；实现利润总额764.38亿元，同比增长18.1%；亏损企业亏损额327.08亿元，同比下降15.0%。

三、当前经济运行中存在的主要问题

当前，全区经济运行中存在的主要矛盾和问题仍不少，表现为新老问题交织在一起，内外不利因素相互糅合，需要综合施策加以解决。具体表现为：

（一）工业经济下行压力仍然较大，主要经济指标达到预期增长目标有难度

总体看，目前全区经济实现了稳中有进、稳中向好，但同时整体经济下行的压力仍较大，面临的经济形势也更为严峻复杂。特别是工业增速已由2016年上半年的8.1%、前7个月的7.9%下滑至前10个月的7.2%。生产性服务业发展受第二产业影响也存在发展不足的困难。此外，受部分企业市场竞争性布局需求和固定资产投入持续增大影响，服务业企业营业利润下滑局面短期内难以扭转。

（二）财政收支增速持续放缓

前10个月，全区一般公共预算收入完成1636.54亿元，同比增长3.2%，增速较1—9月回落1.8个百分点。其中，税收收入1081.77亿元，同比增长1.1%，增速较1—9月回落0.9个百分点。前10个月，全区一般公共预算支出3605.42亿元，同比增长5.9%，增速较1—9月回落5.3个百分点。其中，一般公共服务支出同比增长7.3%，增速较1—9月回落3个百分点；城乡社区支出同比增长5.0%，增速较1—9月回落21.2个百分点；医疗卫生与计划生育支出同比增长13.5%，增速较1—9月回落6.5个百分点。

（三）民间投资明显不足，直接影响投资增长

民间资本投资明显不足，出现了下降态势。前10个月，全区完成民间资本投资6457.27亿元，占全部投资的45.5%，还不足一半，低于全国占比16个百分点；从增速看，全区民间资本投资同比下降6.8%，低于全国平均增速9.7个百分点，可见我区民间资本进入项目不足的问题更为严重。

（四）农牧民收入增长缓慢，落实"共享发展"理念仍需努力

2016年以来，受部分地区旱灾等自然因素以及肉类产品价格下跌等市场因素的共同影响，全区农牧民收入增长较为缓慢。前三季度，全区农村牧区常住居民人均可支配收入同比增长7.7%，不仅低于全国平均增速0.7个百分点，也低于全年预期增长目标1.3个百分点，比上半年增速回落0.3个百分点。

四、2017年经济形势展望及支撑因素分析

2017年，在充分考虑经济发展新常态，权衡各种因素，兼顾增速换档和产业升级的双重要求，在坚持稳中求进工作总基调，坚持以提高经济发展质量和效益为中心，主动适应经济发展新常态，保持经济运行在合理区间，经过认真比较、反复权衡，综合考虑国内外环境、支撑因素和条件、各方面需要和可能的结果，预计全年地区生产总值增长7.5%左右，规模以上工业增加值增长8%左右，全社会固定资产投资增长12%左右，社会消费品零售额增长10%左右，城乡居民人均可支配收入分别增长8%和8.5%左右，单位生产总值能耗降低3%左右。当然，这也是需要经过艰苦努力才能实现的。对2017年各主要预计指标的支撑因素分析判断如下：

（一）地区生产总值增长7.5%左右

1. 我区经济已经由高速增长阶段进入中高速增长阶段，7.5%左右是处在合理区间的速度

改革开放30多年来，内蒙古经济保持了10%以上持续高速增长，年均增速达到12%，比全国高2.3个百分点。但在经历多年高速增长后，我区经济发展的内在因素和外部条件都已经发生深刻变化，客观上要求速度换档。这是经济发展阶段性变化中的正常"收敛"。

“十二五”期间，内蒙古经济增长率逐年下降，从2010年的15%下降到2015年的7.7%，2016年预计7.3%左右。但从我区的区情特点看，内蒙古目前正处于工业化和城镇化加速推进期，如能充分发掘内生增长的新动力，内蒙古有条件继续保持高于全国、领先中部的发展态势。

从需求方面看，随着内蒙古经济发展阶段以及国际经济形势的变化，需求动力由投资带动逐步向消费带动转变，投资动力出现减弱。“十二五”时期，全社会固定资产投资增速明显下降，年均18%，低于“十一五”时期27.3%的年均增速。

从供给方面看，两大约束呈现越来越强的刚性，导致供给动力由要素规模扩张带动向质量提升带动转变。一是土地、劳动力等要素成本上升。进入“十二五”后，随着经济发展阶段和要素资源禀赋结构的变化，过去依靠要素规模扩张带动经济增长的方式正逐步向依靠改革创新、人力资本和技术进步等要素质量提升的增长方式转变。由于我区人口结构发生了重大变化，劳动力成本优势开始逐渐减弱。2010—2015年，内蒙古16～59岁（含不满60周岁）劳动年龄人口比重自2012年开始呈现下降趋势。人口结构的老龄化和劳动年龄人口绝对量的减少，反映在要素价格上，导致了工资的持续上涨。2011—2015年，城镇单位就业人员平均工资年均涨幅高达10.3%。从土地使用来看，目前受房地产市场低迷，去库存压力影响，2015年内蒙古房地产开发企业本年土地购置面积比2010年减少1676.7万平方米。

2. 我区经济增速换档并不是“失速”，我们有条件实现7.5%左右的增速

一是城乡、区域两大差距仍然是我区经济发展的巨大空间所在。我区城镇化率为60.3%，远远低于发达国家近80%的水平。城镇化是我区内需的最大潜力。我区地域辽阔，区域发展不平衡，东部地区、西部地区发展相对落后，也具有很大的回旋余地。二是消费蕴藏着巨大发展潜力。我区总人口达到2511万，加之人口流动性增强，消费市场前景广阔，处于消费快速升级阶段，这是需求潜力和发展活力的源泉。在投资动力出现减弱的同时，消费动力日益增强。随着居民收入水平的不断提高和经济结构的逐渐优化，消费对经济增长的拉动作用不断增强，尤其是进入“十二五”以来，消费增速开始超过经济增

速。2011—2015年，居民人均消费水平年均提高14.2%，比人均地区生产总值高4.5个百分点，说明消费对经济增长的促进作用逐渐增强。三是产业转型升级带来新动力。进入“十二五”以来，第三产业保持了较快发展，在经济增长中的作用不断增强。2015年，三次产业结构为9.1：50.5：40.4，与2010年相比，第一产业比重下降0.3个百分点，第二产业比重下降4个百分点，第三产业比重上升4.3个百分点。随着第三产业增加值比重的上升，第三产业对经济增长的贡献率也逐渐上升，由2010年的29.8%提高到2015年的36.3%。2016年前三季度，第三产业对经济增长的贡献率达到45.3%。内蒙古通过创新发展，实现服务业与农业、工业等在更高水平上的有机融合，推动产业结构优化调整，促进经济提质增效升级。通过优化投资方向，引领产业向价值链高端提升，实现创新驱动。四是人才、改革红利将为经济提供有力保障。我区劳动力素质和技能迅速提高，有望从“人口红利”转变为“人才红利”，通过全面深化改革可以释放出更大的制度红利。全区各地继续贯彻落实全面深化改革的各项工作部署，进一步激发了市场活力，优化了外部环境。同时各级政府牢牢抓住简政放权这一领域改革的牛鼻子，以更有力的放权和更有效的监管，激发普通劳动者的创业梦想。同时进一步深化“放管服”改革，深化商事制度改革，优化营商环境。2017年，稳增长的有利条件很多，7.5%左右的增长是可以实现的。同时需要看到，当前经济下行压力较大，实现这一增速也是有较大难度的，必须付出艰苦努力。

（二）规模以上工业增长8%左右

面对经济发展新常态，经济下行压力，处于转型升级阶段的工业经济，预计2017年规模以上工业增长8%左右，支撑的因素是：

1. 支柱产业对规模以上工业增长至关重要

随着调结构、转方式、促转型的不断深入，装备制造、高新技术等非资源性产业快速发展，增速不仅高于资源性产业，而且也高于全区增速水平。2016年前10个月，全区规模以上工业中，冶金建材工业同比增长11.4%，拉动增速2.4个百分点；农畜产品加工业同比增长6.7%，拉动增速1.1个百分点；装备制造业同比增长6.0%，拉动增速0.4个百分点；高新技术业同比增长8.2%，拉动增速0.2个百分点。可以看出，支柱产业对全区工业发展贡献明显。

2. 工业化、信息化、新型城镇化、农业现代化和绿色化“五化”的相互推进，是2017年经济平稳发展的坚实基础

随着产业结构调整和消费结构升级进一步加快，为全面提升产业分工，优化经济结构带来了机遇。“一带一路”“丝绸之路经济带”建设，为发展壮大特色优势产业创造了良好的政策环境。

3. 国家和自治区科学的宏观调控是工业经济发展保持平稳发展的关键

近年来，自治区党委、政府加强对工业经济的领导，先后出台多项政策性文件。这些政策对于2017年工业经济平稳运行具有很重要的意义。

此外，改革开放是激发工业经济平稳发展的不竭动力。2017年，自治区将继续推进电力市场化改革，加快价格形成机制改革，深化财税体制改革，深化金融领域改革，更好地服务实体经济发展。

（三）固定资产投资增长12%左右

从趋势上看，未来一定时期，在“五化”的推动下，投资仍是保持经济持续健康增长的主要动力。2017年，实现经济增长预期，需要促进投资稳定增长。

1. 政策环境的改善将有利于促进投资稳定增长

2017年，自治区将抓住国家支持基础设施建设、大数据综合实验区建设的重大机遇，积极争取国家支持。深化投融资体制改革，形成政府投资、社会投资、招商引资的聚合效应。落实2016年秋季项目推进会，充分发挥政府投资引导作用，通过设立重点产业发展资金、新兴产业发展基金以及特许经营、投资补助、政府购买服务等方式，调动社会资本参与投资的积极性，这些将促进投资稳定增长。

2. 加强重点项目建设，将为经济持续健康发展提供新动力

加快构建铁路网、公路网、航空网、市政网、水利网、能源网、信息通信网七大网络体系。一批迎庆重点建设项目陆续投产和开工建设，将进一步完善现代基础设施建设。

（四）社会消费品零售总额增长10%左右

2017年，我区消费市场既面临着各项有利因素，也存在多方面制

约因素，需要认真分析，科学作出准确判断。

1. 三大需求结构中最终消费的比重在提升，消费动力日益增强

随着收入水平的不断提高和经济结构的逐渐优化，消费对经济增长的拉动作用不断增强，尤其是“十二五”以来，消费增速开始超过经济增速，说明消费对经济增长的促进作用逐渐增强。特别是与电子商务有关的新兴业态快速发展，对国民经济的影响作用越来越显著。尽管目前传统消费行业困难比较多，但新产业、新技术、新业态、新模式、新产品正在加速成长，新的消费动力正在加速孕育。

2. 城镇化率稳步提升

目前，我区城镇化率已经达到60.3%，有超过1500万人口生活在城镇，蕴藏着巨大的消费潜力。尽管这种变化不是一年形成的，是长期形成的，但毕竟已经有了比较大的城镇消费人群，会带来广阔的消费市场。

3. 有效扩大消费需求的政策措施逐步落实

自治区政府将采取鼓励金融机构创新消费信贷产品等政策，优化消费环境，激活商务消费，增加住房消费，提升教育文化消费，升级旅游休闲消费，扩大个性化、中高端消费，刺激养老健康家政消费，打造多点支撑的消费增长格局，将有利于我区消费市场平稳增长。

（五）城乡居民人均可支配收入分别增长8%和8.5%左右

实现居民收入增长和经济发展同步，是提高发展质量和效益的应有之义，是增进各族人民福祉、促进社会公平的重要体现。

进入“十二五”以来，自治区党委、政府始终把解决好人民群众最关心、最直接、最现实的利益问题摆在重中之重，惠及民生的好政策措施密集出台，顺应新期待的改革相继启幕，人民群众更多地分享到经济发展的成果，各项民生事业取得了长足发展。经济增长降速、民生改善提速，这一降一提的鲜明对比，成为近期内蒙古经济进入新常态后的一大亮点。2011—2015年，内蒙古城镇常住居民人均可支配收入同比增长11.1%；农村常住居民人均可支配收入同比增长13.2%，快于城镇居民人均可支配收入2.1个百分点，不仅大大跑赢居民消费价格指数，更是跑赢了国内生产总值。尤为可贵的是，城乡居民收入差距进一步缩小，居民收入占国民经济初次分配的比重进一步提高。

与此同时，物价水平保持总体稳定，全区居民消费价格指数同比上涨1.1%，老百姓钱袋子越来越鼓。

我区经济发展到目前阶段保持居民收入增长和经济发展同步的压力和难度仍然比较大。2015年，内蒙古城镇常住居民人均可支配收入和农村牧区常住居民人均可支配收入分别低于全国平均水平601元和646元，同时收入分配不合理，收入分配差距较大。内蒙古在民生和社会保障方面也面临着水平低、发展慢的现状。城乡居民收入差距较大，城乡之间发展不平衡、不协调的矛盾依然突出。关注民生改善，加快实现社会保障城乡一体化，加强社会建设，提高城乡居民的生活水平和质量，同样是全面建成小康社会亟待解决的问题。自治区第十次党代会报告提出未来五年奋斗目标“四个高于”“两个达到”，其中，城乡居民人均收入增幅高于全国平均水平并要达到全国平均水平。这些都是着眼全局作出的重大战略决策，我们必须认真贯彻落实。要完善收入分配调控体制机制和政策体系，健全企业职工工资正常增长机制，多途径增加农牧民收入。要通过深化改革发展，让城乡居民特别是中低收入群众得到更多实惠。

（六）单位生产总值能耗降低3%左右

2017年，内蒙古进一步统一思想，持续加大生态环境保护和建设，坚决守住生态底线。积极营造全社会节能低碳生产、生活的良好氛围和社会生态。发挥国家、自治区实施能源和煤炭双控倒逼机制作用，全面落实节能降耗工作，以现代服务业、生产性服务业的加快发展，优化三次产业格局；提高全民节能意识，以全社会节能行动，提升能源使用效率，增强全区经济可持续发展能力和后劲。“十二五”以来，全区加快调整优化产业结构，积极转变经济发展方式，各地通过技术改造、淘汰落后产能、加大节能减排力度、实施较严标准考核等方式，加强环境保护，控制污染物排放，主要污染物总量减排效果良好。2011—2015年，全区万元国内生产总值能耗累计下降18.8%，提前一年超额完成“十二五”节能目标任务。

同时，城乡人居环境持续改善，基础设施建设有序推进。随着全区城镇化水平的不断提高，百姓对宜居环境的期望和要求也更高，全区各级政府也不断加大城市环境建设力度，努力改善基础公共设施。

五、对策建议

2017年，全区要认真贯彻落实自治区第十次党代会精神，贯彻落实中央经济工作会议和自治区经济工作会议精神，坚持五大发展理念，坚守发展、生态、民生底线，促进新型工业化、信息化、城镇化、农牧业现代化、绿色化“五化”同步发展，扎实推进稳增长、促改革、调结构、惠民生、防风险各项工作，坚定不移地推动供给侧结构性改革，促进经济持续健康发展和社会和谐稳定。为此，提出以下几点建议：

（一）加快发展现代农牧业发展，促进农牧业提质增效

要充分利用互联网电商的优点，引导农牧业突破区域、场地、观念等方面的限制，要认真落实国家一系列鼓励电商下乡进村的政策，加快推进农村牧区电子商务发展，推广“互联网+农牧业”的融合发展模式。要加快推进农牧业供给侧结构性改革，走产出高效、产品安全、资源节约、环境友好的现代农牧业发展道路。调整优化农牧业布局，坚持“稳羊增牛扩猪禽”发展方向，合理布局规模化养殖基地建设，推动养殖增量由牧区向农区转移。

（二）以协调发展为抓手，促进产业转型升级

进一步加大结构性改革的力度，在扩大总需求的同时，着力加强供给侧结构性改革，全面落实去产能、去库存、去杠杆、降成本、补短板五大任务，提高供给体系质量和效率，提高投资有效性，改造提升传统比较优势，加快培育新的发展动能。以结构调整带动经济增长，以经济增长促进结构调整。

（三）以创新发展理念为引领，不断提高创新能力

要将改革创新放在更加突出的位置，不断提高创新对经济增长和社会发展的贡献率，使创新成为社会的自觉行为。要大力提高高校科技成果转化率。通过科技体制机制改革，探索在高校推行职务科技成果混合所有制等制度改革，给予发明人明确的知识产权预期，使科研人员拥有更多科研成果的知识产权，增加科研人员推进科技成果转化的动力，提高其积极性，推动科技成果加速向产业化转化。

（四）优化实体经济发展环境，持续完善市场经济体系建设

切实落实好国家和自治区针对企业降本减负的系列政策措施，加快释放改革红利，有效降低实体经济运行的制度成本，努力稳定经济增长预期，不断激发企业活力。进一步强化产业政策研究，重点围绕新经济、新业态、新商业模式，加快构建更加公平高效的市场经济制度体系，充分发挥市场在要素资源配置中的决定性作用。

（五）以消费升级为方向，不断扩大消费需求

今后一个时期，在去产能、去库存、去杠杆的同时，保持经济稳定运行任务十分艰巨，唯有顺应消费升级的大势，进一步挖掘消费潜力、促进消费升级、积极培育新消费为主体的新动能，才能促进新旧动力有序转换，实现结构优化。

（六）不断扩大对外开放规模，努力提高开放发展水平

积极主动地实施对外开放战略，提升开放型经济发展水平，抓住国家"一带一路"建设新机遇，在区域合作新格局中寻找未来发展的着力点和突破口，加快建设向北开放的重要桥头堡和充满活力的沿边经济带。进一步加强与周边省区市的经济协作，推进与沿海和内陆地区的横向联合，深化与港澳台地区的经贸合作，创新京蒙区域合作机制，主动融入京津冀一体化发展。

（七）以充分保障和改善民生为最终目标，实现共享发展

着力提高全区基本公共服务水平和城乡居民收入水平。一是促进就业和社会保障体系建设。二是大力提高居民收入。三是加大扶贫攻坚力度，积极构建专项扶贫、行业扶贫、社会扶贫等多方力量，打赢这场扶贫攻坚战。四是要更加重视卫生和健康工作，着力建设健康内蒙古。五是要更加重视养老事业，鼓励积极探索实现医养结合的多种模式。

作者系内蒙古自治区统计局局长

自治区发展研究中心报告

杨臣华

2016年，面对经济下行压力加大、结构调整阵痛释放的严峻局面，我区牢固树立创新、协调、绿色、开放、共享五大发展理念，坚定不移推进供给侧结构性改革，新动力不断积聚，结构调整持续改善、经济发展质量效益稳步提升，经济运行呈总体平稳、稳中有进、稳中提质态势，预计全年经济增长7.2%左右。下阶段，围绕自治区第十次党代会确定的奋斗目标和发展战略，巩固发展“稳”的基础，培育壮大“进”的动力，力促经济稳速增效。

一、2016年内蒙古经济运行特征及主要问题

（一）2016年内蒙古经济运行特征

“三去一补一降”取得实效，经济发展稳中有进。去产能任务提前完成，全年分别去炼铁、炼钢和煤炭产能224万吨、67万吨和330万吨。去库存效果显现，1—10月，商品房待售面积减少12%，规模以上工业企业产成品占用资金逐月下降，累计降幅超过16%。去杠杆稳步推进，金融机构平均利率和不良贷款率、企业负债率全面下降，企业直接融资规模达750多亿元。降本增效明显，降费减税额达200多亿元。发展短板加快补齐，启动实施交通、电力、公共服务等九大类45项重点工程，1—10月，基础设施投资增长31.1%，教育、文化、卫生三项投资增速高于总投资17.2个百分点。

产业结构调整步伐加快，服务业支撑力稳步提升。工业经济稳中趋缓。1—10月，全区规模以上工业增加值同比增长7.2%，较上半年、

三季度分别放缓0.9和0.3个百分点。黑色金属采矿业、化学原料及化学制品制造业等增势减缓，成为拖累工业增长的主要因素。后期，随着主要工业品价格回稳、市场需求渐趋改善，工业经济有望回稳，预计全年工业增加值同比增长7.3%左右。服务业提速提质。服务业实现“量质齐升”，成为经济运行的突出亮点。前三季度，服务业增加值占全区生产总值比重达44.8%，较2015年同期提高3.2个百分点，对国内生产总值增长的贡献率达到45.3%，预计全年服务业同比增长8%左右。农牧业平稳增长。全区粮食播种面积稳中有升，全年粮食产量可达到550亿斤左右；畜牧业生产实现十二连稳，牧业年度牲畜总头数同比增长0.1%，已连续12年超过1亿头（只）。

需求端总体偏弱，消费支撑力稳步增强。投资后劲亟待增强。受主导产业增长滞缓、民间投资大幅下滑等因素影响，全区投资增势逐月回落。1—10月，500万元以上项目固定资产投资增长11.7%，较一季度、上半年、三季度分别下降1.8、1.5和0.1个百分点。后期，大项目陆续落地、民间投资企稳等积极因素，将支撑全年固定资产投资同比增长12%左右。消费潜力逐步释放。2016年，消费增速基本稳定在9.5%左右，较2015年加快约2个百分点，充分发挥了经济“压舱石”的作用，后期，随着年末节庆促销、汽车消费补贴临近到期，消费将延续平稳态势，预计同比增长9.7%左右。进出口贸易趋缓。受国际经济复苏乏力、市场需求不振等因素影响，全区进出口增势明显回落，1—10月，进出口贸易总额（亿美元口径）同比下降11.8%，降幅较2015年同期扩大8个百分点。其中，对蒙古双边贸易放缓明显，同比下降20.5%。

企业效益改善明显，两个收入增收艰难。工业企业效益走向好转。随着去产能、降成本措施落地显效，煤炭、钢铁等主要工业品价格回稳，工业企业经营逐月改善。1—10月，全区规模以上工业企业实现利润同比增长20%，较2015年同期回升43个百分点。财政增收压力不减。受“营改增”全面推开、主导税源增收乏力等因素影响，财政收入增速自6月呈逐月回落。1—10月，一般公共预算收入同比增长3.2%，低于2015年同期3.1个百分点，完成全年预期目标压力较大。居民收入小幅缓行。受经济增速放缓、收入结构单一等因素影响，居民收入增收步伐放缓。前三季度，全区城镇、农村牧区常住居民人均可支配收入增速同比分别回落0.2和1.1个百分点。预计全年城乡居民人均可支配收入分别增长7.8%和7.5%左右。

物价温和上涨，工业品价格筑底回稳。10月，全区居民消费价格同比上涨1.1%，涨幅较2015年缩窄0.3个百分点，全区工业品出厂价格指数结束连续50个月的下跌态势，已连续2个月呈现上涨势头。后期，大宗商品价格回稳、蔬菜价格小幅上涨对物价形成推涨压力，但在消费品市场低位运行、产能过剩局面未根本改变背景下，全年物价上涨幅度有限，预计全年居民消费价格指数同比上涨1.1%左右，生产者物价指数同比下降3%左右。

改革举措落地生根，经济发展活力持续释放。全面取消工商登记前置审批事项，163项工商登记前置审批事项改为后置审批，“五证合一、一照一码”全面推行。财税改革有序推进，全区57个矿产资源品目全部实施了资源税改革，“营改增”全面推开，累计减轻纳税人负担约192亿元。户籍制度改革加快推进，全面放开农牧民进城落户限制，实现一元化户口登记制度。产权制度改革开始启动，完成所有盟市、旗县不动产统一登记职责整合工作，38个旗县开始颁发不动产权证书。国资国企改革、农村牧区综合改革、教育综合改革、医疗卫生体制改革等各领域改革全面推进。市场主体活力迸发，1—10月，全区新登记市场主体和注册资本（金）同比分别增长8.6%和94.9%，非公有制工业增加值高于全区规模以上工业增加值增速3.2个百分点。

（二）需要关注的问题

供给侧结构性改革任重道远。前三季度，占工业主导地位的冶金建材、化学工业对工业增长的贡献率较2015年同期回落5.9个百分点，拖累工业增速较2015年同期放缓1.1个百分点，传统优势主导产业对工业增长的支撑力继续减弱。同期，新兴产业未能延续快速增长势头，显露放缓迹象，装备制造、高新技术业增加值增速较2015年同期分别回落6.2和18.4个百分点，两者对工业增长的贡献率较2015年同期下降7个百分点。在传统产业和新兴产业支撑力双降背景下，全区经济增长缺乏有力的支撑点和增长点，经济下行压力加大。前三季度，地区生产总值增速较2015年同期回落0.4个百分点，低于全年预期目标0.4个百分点；1—10月，规模以上工业增加值在2015年低位的基础上继续回落1.4个百分点，处2000年以来较低水平，全区经济实现全年7.5%增长目标难度较大。

创新能力不足致产业链缺失。新旧动能接续转换的实质是经济转型升级，加快全区经济转型升级关键在于拓宽延伸产业链条。而我区创新能力不足、创新链与产业链优化配置和融合互动不畅、创新配套不到位等因素，导致传统产业链延伸受限、新兴产业链引不进来和落不了地，新旧动能转换接续步伐缓慢。例如，由于旅游业模式创新、管理创新滞后，我区旅游业过度依赖季节性自然景观，文化元素缺失，餐饮、酒店、购物、娱乐相关产业不配套等问题突出，传统旅游业向全域旅游的全产业链转型缓慢。再如，包头稀土高新区虽聚集众多稀土研发和生产企业，但由于关键电镀环节技术缺失，导致下游加工产业无法跟进，园区内稀土产品仍处于原料加工、销售阶段，产业链延伸受制。创新瓶颈导致产业链不完备，传统产业转型升级、新产业孕育成长受限。1—10月，全区机械装备制造、高新技术投资跌至负增长，同比分别下降8.2%和2.5%，新旧动能接续转换仍待增强。

投资增势仍显乏力。主导投资领域增势大幅放缓。受传统投资品需求不足和去产能政策落地的双重制约，作为主导力量的工业投资下滑明显。1—10月，工业投资在2015年低位的基础上继续下降1.7%，占总投资比重降至42.2%，远低于近年50%左右的平均水平。大项目支撑不足。1—10月，全区新开复工10亿元以上工业项目较2015年同期分别减少41项，完成投资额较2015年同期减少17.8亿元，对投资上规模上水平形成重要制约，重大项目第一抓手作用减弱。民间投资参与度待提升。受制于行业利润率普遍下滑、民间投资政策落地难等问题，民间投资活力仍显不足。1—10月，全区民间投资同比下降6.8%，较2015年同期回落16.5个百分点，低于全国平均水平9.7个百分点，占总投资的比重由2015年同期的54.5%降至45.5%，其中，工业民间投资下滑严重，其减量是民间总投资减量的10个百分点。

地方债务风险防控能力有待提升。2016年以来，随着土地出让收入增势减缓、借新还旧成本加大、地方融资平台负债规模不断膨胀等因素影响，地方政府债务压力进一步加大。据测算，截至2016年7月末，全区负有偿还责任的债务率高达139%。尽管置换债券发行有效降低了地方利息负担、缓解了偿债压力，但长期仍无法逃开债务偿还问题，且中央对地方政府债务实行不救助、不兜底原则，进一步加剧政府债务风险。地方债务规模的过度扩张，一方面易引发金融机构系统性风险，对经济平稳运行造成冲击；另一方面，将极大地限制地方政府的发展空间，使基础设施、基本公共服务、生态建设等建设资金捉襟见肘，社会发展质量提升受到抑制，社会稳定深存隐患。

二、2017年内蒙古发展环境及增长动力分析

（一）2017年内蒙古发展环境分析

国际方面，全球新科技革命仍未实质性启动，人口老龄化趋势加剧，导致全球层面的总需求增速放缓。量化宽松政策和经济刺激政策的大规模使用导致贫富差距拉大和边际消费倾向下降，进一步加剧了总需求不足。发达国家货币政策已接近极致，财政政策面临一定掣肘，结构性改革推进难度较大。总体来看，2017年全球经济仍难有较大起色，尤其美元加息、英国脱欧、美德法等大国大选、中东及亚太等地缘政治局势紧张等因素将导致全球经济的不确定性增大，进而使得国际经济环境稳中偏差。

国内方面，2017年，我国仍处于外部经济下行压力和内部周期性、结构性调整交织作用时期，经济运行面临的挑战不亚于2016年。投资方面，基建仍将是稳增长的核心力量，但在2016年较快增长的基础上，再度加快的空间有限。房地产市场的复苏式增长并未达到去库存的初衷，反而加剧了资金脱实入虚与资产泡沫，居民部门加杠杆空间几乎用尽，风险上升。制造业投资和民间投资在经济下行态势仍未扭转的背景下，预计难以出现较大增长。消费方面，居民收入增长已低于国内生产总值增速，房地产市场回暖一定程度上也透支了居民收入，因此增速可能继续放缓。出口方面，全球经济形势低迷，逆全球化思潮抬头，出口仍将面临巨大压力。但同时，利好因素也在不断集聚。党的十八届六中全会开启了全面从严治党新实践，将为深化改革扫清障碍。党的十九大新一轮人事布局后，重大工程和基建投资将会加速推进，有望形成新的投资建设小高潮。同时，“十三五”规划进

入施工期，各项改革措施的具体落实，有望稳定市场预期，产生新的制度红利。但总体看，2017年经济下行压力仍较大，增速将继续考验6.5%的底线。

（二）2017年内蒙古经济增长动力分析

1. 供给侧结构性改革深入推进，经济可持续增长动力增强

2016年以来，全区积极推进供给侧结构性改革，随着“五大任务”的贯彻落实，企业经营成本持续下降、效益显著回升、房地产市场逐步回暖、基础设施保障能力不断加强，经济发展呈现出一系列积极变化。2017年，供给侧结构性改革仍是全区经济转型升级主线。去产能方面，在完成任务基础上，将更加注重由量的控制向引导去产能与产业优化布局、转型升级相结合转变，为进一步改善企业盈利状况、推动企业投资和扩大再生产提供了保障，尤其是工作重心的转变将有力助推全区主导产业结构优化、脱困升级。去库存方面，包括财税、户籍领域等一揽子配套政策将进一步细化，“房票”试点范围将进一步扩大，一系列创新、务实的政策组合将有效刺激和激活新需求入市，进而稳定房地产市场，并带动上下游行业发展。去杠杆方面，将继续扩大企业直接融资规模，并制定中长期债务风险化解规划和应急处置预案，为防范化解金融风险、提升经济金融化水平提供了有力支撑。降成本方面，在继续落实好49项降低企业成本举措基础上，将加大对制造业增值税、五险一金等支出项目的调整力度，有助于进一步减轻企业负担，稳定企业生产。补短板方面，将全面加大减贫脱贫支持力度，改善基础设施，提高公共服务水平，为进一步夯实发展根基、增强发展后劲提供了保障。

2. 对外开放战略布局更趋完善，发展空间进一步拓展

随着国家“一带一路”建设、京津冀协同发展、长江经济带建设等战略的实施以及新一轮西部大开发、振兴东北的深入推进，内蒙古的区位概念正由过去单纯的地理特征逐步转换为全国重点区域战略布局和经济腹地辐射的交汇点、结合部和过渡带，并且其重要性日益凸显。自治区党委书记李纪恒多次表示，内蒙古要更加积极主动地服务和融入国家发展战略，深入实施开放带动战略，加快形成“北上南下、东进西出、内外联动、八面来风”的对外开放新格局。下阶段，

内蒙古在推进“中蒙俄经济走廊”建设、加快建设我国向北开放的重要桥头堡基础上，将着力扩大对东北亚的开放，密切同港澳台地区及东南亚的交流合作，加强同中亚、西亚和欧洲的贸易往来。全方位对外开放新格局的形成，将充分激发我区在资源、区位、文化等方面的优势，并以此吸引资金、人才、技术、信息，加快特色产业发展，促进全区工业化、城镇化和信息化深度融合，加快转变发展方式。同时，第十次党代会提出，要加强同周边省区的务实合作，主动融入京津冀、辽吉黑等地区发展，积极承接沿海地区先进产业转移，抓好跨地区重大基础设施和产业园区共建，抓好重点开发开放实验区、合作先导区和跨境经济合作区等对外开放平台建设，这将促进我区与周边省区市深度合作，推动与俄蒙等国家及地区的经贸合作与人文交流，拓宽合作领域，形成优势互补，为发展拓展出更广阔的空间。

3. 新兴动力持续发力，支撑作用进一步提升

近年来，拉动经济增长的新动力在加快成长，尤其是服务业和消费快速发展，已成为拉动经济增长的主要动力。前三季度，服务业对国内生产总值的贡献达到58.3%，消费对国内生产总值的贡献率已达71%，以服务业和消费主导经济增长已经成为新常态下我国经济增长的重要特征。同国家相比，我区服务业和消费的发展程度虽有所滞后，但对经济增长的支撑作用也在逐步增强。服务业方面，前三季度，全区服务业对经济增长的贡献率为45.3%，高于2015年同期2.3个百分点。2017年，服务业继续领跑全区经济的趋势不会变，尤其是旅游、大数据产业的蓬勃发展将为服务业发展注入强劲动力。旅游方面，我区自然风光辽阔壮美、民族文化独具特色，下阶段，自治区将着眼于发展全域旅游、四季旅游，实施“旅游+”战略，高起点规划、高强度投入、高标准建设、高效能管理、全方位宣传，多业融合、全域联动的大旅游发展格局正在形成，必将成为一支拉动消费升级、带动相关行业增长的主力军。大数据方面，目前，中国三大电信运营商和华为、中兴、中国科学院等行业、科技龙头的数据中心纷纷落户我区，全区已建成70万台服务器的总承载能力，规模领跑全国。10月初，内蒙古入选第二批国家大数据综合试验区，又为发展大数据产业提供了重大政策机遇。此外，从2016年起，自治区本级每年将安排不

少于 5 亿元资金，重点支持大数据基础信息资源库、关键技术攻关等项目，并给予企业税费、用地、人才引进等优惠政策扶持。大数据产业的快速发展，既可以促进工业化与信息化融合，通过“互联网 +”改造升级全区的传统产业，又可以催生信息技术、文化创意、现代服务业等各类新兴业态，将成为推动全区产业转型升级的新引擎。

消费方面，随着消费环境的持续改善以及收入保障机制的不断完善，2017年，消费潜力有望得到进一步释放。一是社保体制加快完善，消费基础更加稳固。长期以来，社会保障机制不健全导致居民预防性储蓄过多，消费难有较大增长。下阶段，自治区将加快推进全面参保计划，完善养老保险缴费和转移接续政策，整合城乡居民医保政策和经办机制，加强对城乡困难群体的生活保障，稳步提高保障待遇水平，这些举措将有效减轻居民预期支出的压力，提升居民尤其是中低收入群体消费预期，从而推动资金由保障性项目向消费性项目转移。二是消费环境渐趋改善。近年来，我区积极推进电子商务与农牧业、商贸流通、文化旅游等领域的融合发展，一批本地化电子商务公共服务平台、交易平台相继涌现，大大提高了商贸流通效率和居民消费便捷程度，改善了消费环境。同时，加快推动中小商贸流通企业公共服务平台、城市物流配送网点、便民生活服务圈建设，全力实施“便民连锁超市”建设工程，消费便利化程度进一步提升，将有效激发之前由于消费环境欠佳而不能释放的消费潜力。

4. 改革红利持续释放，护航经济平稳增长

近年来，我区坚持把全面深化改革摆在重要位置，形成了一批具有内蒙古特色的改革亮点。随着改革红利的持续释放，市场活力不断激发，全面深化改革成为经济社会发展的强大推动力。2017年，我区全面改革攻坚将向纵深发展。行政体制改革方面，将继续深入推进简政放权，加大“放管服”改革力度，深化商事制度改革，加快政府职能转变，这将进一步规范权力运行，为企业提供更多的市场机会、更公平的经营环境，有利于激发全区企业投资和创新意愿。投融资体制改革方面，将进一步放宽市场准入，优化营商环境，放手扶持非公有制经济发展，积极构建“亲”“清”新型政商关系，将极大拓宽民间资本的投资领域，激发微观主体投资活力，促进全区民间资本和社会资

源的整合发展。价格改革方面，将深化电力体制改革综合试点，推进电力市场化改革，这为扩大我区电力资源和电价成本优势提供了必要支撑。财税金融改革方面，将完善“营改增”具体措施，为进一步减轻企业负担、鼓励新经济成长打下坚实基础。总体看，各项改革举措的纵深推进，将成为推动我区全年经济增长和结构调整的最大动力。

三、2017年内蒙古经济增长情景分析

综合考虑经济发展的外部环境和内在条件，运用“内蒙古宏观经济年度计量模型”，根据不同的外部环境和政策取向，对2017年内蒙古经济增长趋势提出两种情景方案。报告建议以地区生产总值增长7.5%的目标作为基准方案。

（一）地区生产总值增长7%

2017年，全球经济仍持续弱复苏态势，世界经济增速略高于2016年，为3%，我国外需状况略有改观。考虑到民间投资增长乏力、债务结构性风险不减、消费难以在短期内提升等因素，我国内部需求将依然低迷，加之新旧动能接续转换缓慢，国内经济仍面临较大下行压力。基于此，国家将立足“稳中求进”工作基调，实施稳健的货币政策，保持整体稳健中性、松紧适度，实现维稳汇率、抑制资产泡沫和防范经济金融风险的调控目标。同时，实施积极的财政政策，优化支出结构，支持棚户区及农村危房改造、扶贫移民搬迁、城市地下综合管廊、停车设施、充电设施等基础设施建设，加快启动“十三五”重大工程建设。预计2017年，全国经济增速略低于2016年，处在6.3%～6.5%的区间。

在这一国内外环境和国内政策假设情景下，我区经济可实现7%的增速。从工业看，我区主要工业行业仍处于去产能、去库存周期，煤炭、电力、化工、冶金行业市场需求继续维持低位，分别同比增长约5%、3.2%、2.5%和8%，规模以上工业增加值同比增长7.2%左右；从投资看，我区将突出抓好年度重点项目建设，加大基础设施投资力度，抓好自治区成立70周年迎庆项目建设，基础设施领域投资将保持较快增长，产业投资进一步优化，大数据、新能源、装备制造、生物科技、节能环保等新兴领域投资实现较快增长，全社会固定资产投资

增速有望保持在11.5%左右。从消费看，居民消费的稳定增长支撑消费市场继续平稳运行，预计社会消费品零售总额同比增长9.5%左右。

（二）地区生产总值增长7.5%

2017年，全球经济呈温和增长态势，经济增速可达3.4%，我国外需状况有所改善。基于此，国家将在宏观政策基本稳定的基础上，坚持以改革统揽全局，深入推进国企、金融、财税等领域供给侧结构性改革，市场配置资源的决定性作用和政府作用得到更好发挥。国家继续实施积极的财政政策和稳健的货币政策，综合运用各种流动性调节工具，在保持适度流动性基础上，积极引导社会融资成本下降。适当扩大财政赤字和政府债务规模，在优化政府债务结构和财政支出结构基础上，进一步完善和落实减税降费政策，财政体制改革深入实施，投资消费有机结合取得实质性进展，内需对经济增长的关键支撑作用增强。预计2017年，全国经济增速处在6.5%～6.7%的区间。

在这一国内外环境和国内政策假设情景下，我区经济可实现7.5%的增速。从工业看，我区传统产业运用高新技术和先进适用技术改造升级取得新进展，总体运行稳定，工业结构调整进一步加快，战略性新兴产业加快发展，煤炭、电力、化工、冶金行业分别增长约5.5%、3.7%、3%和10%，规模以上工业增加值增长7.4%左右；新能源、新材料、大数据、蒙中医药、高端装备制造业等战略性新兴产业增加值占工业增加值的比重进一步提高，规模以上工业增加值增长8%左右。从投资看，传统领域投资增长保持稳定，新兴领域投资占比进一步提高，重大项目建设加快推进，向民间资本开放的投资领域明显拓宽，民间投资活力提高，投资有效性进一步提升，全社会固定资产投资增长12.5%左右。从消费看，消费市场秩序进一步改善，服务消费、信息消费、绿色消费、健康消费和农村牧区消费潜力得到进一步释放，个性化、中高端消费增长较快，社会消费品零售总额增长10.5%左右。

四、对策建议

（一）精准发力“优供给”，推动经济平稳增效

一是以去产能促升级。按照国家有关要求，坚决处置落后低效的产能，借去产能培育发展精细化、终端化、差异化中高端特色优势产

能，重点提高煤炭、钢铁、有色产业延伸加工水平，推动农畜产品加工业提质增效，加快发展新材料、生物科技等战略性新兴产业，做到有“退”有“进”。抓住“互联网+”发展机遇，推动大数据云计算等新产业以及互联网教育、互联网金融、移动医疗等新业态加快发展，培育线上线下融合、个性定制等新模式。二是以去库存盘活存量。继续推进棚改货币化安置，支持自住型和改善型购房需求，鼓励新市民购房和农民进城购房，用足用好住房公积金政策。三是以去杠杆降风险。严把额度申报、置换程序、资金拨付关，做好地方政府存量债务置换工作。鼓励龙头企业设立产业创投基金，定制个性化直接债务融资方案，扩大直接融资规模。四是以降成本激活力。进一步削减行政、税收、融资等供给约束，进一步降低制度性的交易成本、税收、社会保险、财务、电价、物流等成本，重点推动结构性减税，减轻企业运行包袱。五是以补短板惠民生。加快城际、城乡交通基础设施建设，加大医疗保健、文化、教育、体育等基础设施投入，加快推进保障性安居工程建设和棚户区改造。抓好教育、卫生、住房、扶贫等民生领域70周年大庆献礼项目，集中力量为群众办一批实事。

（二）八面来风“扩开放”，充分释放经济发展活力

一是搭建多层次多领域合作平台。依托重点口岸，加快边境经济合作区、跨境经济合作区、边民互市贸易区、综合保税区等载体建设，完善教育、医疗卫生、科技、文化、体育等公共服务功能，形成经贸合作平台和人文交流平台。二是做好环境配套。把基础设施互联互通作为推动开放的优先领域，加强基础设施规划、技术标准体系的对接，抓好交通、能源、通信等基础设施的关键环节和重点工程。完善投资便利化机制，培育自由便利、透明的投资环境，加强投资领域合作。加快发展跨境电子商务，鼓励企业建立海外营销网络，支持企业探索跨境合作新模式，建立含金融、通关、物流、退税、外汇等环节的跨境电商综合服务平台。三是加强口岸与腹地联动。打好口岸服务牌，创新通关模式，简化通关手续，提升通关效率；建立统一的电子口岸平台和口岸监控指挥系统，提升口岸现代化、信息化、智能化水平；完善口岸设施和查验配套设施，提升口岸通关能力。打好腹地加工牌，在要素集聚程度相对高的沿黄沿线经济带等腹地布局进出口加工项目。强化口岸与腹地联动，推动口岸服务功能向腹地延伸，推动腹地资本、技术、信息等生产要素向沿边地区延伸。

（三）立足供给“强创新”，着力增强经济发展新动力

一是以科技创新构筑产业链经济。围绕产业链推进基于集群的创新资源整合，以重大发展需求为牵引，集中力量实现若干领域的重大技术突破，推动大数据、稀土新材料等特色产业全链条发展。加快服务业供给创新，推动生产性服务业向专业化和价值链高端延伸、生活性服务业向精细化和高品质转变，增加公共产品和公共服务供给。二是加快消费供给创新。完善产品消费结构、提升服务消费品质，通过商贸关联产业协同发展，形成多元一体的综合消费环境。鼓励企业“精致生产”，最大限度发挥工匠精神，通过“品质革命”来引导需求的回流。依托绿色优势，做好旅游和绿色农畜产品加工文章。三是强化创新的人才支撑。围绕构筑全产业链经济和消费供给创新，大力引进适用人才。完善人才引进机制，理顺人才公共服务体制，完善区外人才居留、出入境服务政策，保障区外人才工作、生活待遇。

（四）转变职能“优环境”，激发实体经济发展潜力

一是提高行政审批服务水平。做好事前审批环节“减法”和事后监督“加法”。在精简行政审批事项的同时，加强行政监管与社会监督，落实责任追究制。二是完善招商引资政策。突破招商难点，形成吸引外资的洼地效应。创新招商引资方式，运用“互联网+招商”理念，招大引强。注重产业链、价值链招商，围绕我区产业转型升级的突出需求，依托优势特色产业聚集优势，吸引一批强链、补链、延链项目。三是构建“亲”“清”新型政商关系，推动政府职能向创造良好发展环境、提供优质公共服务、维护投资者权益转变。四是加强对政府行为的约束。建立地方政府征信体系和干部诚信考核机制，严格遵守与企业、投资人签订的各类合同协议，强化政府守信履约职责，不得单方不履行合同、不信守承诺，侵害企业合法权益，违反者应严格追责。

负责人：杨臣华

成　员：付东梅　刘　军　田晓明　杜勇锋　徐　盼

经济发展篇

内蒙古农牧业经济发展情况

2016年，在自治区党委、政府的正确领导下，全区各级农牧业部门认真贯彻落实创新、协调、绿色、开放、共享五大发展理念，全力推进农牧业供给侧结构性改革，克服了严重旱灾、国内经济下行压力增大、农畜产品价格下跌的不利影响，农牧业经济继续稳定发展，成为全区经济发展的亮点，实现了“十三五”农牧业的良好开局，为我区经济社会平稳较快发展和维护社会和谐稳定大局起到了基础性保障作用。

一、2016年农牧业经济运行情况

（一）粮食生产实现“十三连丰”

2016年，东部五盟市遭遇严重旱灾，种植业结构调整大范围推进，粮食产量受到影响，但总体上看仍是丰收年。据统计，2016年粮食产量556.04亿斤，比上年减少9.4亿斤，连续4年稳定在550亿斤以上。

（二）畜牧业实现“十二连稳”

2016年牧业年度，全区牲畜存栏达到1.36亿头（只），同比增长0.09%。其中，羊存栏10.7亿只，连续3年超过1亿只。主要畜产品产量稳中有增，行业预计，全年肉类产量310万吨，同比增长3.2%。其中，猪肉产量115.2万吨，同比增长2.7%；牛肉产量71.8万吨，同比增长9.6%；羊肉产量96.9万吨，同比增长2.8%。禽蛋产量68.6万吨，同比增长5.8%；牛奶产量605.5万吨，同比下降17.1%。

（三）产业化经营运行平稳

全区销售收入500万元以上农畜产品加工企业预计实现销售收入4400亿元，增加值突破1300亿元，均增长8%左右。现有国家级农牧业产业化重点龙头企业38家、自治区级重点龙头企业556家。

（四）草原保护建设各项工作进展顺利

全区人工种草面积达到3419万亩，完成了年初目标。虽然受旱灾影响，但在草原补奖和重大草原保护建设工程的带动下，全区草原平均植被盖度仍达到43.6%，比2015年略低。

（五）重大动物疫病防控和农畜产品质量安全继续保持较好水平

全年共抽检农畜水产品6819批次，总体合格率达到98%以上，继续保持了口蹄疫等重大动物疫病零疫情，没有发生重大农畜产品质量安全事件。

（六）农牧民收入稳步增长

在结构调整、惠农惠牧补贴和产业带动下，预计农牧民可支配收入达到11000元以上。

二、主要措施

（一）大力推进结构调整

按照中央推进供给侧改革的部署，我区充分发挥兼具农业和牧业的优势，确立了为养而种、为牧而农的农牧结合发展思路。种植业方面，调减籽粒玉米种植面积，引导籽粒玉米向“粮改饲”、粮草轮作和整株青贮玉米转变，超额完成了国家玉米调减任务。据农情统计，2016年，全区籽粒玉米面积5247.31万亩，同比减少15.1%；粮饲兼用型青贮玉米面积达到827万亩，同比增长64%。畜牧业方面，实施了“稳羊增牛扩猪禽”发展战略，通过“过腹转化”，消化玉米、饲草等，为种植业结构调整、实现粮经饲协调发展创造条件。2016牧业年度，全区肉牛存栏1151万头，同比增长2.2%；肉羊存栏1.07亿只，同比略降。截至目前，生猪出栏1385.5万头，同比增长2.7%。

（二）不折不扣落实惠农惠牧政策

全年共落实惠农惠牧资金98.52亿元，其中中央资金86.54亿元，自治区资金11.98亿元。惠农惠牧资金均及时下拨盟市，为完成我区农牧业发展目标，实现农牧业增产、农牧民增收、农村牧区稳定，提供了坚实的资金保障。一是落实新一轮草原生态补助奖励政策。启动了新一轮草原补奖政策，补奖资金45.75亿元，比2015年增加5亿元。二是落实农机购置补贴政策。共需落实补贴资金12.69亿元，截至目前，已完成补贴购机7.76万台套，补贴资金10.99亿元，完成总任务的87%，全区共有6.84万户农牧民受益。三是落实动物强制免疫疫苗补助2亿元，开展了春季和秋季动物集中免疫。1—10月，共组织供应重大动物疫病强制免疫疫苗46700万毫升（头份、羽份），共免疫动物达61573.45万头（只）次，应免尽免，存栏动物始终处于免疫有效保护状态。其他基层农技推广体系改革与建设、“粮改饲”、秸秆综合利用、畜禽良种推广和标准化养殖等资金均及时足额下拨。

（三）加强科技推广和服务

一是加强种业建设。种植业方面，大力扶持“育繁推一体化”企业，增强企业创新能力。南繁基地建设取得了较大进展，目前已有13家科研育种单位进驻基地开展加代扩繁工作。畜牧业方面，扶持新建地方品种为主的肉羊种羊场82个，目前全区种羊场已超过360个，具备了年提供种公羊20万只（其中地方品种15万只，引进品种5万只）的生产能力；启动了“百万头肉牛种子工程”建设，引进了1.6万头肉用种母牛，目前我区已是全国最大的牛羊种业基地。二是大力开展试验示范。建立健全了县、乡、村三级农牧业科技试验示范基地网络，建设试验示范基地351个，展示新品种70余个，展示新技术70余项。推进综合性技术服务，实施了控肥增效、控药减害、控水降耗、控膜提效“四大行动”，全区化肥用量增幅较常年降低7.5个百分点（常年增长10%），化学农药使用增量控制在2%以内；在玉米、马铃薯等主要作物种植上积极开展水肥一体化技术示范技术推广，示范区内农户节水50%、节肥30%、亩节增效300多元；示范推广了玉米浅埋无膜滴灌高效种植模式替代膜下滴灌，减少了地膜污染，提高了玉米投入产出比。三是大力推广农牧业机械化。不断完善农机购置补贴政策，培育壮大农机服务组织，积极推进农机社会化服务，农牧业机械化水平进一步提升，全区农作物综合机械化水平预计达82.5%，同比提高1.1个百分点。主要作物玉米、马铃薯的机收水平预计达到71.3%和76.6%，同比提高11.8个和1.2个百分点。

（四）扎实推进农牧业经营体制机制改革

一是圆满完成基本草原划定工作。26个旗县市共划定基本草原4063.86万亩，已通过验收。目前，全区共划定基本草原8.77亿亩。在基本草原划定工作基础上，划定了锡林郭勒盟草原生态红线。二是继续推进土地确权登记颁证和草原确权承包工作。目前，12个土地确权登记颁证试点已完成确权登记面积2600万亩，10个草原确权承包试点已完成确权面积2.67亿亩，镶黄旗实现了用草原承包经营权证抵押贷款，鄂托克前旗在全国率先启动了草原所有权、承包权、经营权三权分置工作。2016年，在40个旗县整旗县全面推开（巴彦淖尔市、阿拉善盟2个盟市整盟市推进）的土地确权登记颁证工作正在进行外业测绘；草原确权承包外业工作已经完成40%，2017年底全面完成。三是农垦改革顺利推进。出台了《内蒙古自治区党委自治区政府关于进一步推进农垦改革发展的实施意见》，并制定了工作方案，各地正在制定实施方案，加快落实。四是土地草牧场经营权流转速度加快。预计全区土地经营权流转面积3590万亩（占家庭承包经营耕地总面积的36.3%），同比增长12.6%；草牧场流转面积7500万亩，同比增长4.2%。

（五）加大农畜产品安全监管力度

一是把农畜产品质量安全工作摆在保民生、保供给、保产业健康发展的突出位置，落实各级政府属地管理责任、监管部门监管责任和生产经营者主体责任，针对重点农时、重点地区、重点环节，组织开展督查调研、农资打假、专项整治等行动，严厉打击违法犯罪行为，坚决遏制突出问题的发生。二是将农畜产品质量作为一项单独指标纳入了自治区党委政府的绩效考核；启动了农畜产品产地证明管理工作，进一步强化了追溯管理；在全国率先出台了《内蒙古自治区牛羊屠宰管理办法》，成为屠宰业管理职能由商务部门划转到农牧业主管部门后出台的全国第一部规范牛羊屠宰管理的省级政府规章。三是不断强化集中免疫、疫情监测、检疫监管、境外动物疫情防堵等关键措施，突出抓好畜间布病防控，成功防堵了境外动物疫情的传入，活羊调运出证工作正常化。

（六）全力抗旱救灾

针对东中部五盟市牧区遭受历史上罕见严重旱灾，派出3个工作组深入受灾地区了解核实灾情，指导受灾地区农牧业部门积极行动，采取切实有效措施，努力将损失降低到最低程度。先后两次向农业部、财政部上报抗旱资金请示，争取到抗灾资金6000万元，拨付到受灾盟市。召开应对旱情影响新闻发布会，积极引导社会舆情，提请自治区政府通过调整还款利息方式、执行基准利率等措施降低贷款成本，缓释受灾农牧户按期还款压力，在减轻受灾地区农牧民负担的同时，继续增加饲草料储备等环节的贷款投放，目前已协调信用社给东部5个盟市受灾地区贷款50亿元。

三、存在的问题

1. 主要农畜产品价格低迷

随着我国贸易自由化程度不断提高，畜产品进口关税不断下调甚至降为零关税，目前我区牛奶、牛羊肉价格高出国际市场价格一倍多。2016年，牧区活羊收购价格在每公斤10～11元，比2013年下跌超过50%。主要畜产品价格持续下跌，今后以牛羊为主的我区畜牧业将面临巨大挑战。

2. 部分地区结构调整存在问题

由于农民对调整种植结构认识程度存在差异，加之结构调整缺少切实有效的政策扶持措施，个别地区推进乏力。受信息不准、信息滞后的影响，部分地区在选择替代作物时存在盲目性，结构调整的作物存在趋同性，一些作物如马铃薯、杂粮杂豆、葵花等供大于求态势明显。

3. 农畜产品质量安全保障难度大

属地管理责任没有很好落实，基础监管能力滞后，农畜产品生产、加工、流通、质量检验、标识管理等各个环节，尚未建立起一套严格完整的标准和市场准入监管体系，从田间到餐桌的可追溯制度才刚刚起步。农牧业执法和农畜产品质量安全监管检测人才缺乏，尚没有形成完整的监管模式和严格的农畜产品质量安全控制体系。

四、2017年我区农牧业经济发展思路、目标及主要措施

（一）工作思路

认真落实中央和自治区关于“三农三牧”工作的重要部署，以建设我国重要绿色农畜产品生产加工输出基地和建成我国北方重要生态安全屏障为目标，以全面深化农牧业经营体制机制改革为动力，强化科技支撑，持续推进农牧业供给侧结构性改革，努力实现农牧业增

产、农牧民增收、草原增绿、农村牧区稳定，为全区经济社会平稳较快发展提供有力支撑。

（二）工作目标

粮食产量稳定在550亿斤以上。牲畜总头数稳定在1.3亿头（只）以上。草原植被平均盖度达到44%左右。确保不发生重大农畜产品质量安全事件，确保不发生区域性重大动物疫情。

（三）主要措施

1. 毫不松懈地抓好粮食生产

一是稳定播种面积。争取农作物总播面积和粮食作物播种面积稳定在1亿亩和8000万亩以上，蔬菜种植面积保持在470万亩以上，力争设施蔬菜面积达到270万亩以上，打好“米袋子”“菜篮子”稳产的基础。二是调整优化种植业结构。继续推进“粮改饲”，压缩高纬度、高海拔地区和严重干旱地区的籽粒玉米种植面积，用以种植粮饲兼用整株青贮玉米；引导马铃薯品种结构调整，大力发展优质、专用、早熟品种。三是提升耕地质量。依托国家东北黑土地保护、耕地轮作、旱作农业技术推广、耕地质量保护与提升项目，启动实施“耕地质量建设年创建活动”，建立用地养地相结合的耕作模式。继续开展控肥增效、控药减害、控水降耗、控膜提效“四大行动”，力争绿色高效增产技术推广面积达到4000万亩，化肥使用量增幅控制在0.6%以内，病虫害损失率控制在5%以内，主要作物农药利用率提高到37%。四是发展多种经营。四是积极开发农业多种功能。加大设施农业建设力度，增强辐射带动能力；加大对区域性特色产业支持力度，开发农业新的增长极；科学规划设计，积极开发农业的产品供给、休闲观光和文化传承功能。

2. 着力提升畜牧业质量效益

一是调整优化结构。按照“稳羊增牛扩猪禽”发展战略，充分发挥我区有粮、有草、有牛、有技术的区位优势，结合国家扶持高寒高纬度玉米种植区域改种青贮专用玉米试点，实施母牛扩群增量项目，调整草食家畜养殖结构，逐步改善“一羊独大”的现状，大力发展肉牛养殖，引导形成牧区繁育、农区育肥的新型产业结构，推动粮饲统筹、农牧结合。二是强化种源建设。继续加强乌珠穆沁羊、苏尼特羊、呼伦贝尔羊等地方品种的选育提高，扩大育种群规模；做好引进肉羊品种纯种繁育、本土驯化，提高进口种羊适应性；实施好补贴2万头国外优质肉牛种母牛进口任务；抓好绒山羊“保种工程”，完成好绒山羊保护区四至划定工作。三是大力推进优势畜种规模养殖。完成好新建牧区家庭牧场和农区标准化规模养殖场各500个任务，加快推进奶牛、肉牛、肉羊规模养殖发展。同时利用好国家牛羊调出大县奖励、人工种草发展草食畜牧业、“粮改饲”试点等新增项目，优化种养结构，促进母畜扩群增量，夯实母畜繁育基础。四是进一步扩大草原品牌追溯耳标试点工作。继续扩大呼伦贝尔、锡林郭勒两大牧区肉羊电子耳标佩戴试点范围；鼓励其他牧区积极跟进，逐步实现天然放牧肉牛肉羊全部追溯管理；鼓励发展“互联网+畜牧业”，推动建立自治区畜产品监管溯源公共信息服务平台。

3. 加强草原生态保护和建设

一是切实做好新一期草原补奖机制落实工作。确保补奖资金落实到位；做好补奖政策实施后的生态效益、经济效益等评估工作；落实好后续产业扶持工作，进一步加强后续产业扶持资金使用监管，强化项目管理。二是重点推进草牧业发展。围绕“草种产业发展、人工草地建植、天然草原修复、草产品加工生产”四项内容，滚动支持13个草牧业试验试点旗县发展草牧业，通过财政补贴，引导社会资本参与，逐步扶持打造一批效益好、技术精、示范带动能力强的现代草业生产经营主体，形成各具特色的草牧业产业集群，打造现代化草牧业发展新格局。三是抓好项目工程建设。继续做好京津风沙源治理工程、退牧还草工程、高产优质苜蓿示范建设项目等重大生态建设工程，力争人工种草面积达到3000万亩以上。四是进一步加大草原生态防治力度，防治草原鼠害面积2000万亩、虫害面积3000万亩，防止发生草原重大火灾；不断加强草原执法监督，使征用使用草原审核审批程序更加规范。

4. 扎实推进农牧业产业化经营

一是打造领军企业。按照“扶优、扶大、扶强”的原则，支持优势企业实施兼并重组，在政策扶持、项目安排等方面向龙头企业倾斜，发挥龙头企业的引领带动作用。二是实施品牌农牧业工程。加强农畜产品品牌建设、认定和扶持工作，探索农畜产品区域公用品牌的培育、建设、市场运营和管理服务工作。三是抓好输出平台建设。全面提升北上广精品馆的管理运营水平，支持企业发展电子商务，鼓励发展冷链物流和配送中心，增强交互体验，实现线上线下融合发展。四是完善利益联结机制。强化政策导向和激励机制，在重点龙头企业认定、政策扶持、宣传报道、评优表彰等方面，对利益联结紧密、带动能力强的龙头企业给予优先扶持。此外，编制自治区农村牧区一二三产业融合发展总体规划（2016—2020年）和试点工作方案，争取2017年纳入国家试点。

5. 切实保障农畜产品质量安全

一是加强监管。坚持“产出来”和“管出来”相结合，积极开展质量安全旗县创建和“三品一标”认证工作，认真抓好农资打假和专项整治活动；加大抽检频次和力度，加强对重点区域、重点领域、重点环节的专项治理，确保不出现大的问题。二是加强防疫。进一步细化目标任务，确保配套经费、工作措施、技术手段全面到位，全力完成自治区确定的年度防控目标；切实抓好强制免疫、监测流调和消毒灭源等措施落实，加强边境防控，强化疫情报告和预警预报以及应急管理；重点加强流通环节检疫监管工作，努力推动指定通道公路动物卫生监督检查站和病死畜禽无害化处理体系建设，确保不发生区域性重大动物疫情。三是完善畜禽屠宰监管体制。建立健全各项肉食品质量内控制度，逐步开展畜禽屠宰企业兽医卫生风险评估，推行畜禽屠宰质量安全风险分级管理制度，构建畜禽屠宰操作、无害化处理过程等关键环节的视频实时监控网络，扎实开展全区畜禽屠宰质量安全专项整治工作。

6. 强化农牧业科技支撑

一是加大科研创新和推广力度。围绕自治区农牧业七大主导产业，加强农科院所研发能力建设，重点在玉米、马铃薯、奶牛、肉羊、绒山羊等品种选育上取得新突破；在旱作农业、节水农业、农机与农艺融合、草原生态保护利用技术研发、绿色增产技术研发、农畜产品质量安全风险识别与控制技术应用、农业遥感监测与应用上取得新突破。构建多元化农技推广服务体系，深化公益性农技推广机构改革与建设。加快农牧业科技成果推广应用，加大成熟品种和技术、防灾减灾稳产增产重大技术推广力度。二是切实提高农牧业机械化水平。开展大宗农作物生产全程机械化技术集成、示范与推广，进一步扩大保护性耕作面积，继续狠抓玉米、马铃薯等主要作物机收作业。大力发展畜牧业机械化，尽快缩小畜牧业与种植业的水平差距。严格落实农机购置补贴政策，推动农牧业机械市场化和产业化发展。三是实施好新型职业农牧民培育工程。重点落实新型农牧业经营主体带头人轮训计划和现代青年农场主培养计划，探索新的培育方式，加快推进新型职业农牧民和现代农牧业新型经营主体融合。四是建立健全科技服务体系。不断完善玉米、马铃薯、肉羊等七大产业科技服务体系建设，提高农牧业科技成果的转化率；继续开展"万名科技人员下基层"活动，为农牧民和新型经营主体提供科技指导和服务；建立健全农牧业信息服务体系，提升"12316"三农服务热线功能和承载力，把"12316"建成农牧民群众想用、能用、会用、好用的"三农三牧"信息服务平台。

7. 稳步推进农牧业经营体制改革

一是全面推开土地确权登记颁证工作。在剩余的48个旗县开展土地确权登记颁证工作，推动2016年的40个旗县全面开展工作，确保2018年底全区土地确权颁证工作全部完成。二是全面完成草原确权承包工作。着力解决草原权属、承包关系等重大问题，确保2017年底全面完成。三是推进农垦改革。督促、推动各盟市出台农垦改革实施方案，组织起草我区国有农牧场办社会职能改革实施方案，做好农垦10个改革专项试点工作，为全面推进改革提供可复制、可推广的经验。

供　　稿：刑　瑞　内蒙古自治区农牧业厅办公室
责任编辑：刘晓燕

内蒙古工业经济发展情况

一、2016年工业发展情况

2016年，面对复杂严峻的经济形势，在自治区党委、政府的领导下，全区经信系统认真贯彻中央和自治区各项决策部署，坚持稳中求进工作总基调，适应经济发展新常态，主动作为、攻坚克难，稳增长、调结构、促转型，狠抓电力体制改革、化解产能过剩、企业兼并重组、园区转型发展、大众创业、万众创新和两化融合发展等工作，工业经济保持了平稳增长，发展质量和效益明显提升。

（一）总体保持平稳增长

2016年1—11月，全区规模以上工业增加值增长7.2%，高于全国平均增速1.2个百分点，居全国第十五位、周边省市第二位，工业经济保持总体平稳的态势。全区工业税收809.8亿元，同比下降1.2%，占全区税收的43.6%。其中，煤炭工业税收214亿元，同比下降9.2%。

（二）结构调整稳步推进

工业内部结构调整步伐加快，发展韧性增强。初级产品转化率、产业集中度提高，煤炭占比、工业能耗逐步下降。电解铝、电石、甲醇、煤炭、农畜产品加工转化率分别达73%、65%、43%、32%、60%，分别比2015年提高3、5、2、3、2个百分点。117个工业园区产值占工业总产值的68%以上。能源、冶金原材料工业占比下降，分别由2015年的43.7%和22.9%下降到43%和22.1%，煤炭占工业比重由2015年23.1%下降到21.6%；新型化工和绿色农畜产品加工业占比上升，分别由去年的8%和15.9%提高到8.5%和16.9%。

（三）经济效益大幅回升

2016年9月，工业生产者出厂价格指数终止了51个月连续下降的态势，全区近93.3%的主要工业产品价格回暖，企业效益水平逐步回升。2016年1—10月，全区规模以上工业主营业务收入15768.9亿元，同比增长5.2%，较2015年同期提高5.6个百分点，增速居全国第十五位；实现利润总额901.3亿元，同比增长20%，较2015年同期提高43个百分点，增速居全国第二位；亏损企业亏损额同比下降17.6%，较2015年同期减少64.6个百分点，降幅居全国第十一位；停产半停产企业从年初814户降到386户。

（四）工业固定资产投资降幅逐步收窄

2016年1—11月，全区完成工业固定资产投资6308.9亿元，同比下降0.6%，增速比前三季度收窄1.9个百分点，比1—10月收窄1.1个百分点。占投资总量65.8%的能源、冶金建材、农畜产品加工三个行业投资增速实现同比增长，分别同比增长6.7%、8.2%和16.0%；占投资总量25.5%的装备制造、化工行业、高新技术行业投资下降，分别下降6.1%、35.3%和2.3%。

（五）中小企业发展进一步加快

截至2016年10月，全区市场主体170.48万户，同比增长6.1%；新登记企业5.32万户，同比增长25.5%。全区4164户规模以上中小企业实现工业增加值同比增长10.6%，高于全区平均水平3.1个百分点。全区城镇新增就业23.5万人，完成全年目标任务的90.4%。

（六）信息化建设取得积极进展

全区电信业务总量437亿元，同比增长16%。电话普及率111部/百人，同比增加0.5部/百人；互联网用户普及率95%，同比增加6.3个百分点；移动宽带人口普及率达到66户/百人，同比增加11.2户/百人；“三网融合”IPTV用户数达到65万户，同比增加44万户。

二、采取的主要措施

（一）深化电力改革，降低企业用电成本，提升优势特色产业竞争力

加大了电力多边交易、大用户直供、电价补贴、重点大用户长协等一系列电力综合改革措施，对部分新兴产业实行无限价竞价上网，使用价格降到0.26元/度。全区大工业用电平均每度电价平均降低7.86分，达到0.32元/度，保持了全国最低水平。2016年1—11月，共为企业降低用电成本71.42亿元，预计全年降低企业成本75亿元左右。全区工业用电量同比增长1.96%。我区优势特色产业竞争能力大幅提升，市场占有率提高，电石由33.5%提高到37.6%，铁合金由17.1%提高到20.7%。

（二）推动供给侧结构性改革，去产能、降成本

出台了自治区钢铁、煤炭化解过剩产能工作方案，与各盟市签订目标责任书。12月，2015年产能工作通过了国家验收。国家验收组指出，内蒙古自治区钢铁和煤炭去产能工作深入扎实，较好地完成了国家下达的任务，去产能工作进度、质量较好，走在全国前列。关闭煤矿10处，总计产能330万吨，关闭违规煤矿23处，总计产能1.6亿吨，实现生产煤矿按276天减量化生产；退出钢铁产能291.25万吨。会同自治区发改委研究制定了降成本意见，开展了2016年全区企业减负和中小企业政策落实专项督查，在2015年清费减负的基础上，严格执行涉企行政事业性收费和政府性基金目录清单，前三季度，为企业降本减负160多亿元。

（三）狠抓技术创新，推进企业联合重组、延长产业链，实现工业绿色转型发展

积极开展工业强基专项行动，抓好企业技术创新体系建设，累计认定国家级技术创新示范企业5个，自治区级企业技术中心达到141个，培育国家和自治区级企业重点实验室96家，构建22家产业技术创新联盟。积极淘汰落后产能，使全区传统产业生产工艺、技术装备在国内国际同行业中均处于领先地位。引导大唐国际和大唐煤业、北方电力和乌海化工公司、乌海源通煤焦和乌海华油等51户煤炭企业上下游联合兼并重组，涉煤重组案达29宗；成功引导湖北宜化集团启动天润化肥复产达效。构建起煤电加一体化产业链，其中电力、化工产业中煤电、煤化一体化比重达到90%以上，铝产业中煤电铝一体化比重达到70%以上，在本轮价格竞争中保持了持续增长。大力推进工业节能和清洁生产、行业能效对标达标行动及重点耗能企业监管等工作，钢铁、水泥、化工、有色金属冶炼等重点行业企业清洁生产审核通过率达67%。

（四）全面落实支持中小企业发展“八条措施”，积极开展“双优”创建活动，持续优化企业发展环境

深入开展中小微企业“双优”创建活动；以简政放权、税费减免、金融支持、公共服务等政策为重点，开展促进中小企业发展政策落实情况专项督查；在全国省级层面率先开展中小微企业创业创新电子服务券工作，对符合条件的全区247家企业295个项目补贴资金1283.1万元；全面推进“助保贷”融资服务，覆盖全区50%的旗县（市、区），盟市统筹比例达到60%以上，累计发放796笔“助保贷”贷款40.7亿元。积极争取国家支持工业企业各类专项资金、基金22.2亿元。

（五）积极推进“互联网+”，全力贯彻落实《中国制造2025》，进一步提升两化深度融合水平

编制完成了贯彻《中国制造2025》行动纲要。启动了内蒙古国家大数据综合试验区建设，积极筹备和参与2016年内蒙古大数据产业推介大会。全区云计算数据中心承载能力为70余万台，实际运行突破40万台。开展了两化深度融合贯标工作，两化深度融合对标企业累计完成2283户，占规模以上工业企业的53%；积极推进电子政务外网建设，自治区、盟市、旗县三级政务部门接入率分别达100%、85%、80%。自治区政务灾备中心累计接入21个厅局152个信息系统。利用电价优势，引进沃特玛创新联盟新能源汽车全产业链项目入驻呼和浩特市，23户配套企业同时开工，有望2017年部分投产，形成30万台电动汽车产能能力，并将形成自治区钢、铝等行业两化深度融合协同制造体系。

（六）深化体制机制改革，加强党的建设，确保各项工作得到贯彻落实

编制了自治区工业、信息化领域“十三五”发展规划及9个专项规划，储备了2000多个工业项目。进一步简化审批程序、清理中介，继续下放审批权，研究事中事后监管办法，推行权力清单和责任清单，建立网上审批制度。加强工业专项资金管理整改，全面进行绩效评价。加大执法力度，全面推进依法行政。切实落实全面从严治党主体责任和监督责任，深入开展“两学一做”，持续推进作风建设。严格考责问责，激励干部履职尽责，确保各项工作部署落地生根。

三、存在的主要问题

（一）支持工业发展的力度亟待加强

经调研了解，各地存在贯彻落实国家自治区各项支持工业发展的政策不到位现象，抓招商引资、大项目落地、优化民间投资环境的组织领导力度和措施办法实效与稳增长的要求不相适应，为企业服务的意识、手段、方式、效率、体系建设仍不适应发展的需要，抓工业、出实招、优环境、促发展的力度亟须加强。

（二）企业经营困难仍然较大

企业资金周转压力大，融资难、融资贵、债务高仍未有较大缓解。1—10月，规模以上企业主营业务利润率5.7%，亏损面达23.2%，高于全国9.0个百分点；全区不良贷款率4.1%。

（三）重大项目审批较慢、工业投资增速放缓，影响发展后劲

全区工业固定资产投资同比下降1.7%，增幅比2015年同期回落17个百分点。主要是大项目审批慢支撑不足，近年来国家给路条的66个工业项目，2016年仅核准3个，到目前仍有22个没有核准，不能按计划开工；企业利润下降投资能力减弱，传统产业产能过剩，新兴产业投资比重低、领域方向不明等造成企业投资信心不足、意愿不强。能源、化工、高新技术行业加工投资增速分别回落19、44.6和104.1个百分点。

（四）转型升级、结构调整任务艰巨

节能、环保、用水、清洁生产法律政策约束逐步强化，转型升级实现绿色发展的挑战加大；企业创新能力不足，新型产业领域少、占比小、成长不足，动能转化艰难。2015年，全区规模以上工业企业中有研究与试验发展活动占6.1%，高新技术产业投资占工业投资比重4.5%。

四、2017年总体思路及重点工作安排

2017年，坚持五大发展理念，以促进工业转型升级为主线，全面推进供给侧结构性改革，坚持发挥优势和补齐短板一起做，调整存量、做优增量和做大总量同步抓，以工业四大基地和七大战略性新兴产业为重点，着力推动工业向高端化、智能化、绿色化、服务化方向发展，努力形成新兴产业和传统产业并驾齐驱、信息化和工业深度整合的新型工业化发展格局。2017年，力争全区规模以上工业增加值同比增长8.0%以上，工业固定资产投资达到7000亿元，增长7.7%，单位

工业增加值能耗和用水量较去年分别降低5.5%、5%，工业园区总产值占工业的比重达到70%左右，中小企业数量增长率超过全国平均水平，信息产业产值同比增长10%左右。主要做好以下重点工作。

（一）落实惠企政策政策，完善帮扶措施，稳定工业增长

落实好自治区降成本的各项政策措施，切实减轻企业负担。抓住煤炭供应趋紧机遇，释放先进煤矿产能，增加供给、稳定市场。进一步深化电力体制改革，完善电力多边交易，落实战略性新兴产业电价、新建电解铝项目价格联动、火电厂招商优先发电、特色工业园区直供电试点等政策，推动公用火电企业与用电企业重组，通过多边交易机制实现煤电价格联动，平衡煤电用之间的利益关系，保持电价洼地优势和产业链竞争优势。研究振兴东部地区工业的方案，重点研究扩大直供电、自备电厂、微网改革具体措施，降低东部地区工业用电价格，吸引产业集聚。通过企业重组、债转股、融资担保等多种措施，化解企业债务，防止资金链断裂。继续采取“一企一策”促进新投产企业、停产企业复产达效，提高市场占有率。把稳运行作为保增长的基础和前提，加快建立工业运行在线监测及大数据平台，切实加强对全区工业经济运行的分析调度、指导和帮扶。

（二）深化投资体制改革，优化环境，精准招商，促进工业投资增长

贯彻投资体制改革的意见，在全区范围内开展优化工业投资环境创建活动，重点检查“放管服”改革、企业减负、工业项目推进、鼓励民间投资、招商引资等政策的落实到位情况，落实产权保护政策，营造招商、亲商、安商、富商的工业发展环境，吸引工业投资。自治区经信委设立全区工业投资投诉中心，受理投资者举报申诉，维护投资者合法权益。推动自治区重点产业发展基金、中小企业发展基金和大数据产业基金实质性运作，完善基金投资目录，引导带动社会资本跟进。制定自治区鼓励民间投资意见的操作细则，给企业兑现优惠政策。落实部区协议，争取国家专项资金支持。研究出台支持鼓励企业技术改造的指导意见，建立支持技改的产业目录，调动企业加大技改积极性。加强规划引导，发布五大基地、十三大产业规划，对大数据、石墨、稀土、多（单）晶硅、电动汽车等产业研究实施路径，制定项目指南。加大项目储备，完善项目库制度和数据体系，及时补充符合市场需求、产业政策的新项目，支撑工业投资增长。建立与金融部门的协作机制，实现项目对接的信息化、高效化。加大招商引资，创新招商方法，政府招商与企业招商、集中招商与日常招商、广泛招商与定向招商相结合，利用产业基金、富余产能、电价优势、产业链优势，实施精准招商，千方百计增加工业有效投资，扭转投资下降局面。强化工业重点项目督导调度制、项目责任制和重点建设项目领导包联制，重点抓好新开工和拟竣工投产的亿元以上项目，全力推动21个未核准的国家给路条重大项目的核准，解决400万吨电解铝产能指标置换、支撑性文件等难点，保开工、保投产。力争新开复工亿元以上项目1000个、投产亿元以上项目310个，新增产值1500亿元，工业技改投资比重达到15%以上，战略性新兴产业投资比重达到30%以上。

（三）深化工业供给侧结构性改革，加快绿色发展、安全发展

全力推进煤炭、钢铁化解过剩产能工作，按照国家化解过剩产能准入、节能、环保、质量、安全五条标准，依法监管，综合施策，坚决淘汰落后产能，引导退出60万吨以下煤矿，引导退出过剩产能钢55万吨、煤120万吨，严格执行国家新的准入标准、政策，严格控制煤炭、电力、单纯电石、甲醇等新增产能。贯彻自治区支持企业兼并重组等政策，加大煤电、煤电化、煤电冶金重组力度，在全面完成进行中的29宗51户企业重组的基础上，再推动一批企业重组，使化工、冶金特色产业煤化、煤电冶一体化比例提高到80%以上，电解铝产业全部实现煤电铝一体化，巩固产业链竞争优势，做大产业规模。借煤炭、电解铝产能指标置换的机遇，利用富余机组、低电价等特殊优势，吸引区外能源、资源密集型产业向我区转移，将富余产能变为新的经济优势，形成资源密集型产业转移的集聚区、创新区，消化1600万千瓦的富余火电装机，释放煤炭、冶金、化工、建材、装备等未利用产能，加快产业链的延伸，力争使电解铝、铜、镁、电石、甲醇、多晶硅、蓝宝石等原材料就地加工转化率提高5%，实现多次加工增值。开展重点行业限额能耗对标达标行动，实现煤、电力、化工、冶金、建材行业100%达标。实施能效、水效“领跑者”计划，贯彻节能技改规划，全面推行清洁生产审核，加快节能减排技术改造、技术创新。扩展自治区节能、供电需求侧数据平台的功能，全面推广节能在线监测、用电需求侧在线监测。加强产需对接，扩展“互联网+”大宗产品新型营销体系。积极推动国际产能合作，加快推动优势产业和品牌产品“走出去”。围绕落实企业安全生产主体责任、地方政府、行业主管部门管理责任这个中心，建立明责知责、履责尽责、追责问责体系，严肃事故责任处理，促使责任主体、管理主体常抓不懈，防患于未然。抓紧建立煤炭安全生产在线监测信息平台，提高安全管理的现代化、自动化水平。

（四）推动大数据产业发展，促进工业转型升级、创新发展

围绕2020年大数据产业实现1000亿的目标，健全领导体系、推进机制。制定大数据产业发展指导意见，制定自治区促进大数据发展政策的操作办法，兑现优惠政策。编制大数据基金支持目录，建立大数据产业重点项目推进制度，搞好对已签约的80个重点项目跟踪服务，重点推动呼和浩特、乌兰察布、鄂尔多斯、赤峰、通辽等地区云计算大数据产业园区规划和建设，吸引数据存储、应用产业、制造产业向园区集聚。推动各级政府带头运用大数据，建立智慧政府。建立各部门数据体系，重点建设公安、交通、安全、环保、国土、教育、卫生、社保等数据共享、数据公开及考核制度，推动政府部门大数据统一建设、管理、运维、开发、共享。落实国务院互联网与制造业深度融合指导意见，推进两化融合企业贯标，实现4300户规模以上工业企业全部信息化。加快推进“互联网1+7”工作体系。抓好自治区工业云平台与航天云网、沃特玛电动汽车制造云网的融合，引导我区原材料加工企业在平台上实现协同创新、协同制造。积极争取国家四基工程、创新中心等政策支持，研究出台建设自治区级制造业创新中心实施方案，构建政产学研用有机结合的协同创新体系，建成国家重要的石墨烯、稀土等新材料产业基地。争取呼和浩特、包头、鄂尔多斯三市列为“中国制造2025”区域试点示范城市，探索区域创新的新机制、引领全区创新发展。

（五）加快工业园区转型升级，集聚产业，极化发展

出台《工业园区设立升级和扩区调位办法》《工业园区综合发展水平考核评价办法》，完善工业园区统计监测体系，建立数据信息体系，通过规范管理和严格评价考核，促进工业园区转型升级。完成工业园区名录清理。继续协调相关部门，认真开展《内蒙古自治区人民政府关于促进工业园区健康发展的指导意见》提出的工业园区机构超编制超职数、政府债务问题和土地利用不规范问题三项专项治理行动。指导工业园区加强生产性服务平台建设，增强工业园区综合服务能力。推动工业园区整合，完善园区产业规划，集中建设全区35个重点工业园区。抓好创新、绿色、传统产业升级、新兴产业成长示范园区建设，重点解决工业园区基础设施配套和产业集聚，加快培育百亿园区、千亿园区，力争新增百亿园区2个，达到50个，推动园区优质高效增长，逐步实现工业园区投入到产出的良性循环。

（六）完善中小企业服务体系，助推大众创业万众创新

完善中小企业重大政策落实责任分解、自查督查、考核问责等机制，持续优化中小企业政策环境、服务环境。切实提高小微企业创业示范基地服务创新创业的能力，突出创新孵化、产业集聚、公共服务等内容，全区重点打造30个高标准示范基地。完善创业创新电子服务券等措施，充分发挥全区“1+14+N”中小企业网络公共服务平台主导作用，扩大服务项目和覆盖面，力争市场主体服务覆盖面达到50万户，覆盖率达到30%以上。着力解决中小企业融资难问题，探索供应链金融、政府采购招标合同抵押、“助保贷”、大数据信用贷款等互联网线上融资服务，提高小微企业贷款获得率。支持盟市统筹开展助保类融资服务，盟市统筹面超过80%，逐步实现全区统筹。重点完善代偿风险分担机制，力争盟市财政风险保证金池担保倍率达到1：10以上，全区助保金贷款累计达到100亿元以上。充分发挥自治区中小企业发展基金作用，积极争取与国家中小企业基金合作，基金规模达到50亿元以上，推进股权、债权融资，拓宽中小企业融资渠道。努力实现中小企业市场主体增长率超过全国平均水平，规模以上中小工业增加值增速超过规模以上工业增速，中小企业吸纳就业占全区城镇新增就业的90%以上。

（七）加强党的建设，着力建设忠诚干净担当的干部队伍，确保完成年度任务

贯彻全面从严治党、党风廉政建设主体责任和监督责任，持续加强党的思想、政治、组织、干部队伍、党风廉政建设，切实加强对干部队伍的教育、管理、奖惩，激励干部增强责任感、危机感、使命感，增强责任意识、学习意识、改革创新意识，主动作为、积极进取，争做忠诚干净担当的好干部，发扬蒙古马精神，攻坚克难，一往无前，开创新局面。

供　　稿：张巨富　内蒙古自治区经济和信息化委员会
责任编辑：焦志强

内蒙古服务业发展情况

一、2016年服务业发展情况

2016年，全区上下认真贯彻落实自治区党委、政府决策部署，把加快服务业发展作为稳增长、调结构、惠民生的战略重点，主动适应经济发展新常态，着力加强供给侧结构性改革，服务业呈现稳中有进、稳中向好的发展态势。

（一）总体发展稳中向好，对经济社会贡献稳步提高

一是服务业增加值稳定增长。前三季度，全区服务业完成增加值5685.2亿元，排全国第十八位，同比提升1个位次；服务业增加值增长7.6%，同比提高0.2个百分点，排全国第二十七位，同比提升1个位次；服务业增加值占生产总值比重44.8%，同比提高2.5个百分点，排全国第十九位，同比提升6个位次（见表1）。二是服务业投资快速增长。1—10月，服务业完成投资7368.4亿元，增长25.4%，同比提高11.9个百分点；服务业占全社会固定资产投资比重51.9%，同比提高7.2个百分点。三是服务业贡献稳步提高。前三季度，服务业对经济增长的贡献率达到45.3%，同比提高10.3个百分点；对地税收入的贡献率达到56.1%，同比提高0.6个百分点；对城镇全部新增就业的贡献率达到65%，同比降低1.7个百分点。

表1　2016年前三季度服务业主要指标对照表

省份	服务业增加值（亿元）		服务业增加值增速（%）		占地区生产总值比重（%）	
	绝对值	排位	绝对值	排位	绝对值	排位
北京	14211.7	5	7.3	29	81.8	1
天津	7177.1	15	9.8	11	53.8	7
河北	9370.8	12	9.0	18	41.7	26

（续表）

省份	服务业增加值（亿元）		服务业增加值增速（%）		占地区生产总值比重（%）	
	绝对值	排位	绝对值	排位	绝对值	排位
山西	4964.8	21	7.0	30	55.5	5
内蒙古	5685.2	18	7.6	27	44.8	19
辽宁	10096.9	10	2.9	31	50.6	10
吉林	3613.3	25	8.5	23	38.9	30
黑龙江	5457.6	19	8.5	23	59.1	3
上海	13838.3	6	10.3	6	70.8	2
江苏	27822.3	2	9.5	14	50.3	11
浙江	16653.5	4	9.2	15	51.7	9
安徽	7292.1	14	10.8	3	42.6	24
福建	7731.3	13	10.2	7	42.3	25
江西	5211.1	20	10.5	4	41.4	27
山东	23216.1	3	9.2	15	47.7	15
河南	11933.0	7	10.1	8	41.4	28
湖北	9846.5	11	9.7	12	44.4	21
湖南	10482.3	9	10.0	10	48.1	13
广东	29975.2	1	8.6	22	52.5	8
广西	4367.3	23	7.4	28	38.5	31
海南	1561.1	28	9.7	12	54.2	6
重庆	6197.0	16	11.0	2	49.6	12
四川	10501.9	8	8.7	21	44.1	23
贵州	3643.7	24	11.8	1	44.8	20
云南	4591.5	22	9.2	15	48.1	14
西藏	478.1	31	10.5	4	57.7	4
陕西	5820.0	17	8.0	25	45.2	18
甘肃	2207.7	27	8.8	20	46.3	17
青海	717.1	30	8.0	25	41.2	29
宁夏	938.5	29	9.0	18	44.3	22
新疆	3169.4	26	10.1	8	47.2	16

（二）新兴服务业快速发展，成为拉动服务业发展的重要力量

一是旅游业持续高速增长。推进全域旅游发展，实施旅游发展“10+3”工程，加快“643X”品牌体系建设和旅游“厕所革命”，加强精准营销，成为全国旅游热点地区。前三季度，新增5A级景区1个、4A级景区6个，接待国内游客7105.4万人次，增长13.3%；接待入境旅游者126.2万人次，增长9.5%；实现旅游业总收入1981.2亿元，增长24.3%。二是金融业保持快速增长。实施县域金融、金融支持创业创新、金融支持重大项目重点工程三项金融工程，推进金融扶贫、企业上市、融资担保三项行动计划。前三季度，全区金融业完成增加值770.7亿元，增长16.6%。1—10月，全区金融机构人民币各项存款余额21031.7亿元，增长18.9%；人民币各项贷款余额19041.1亿元，增长14.6%。新增上市辅导企业3家、“新三板”挂牌企业29家、区域性股权市场挂牌企业424家，直接融资753亿元。三是信息服务业成为新亮点。推进大数据综合试验区建设，加快云计算数据中心和“宽带中国”示范城市、“宽带乡村”工程建设，大力发展电子商务，34个旗县列入国家和自治区级电子商务示范县，新认定11家自治区电子商务产业园，云计算、大数据、“互联网+”产业快速发展。前三季度，全区信息传输、软件和信息技术服务业投资增长33%。预计全年数据中心服务器装机能力达到91万台，新增21万台；电子商务交易额达到2000亿元以上，增长30%以上。四是物流业稳中向好。加快物流基础设施、城乡配送网络和物流公共信息平台建设，推广多式联运、甩挂运输、无车承运等新模式，兑现减免公路通行费政策，完成蒙西地区高速公路不停车收费系统（ETC）联网，进一步降低物流费用。前三季度，全区物流业完成增加值846.8亿元，增长5.8%，同比提高1.6个百分点。特别是快递业务收入增长41.8%，同比提高23.2个百分点。1—10月，全区营业性货运量16.5亿吨，增长6.7%，同比提高4.3个百分点。五是家庭健康养老等新兴产业逐步兴起。开展国家“千户百强”和自治区“百户十强”服务品牌创建工程，分别进入国家“千户百强”企业34户和4户、自治区“百户十强”企业94户和10户。推进国家养老服务改革试点，推广社会化养老服务模式，健全养老服务体系，新增各类养老机构2421所，总床位数达到22.2万张，每千名老人拥有床位数达58张，连续两年居全国第一。完善医疗服务、健康管理与促进、健康保险等服务体系，推进医养结合，卫生机构床位达到13.4万张，每千人拥有病床5.33张（全国5.11张），同比增加1.37张。

（三）传统服务业增长放缓，在服务业中的比重逐步降低

一是房地产业稳中回升。认真落实房地产去库存政策措施，加强保障性住房建设，推进住宅产业化，培育和发展住房租赁市场，房地产投资和房屋销售明显回升。前三季度，全区房地产业完成投资1392.3亿元，增长12.6%，同比提高22.3个百分点；商品房屋销售面积1428.2万平方米，增长12.2%，同比提高8.8个百分点；商品房屋销售额648.2亿元，增长11.6%，同比提高7.9个百分点；房地产业完成增加值366.9亿元，增长5.4%，同比提高1.6个百分点。二是商贸流通业增长放缓。加强城乡双向流通市场体系建设，实现农村牧区便民连锁超市全覆盖。但是，受传统消费需求减弱等因素影响，批发零售、住宿餐饮等传统服务业增长放缓。前三季度，全区批发和零售业完成增加值1345.2亿元，增长6.7%，同比降低0.1个百分点；住宿和餐饮业完成增加值448.8亿元，增长7.1%，同比降低0.9个百分点。

总体上看，当前我区服务业发展呈现较好态势，但与发达省区相比，整体发展水平依然滞后，发展中还存在诸多制约因素。一是总量不足、层次不高。前三季度，服务业增加值占地区生产总值比重低于全国8个百分点。传统服务业比重偏高，现代服务业发展不足，交通运输仓储和邮政业、批发零售业、住宿餐饮业、房地产业占服务业比重53.7%，高于全国11个百分点。龙头企业较少，带动作用不强，规模以上企业数量不足全国1%。二是投资结构不合理。公路、铁路等交通基础设施，教育、卫生等社会事业，市政、行政等公共服务设施及房地产业投资占服务业投资的80.6%，新兴服务领域投入不足。民间投资不活跃，前三季度完成投资1953.7亿元，增长4.7%，占全部服务业投资的30.2%。三是体制机制不活。服务领域垄断经营问题依然突出，金融、电信等垄断行业，市政公用事业及教育、文化、卫生等社会事业改革滞后，市场化程度较低。工业企业非核心业务不剥离、不外包现象普遍存在，政府购买第三方服务的种类和比重较低，制约了服务业的发展。四是政策环境不宽松。国家和自治区促进服务业发展的政策措施落实不到位，服务业税费负担重、融资难、融资贵等问题仍然突出。前三季度，全区服务业万元增加值纳税1465.2元，高于工业316.1元。

二、2017年工作重点

当前，我区服务业发展存在诸多有利因素。一是自治区党委、政府高度重视服务业发展，李纪恒书记、布小林主席、张建民常务副主席等领导多次作出重要批示，形成加快发展服务业的强大推动力。二是近年来国家和自治区相继出台了一系列促进服务业发展的政策措施，包括全面推行“营改增”、降低商业用电价格、降低物流成本、减轻税费负担、创新金融服务、加大政府投入等，努力降低服务业经营成本，营造了服务业发展良好政策环境。三是深入推进供给侧结构性改革，努力扩大有效投资，加快补齐服务业短板，增加有效供给，催生新的服务需求，将促进云计算、大数据、“互联网+”、电子商务、文化旅游、健康养老等新技术、新产品、新业态、新模式快速发展。四是加快推进简政放权、商事制度等改革，激发了大众创业、万众创新热情，登记注册服务业企业迅猛增加，进一步增强了服务业发展活力。

2017年，要按照自治区党委、政府的决策部署，紧紧围绕落实服务业发展三年行动计划，进一步深化改革开放，完善体制机制，强化政策落实，努力推动服务业发展再上新台阶，力争服务业增加值增长8%左右，占地区生产总值比重达到42%以上。重点抓好以下工作。

（一）推进供给侧结构性改革，增加有效供给

把握服务业发展新趋势，适应服务业发展新常态，加快技术创新、业态创新、模式创新，形成服务业发展新优势。

1. 推动生产性服务业向专业化和价值链高端延伸

加强现代物流体系建设，抓好赤峰红山物流园区国家级示范工作，加快建设一批物流园区、物流配送中心、快递分拨中心、冷链物流中心和农村牧区双向流通综合物流平台，支持跨境物流交易平台建设，完善县乡村物流体系。推进云计算、物联网、北斗导航及地理信息等技术在物流领域应用，继续推广多式联运、甩挂运输、无车承运

等运输方式，加快培育第三方物流企业，物流业增加值占地区生产总值比重达到7%左右。做大做强金融业，积极引进平安银行、广发银行、恒丰银行、浙商银行等在我区设立分支机构，推动进出口银行尽早挂牌营业，加快设立民营银行、金融租赁公司、消费金融公司、汽车消费公司，推动国有商业银行、股份制银行、地方性商业银行在旗县增设分支机构或营业网点，大力发展普惠金融。推进多层次资本市场融资，抓好企业上市、债券发行等工作，推动直接融资规模持续增长。完善科技服务体系，实施创新能力提升工程，加快创业孵化体系建设，力争国家级（包括国家地方共建）工程研究中心、工程实验室和企业技术中心达到36家，自治区级超过200家，建成一批科技企业孵化器和众创空间。大力发展信息服务业，加快大数据综合试验区建设，创建呼和浩特国家大数据产业集聚区，建设呼和浩特国家级互联网骨干直联点，推动国家部委数据中心、灾备中心向我区转移。继续实施“宽带中国”示范城市和“宽带乡村”工程，推进电子商务示范城市、示范基地和产业园区建设，扩大电子商务进农村试点范围，力争数据中心服务器装机能力达到100万台，电子商务交易额达到2700亿元。

2. 推动生活性服务业向精细化和高品质方向转变

大力发展旅游业，推动文化与旅游产业深度融合，开展“百家文化企业进景区”活动。开发“四季四景”“森林康养”，加快阿尔山等14个国家全域旅游示范区建设，推动景点景区旅游向全域旅游转变。加强旅游基础设施建设，实施品牌旅游景区创建专项行动，推进“643X”品牌体系建设，深入开展旅游“厕所革命”，大力发展自驾游，加快乡村旅游富民工程建设，积极推进康巴什创建国家旅游度假区，力争旅游业总收入增长20%以上。积极培育文化体育产业，加快文化产业园区、示范基地和产业项目建设，命名认定一批骨干文化企业和重点小微文化创意企业，举办自治区第二届文化产业博览会。大力培育健身休闲、竞赛表演、场馆服务、中介培训等体育产业，打造一批优秀体育俱乐部、示范场馆和品牌赛事。推进国家北方足球训练基地及青少年足球夏令营活动基地等足球基础设施建设，抓好足球试点工作。推进科右中旗马文化主题园区、奥威蒙元马文化生态旅游区等项目建设，开展马术赛事活动，打造内蒙古国际马术品牌。扶持家庭健康养老产业发展，继续开展国家“千户百强”和自治区“百户十强”家庭服务企业创建活动，推进家庭服务规模化、品牌化。加强养老服务体系建设，深入推进包头、鄂尔多斯、乌兰察布、锡林郭勒养老模式试点，提高“12349”便民为老服务信息平台覆盖面。加快发展医疗服务、健康养老、健康保险、中医药医疗保健、健康体检、健康咨询等产业，推进医疗、养老、护理、康复融合发展，创建一批医养结合示范基地和示范项目。抓好房地产去库存工作，以农牧民购房、棚户区货币化安置为重点，租购并举，化解存量住房。结合商务、文化、旅游、健康等服务业发展需求，引导房地产业多样化发展。

3. 加强服务业集聚区建设

围绕新型工业化、信息化、城镇化和农牧业现代化发展，加快建设和提档升级一批现代物流园区、商贸功能区、旅游休闲区、中央商务区、科技创业园区、文化创意产业园区等服务业集聚区，完善公共服务平台，促进企业集中、产业集聚、资源共享、经营集约。开展第四批自治区级服务业集聚认定工作，力争自治区级服务业集聚区达到100家左右。抓好自治区级服务业集聚区考评工作，建立动态调整机制。

（二）加强重点项目建设，扩大有效投资

实施服务业重大项目带动战略，推动建设一批投资强度大、产业层次高、带动能力强的重点项目，带动服务业规模化、品牌化、高端化发展。

1. 抓好重点项目建设

制定服务业重点项目投资计划，突出抓好物流、金融、信息、科技、商贸、旅游、文化、体育、家庭、健康、养老、房地产等领域576个亿元以上重点项目建设，力争完成投资1200亿元。建立重点项目分级推进责任制，按月调度建设情况，及时协调解决项目建设中出现的问题，推动新开工项目早开工、早建设，续建项目早投产、早见效。

2. 多渠道筹集建设资金

做好国家专项资金、专项建设基金争取工作，安排使用好自治区旅游、文化、商贸、服务业等专项资金，支持服务业重点项目、公共服务平台项目建设。扩大自治区现代服务业股权投资基金、文化产业基金等规模，吸引社会资本投入服务业领域。积极推广政府与社会资本合作模式，支持符合条件的服务业企业发行企业债券。

3. 加强项目储备

按照政府投资项目储备和三年滚动投资计划要求，着眼于新领域、新业态、新模式，积极策划和储备一批起点高、规模大的服务业重点项目，扎实做好项目前期工作，为争取国家资金和招商引资奠定基础，做到策划一批、储备一批、开工一批、建成一批。

（三）深化改革开放，增添发展动力

加快服务领域改革，消除体制机制障碍；进一步扩大对内对外开放，更好利用两个市场、两种资源，增强服务业发展动力。

1. 深化服务领域改革

深化国有服务业企业改革，落实国有企业投资项目引入非国有资本指导意见，培育服务业领域混合所有制企业集团。推进电信、交通、市政公用等自然垄断行业放开竞争性业务，积极稳妥推进教育、文化、卫生、体育等事业单位分类改革，将从事生产经营活动的事业单位逐步转为企业，加快营利性后勤事业单位转企改制，吸引社会资本投入服务业领域。引导工业企业分离和外包非核心业务，促进服务业向专业化、社会化方向发展。创新公共服务供给方式，扩大政府购买公共服务范围。抓好赤峰红山区国家新一轮服务业综合改革试点，深入推进自治区服务业改革创新试点，鼓励在体制机制、政策环境、服务模式、投资方式等方面积极创新，为全区服务业发展探索和积累经验。

2. 扩大服务领域开放

积极融入“一带一路”战略，深化与沿线国家在经贸、金融、信息、旅游、文化、科技、体育等领域合作，推进满洲里、二连浩特国家重点开发开放试验区和呼伦贝尔中俄蒙合作先导区建设，加快满洲里综合保税区、二连浩特国际物流园区和二连浩特—扎门乌德、阿尔山—松贝尔等跨境旅游合作区建设，办好中蒙第二届国际博览会、中蒙俄经贸合作洽谈会、中国（满洲里）北方国际科技博览会。鼓励服务企业“走出去”，在境外设立分支机构，拓展市场空间。积极融入京津冀协同等发展战略，主动承接商贸、物流、云计算服务、科技、文化等服务产业转移。加强与天津自贸区合作，推进我区设立海关特殊监管区域和保税监管场所。推进呼包银榆经济区、蒙晋冀（乌大张）长城金三角合作区建设，推动东部盟市融入东北经济区发展，在商贸、物流、金融、旅游、文化、科技等重点领域开展全面合作。加强与长三角、珠三角等地区科技、金融、信息等领域合作，借力中欧班列促进物流领域合作。

（四）完善发展政策，营造良好环境

把服务业发展摆上重要议事日程，加强组织领导，强化工作措施，改善营商环境，调动全社会发展服务业的积极性。

1. 健全服务业工作推进机制

充分发挥自治区第三产业工作领导小组职能作用，加强宏观指导和统筹协调，召开领导小组工作会议，研究部署全年服务业工作。各成员单位按照年度工作任务分工，加强协作，主动作为，形成推动服务业发展的工作合力。各地区要建立健全与服务业发展新形势、新要求相适应的工作推进机制，政府主要领导要亲自研究、亲自部署、亲自推动落实。完善服务业考核办法，强化服务业工作考核。加强督促检查，适时组织开展全区服务业重点工作任务和政策落实情况专项督查。

2. 完善发展政策

深入落实国家促进服务业发展的政策措施和自治区服务业“十三五”规划、三年行动计划、加快发展生产性服务业促进产业结构转型升级的实施意见等规划政策以及降成本实施方案，降低企业税费、融资、用工、用能、用地等成本，增强企业市场竞争力。加快出台《关于积极发挥新消费引领作用加快培育形成新供给新动力的实施方案》《关于加快发展生活性服务业促进消费结构升级的实施意见》等，完善规划政策体系。

3. 健全服务业统计体系

健全完善全面反映我区服务业发展水平的统计指标体系和统计制度，加强对规模以上服务业重点企业的统计，加大对中小微服务业企业的抽样调查比例，加快建立新兴服务业统计制度，提高统计数据的实效性和准确性。

4. 加强舆论宣传

充分利用报刊、广播、电视、网络等媒体，组织开展服务业宣传月、记者行、专题访谈等活动，广泛宣传服务业新业态、新模式和新技术，宣传服务业领域知名企业、驰名商标和名牌产品，宣传支持服务业发展的各项政策措施和各地区服务业发展的典型经验，营造服务业发展的良好氛围。

供　　稿：自治区发展与改革委员会产业协调处

责任编辑：高晓焘

内蒙古固定资产投资和项目建设情况

一、2016年固定资产投资情况

2016年，在自治区党委、政府的领导下，全区各地各部门主动适应经济发展新常态，牢固树立创新、协调、绿色、开放、共享发展理念，着力加强供给侧结构性改革，积极培育和扩大有效需求，扎实推进重点工程项目建设，固定资产投资实现稳步增长。1—11月，全区500万元以上项目完成固定资产投资14680亿元，同比增长11.7%。预计全年完成15300亿元，增长12%左右。主要特点如下。

（一）项目开工情况良好

实行重点工程项目省级领导包联制度，组织开展重点项目秋季集中开工行动。1—11月，全部施工项目个数22001个，同比增长34.5%。在建固定资产和房地产开发建设项目计划总投资35525.6亿元，同比增长3.9%。其中，本年新开工项目18899个，同比增长54.6%。新开工项目计划总投资12090.7亿元，同比增长26.2%。

（二）投资结构不断优化

三次产业分别完成投资685亿元、6530亿元、7645亿元，同比分别增长13.3%、－1.4%、25.4%。三次产业投资结构从2015年同期的6.2：49.2：44.7调整为4.7：43.4：51.9，第三产业投资占比超过第二产业。

（三）基础设施投资规模显著扩大

基础设施完成投资5682.3亿元，同比增长32.7%，增速高于全区固定资产投资增速21个百分点，公共服务保障能力明显增强。

（四）资金来源基本满足需求

项目到位资金13609.7亿元，同比增长6%。从来源渠道看，国家预算内资金1037.1亿元，增长57.7%，占到位资金的7.6%；国内贷款1758.2亿元，增长7.7%，占12.9%；自筹资金9602.4亿元，下降1%，占70.6%，仍是到位资金的主要来源；其他资金来源880.3亿元，增长50.2%，占6.5%。

（五）重大项目进展顺利

列入自治区2016—2018年重大项目滚动计划的560个项目对全区固定资产投资支撑作用明显。开复工528个，开复工率达到94.3%，完成投资5306.2亿元。其中，续建项目438个，复工427个，复工率97.5%；新开工项目122个，开工101个，开工率82.8%。

（六）房地产开发投资逐步回暖

房地产开发完成投资1026.3亿元，同比增长3%，环比上升0.2个百分点。其中，商品房销售面积1749.8万平方米，同比增长3.6%；商品房销售额797.6亿元，同比增长4.6%，均好于2015年同期。

二、2017年重点工作安排

内蒙古是欠发达的边疆民族地区，产业建设、基础设施、生态环保、社会事业等领域历史欠账较多，在未来发展中，发挥好投资的关键作用，实施一批大项目好项目，提高投资的针对性和有效性，对于支撑经济增长、促进转型升级、保障和改善民生具有十分重要的意义。2017年是实施“十三五”规划的重要之年，按照自治区第十次党代会提出的保持固定资产投资增幅高于全国平均水平目标，预计全区规模以上项目固定资产投资增长12%左右，投资额达到1.7万亿元左右。

（一）切实搞好重点项目储备

紧紧围绕促进产业转型、推动“五化”协同，制定落实自治区重点领域重点项目工程建设实施方案，重点围绕三个领域开展工作：一是围绕基础设施“七网”建设谋划一批大项目好项目。二是围绕“十三五”规划及重大专项规划并做好重大项目前期工作。三是根据国家政策导向以及市场需求做好重大项目前期工作。坚持提前介入，加强科学论证，确保提出的重大项目符合用地、环保、节能、技术、安全等方面准入标准。落实重大项目前期工作责任，加快推进项目审批制度改革，强化综合协调服务，加大前期工作经费投入，优先保障重大项目资源要素需求，加强督查考核，确保重大项目前期工作顺利推进。

（二）突出抓好重点项目建设

铁路方面，建成呼张客专呼集段、呼准鄂铁路准鄂段等项目，开工建设包头至银川、巴彦浩特至银川快速铁路。公路方面，力争建成京新高速临河至青山至白疙瘩、荣乌高速棋盘井至乌海等高速公路和海拉尔至哈达图至拉布大林等一批国省道项目，开工建设克什克腾旗至乌兰布统、二连浩特至赛汗塔拉等高速公路，全面完成建制村通硬路。航空方面，开工建设呼和浩特新机场，完成海拉尔、包头等运输机场改扩建，建成满归、陈巴尔虎旗等通用机场。市政方面，加快呼和浩特、包头轨道交通和包头、赤峰城市地下综合管廊等重点项目建设，全面改造老旧地下管网。水利方面，加快实施尼尔基、绰勒等重大水利项目和黄河内蒙古段二期防洪、嫩江干流治理等防洪减灾工程建设，争取开工建设“引绰济辽”工程、东台子水库等一批重点项目。能源方面，加快建设锡林郭勒盟至江苏、上海庙至山东、扎鲁特至山东外送电力通道，争取锡林郭勒盟至山东、蒙西至天津南输电通道完成调试并投运，加强区内500千伏主干网架建设，推进旗县220千伏变电站建设，加快实施新一轮农网改造升级工程，积极推进陕京四线等油气管道项目建设。信息通信方面，继续实施“宽带内蒙古”和“宽带乡村”工程，加快4G网络建设。社会民生领域方面，全力推进脱贫攻坚、百姓安居、就业创业等民生工程建设，实施一批教育、卫生、文化、体育等社会事业领域项目。生态环保方面，继续实施京津风沙源治理二期、“三北”防护林五期、天然林保护二期、退牧还草、退耕还林等重点生态工程和大气环境治理、水环境治理、土壤环境治理等重点环境治理工程。

（三）进一步深化投融资体制改革

认真贯彻落实《关于深化投融资体制改革的意见》（中发〔2016〕18号），结合内蒙古实际制定出台实施意见，建立健全企业自主决策、融资渠道畅通，职能转变到位、政府行为规范，宏观调控有效、法治保障健全的新型投融资体制。一是优化和改善企业投资管理，确保企业投资主体地位，提出企业投资项目核准范围最小化和最大限度下放核准权限，探索试点企业投资项目承诺制。二是推进政府投资体制改革，明确政府投资范围，政府投资以非经营项目为主；改进政府投资方式，安排政府投资平等对待各类投资主体，不得设置歧视性条件。三是创新融资机制，大力发展直接融资，支持企业上市（挂牌）；通过银企合作，设立引导基金。四是提高政府服务水平，创新政府服务方式，运用互联网和大数据技术，建立纵向贯彻、横向联通的在线审批监管平台，着力解决简政放权后部门放权不够协同、基层承接能力不足、监管机制不健全、监管手段不完善等突出问题。

（四）积极筹措各类建设资金

一是加快推进政府和社会资本合作。在全区范围内推广传统基础设施领域政府和社会资本合作模式，逐步建设和完善传统基础设施领域三年滚动政府和社会资本合作项目库，积极帮助盟市旗县推动政府和社会资本合作项目建设，提高政府和社会资本合作项目管理科学化、规范化水平。二是继续做好专项建设基金项目的组织申报、跟踪落实等相关工作，加快专项建设基金的投放和支付进度。三是继续加大力度争取中央预算内投资，抓紧落实各项建设条件，切实加快中央预算内投资执行进度。四是认真解决中小企业融资难题，建立小微企业贷款风险补偿基金，鼓励发展微型金融，逐步实现助农金融全覆盖。加快发展小额信贷，修订《内蒙古自治区小额贷款公司试点管理实施细则》。规范民间融资交易，制定《内蒙古自治区民间融资管理暂行办法》。五是加快培育和壮大本地金融机构，不断优化金融生态环境，推动银行业公平竞争和提高创新能力，支持地方经济发展。六是转变政府投资方式，继续壮大科技、养老服务等产业引导基金，加快设立旅游、物流等其他产业引导基金。

供　　稿：内蒙古自治区发改委

责任编辑：梅　园

内蒙古财政运行情况

2016年是落实自治区“十三五”规划的开局之年，也是深化财税体制改革的关键一年。全区各级财政认真贯彻落实中央和自治区党委、政府的工作部署，紧紧围绕全区重点工作任务，充分发挥财政职能作用，积极应对经济下行、财政减收的严峻形势，迎难而上，主动作为，财政运行基本平稳，支持自治区经济社会发展取得新成绩，财政改革发展取得新进展。

一、2016年财政运行情况

（一）增收节支，保障财政平稳运行

1—11月，全区一般公共预算收入1784.4亿元，比2015年同期增加75.4亿元，增长4.4%；如剔除“营改增”政策性因素影响，同口径增长9%。1—11月，全区一般公共预算支出4065亿元，比2015年同期增加279.7亿元，增长7.4%。

从收入形势来看，由于受经济下行、税收优惠政策和税制改革等因素的影响，自治区一些主体税种如增值税、企业所得税、资源税等收入有所下降，财政持续稳定增收的基础受到不同程度的影响。为保障财政正常运行，各地加大组织收入力度，同时积极争取中央支持，财力需求得到有效保障。

从支出情况来看，1—11月，全区各级财政用于民生方面的支出占比达到61.3%，同比增长7.5%。农林水、医疗卫生、社会保障等重点支出得到有效保障。与此同时，严控“三公”经费等一般性支出，1—9月，全区“三公”经费支出20.2亿元，比2015年同期减少2亿元，下降9.9%。

（二）多措并举，推进供给侧结构性改革

紧紧围绕供给侧结构性改革五大任务，加大财政投入，落实相关支持政策，推进改革取得新成效。筹集资金5亿多元，促进煤炭、钢铁

行业去产能工作有序推进，加快企业结构调整。落实房地产业税费优惠政策，减免相关企业税费25亿元，努力提高棚户区改造货币化安置比例至50%以上。利用财政资金和棚改贷款近600亿元，积极推进去库存。积极化解政府性债务风险，截至10月底，公开发行置换债券2005亿元，将被置换的存量债务成本从平均约10%降低至3.04%左右。通过全面推开“营改增”、生产用电临时扶持等政策，支持企业降成本。截至2016年9月底，“营改增”四大行业实现净减税3.44亿元，所有行业税负只减不增的改革目标总体实现。筹集资金120多亿元，支持“补短板”，加大对保障性住房建设、生态脆弱地区移民扶贫、城镇基础设施建设、农村环境综合整治等民生发展的投入。

（三）发挥政府投资作用，支持经济稳定发展

一是加大公共投资力度，全力支持重点项目和自治区70周年大庆项目建设。交通运输支出255亿元，支持农村牧区公路养护、重点及干线网络和客运站场建设。设立了总规模100亿元的内蒙古铁路交通产业基金。继续加大对保障性安居工程、城市基础设施建设与维护支持力度，提高城市综合承载能力。二是鼓励支持大众创业，万众创新。利用就业补助资金，重点实施高校毕业生中小企业人才储备，支持设立公益性岗位、安置就业困难人员。利用创业担保基金，支持成功创业3.8万人，带动就业12.6万人。三是支持绿色发展和环境保护。争取国家可再生能源电价附加补助资金，支持风电、光伏、生物质发电规模化发展。争取中央专项资金，支持大气、水、土壤污染防治，稳步推进呼伦湖流域生态与环境综合治理工程。

（四）进一步加大财政投入，做好“三农三牧”工作

1—11月，全区农林水事务支出611亿元，同比增长12.8%。一是大力推进涉农改革。推动涉农三项补贴改革，启动实施了新一轮草原生态保护补助奖励政策，提高了禁牧和草畜平衡补贴标准。二是积极推进林业六大重点工程。提前拨付森林生态效益补偿基金、天然林资源保护工程资金、退耕还林资和禁伐补助资金，支持林业生态建设。推动内蒙古大兴安岭林区深化改革。三是大力支持粮食生产。安排专项资金，支持全区新建高标准基本农田建设任务300万亩。积极推进国家深化玉米收储制度改革，继续对产粮产油大县实施奖励，健全完善大豆目标价格试点工作。四是支持“美丽乡村”建设，做好“一卡通”发放管理。截至目前，全区实施“一事一议”财政奖补建设项目6121个，项目总投入33.4亿元，覆盖3896个嘎查村，受益农牧户215.9万户农牧民683.6万人。

（五）支持重点领域和关键环节，着力保障和改善民生

一是大力推进扶贫攻坚工程。全区各级财政共安排扶贫专项资金58.3亿元，同比增长45.5%。贯彻落实支持贫困县开展统筹整合使用财政涉农资金的意见，鼓励和引导纳入试点的42个贫困旗县统筹整合19项涉农涉牧资金，试点旗县将自主安排自治区下达的近100亿元资金，极大地优化财政涉农资金供给机制，提高涉农资金使用精准度。二是推进社会救助福利体系建设。安排专项资金，支持城乡低保、临时救助补助、城乡医疗救助补助、农村牧区五保供养补助项目的实施。建立健全覆盖老人、孤儿、残疾人、抚恤优待群体的福利体系，推进实现低保制度兜底脱贫。三是推进公立医疗卫生改革。全面推开旗县公立医院改革，覆盖面已达到100%。合并实施城乡基本医保，实现城乡居民公平享有基本医疗保险权益。扎实展开健康扶贫工程，逐步健全大病保险制度，扩大自治区本级医疗保险基金直接支付范围。四是推进公共文化服务体系建设。筹措资金支持公共文化服务体系建设，推进文化惠民工程，支持全区1113个文化场所免费开放。支持“互联网+智慧书城”、蒙汉文传统出版数字化产业化转型升级工程等41个重点文化产业项目的实施，支持首届自治区文化产业博览会召开。

（六）深入推进财税体制改革，完善财政运行体制机制

一是继续完善预算管理制度。按照建立公开透明预算制度的要求，已将2015年全区地方政府债务限额5675.5亿元在自治区政府网站公开。除涉秘部门外，自治区本级的86个部门和单位公开了本部门预算和“三公”经费预算及说明。各盟市结合当地政府预决算、部门预决算、“三公”经费预决算公开实际情况，分别按要求开展了2016年政府预算和“三公”经费预算公开工作。制定了《内蒙古自治区地方政府债务限额管理办法》《内蒙古自治区地方政府债务风险化解规划》和《内蒙古自治区地方政府存量债务置换工作流程》等一系列文件。通过四批公开方式、三批定向方式发行置换债券共2005.78亿元，占核定置换债券发行限额的87.2%，已经全部转贷各盟市用于债券置换。新增债券主要用于自治区70周年大庆工程、扶贫攻坚等重点民生项目。试编了全区地方政府债务收支预算，加强了地方政府债务风险预警管理。深入研究自治区以下事权与支出责任划分问题，积极理顺自治区以下财政管理体制。

二是扎实推进税收制度改革。深化资源税改革。煤炭资源税新旧税制顺利转换，建立了资源税税负随煤价波动自行调节的机制。从促进我区资源环境可持续发展角度，制定了《内蒙古自治区部分矿产品资源税税目税率表》，明确了我区37种应税矿产品的税率、征税对象及计税依据；制定了我区利用低品位矿及废石、尾矿、废渣、废水、废气等提取矿产品资源税的征免政策，明确了部分矿产品的换算比和折算率。至此，加上之前已完成改革的原油、天然气、煤炭、稀土、钨、钼6个品目，我区矿产资源品目资源税全部实施了从价计征改革。全面完成营业税改征增值税政策。从2013年8月启动“营改增”试点，到2016年5月试点行业扩大到建筑业、房地产业、金融业和生活服务业，标志着所有征收营业税的行业全部纳入增值税征收范围。改革以来，全区共有36万户纳税人纳入“营改增”范围，累计减轻纳税人负担190亿元左右，在推动产业转型、结构优化、消费升级、创业创新等方面发挥了积极作用。

三是协同推进其他改革任务。积极推进政府与社会资本合作，代自治区人民政府起草印发了《内蒙古自治区公共基础设施和公共服务领域推广政府和社会资本合作模式的实施意见》（内政发〔2015〕70号文件），为全区规范推进政府与社会资本合作项目实施提供了重要遵循。截至目前，全区共有753个项目进入全国政府与社会资本合作综合信息平台系统，总投资5872亿元，项目数和投资额分别列全国第五位和第七位；27个项目被列为国家示范项目，入选项目数量居全国第五位；计划总投资达451.5亿元，项目计划投资数居全国第八位；36个项目进入了国家示范。

建立了财政资金支付动态监控系统，出台了内部控制基本制度和七类专项风险管理办法；推动公车改革，自治区本级驻呼党政机关和参公单位公车改革工作全面完成；健全农牧业支持保护体系，制定了引导金融、社会资本进入农业综合开发的指导意见；推进科技管理体制改革，制定印发了《内蒙古自治区深化事业单位科技成果使用处置和收益管理改革的若干意见》；协同有关部门推进盟市及以下法检两院财物由自治区财政统一管理，制定完善法律援助制度的意见；基本医疗保险结算支付方式实现区内异地就医直接结算等。

二、2017年工作思路

2017年，自治区财政将紧紧围绕把祖国北部边疆这道风景线打造得更加亮丽的奋斗目标和“四个着力”的重点任务，深入贯彻落实自治区党委九届十九次全委会精神和第十次党代会精神，着力稳增长、促财源、补短板，全力促进自治区经济社会平稳健康发展。

（一）支持经济平稳健康发展

认真贯彻落实全区秋季重大项目集中开工建设动员大会精神，加大积极财政政策力度，打好“政府投资+银行信贷+社会融资”组合拳，充分运用政府与社会资本合作、政府投资基金、政府购买服务等方式，全力以赴支持抓项目、促投资，保障重大项目建设，充分发挥项目的牵引作用和投资的关键作用，着力促进经济稳定增长。在增加政府投资上，充分利用地方政府债券，积极争取2017年度地方政府债券发行限额，科学制订2017年债券发行计划，减轻各级政府利息负担，腾出资金加大政府投资。合理安排新增债券资金，重点用于自治区基础性工程、重大项目、重点项目和民生工程等。在引导社会投资上，发挥自治区政府与社会资本合作基金作用，并积极争取国家政府与社会资本合作基金支持，助推更多更好的政府与社会资本合作项目落地；加快推进政府投资基金的运作，切实发挥财政资金的乘数效应，扩大投资规模。在争取国际融资上，健全完善自治区利用国际金融组织和外国政府贷款备选项目库，并积极加强与世界银行、亚洲投资银行、欧洲投资银行、金砖国家开发银行等国际金融组织和外国政府贷款机构的联系，不断扩大国际融资规模，支持重大项目建设。

（二）加强财源建设

坚持“向经济发展要收入、向改革红利要收入、向依法征管要收入”的财源建设思路，统筹处理好财政增长的速度、结构、质量的关系，全力以赴抓好财源建设，努力打造“科学合理、优质高效、增长协调、基础稳固”的财源体系。

一是积极争取中央沿黄沿线经济带财力补助，多渠道筹措资金支持能源、化工、装备制造等主导产业和新兴产业发展，壮大重点产业财源。继续利用财政国库和社保等间歇资金开展以存促贷、促销促税，并研究金融机构入区和招商引资财政奖励政策，扩大重点企业财源。研究制定财政支持呼包鄂协同发展的政策措施，促进呼包鄂加快发展，力争使呼包鄂财政收入占全区的比重不断提升，壮大重点区域财源。

二是把可用财力的增长作为最主要的考核指标，既要依法加大收入征管力度，不断提升税源分析的深度和预测的精度，坚持大小税种齐抓共管，确保财政收入平稳增长，又要克服速度崇拜，避免竭泽而渔，自觉落实减税降费积极财政政策，坚决杜绝财政虚收、空转等违法违规现象，建立总量和质量并行的收入考核体系，切实做实做优财政收入。要积极争取中央财政资金、项目和政策支持，妥善解决总分机构税收分配及地区间税源转移问题，广开渠道聚财源。

三是围绕培育经济新增长点，落实支持“一带一路”战略和农牧民人口市民化的财政政策，促进自治区面向国际、国内的全方位开放。大力支持文化旅游业发展，保障乡村旅游休闲基础设施和重点品牌旅游景区建设，促进全域旅游发展。创新重大科技专项资金使用方式，支持自治区重点产业、重点学科技术创新，努力把财政资源转化为经济发展的推动力，把经济发展的成果转化为财政收入的内生力。

（三）补齐民生短板

坚决守住民生底线，聚焦短板支持公共产品和公共服务有效供给。

一是支持补齐基本民生短板，督促各级财政优先安排“保工资、保运转、保基本民生”预算资金，加强工资专户管理，切实落实“三保”要求。按照增量投入、存量统筹、专项支持、打捆使用的原则，不断完善综合扶贫投入机制和政策体系，支持“五个一批”脱贫攻坚工程。落实好自治区70周年大庆项目等重点民生工程资金。加大对学前教育、职业教育、民族教育的投入。支持大众创业、万众创新，保障健康内蒙古建设，促进各项社会事业发展。

二是支持补齐城乡协调发展的短板，加大对老少边贫地区的转移支付力度，建立财政转移支付同农牧业转移人口市民化挂钩机制，促进城乡统筹发展、东部争先跨越发展、西部率先转型发展。完善农牧业补贴政策，加快构建自治区农牧业信贷担保体系，支持完善龙头企业与农牧民利益联结机制，提高农牧民收入，促进农牧业现代化。

三是支持补齐生态环境的短板，积极争取国家加大对我区重点生态功能区的转移支付力度，加大对呼伦湖等重点领域环境治理的支持力度。积极争取国家清洁发展基金项目，促进低碳循环发展。继续实施新一轮草原生态补奖、天然林保护等重大生态工程，促进绿色化发展，努力让公共财政更好地惠及全区各族人民。

（四）深化财税体制改革

扎实推进各项改革任务和从严治党，深入推进供给侧结构性改革，继续落实“三去一降一补”任务，全面完成财税体制改革各项任务。深入贯彻《中华人民共和国预算法》，建设法治财政。

供　　稿：内蒙古自治区财政厅

责任编辑：焦志强

内蒙古金融业运行情况

2016年，全区金融机构按照创新、协调、绿色、开放、共享的发展理念，全面贯彻国家加强供给侧结构性改革的决策部署，自治区党委、政府关于稳增长、促改革、调结构、惠民生、防风险的重要举措，认真落实自治区2016年秋季重大项目集中开工建设动员大会、全区金融工作座谈会和自治区首届蒙商大会暨民间投资合作洽谈会精神，不断加大信贷投放，优化信贷结构，拓宽融资渠道，降低融资成本，加大对自治区重点项目、基础设施、实体经济、薄弱环节的支持力度，防范化解金融风险，切实提高金融服务实体经济质量和效率，为自治区经济社会发展提供有力保障。

一、我区金融运行总体保持稳定增长态势

（一）贷款继续保持较快增长

9月末，全区金融机构人民币贷款余额19064.51亿元，同比增长13.91%，比2015年同期回落1.46个百分点，贷款比年初新增1923.84亿元，同比多增141.58亿元。从存贷比看，我区余额存贷比达到92%，同比回落2.18个百分点。存贷款加权增速为15.32%，比2015年同期上升3.15个百分点。从贷款期限看，中长期贷款增加较快，新增1470.27亿元，同比多增532.85亿元，占全部新增贷款76.42%，同比提高23.83个百分点；短期贷款新增450.16亿元，同比少增104.97亿元。

（二）存款增速显著提高

9月末，全区金融机构人民币各项存款显著增加，余额突破2万亿，达到20722.86亿元，同比增长16.61%，比2015年同期上升7.47个百分点，存款比年初新增2645.26亿元，同比多增1310.8亿元。从存款结构看，住户存款比年初新增654.1亿元，同比多增364.43亿元；非金融企业存款比年初新增1131.88亿元，同比多增1115.93亿元；广义政府存款比年初新增729.16亿元，同比少增13.37亿元。

（三）多层次资本市场稳健发展

前9个月，我区有3家企业向内蒙古证监局报备上市辅导材料，上市辅导期企业总数13家；29家企业在“新三板”挂牌，“新三板”挂牌企业总数55家，另有9家企业已上报材料待审核；424家企业在内蒙古股权交易中心挂牌，挂牌企业总数达1171家。前9个月，企业通过资本市场直接融资589.4亿元，其中股票市场融资243.4亿元（上市公司非公开发行241亿元，“新三板”挂牌公司定向增发2.4亿元），债券市场融资346亿元（企业债32亿元，公司债59亿元，中期票据54亿元，短期融资券37亿元，超短期融资券156亿元，银行间市场定向工具8亿元）。另外，企业利用区域股权市场平台通过银行信贷、股权质押、发行债券、并购重组等方式累计实现融资61.2亿元。与此同时，我区华资实业非公开发行股票316亿元方案已通过证监会审核；亿利洁能、兴业矿业、北方创业等上市公司合计非公开发行股票280亿元方案；健隆生物、奔腾集团等“新三板”挂牌公司5.6亿元融资计划正在积极推进。

（四）保险业服务能力提升

前9个月，全区保险业实现原保险保费收入393.22亿元，同比增长24.93%。其中，财产险公司原保险保费收入122.81亿元，同比增长6.96%；人身险公司原保险保费收入270.41亿元，同比增长35.26%。全区保险公司赔付支出94.7亿元，同比增长15.53%。其中，财产险赔付支出50.07亿元，同比增长11.19%；人身险赔付支出44.63亿元，同比增长20.83%。

二、金融支持自治区经济社会发展重点突出

（一）中长期贷款增加较多，助力我区重大项目建设

年初，自治区政府出台《2016年金融支持全区经济社会发展融资工作方案》（内政办发〔2016〕16号）、《关于财税金融协同支持实体经济发展增强企业流动性的意见》（内政发〔2016〕28号）后，全区各银行业金融机构认真落实，不断加大对全区重大项目、重点行业、重点企业和产业园区的金融支持。9月末，全区金融机构中长期贷款余额达到11063.47亿元，同比增长16.03%，高于全部各项贷款增速

2.12个百分点，为全区重大项目的开工建设提供了有力的资金支持。银行信贷在区域、行业、企业的集中度均有不同程度的提高。从区域分布看，信贷资源主要集中在呼包鄂地区。前9个月，呼包鄂三市新增贷款1146.45亿元，占全部新增贷款的59.59%。

（二）全面落实去杠杆任务，助力经济结构调整

自治区政府出台《内蒙古自治区关于深入推进供给侧结构性改革着力做好去杠杆工作的实施方案》（内政发〔2016〕109号）后，全区金融机构深入推进我区供给侧结构性改革，坚持稳妥有序、分类施策，合理把握去杠杆的节奏和速度，充分发挥金融去杠杆的引导和支撑作用。一是组建债权人协调委员会。专题研究了包钢集团、鄂尔多斯集团、伊泰、伊东等重点企业组建债权人协调委员会事宜，预防资金链断裂，增强企业流动性。组建债权人协调委员会，引导银行不抽贷、不压贷、不断贷、保存量，维护企业正常生产经营，以时间换空间，逐渐去杠杆。二是推动加大处置、化解、核销不良资产力度。组织召开化解全区不良贷款座谈会，并积极推动银行业金融机构通过重组、清收、核销等方式化解不良贷款，持续加大信用风险化解力度，不良贷款快速反弹的势头得到初步遏制。目前，资产管理公司通过收购不良资产包的方式，化解银行业不良资产60.14亿元。9月末，我区银行业金融机构不良贷款率较年初下降0.29个百分点。三是调整融资结构，变短融为长融。积极向金融机构总部汇报争取，对于短期内需刚性兑付的各类债券，协调各承销银行总部予以支持，按发行额度采取相应措施，保证不出现兑付风险。近期与中国工商银行、中国农业银行、中国银行、中国建设银行、中信银行、华夏银行、平安银行等金融机构总部沟通，就全区去杠杆取得总部支持达成了多项协议，取得了积极效果。

前9个月，全区金融机构积极落实五大任务。在去产能方面，对长期亏损、失去偿债能力和市场竞争力的“僵尸企业”，或环保、安全生产不达标且整改无望的企业及落后产能，逐步压缩，直至退出相关贷款。在补短板方面，加大对先进装备制造、新材料、生物、煤炭清洁高效利用、新能源、节能环保、电子信息等新兴产业集群的金融支持力度，把培育发展战略性新兴产业作为推动产业转型升级和补短板的主攻方向。

（三）缓解融资难、融资贵，助力非公经济发展

各金融机构认真落实《内蒙古自治区鼓励和支持非公有制经济加快发展若干规定》和自治区首届蒙商大会暨民间投资合作洽谈会议精神，加大对非公经济领域的资金支持力度。自治区金融办会同自治区工商联制定了《关于内蒙古自治区金融业支持非公有制经济发展十条措施的通知》（内金办发〔2016〕41号），推动非公有制经济加快发展。一是各级政府积极设立小微企业贷款风险补偿金。如呼和浩特市设立了小微企业贷款风险补偿专项资金，财政每年安排1500万元对金融机构小微企业不良贷款进行补偿；乌海市建立担保风险分担机制，担保公司与银行按照8∶2分担损失，政府每年拿出2000万元的担保风险补偿金，用于补充担保代偿损失。二是全区融资担保行业整体保持平稳运行态势。截至9月末，全区融资担保法人机构134家，注册资金总规模168亿元。全区融资担保机构在保责任余额274.1亿元，其中小微企业担保贷款余额116.7亿元，涉农担保贷款余额66.6亿元，累计为5.5万户中小企业融资担保1936.2亿元。三是金融办、科技厅等七部门配套出台了《关于金融支持内蒙古自治区大众创业、万众创新的实施意见》，实施“金融助推高新技术企业成长计划”“金融助推千家创业企业成长计划”2个专项计划，推动金融机构针对特定产业集群，量身定制金融产品和服务，开发了“助保金贷款”“乳产业链产品”“粮食通宝”等20余种创新产品。

（四）加大对薄弱环节的金融支持，助力民生领域建设

一是加大支持农牧业现代化，推动金融机构加大对“三农三牧”资金支持。二是全力支援抗旱救灾。按照自治区部署，自治区金融办积极组织动员金融机构采取有力措施支援抗旱救灾工作。自治区政府印发《内蒙古自治区人民政府办公厅关于金融支持东部盟市抗旱救灾的通知》（内政办发〔2016〕116号）后，各金融机构及时启动应急贷款预案。据统计，各有关金融机构拟陆续向东部五盟市投放信贷资金近60亿元，多数贷款执行4.35%的基准利率。三是积极推进“两权”抵押贷款试点工作。各盟市试点旗县都成立了试点工作推进小组，积极有序开展“两权”抵押贷款试点工作。阿荣旗、土右旗、扎赉特旗、开鲁县和乌兰浩特5个地区登记颁证工作已基本完成，其他5个地区颁证工作正在进行中。9月末，全区10个试点旗县（区）开展农村承包土地（草牧场）经营权抵押贷款，贷款余额17.8亿元；有2个旗县（区）开展农民住房财产权抵押贷款业务，贷款余额0.5亿元。

（五）实施普惠金融助力全面建成小康社会

一是《内蒙古自治区普惠金融发展规划（2016—2020年）》目前已通过党委深改组会议，即将正式印发。二是积极构建普惠金融体系。银行业金融机构，特别是农村中小金融机构不断扩大基础金融服务覆盖面，持续拓宽客户服务和支付结算渠道，积极在广大农村牧区布设ATM机、POS机和助农金融服务终端等电子化自助设备。截至目前，全区共建设“助农金融服务点”11029个，实现了金融服务乡镇苏木的全覆盖。三是加大对脱贫攻坚的支持力度。年初，自治区政府出台《内蒙古自治区金融助推脱贫攻坚行动计划》（内政办发〔2016〕69号）后，各金融机构紧紧围绕脱贫攻坚“五个一批工程”，加大对贫困户、龙头企业的支持力度。截至8月末，扶贫贷款余额507亿，同比增长20%；全区扶贫再贷款余额65.3亿元，累计发放扶贫再贷款46.6亿元，覆盖全区43个贫困旗县；累计投放金融富民工程贷款225.6亿元，支持43.5万户（次）农牧民和122户扶贫龙头企业。四是组织实施县域金融工程。金融办与一行三局共同出台了《关于金融支持县域经济发展试点指导意见的通知》，确定了16个试点旗县区名单。根据各地实际情况起草了5个县域金融发展规划，通过扩大信贷规模、优化信贷结构、提高直接融资比重、完善金融体系等方式，精准配置金融资源，支持县域主导产业和特色产业发展，不断增强金融服务县域经济能力。

三、下一步工作措施

下一步，自治区金融机构将进一步加大落实自治区2016年秋季重大项目集中开工建设动员大会和全区金融工作座谈会精神力度，努力发挥金融核心作用，坚持五大发展理念，围绕去产能、去库存、去杠杆、降成本、补短板五大任务，促进新型工业化、信息化、城镇化、农牧业现代化、绿色化“五化”同步发展，拓宽企业融资渠道，支持自治区新兴产业、薄弱环节和贫困地区发展，优化金融生态环境，为自治区经济社会进步提供有力保障。

（一）加大对重大项目和重点行业的金融支持力度

积极协调各金融机构加强对自治区煤炭深加工、精细化工、地铁、呼和浩特新机场、特高压通道、城镇基础设施、棚户区改造、文化旅游融合发展等在建重大项目资金投放力度，紧密跟踪已经签约项目信贷评审和资金投放进展情况，保障工业生产和投资增速在四季度继续保持回升。支持重点项目企业拓宽融资渠道，通过发行公司债、企业债、短期融资券、超短期融资券、中期票据、银行间私募债、基金、信托等方式融入资金。推动民间资本参与政府与民间资本合作项目建设工作，激发民间投资活力，拓宽政府投资项目融资渠道。

（二）加大去杠杆力度，切实提高金融服务实体经济的契合度

积极落实《关于深入推进供给侧结构性改革着力做好去杠杆工作的实施方案》，高度重视非金融企业负债率较高和地区间、行业间、企业间金融债务率失衡的问题，坚持有扶有控原则，通过“去”，提高直接融资比重，降低一些高负债企业的杠杆率，并有效退出产能过剩和“僵尸企业”；通过“优”，优化资源配置，将有限的增量信贷资源调动到更有效率、更有利于经济结构调整和转型升级的领域。通过支持供给侧结构性改革，以各种方式盘活存量资金，进一步优化企业的负债结构，做到有降有增，有效提高金融服务实体经济的质量和效率。

（三）加大对脱贫攻坚、“两权”抵押、县域经济、对外开放等领域的金融支持力度

一是推动《内蒙古自治区金融助推脱贫攻坚行动计划》落地见效，用好用足扶贫再贷款、专项金融债等金融扶贫政策工具，通过融资担保、贷款贴息、风险补偿等方式，引导更多金融资源流向贫困地区。二是继续推进“两权”抵押试点工作。积极协调有关部门，推进试点地区确权登记颁证、流转交易平台搭建、价值评估、抵押物处置等配套工作。三是组织实施好县域金融工程。以县域产业作为金融支持经济发展的支撑点，促进县域经济与金融的良性互动、金融资金与产业资金的有效融合。四是扎实开展金融支持“一带一路”和“向北开放”。积极服务国家“一带一路”战略，充分发挥我区辐射俄蒙的地缘优势，为“中蒙俄经济走廊”建设提供金融支持。鼓励境内外金融机构积极开展跨国并购贷款、结算、信用保险等业务，为蒙商“走出去”提供有力支持。

（四）加大金融改革工作力度

发展绿色金融，鼓励商业银行建立完善的绿色信贷机制，落实中国人民银行、财政部等七部委联合印发的《关于构建绿色金融体系的指导意见》，结合我区实际，尽快出台我区发展绿色金融的相关措施。继续推动组建民营银行。完善国有金融资本管理制度，修订自治区小额贷款公司和融资担保公司管理实施细则，拟定金融监管体制改革方案、民间融资管理暂行办法，修订区域性股权市场监管规则，研究制定农村信用社改革发展指导意见。继续抓好10个试点旗县区开展农村牧区土地承包经营权和农牧民住房财产权“两权”抵押贷款试点工作。

（五）加大对金融风险防范化解的工作力度

一是千方百计化解不良。推动金融机构与企业加强协商，协调政府相关部门统筹研究和解决我区银行业金融机构面临的不良资产“双高”、资本金不足、流动性缺乏等问题。充分发挥金融资产管理公司等市场处置主体作用，通过盘活重整、坏账核销、不良资产证券化等多种方式，积极推动不良资产处置工作，争取年底在降低我区不良贷款工作中取得实效。二是进一步完善金融风险监测预警和应急处置机制，做好金融风险的研判和金融舆论引导。防范和处置非法集资，积极协调自治区综治办将防范非法集资工作纳入全区社会综合治理网格化管理系统。切实维护金融市场秩序，确保不发生系统性和区域性金融风险。三是规范发展互联网金融。积极发挥互联网金融风险专项工作领导小组作用，落实《内蒙古自治区互联网金融风险专项整治工作实施方案》。继续组织开展全区互联网金融风险专项整治工作。

供　　稿：内蒙古自治区人民政府金融工作办公室
责任编辑：高晓焘

内蒙古全面深化改革情况

党的十八届三中全会以来，在党中央的正确领导下，自治区党委认真贯彻落实中央全面深化改革决策部署，加强领导，突出重点，扎实推进，全面深化改革呈现良好态势，取得明显成效。截至2016年11月底，累计出台改革成果720条，完成改革规划台账任务的63%。

一、习近平总书记指示的三项先行先试改革深入推进

（一）推进生态文明建设制度改革方面

一是建立国土空间开发保护制度。全面推进生态红线划定工作，耕地红线划定全面完成，水资源管理“三条红线”控制指标分解到盟市旗县，林业“四条红线”划定工作全面启动，草原生态红线划定工作在锡林郭勒全盟开展试点。二是完善自然资源资产管理制度。完成了呼伦贝尔市和赤峰市森林、草原、湿地资源资产，包头市和鄂尔多斯市矿产能源、土地资源资产实物量变动表编制试点工作，编制了自治区及各盟市主要自然资源实物量核算账户，制定了领导干部自然资源资产离任审计试点实施方案，在开展了耕地、草原、森林资源试点审计。三是改革生态保护管理体制。启动国有林场林区改革，有序推进企业划转和剥离办社会工作。积极推进水权交易，巴彦淖尔市、鄂尔多斯市、阿拉善盟水权交易试点一期工程完成投资4.1亿元。基本构建形成排污权有偿使用和交易的制度体系，组织476家企业进行了主要污染物排污权交易，总成交金额2.1亿元。大力开展碳排放权交易，呼和浩特、包头、鄂尔多斯分别与北京、深圳等地开展跨区域碳排放权交易，26家重点企业已纳入京蒙碳排放权交易体系。四是加强环境综合整治。深入推进大气污染防治，与北京、天津、河北、山西、山东五省市建立了跨区域大气污染防治协作机制，自治区16个部门建立了大气污染会商联动机制。探索建立乌海及周边地区大气污染联防联控机制，编制完成乌海及周边地区大气污染防治规划。完善环境保护管

理制度，设立了内蒙古环保基金，打造环保基金、技术服务、环保产业、排污交易4个平台。制定出台自治区重污染天气预警体系建设方案、矿山地质环境治理办法和工业节能监察办法等一系列改革文件。

（二）完善龙头企业与农牧民利益联结机制方面

采取股份合作、订单合同、价格保护、服务协作、流转聘用等方式完善利益联结机制，参与龙头企业达1505家，占规模以上龙头企业的81%，其中紧密型利益联结比重由2014年的30%提高到38%，带动农牧民就业39万人，213万农牧户进入产业化经营链条，在产业化经营中，农牧民人均纯收入4829元。

（三）创新与俄蒙合作机制方面

一是拓展与俄蒙合作领域。积极融入“丝绸之路经济带”和“中蒙俄经济走廊”建设，自治区参与建设“丝绸之路经济带”实施方案和呼伦贝尔中俄蒙合作先导区建设规划获国家批复，编制完成内蒙古与俄蒙基础设施互联互通实施方案、口岸基础设施建设规划。二是建立多层次交流机制。初步建立了互联互通基础设施建设、贸易和投资合作政策支撑、合作交往载体和平台构建、宽领域人文交流交往、多层次协商和工作会晤等机制，自治区与俄罗斯外贝加尔边疆区政府签署了定期会晤机制和农业合作协议。三是扎实推进试验区建设。满洲里综合保税区年内实现封关运营，中蒙跨境经济合作区开工建设，途经我区的中欧国际班列23条，自治区内开通了3条中欧班列、1条中亚班列，2016年以来运行班列总数800多列。四是深化通关便利化改革。在满洲里、二连浩特、策克、甘其毛都等口岸启动了“三互”试点，推进大通关改革试点工作，通关手续缩减50%，通关时间大幅降低。

二、经济体制、政治体制、文化体制、社会体制、生态文明体制和党的建设制度改革取得重要阶段性成果

（一）持续推进“放管服”改革

累计取消和下放223项本级行政审批事项，精简幅度达到48.6%。编制完成自治区、盟市、旗县权力清单和自治区、盟市责任清单，在全国率先颁布了政府行政权力监督管理办法。推行“证照合一”登记

制度改革，企业平均注册时间从26天缩短到3天。加快投资审批制度改革，先后取消核准事项20项，自治区层面核准事项减少30%，取消18项企业投资项目核准前置条件，自治区投资项目在线审批监管平台与国家顺利对接。

（二）扎实推进供给侧结构性改革

去产能方面，关闭煤矿10处、淘汰产能330万吨，退出钢铁产能291.3万吨。去库存方面，1—11月商品房销售面积和销售额分别增长6.2%和7.7%，同比提高12.2个百分点和10.5个百分点，全区商品房可售面积下降12.6%。去杠杆方面，引导规范金融行为，优化信贷结构，扩大直接融资规模，积极化解各类债务风险，金融机构不良贷款率4.14%，下降0.22个百分点。降成本方面，实施了扩大部分行业“营改增”、下调铁路运价、扩大电力多边交易和大用户直供、进行临时电价补贴等一系列减负政策措施，累计减轻企业负担214亿元。补短板方面，实施9个专项45项重点工程，基础设施投资增长32.7%，民生支出占一般公共预算支出的比重达到63.9%。

（三）进一步深化国资国企改革

制定出台了自治区深化国有企业改革实施意见和一系列配套改革举措，组建了能源建设集团、矿业集团、金融控股集团、交通投资公司和水务投资公司五大国有集团公司，设立了铁路交通、产业发展、服务业发展和科技创新基金，开展了自治区三家地勘单位事企分离改革。自治区直属部门、单位所属企业脱钩改革和经营性国有资产集中统一监管工作有序推进，国有资本运营公司试点企业完成更名注册。10户自治区直属国有企业建立董事会，包钢集团董事会建设试点启动实施。35项审批事项、15项备案事项纳入国资监管清单。

（四）全面推进价格改革

修订自治区政府定价目录，取消政府定价项目83个。全面实施居民阶梯水价和阶梯气价制度。建立铁路货运价格随公路货运价格变化的动态调整机制。深入推进大豆目标价格改革试点，按照每亩85.42元的标准发放了2015年度补贴。启动蒙西电网输配电价改革试点，每年可降低企业电价成本26亿元。电力多边交易和大用户直供电深入推进，累计降低企业用电负担91.81亿元。

（五）深化财税金融体制改革

继续推进预算管理制度改革，将一般公共预算、政府基金预算、国有资本经营预算、社会保险基金纳入政府预算体系。加强政府性债务管理，加快置换债券发行进度，成功发行地方政府债券1869亿元。全面推开“营改增”，累计减轻纳税人负担约192亿元。全区59个矿产资源品目全部实施了资源税改革。基本完成自治区本级公务用车制度改革，年底前完成自治区本级国有企业、事业单位公车改革。加快建立多层次资本市场，全区资本市场实现直接融资589.4亿元。

（六）加快推进农村牧区综合改革

土地承包经营权确权登记颁证12个试点地区和草原确权承包10个试点地区试点任务顺利完成。完成37个牧区旗县和26个半农半牧区旗县基本草原划定工作，划定基本草原8.8亿亩。耕地流转面积达到3187万亩，草牧场流转面积达到7200万亩。集体建设用地使用权登记和宅基地使用权登记全面完成。和林格尔县国家级土地征收制度改革试点进展顺利，初步选定的10个试点项目已实施3个。

（七）协调推进民主法制领域改革

修订自治区人大及其常委会立法条例，启动呼伦贝尔市等7个设区市地方立法工作。充分发挥人大监督职能，实施全口径预决算审查监督，建立审计查出问题向本级人大常委会报告整改情况制度、重大决策向本级人大及其常委会报告制度以及自治区政府向自治区人大常委会报告国有资产监督管理情况制度。出台了加强社会主义协商民主建设的贯彻落实意见，人民团体协商、基层组织协商、社会组织协商稳步推进。制定了《自治区重大行政决策程序规定》，并列入政府规章立法项目。普遍建立了政府法律顾问制度。

（八）不断深化文化体制改革

推动传统媒体和新兴媒体融合发展，建成交互式网络电视、手机电视、互联网电视等新兴媒体集成播控平台。率先在全国制定新闻工作者职业资格制度。在内蒙古博物院等9家公益性文化事业单位开展了理事会试点。促进公共文化服务均等化，盟市级群艺馆和旗县级图书馆、文化馆覆盖率均达到100%，苏木乡镇文化站覆盖率达到100%，嘎查村文化室覆盖率达到90.2%。完善文化产业政策，设立3亿元文化产业发展基金。推动国有文化企业股权多元化，内蒙古出版集团、新华发行集团、电影集团引入民营资本成立了12家股份公司。推动经营性文化事业单位转制为企业，完成企业认定242家。

（九）稳步推进司法体制改革

在全区5个中级法院、28个基层法院和25个派出法庭开展了落实司法责任制试点。推动自治区以下地方法院、检察院人财物统一管理，完成政法专项编制人员、事业编制人员、聘用人员摸底和登记造册等工作。全面实行立案登记制。出台领导干部干预司法活动追责实施办法及配套文件，健全冤假错案发现受理、审查办理、监督纠正机制。完善法律援助制度，建成12348蒙汉双语公共法律服务平台。完善社区矫正制度，全区三级司法部门全部设立社区矫正工作机构。制定了全面深化公安改革实施意见。实行城乡统一的户籍登记制度，实现居民身份证区内异地办理。

（十）大力推进社会民生改革

教育领域综合改革方面，出台乡村教师支持计划，推进考试招生制度改革，区内高校本科一批招生计划的5%定向招收贫困旗县考生。医药卫生体制改革方面，全区80个旗县165所公立医院全面推开县级公立医院综合改革，呼和浩特、鄂尔多斯等4个城市开展了城市公立医院改革试点，均取消了药品加成，所有药品全部实行统一采购。社会保障制度方面，出台了进一步完善城乡居民基本养老保险制度意见和企业职工基本养老保险自治区级统筹办法，实现了缴费基数、个人账户等“六统一”。创新精准扶贫机制方面，将扶贫项目精简整合为“三到村三到户”、金融扶贫、移民扶贫、雨露计划4项。国家足球改革发展试点工作方面，设立613所全国足球特色学校和2个全国青少年校园足球试点区县，设立5亿元足球发展基金。

（十一）加强和创新社会治理

推进社会组织登记管理体制改革和政社分开，全区6698名党政机关干部辞去兼任的社会组织职务。建立健全社会征信体系，自治区征信平台建设启动运行。推进食品药品安全监管体制机制改革，盟市、旗县全部完成食品药品监管机构改革。创新立体化治安防控体系，公众安全感满意度达到92.9%。

（十二）全面推进党的建设制度改革

认真落实从严治党“1+3”制度体系，深化干部人事制度改革，围绕落实中央推进领导干部能上能下若干规定，配套制定了诫勉谈话、离岗培训、组织调整3个办法，畅通了干部“下”的渠道，办法实施以来全区调整干部985人。深化党的基层组织建设制度改革，制定加强和改进农村牧区基层党建工作、加强和改进社会组织党的建设工作、选派嘎查村第一书记等一系列制度文件。总结推广联系服务群众“456”工作法、嘎查村民主管理“532”工作法、牧区“党员中心户+协会”党建工作模式，基层服务型党组织建设进一步加强。深化纪律检查体制改革，84个区直部门实现派驻机构全覆盖，累计进行9轮巡视，实现对盟市、旗县（市区）巡视工作全覆盖。

三、2017年重点工作安排

2017年是实施“十三五”规划的重要之年，是全面深化改革的攻坚之年。重点抓好以下工作：一是持续抓好习近平总书记指示我区先行先试的三项重点改革，努力为相关领域改革探索路子、积累经验。二是以供给侧结构性改革为重点，突出抓好经济体制改革，为经济持续健康发展培育新动力、提供新动能。三是着力抓好教育、文化、医药卫生、社会保障、精准扶贫等民生领域改革，让人民群众享有更多获得感。四是切实抓好民主法制和司法体制改革，加快推进法治内蒙古建设，营造和谐稳定的发展环境。五是深入推进党的建设制度和纪检体制改革，为自治区经济社会发展提供坚强有力保证。

供　　稿：内蒙古自治区党委改革办

责任编辑：梅　园

内蒙古对外开放情况

2016年，在自治区党委、政府的正确领导下，努力克服国内外市场需求不足的不利形势，认真贯彻落实国家和自治区推进促进商务和口岸发展的各项政策措施，总体工作实现平稳发展。

一、主要指标运行情况

（一）对外贸易下行压力大

据海关统计，2015年，全区实现进出口总值127.49亿美元，比2015年同期下降12.4%。2016年1—10月，全区进出口总值94.76亿美元，同比下降11.8%，降幅较1—9月收窄了1.1个百分点。其中，进口58.4亿美元，同比下降0.8%，降幅较1—9月收窄2.2个百分点；出口36.36亿美元，降幅与1—9月持平。主要呈现以下特点。

1. 当月进出口止跌回升，进口增长明显

10月，全区进出口额9.87亿美元，同比增长4%，比9月止跌回升了5.1个百分点。其中，进口5.8亿美元，同比增长23.8%，增幅较9月扩大15.4个百分点。

2. 加工贸易继续保持3位数增长速度

1—10月，加工贸易进出口总值4.25亿美元，同比增长107.3%。其中，进口增长19.5%，出口增长254.5%。一般贸易降幅减缓。1—10月，一般贸易进出口总值52.63亿美元，同比下降13.5%，降幅较1—9月收窄1.6个百分点；边境小额贸易进出口总值24.84亿美元，同比下降3.1%。

3. 国有企业增幅不断扩大

1—10月，国有企业进出口总值20.25亿美元，同比增长9.8%，增幅比1—9月扩大1.8个百分点。其中，进口12.16亿美元，同比增长34.4%，增幅比1—9月扩大7.7个百分点。同期，私营企业进出口总值66.04亿美元，同比下降14.2%；外资企业进出口总值8.18亿美元，同比下降29.6%，降幅比1—9月均有所收窄。

4. 对俄罗斯进出口持续增长

1—10月，我区与俄罗斯双边贸易额22.57亿美元，同比增长4.7%，增幅较1—9月有所回落。其中，对俄罗斯出口额5.01亿美元，同比增长6.6%；自俄罗斯进口额17.56亿美元，同比增长4.2%。我区与蒙古国双边贸易额22.20亿美元，同比下降20.5%，降幅比1—9月收窄2.2个百分点。其中，对蒙古国出口额3.49亿美元，同比下降47.2%；自蒙古国进口额18.71亿美元，同比下降12.3%，降幅分别较1—9月收窄2.5和2个百分点。其他主要贸易伙伴中，我区与日本、韩国、伊朗等国和香港、台湾等地区贸易额均呈现2位数以上增长，其中自日本、韩国和中国台湾进口额增幅分别达到7.3倍、4.7倍、4.0倍。我区与澳大利亚、美国、越南贸易额出现下降，其中，与澳大利亚、美国贸易额降幅略有收窄。

5. 12个盟市中，进出口增长盟市4个

乌海市、鄂尔多斯市、阿拉善盟、赤峰市进出口呈现增长。进出口总额排前五位的盟市是呼伦贝尔市、巴彦淖尔市、包头市、鄂尔多斯市、呼和浩特市。

（二）利用外资稳中有升

2015年，累计批准设立外商投资企业52家，同比增长18.2%；实际利用外资33.66亿美元，同比下降15.4%。2016年1—10月，全区新批准设立外商投资企业42家，同比增加3家；实际利用外资16.25亿美元，同比增长3.7%。从国别（地区）看，利用外资82%来自中国香港；从投资行业看，主要集中在农林牧渔业、采矿业、制造业；从资金分布情况看，主要集中在鄂尔多斯市、呼和浩特市、包头市。

（三）境外投资快速增长

2015年，我区新备案境外投资企业（机构）115家，同比增长79.7%；中方协议投资总额17.34亿美元，同比增长50.78%。2016年1—10月，全区新备案境外投资企业109家（其中，俄罗斯47家、蒙古国24家），同比增加20家；中方协议投资总额22.87亿美元，同比增长41%。投资国别（地区）主要是俄罗斯、蒙古国、美国、阿联酋、澳大利亚等国家和中国香港等。投资领域主要涉及森林采伐、木材加工、农业种植、畜牧业养殖、采矿业、金融业、住宿餐饮业等。据商务部统计，1—10月，全区对外承包工程新签合同额3350万美元，完成营业额1808万美元，外派各类劳务人员1252人。

（四）口岸运量增势明显

2015年，全区口岸进出境货运量为6581.6万吨，同比下降7.1%。2016年1—10月，全区口岸进出境货运量5713.29万吨，同比增长19%，增幅比1—9月扩大0.8个百分点。其中，进境货运量4167.21万吨，同比增长34.9%；出境货运量552.38万吨，同比下降9.5%；转口货运量993.7万吨，同比下降9.6%。对俄罗斯口岸进出境货运量2364.45万吨，同比增长1.6%。其中，进境货运量1120.07万吨，同比增长8.8%；出境货运量250.68万吨，同比增长26.0%。对蒙古国口岸进出境货运量3348.84万吨，同比增长35.5%。其中，进境货运量3047.14万吨，同比增长48.0%；出境货运量301.7万吨，同比下降26.6%。全区口岸进出境客运量425.11万人次，同比增长21.1%；进出境交通工具128.72万列辆架次，同比增长25.1%。

二、工作完成情况

（一）坚持优化外贸结构

在全国对外贸易进出口下降的大背景下，认真落实国家关于加快培育外贸竞争新优势、促进跨境电子商务健康快速发展、支持沿边重点地区开发开放等政策文件精神，积极推动我区外贸回稳向好。发挥自治区外贸工作厅际联席会议机制作用，通报分析外贸运行情况、研究部署工作，助推涉企问题的解决。完善重点外贸企业联系机制，建立全区外贸重点企业包保服务责任制，对自治区进出口额前100位的企业进行精准对接、跟踪服务，通过培育壮大外贸龙头企业，全力保增长、保市场、保企业。推动内蒙古国税局和人行呼和浩特中心支行联合印发了《关于出口退（免）税退库和调库有关问题的通知》，统一规范了全区各盟市出口退税流程，提高了退税效率。持续开展外贸促进政策宣读和外贸业务培训工作。积极与自治区金融办对接，将自治区外贸备案企业链入内蒙古融资服务网，引导企业通过注册内蒙古融资服务网发布融资需求。包头北方股份有限公司、中信保内蒙古专项办、中国银行包头分行三家就出口印尼重型汽车3000万美元合同达成保单融资项下卖方信贷协议，实现了我区首笔大型保单融资业务。助推呼和浩特市、鄂尔多斯市申报跨境电子商务综合试验区，目前国务院已将两市的请示转办至商务部。培育跨境电子商务企业，建设跨境电子商务平台，截至目前，全区已有跨境电商企业入驻的各类园区12个，我区企业自建跨境电子商务平台34个，主要开展对俄罗斯、蒙古国进出口业务的跨境电子商务平台8个。阿里巴巴已在呼和浩特金川开发区设立了运营中心，专门负责我区企业跨境电子商务业务推广和人员培训工作。推动二连浩特互市贸易区建设，目前已进入试运行阶段。

（二）优化外商投资环境

简化外商投资审批程序，将外商投资企业备案权全部下放盟市及国家级开发区。拓宽利用外资渠道。积极开展招商引资活动，组织企业参加天津投资贸易洽谈会、中国（重庆）国际投资暨全球采购会、中国（厦门）国际投资贸易洽谈，认真筹备自治区政府主办的粤港经贸合作活动，拓展利用外资渠道。借鉴国务院已批复的自由贸易试验区方案，开展申报内蒙古自由贸易试验区的基础性工作。牵头协调相关部门推广复制上海自贸区改革试点经验，在社会信用体系建设、投资体制改革、贸易便利化方面均取得明显成效。推进中蒙跨境经济合作区建设，中蒙双方签署了二连浩特—扎门乌德中蒙跨境经济合作区共同总体方案。推动满洲里综合保税区通过正式验收，实现封关运营。

（三）深入实施“走出去”战略

继续深化与蒙古国、俄罗斯的经贸投资合作，召开了自治区人民政府与蒙古国外交部常设协商工作组第三次会议，组织企业参加蒙古国举办的阿拉坦布拉格国际商品展、第三届中国—俄罗斯博览会。推动俄罗斯布里亚特共和国农业与粮食部与我区企业开展农畜项目合作，内蒙古赛科星繁育生物技术有限公司与布里亚特布扬公司签署了合作意向书。承担中俄第六期林业合作项目，乌兰乌德境外木材加工园区建设取得实质性进展。利用中美省州合作机制，支持企业推进对美国的经贸合作。帮助中国二冶集团有限公司获得国家对外援助成套项目总承包企业资格认定，将进一步巩固我区企业在“中俄蒙经济走廊”地区基础设施建设的市场地位。

（四）提升口岸综合功能

着力抓好口岸规划和资金投入，不断改善口岸发展环境。编制《内蒙古自治区“十三五”口岸发展规划》。自治区政府下拨全区口岸新增地方政府债券资金5.5亿元，较2015年度新增5000万元。进一步完善全区口岸基础设施建设项目库，对项目实行动态管理，保证资金合理有效使用。全面推动口岸开放，助推自治区对外开放深入发展。国务院批复同意鄂尔多斯航空口岸、乌力吉双边公路口岸对外开放。目前，鄂尔多斯航空口岸已通过国家验收组验收，乌力吉公路口岸已经开工建设。国家口岸办批准同意我区阿日哈沙特、额布都格2个口岸继续全年临时开放，策克、甘其毛都2个口岸延长开放时间，鄂尔多斯、二连浩特、阿尔山3个航空口岸继续临时开放，包头航空口岸实现临时开放。加强指定口岸建设，推进策克、满都拉口岸申报粮食、肉类进口指定口岸筹建工作。积极推进二连浩特肉类指定口岸冷链建设。配合国家质检总局专家组对珠恩嘎达布其、额布都格、二连浩特饲草进口熏蒸库项目进行现场考核验收。完善电子口岸平台，全面推进“单一窗口”建设。我区被国家口岸办正式确定为全国内陆沿边口岸“单一窗口”试点省区，在满洲里口岸率先开展“单一窗口”试点工作，启动呼和浩特国际贸易“单一窗口”建设项目，目前白塔机场空运国际快件一体化系统已完成了测试。跨境电子商务通关公共服务平台正在建设中。落实“三互”推进大通关建设改革，在二连浩特召开全区“三互”大通关建设工作推进会，推进二连浩特“三互”大通关首批试点工作，确定甘其毛都、策克口岸为自治区“三互”大通关第二批试点口岸。积极跟进二连浩特与扎门乌德中蒙海关联合监管试点工作，提高通关效率。协助国家口岸办筹备中俄蒙三方口岸领导人第一次会议，取得了积极成果。与广东省口岸办签署通关便利化服务协议，与北京口岸办签署了京蒙口岸工作合作备忘录，区域通关协作不断发展。经满洲里口岸跨境班列线路达22条，经二连浩特口岸班列3条。前三季度共运行865列，已超过2015年全年数量。

三、存在的问题

（一）外贸工作面临的形势严峻

我区进口的大宗产品、出口的初级加工产品价格普遍呈持续下降态势，进出口数量保持稳定增长的同时，受价格下降因素影响，使我区进出口额下降。另外，受国际大宗产品价格及需求减少，蒙古国内投资开发趋冷，加之蒙古国市场购买力下降，我区对蒙古国出口及投资项下出口明显减少。完成年初制定的外贸增长目标任务难度非常大。

（二）口岸建设水平有待提高

目前，我区部分口岸基础及查验设施落后，信息化、智能化水平不高，而且部分海关特殊监管区域和场所发展、建设缓慢。腹地与边境口岸之间没有建立起顺畅的交通通道和区域合作机制。除满洲里和二连浩特外，我区其他口岸基本还停留在过货通道的发展阶段，依托口岸优势开展进出口加工、物流中转相对滞后，内外结合、良性互动的局面还没有形成。

四、2017年工作安排

2017年，秉持新的发展理念，立足我区发展实际和比较优势，全方位扩大对外开放，为全区经济社会发展作出贡献。预计外贸进出口额增长3%，实际利用外资增长3.5%，境外投资中方协议投资额增长15%。围绕上述目标，将重点抓好以下工作。

（一）推动对外贸易扩规模转方式

以包保服务为抓手，做好重点地区、重点行业和重点企业的指导服务。激活已登记进出口备案但无业绩企业，壮大自营出口实际企业。盯紧招商引资重点项目，特别是海关监管区内项目，引导开展进出口业务。发挥厅际联席会议平台作用，促进贸易环境的优化，协调解决外贸企业经营遇到的问题。推动边境贸易、旅游贸易和互市贸易发展，重点促进边民互市贸易转型升级。促进跨境电子商务发展，推动相关部门出台跨境电子发展便利化措施，年初培育认定一批我区外贸综合服务企业，争取引进阿里巴巴下属“一达通”来我区注册，为中小微外贸企业开展进出口业务提供综合服务，推动自治区外贸增长。有针对性地组织开拓国际市场，重点组织好“一带一路”国家市场开拓工作。鼓励盟市组织企业参加境外展览会。优化外贸专项资金使用方面，发挥资金导向作用，重点支持结构调整、品牌培育和自主创新、新型贸易业态。拟制定培育自治区出口品牌的实施意见。积极承接先进发达地区产业转移，促进我区加工贸易创新发展。加大我区服务贸易企业推介力度，促进服务贸易发展，推动对外文化贸易发展。

（二）积极推进“引进来”和“走出去”协调发展

借助高层推动，通过联合招商、平台招商、委托招商等多种形式积极开展招商引资活动，提高招商引资活动的实效。引导盟市增强服务意识，盘活存量，实现以商招商。继续加大满洲里综合保税区的招商推介工作。进一步优化外商投资的产业结构，积极引导外资投向我区优势产业和传统产业的技术改造，走内涵式发展的路子。全面实施国务院2015年4月批准修订的《外商投资产业指导目录》。推动扩大外商投资领域，有步骤地推进服务贸易的对外开放，积极进行旅游资源开发和养老服务业等领域利用外资的试点。发挥对外投资对进出口的带动效应，大力推进企业在俄罗斯、蒙古国建设和参与建设境外经贸园区，争取将我区4家境外经贸园区纳入商务部统计系统。推动“中俄林业合作第六期规划项目”建设迈出实质步伐。积极有序推进扎门乌德自由区内蒙古境外经贸合作园区建设工作。搭建“走出去”信息服务平台。力争设立俄罗斯内蒙古企业协会。全力办好各类境内外经贸投洽活动，为企业“走出去”搭建更多更好的交流合作平台。

（三）大力发展口岸经济

进一步挖掘口岸资源，扩大与俄罗斯、蒙古国、东亚和欧洲国家交流合作的重要平台。加强对全区口岸调研指导，做到科学谋划统筹推进。优化口岸开放布局，稳妥推进口岸开放。进一步加强口岸基础设施投入力度。加快海关特殊监管区域整合优化工作，发挥海关特殊监管区域的辐射功能。加快电子口岸建设。丰富完善口岸功能，加强指定口岸建设，促进地区经济发展和沿边开发开放经济带建设。有重点、分步骤地稳步推进自治区“三互”大通关建设改革，改善大通关整体环境。发挥我区区位优势，加强区域通关合作，助推“一带一路”建设。进一步加强口岸区域合作，优化口岸发展软环境。增强口岸辐射功能，重点是加强我区陆港与沿海港口的合作，加大陆海联运业务的对接力度，推进建立现代物流保税中心，围绕发展进出口加工业，统筹考虑基础设施、产业布局和功能配套，大力发展口岸经济。

（四）全面扩大对外开放

突出我区在“一带一路”中的地位，加快“向北开放”步伐，把“中蒙俄经济走廊”建设作为对接“丝绸之路经济带”、俄罗斯欧亚经济联盟以及蒙古国“草原之路”倡议的重要战略方向。牵头筹办好第二届中国蒙古国博览会，推动落实国家和自治区领导访问俄罗斯、蒙古国成果，使创新同俄罗斯、蒙古国合作机制有效运行。充分利用满洲里、二连浩特重点开发开放试验区，创新关贸、税贸、财贸等贸易管理和促进工作方式，打造对俄罗斯、蒙古国开放的制度性改革试验平台。加强与港澳台在金融、加工贸易、商贸会展、旅游、专业服务等领域合作，大力引进港澳台现代服务企业，抓住承接产业转移和服务业开放合作两个重点，提升对港澳台地区开放合作水平。主动对接欧美日韩等发达国家和“一带一路”沿线国家，扩大对外贸易和双向投资规模和效益，加快形成全方位对外开放新格局。

供　　稿：张振鹏　内蒙古自治区商务厅办公室
责任编辑：吴伊娜

社会发展篇

内蒙古城乡居民收入情况

2016年，自治区以落实共享发展理念为契机，高度重视城乡居民收入和就业问题，把持续提高城乡居民收入作为保障和改善民生的切入点和重要抓手，城乡居民收入实现了较好增长。

一、前三季度城乡居民收入情况

2016年前三季度，内蒙古城乡居民收入稳步增加，城镇常住居民人均可支配收入增速高于农村牧区常住居民。城乡居民人均生活消费支出继续增长，农村牧区常住居民生活消费支出增速高于城镇常住居民。

（一）城乡居民人均可支配收入情况

前三季度，全区全体居民人均可支配收入17766元，位居全国第十位，高于全国平均水平31元；同比名义增长8.5%，位居全国第十九位，高于全国平均增速0.1个百分点。城镇常住居民人均可支配收入24895元，位次比上半年前移一位，超过辽宁省，位居全国第九位，低于全国平均水平442元；同比名义增长7.9%，位居全国第二十位，高于全国平均增速0.1个百分点。农村牧区常住居民人均可支配收入7840元，位次比上半年前移三位，位居全国第二十位，低于全国平均水平1158元；同比名义增长7.7%，位居全国第二十六位，低于全国平均增速0.7个百分点。城镇常住居民人均可支配收入增速高于农村牧区常住居民0.2个百分点。

从四项收入来源看，全体居民和城镇常住居民人均可支配收入主要来源于工资性收入，农村牧区常住居民人均可支配收入主要来源于经营净收入。

全体居民人均可支配收入中工资性收入最高，经营净收入增长最快。工资性收入9756元，占可支配收入的比重为54.9%，同比名义增长7.7%；经营净收入4161元，占可支配收入的比重为23.4%，同比名义增长15.6%，高于可支配收入增速7.1个百分点；财产净收入880元，占可支配收入的比重为5.0%，同比名义下降4.9%，比重及增速在四项收入中最小；转移净收入2969元，占可支配收入16.7%，同比名义增长6.6%。

城镇常住居民人均可支配收入中工资性收入最高，经营净收入增长最快。工资性收入15207元，占可支配收入的比重为61.1%，同比名义增长6.3%，拉动城镇居民收入增长3.9个百分点，对城镇居民收入增长的贡献率为49.5%；经营净收入4384元，占可支配收入的比重为17.6%，同比名义增长21.3%，高于可支配收入增速13.4个百分点；财产净收入1250元，占可支配收入的比重为5.0%，同比名义下降9.6%，对城镇居民收入影响最小；转移净收入4054元，占可支配收入的比重为16.3%，同比名义增长7.6%。

农村牧区常住居民人均可支配收入中经营净收入最高，财产净收入增长最快。工资性收入2167元，占可支配收入的比重为27.6%，同比名义增长11.6%；经营净收入3849元，占可支配收入的比重为49.1%，同比名义增长7.5%，拉动农村牧区居民收入增长个3.7百分点，对农村牧区居民收入增长的贡献率为48.0%；转移净收入365元，占可支配收入的比重为4.7%，同比名义增长19.6%，高于可支配收入增速11.9个百分点。详见表1和图1。

表1　2016年前三季度内蒙古城乡居民可支配收入及增速

指标名称	全体居民		城镇常住居民		农村常住居民	
	绝对量（元）	增速（%）	绝对量（元）	增速（%）	绝对量（元）	增速（%）
可支配收入	17766	8.5	24895	7.9	7840	7.7
工资性收入	9756	7.7	15207	6.3	2167	11.6
经营净收入	4161	15.6	4384	21.3	3849	7.5
财产净收入	880	－4.9	1250	－9.6	365	19.6
转移净收入	2969	6.6	4054	7.6	1459	0.5

农牧民收入增速放缓的原因分析：前三季度，全区农村牧区居民人均可支配收入同比增长7.7%，低于2016年预期目标1.3个百分点，距预期目标差距较大。增长偏慢的主要原因，一是2016年一些重要的农畜产品价格下滑明显（如玉米、羊肉等），造成了农牧民收入增长滞缓；二是农牧民工资性收入占比太低。农村牧区居民的工资性收入一般具有稳定性强、增速相对较快的特点，今后应是拉动其收入增长的重要途径。如前三季度，全区农村牧区居民人均工资性可支配收入同比增长11.6%，高于可支配总收入增速3.9个百分点。而问题在于我区农村牧区居民转移不够，工资性收入占比偏低，前三季度农村牧区居民可支配工资性收入仅占可支配总收入的27.6%，低于同期全国平均占比16.8个百分点。

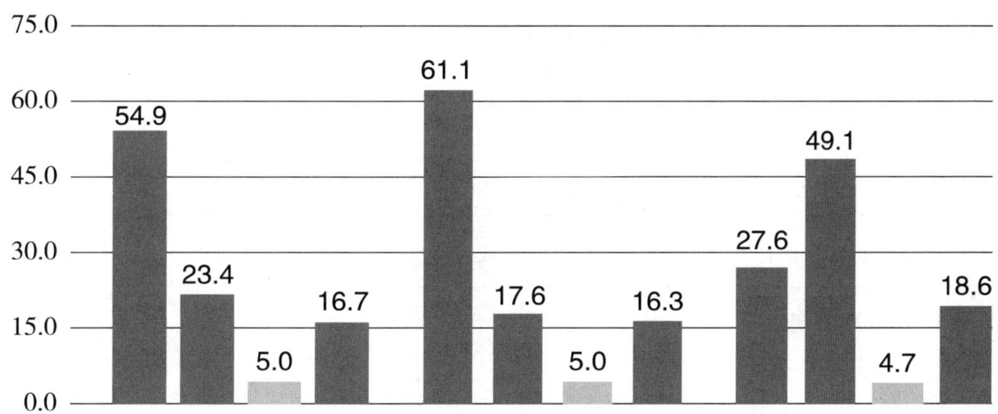

图1　2016年前三季度内蒙古城乡居民人均可支配收入来源泉比重（%）

（二）城乡居民人均生活消费支出情况

前三季度，全体居民人均生活消费支出13159元，同比名义增长7.0%。其中，城镇常住居民人均生活消费支出16654元，同比名义增长5.0%；农村牧区常住居民人均生活消费支出8293元，同比名义增长11.2%。农村牧区常住居民生活消费支出增速高于城镇居民6.2个百分点。详见表2。

表2　2016年前三季度内蒙古城乡居民可支配收入及增速

指标名称	全体居民		城镇常住居民		农村常住居民	
	绝对量（元）	增速（%）	绝对量（元）	增速（%）	绝对量（元）	增速（%）
生活消费支出	13159	7.0	16654	5.0	8293	11.2
食品烟酒	3670	6.4	4788	4.6	2113	10.4
衣着	1379	4.3	1926	4.4	617	1.2
居住	2184	11.6	2714	7.9	1446	20.6
生活用品及服务	835	13.1	1182	14.2	351	4.8
交通通信	1865	－2.2	2217	－7.0	1374	9.2
教育文化娱乐	1595	7.6	1882	6.3	1196	9.7
医疗保健	1244	21.1	1424	24.9	992	13.6
其他用品和服务	388	－5.8	520	－11.1	204	15.3

从城乡居民八大类生活消费支出看，食品烟酒、居住和交通通信类消费是城乡居民消费主要内容。

全体居民八大类生活消费支出中，食品烟酒类消费支出最高，医疗保健消费支出增长最快。食品烟酒类消费支出3670元，占生活消费支出的27.9%，同比名义增长6.4%。居住和交通通信消费分别为2184元和1865元，分别占生活消费支出的16.6%和14.2%。食品烟酒、居住和交通通信类消费占生活总消费支出的58.7%。衣着类消费1379元，占生活消费支出的10.5%，同比名义增长4.3%。医疗保健消费支出1244元，同比名义增长21.1%，高于生活消费支出增速14.1个百分点。其他用品和服务类消费388元，占生活消费支出的比重为2.9%，同比下降5.8%，比重及增速在八大类消费中最小。详见图2。

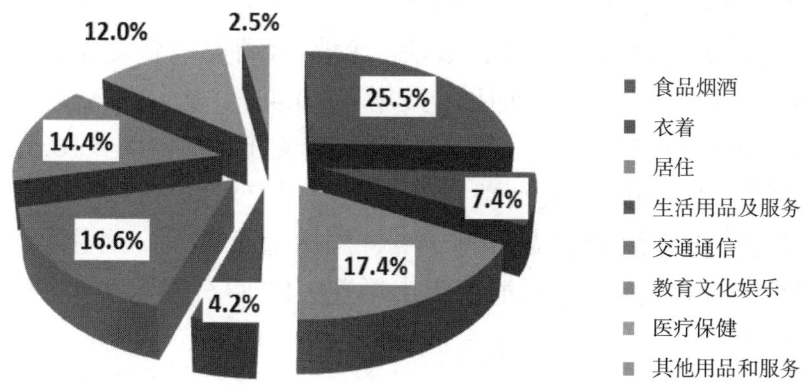

图2　2016年前三季度内蒙古全体居民人均生活消费支出构成（%）

城镇常住居民八大类生活消费支出中，食品烟酒类消费支出最高，医疗保健消费支出增长最快。食品烟酒类消费支出4788元，占生活消费支出的28.7%，同比名义增长4.6%。居住和交通通信类消费分别为2714元和2217元，分别占生活消费支出的16.3%和13.3%。食品烟酒、居住和交通通信类消费占生活总消费支出的58.3%。衣着类消费1926元，占生活消费支出的11.6%，同比名义增长4.4%。医疗保健消费支出1424元，同比名义增长24.9%，高于生活消费支出增速19.9个百分点。其他用品和服务类消费520元，占生活消费支出的3.1%，同比下降11.1%。详见图3。

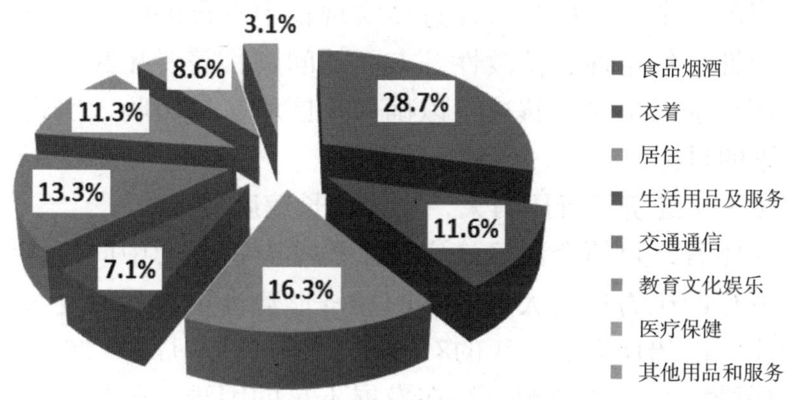

图3　2016年前三季度内蒙古城镇常住居民人均生活消费支出构成（%）

农村牧区常住居民八大类生活消费支出中，食品烟酒类消费支出最高，居住类消费支出增长最快。食品烟酒类消费支出2113元，占生活消费支出的25.5%，同比名义增长10.4%。居住和交通通信消费分别为1446元和1374元，分别占生活消费支出的17.4%和16.6%。食品烟酒、居住和交通通信类消费占生活总消费支出的59.5%。衣着类消费支出617元，占生活消费支出的7.4%，同比增长1.2%。居住类消费同比名义增长20.6%，高于生活消费支出增速9.4个百分点。详见图4。

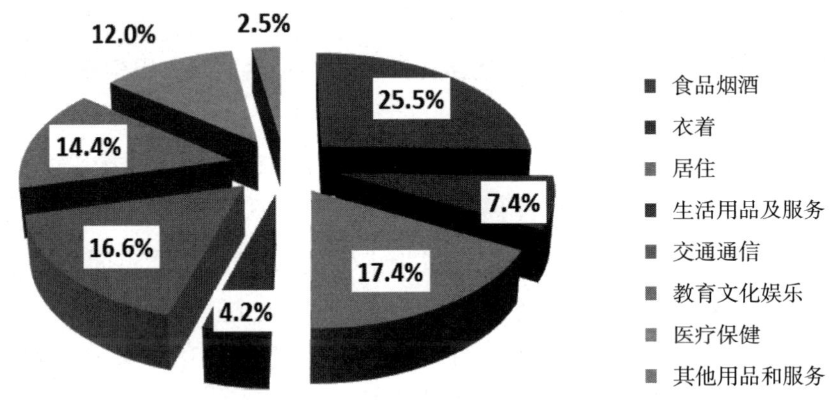

图4　2016年前三季度内蒙古农村牧区常住居民人均生活消费支出构成（%）

二、城乡居民增收存在的问题

当前，全区居民收入在总体实现稳中有进的同时，也存在一些诸如结构性、稳定性、持续性等方面的问题，需要在2017年及以后的工作中逐步加以引导和解决，以确保全区城乡居民收入实现长期保持稳中有进的目标。

（一）经济下行压力大，收入增长速度受限

总体看，目前全区经济实现了稳中有进、稳中向好，但同时整体经济下行的压力仍较大，面临的经济形势也更为严峻复杂。特别是工业增速已由2016年上半年的8.1%下滑至前11个月的7.2%。生产性服务业发展受第二产业影响也存在发展不足的困难。此外，受部分企业市场竞争性布局需求和固定资产投入持续增大影响，服务业企业营业利

润下滑局面短期内难以扭转。经济的持续下行对城乡居民各项收入增加形成了较大影响。

（二）劳动收入有待进一步提高，居民对劳动收入的满意率不高

近期，自治区统计局社情民意调查中心针对2016年自治区民生问题满意度情况进行了一次电话调查。从全区2500多万常住人口中随机选取了71878个电话进行拨打，其中成功访问电话2000个，在本次调查的2000个样本中，当前有工作的为1348人。其中，在有工作的1348个样本中，与2015年比较，认为2016年劳动收入下降（包括略有下降和明显下降）的所占比例较高，为47.9%；认为“没变化”的占28.3%；仅有23.4%的被访者感觉自己的劳动收入有增长（包括明显增长和略有增长）。也就是劳动收入没有增长的占76.1%，超过了3/4。因此，可以看出，居民对自身劳动收入的增长是不满意的，居民收入的停滞不前很可能会影响其他民生工作的实施效果和质量。详见表3。

表3　2016年劳动收入变化情况电话调查统计表

增长		没变化	下降		不清楚/拒答	总计
略有增长			略有下降	明显下降		
55	261	381	191	454	6	1348
4.08%	19.36%	28.26%	14.17%	33.68%	0.45%	100.00%
23.44%			47.85%			

劳动收入：通过劳动取得的报酬，不包括补贴收入、股票、分红、赠予等。

（三）农牧民财产净收入占比偏低，农村牧区资源闲置较严重

全区农牧民财产净收入体量较小，占可支配收入的比重仅为3.9%。土地是农民最重要的资产，大幅度提高农民财产性收入，必须在土地财产权利和收益上实现创新和突破。目前来看，全区大多数农村牧区资源处于沉睡状态，要采取切实有效政策，努力盘活农村牧区资金、资产和资源，通过多种形式实现农牧民土地财产收益最大化。

（四）农牧民收入增长缓慢，落实共享发展理念仍须努力

2016年以来，受部分地区旱灾等自然因素以及肉类产品价格下跌等市场因素的共同影响，全区农牧民收入增长较为缓慢。前三季度，全区农村牧区常住居民人均可支配收入同比增长7.7%，不仅低于全国平均增速0.7个百分点，也低于全年预期增长目标1.3个百分点，同时比上半年增速又回落0.3个百分点。预计要完成全年9%的预期增长目标难度很大。

三、关于城乡居民人均可支配收入的预测

（一）对完成全年目标的预判分析

城镇居民人均可支配收入：预计全年全区城镇居民人均可支配收入增速为8%左右，可以完成预期增长目标。理由：第四季度，随着企业效益的逐步回升、好转，企业职工的工资收入增速应该会有所提高；国家相关部门已明确，自2016年10月1日起，全国机关事业单位基本工资将正常增长；此外，全区低保补助标准、基础养老金等社会保障金都普遍有所上调。上述利好均为第四季度城镇居民可支配收入增速提升带来了可能。

农村牧区居民人均可支配收入：预计全年农村牧区居民人均可支配收入无法完成预期增长目标。理由：第四季度，全区粮食收获归仓，现已预计全年粮食产量为550亿斤左右，比2015年减产15亿斤左右，第四季度的粮食价格涨跌目前还不好判断，但预计会影响到农民收入的增长；2016年牲畜出栏量、肉类产量有明显增加，如果畜产品价格不大幅波动，牧民收入应该会有所提速。因此，预计全年农村牧区居民人均可支配收入增长会比前三季度增速略有回升，应在8%左右，可能低于目标1个百分点左右。

（二）对未来5年目标的测算

在自治区“十三五”规划中，将城镇常住居民人均可支配收入的目标定为到2020年达到44950元，年均增长8%左右；将农村牧区常住居民人均可支配收入的目标定为到2020年达到16580元，年均增长9%左右。

对未来5年增长目标的测算：测算依据，2015年，全国城镇居民和农村居民人均可支配收入分别为31195元和11422元。若要实现2020年自治区达到全国平均水平的目标，按此测算，从2016—2020年的5年

间，全区城镇居民人均可支配收入年均增速只需要是全国年均增速的1.004倍即可完成，农村牧区居民人均可支配收入年均增速只需要是全国年均增速的1.012倍即可完成。

未来5年，我区通过实施精准扶贫、精准脱贫基本方略，大力促进就业增收，深化收入分配制度改革，扩大中等收入者比重，健全和完善社会保障体系等一系列工作举措，城乡居民人均可支配收入可以实现达到全国平均水平的目标。

四、对2017年城乡居民增收的几点建议

按照自治区第十次党代会提出的全区城乡居民收入增幅高于全国平均水平的奋斗目标，为了确保增长目标的如期实现，在深入基层广泛调研的基础上，结合内蒙古实际，建议采取以下措施，全面促进城乡居民收入增长。

（一）不断提升对全区宏观经济的调控能力，推动整体经济实现稳中有进

着力加强供给侧结构性改革，同时进一步扩大总需求，以结构调整带动经济增长，以经济增长促进结构调整。立足优势、发挥优势、创造优势，切实找准发展定位和发展着力点。切实落实好国家和自治区针对企业降本减负的系列政策措施，探索设立支持企业融资专项资金，对企业融资的利息成本进行适当补贴。研究出台更多的措施帮助企业降低制度性交易成本、税负成本、运营成本和财务成本，努力为实体经济发展“釜底添薪”。进一步强化产业政策研究，重点围绕新经济、新业态、新商业模式，加快构建更加公平高效的市场经济制度体系，充分发挥市场在要素资源配置中的决定性作用。

（二）加快发展现代农牧业发展，促进农牧业提质增效

第一，要充分利用互联网电商的优点，引导农牧业突破区域、场地、观念等方面的限制，要认真落实国家一系列鼓励电商下乡进村的政策，加快推进农村牧区电子商务发展，推广“互联网+农牧业”的融合发展模式。第二，要加快推进农牧业供给侧结构性改革，走产出高效、产品安全、资源节约、环境友好的现代农牧业发展道路。调整优化农牧业布局，坚持“稳羊增牛扩猪禽”发展方向，合理布局规模化

养殖基地建设，推动养殖增量由牧区向农区转移。第三，努力探索共营、共赢的多种土地流转形式。要积极引导农村牧区在土地流转中促进土地的集约高效利用，同时保证农牧民和经营者获得更多的利益，保证农牧业的健康可持续发展。为此，可以探索诸如农牧业职业经理人、履约保证保险等多种形式的土地流转尝试，适应农村牧区经济发展的方向。

（三）促进农牧民本地转移就业，提高农牧民工资性收入

目前，内蒙古农牧民人均工资性收入低于全国平均水平2300元左右，占可支配收入的比重低于全国19.4个百分点，这是造成我区农牧民人均收入与全国平均水平有较大差距的主要原因。同时，受“十个全覆盖”工程结束的影响，2017年农牧民务工收入增长压力会进一步加大。因此，促进农牧民转移就业，增加工资性收入是确保农牧民收入较快增长的关键。首先，要立足区内，坚持农牧区劳动力内部转移与向二三产业转移、就近转移与跨区域转移、常年转移与季节性转移相结合，努力拓展农牧民就业渠道。凡在我区的建设项目、服务项目和工业企业，都应尽可能创造条件吸纳当地农牧民工。对于吸纳就业的企业应给予一定政策倾斜。其次，要加强农村牧区劳动力转移信息平台建设，全区所有公共职业介绍机构要向农牧民开放，免费为农牧民提供政策咨询、就业信息、就业指导和职业介绍等就业服务。鼓励支持为农牧民转移就业提供服务的各类组织的发展。第三，要简化农牧民进城务工、跨地区就业手续。对涉及农牧民工进城就业时兑现务工工资、改善劳动条件、提供社会保障等环节提供政策支持，帮助农牧民解除后顾之忧，提高收入水平。根据目前情况看，我区农牧区稳定转移6个月以上的农牧民工人数为242万人，收入水平为每月3232元。按照全年就业时长为6个月计算，年务工收入为19392元，远高于当前全区农牧民人均可支配收入。按此收入水平计算，转移6个月以上的农牧民人数每增加1个百分点，在工资水平完全不变的情况下，可以拉动农牧民工资性收入约1.0个百分点，可支配收入至少增长0.2个百分点。

（四）要综合、精准施策，不断提高居民收入水平

随着企业经济效益的总体好转、利润的不断增加及减税降费的实施，为企业职工增加劳动收入提供了基本条件和可能。政府相关部门2017年要加大对企业工资集体协商制度落实的督促检查力度，增强政府相关部门发布的工资指导线的约束作用。认真落实细化国家及自治区对机关事业单位工资调整措施及事业单位车改方案的措施。2017年再适当提高对一些特殊群体和低收入群体各种补贴和转移支出的标准等。引导鼓励农村牧区土地和草牧场继续集中流转，提高土地牧场适度规模经营水平，为农牧民转移就业和向城镇流动落户提供更多便利等。

（五）要大力推进就业服务工程，实施更加积极的就业政策

2017年全区应在解决结构性失业及待业方面重点出台一些措施，着力解决好“招工难”和“就业难”并存的问题。开发更多的就业岗位，加大对劳动者的职业技能培训力度。监督用人单位严格落实《中华人民共和国就业促进法》和《中华人民共和国工会法》等相关法律法规，切实保护劳动者合法权益，督促落实相关待遇等。要继续加大替农牧民工追讨工资的力度，加大对拖欠工资行为的处罚力度。

（六）着力提高基本公共服务水平，大力实施居民增收工程

着力提高全区基本公共服务水平和城乡居民收入水平。要以自治区第十次党代会提出的“四个高于、两个达到”经济目标为牵引，大力实施居民增收工程。特别是要针对当前区直驻呼机关在职职工年人均工资呈现的“两低”现象（即低于全国其他30个省会城市和低于12个盟市工资收入水平），建议研究考虑通过完善考核奖励政策和完善民族团结进步奖等政策来提高区直驻呼机关工资收入水平，以此激发广大干部职工的工作热情。另外，要大力推进精准扶贫，探索通过移民搬迁、产业扶贫、电商扶贫等多种手段和形式打赢这场扶贫攻坚战。

供　　稿：张　晶　蔡雨成　内蒙古自治区统计局
责任编辑：双　宝

内蒙古教育事业发展情况

2016年，全区教育系统全面贯彻党的十八大和十八届三中、四中、五中、六中全会精神，深入学习贯彻习近平总书记系列重要讲话精神，落实教育部和自治区党委、政府决策部署，以办好人民满意的教育为宗旨，坚持立德树人根本任务，进一步深化教育领域综合改革，全面提高教育质量，扎实推进教育现代化进程，为自治区经济社会发展提供更加强有力的人才保障和智力支撑。

一、教育事业发展基本情况

（一）推进各级各类教育协调发展，全面提高教育质量

努力提升基础教育办学水平。提前一年完成了学前教育三年行动计划二期，全区学前三年毛入园率达到91.57%，高出全国平均水平16.57个百分点。年内有34个旗县（市区）通过国家督导评估验收，全区一半以上旗县（市区）通过国家验收。2016年起,自治区每年投入120万元用于引导县域普通高中优质、特色、多样化发展。加强普通学校特殊教育资源教室建设，医教结合试验稳步推进。推动基础教育课程与教学改革，通过“名师工作坊”进一步加强全区骨干教师培训。

加快构建现代职业教育体系。2016年，国家和自治区累计投入中等职业教育基础能力和质量提升工程的资金达到3.79亿元，8所中职学校被确定为2016年国家产教融合发展工程项目学校。高职院校试办本科职业教育院校增加到15所，招生计划由1105名增加到1720名。积极推进高职院校分类考试和启动高职院校学分制改革、职业院校管理水平提升行动计划和高职院校内部质量保证体系诊断与改进工作，中等职业教育领域成立了教育教学诊断与改进专家委员会，推动全区职业教育发展。

推进高等教育内涵式发展。推进创新创业教育改革，全区高校构建课堂教学、自主学习、结合实践、指导帮扶、文化引领的“五位一

体”“双创”教育体系正在逐步形成。统筹推进“双一流”建设的总体方案正式印发，对10个省部级重点实验室和工程中心进行重点投入和建设，推动我区高校优势特色学科、重点学科建设水平持续得到提升。高校转型发展加快推进，初步确定赤峰学院等5所高校为整体转型试点学校，内蒙古医科大学等4所高校为部分专业（集群）转型试点学校。学位工作取得新进展，13所普通本科高校的41个本科专业获批为新增学士学位授权专业，并对学位授权点进行了自主动态调整。继续开展自治区级教学名师、教坛新秀、教学团队的评选工作，促进高等教育教学质量提升。继续加大对高校科研支持力度，启动实施了第三批自治区级“2011协同创新中心”的申报认定工作，内蒙古工业大学“内蒙古自治区有色金属材料及加工技术协同创新培育中心”等6个中心通过了认定，并在新建本科院校中重点建设7个自治区级教学实验示范中心。

坚持优先重点发展民族教育。颁布实施《内蒙古自治区民族教育条例》，民族教育法制保障更加完善。组织实施了自治区成立70周年庆典项目“民族学校和民族语言授课学校标准化建设工程”，已正式确定项目学校40所，总投资5亿多元。继续加强双语教育，启动实施了蒙汉双语授课义务教育阶段学校理科教学质量提升计划，免费培训民族学校校长、教师9300人次。加强教材建设，审查了中小学（幼儿园）蒙古文教材、相关教辅814种，蒙古文版本教学资源达到50GB。

扩大教育对外开放。截至2016年6月初，全区在校来华留学生2825人（其中蒙古国留学生2002人）。积极服务“一带一路”和“中蒙俄经济走廊”建设，有6所高校与俄罗斯18所高校和1所科研机构开展了教育合作与交流，签署了20多项校际合作协议。截至2016年底，全区取得教育部中外合作办学许可和备案的专业共计17个。加强国际化人才培养，共遴选公派出国留学人员237人次。

（二）落实立德树人根本任务，着力促进学生全面发展

加强和改进德育、思想政治教育。继续实施“小学生公民意识”“初中生公民素养”和“高中生合格公民”教育，推动社会主义核心价值观教育落实、落细。在高校相继开展“敦品励学，成才圆梦”主题教育实践活动、“礼敬中华优秀传统文化”等系列活动，并深化文明校园建设，加强网络思政教育，高度重视高校辅导员队伍和思政教师队伍建设，加强大学生思想政治教育的针对性、实效性。

学校体育、美育、卫生和国防教育工作开创新局面。以校园足球活动带动学校体育工作纵深发展，全区建成国家级足球特色校743所、自治区级907所，两级特色校覆盖全区50%以上的中小学，初步形成小学、初中、高中、大学“四级两段”赛事体系，并延伸推进中职、高职系列联赛。进一步规范了全区学校体育开课率、阳光体育运动开展情况、场地设施器材改善、教师队伍建设和学生体质健康状况等关键指标。全面改进美育教学，举办全区中小学生校园艺术节，并组织开展了合唱班培训，大力促进音乐教师教育教学技能特别是合唱指挥专业能力的提升。坚持守护学生健康安全防线，继续推进学校卫生与营养改善计划工作，促进学生身心健康全面发展。

加强教育科学研究工作。规划立项教育科研课题530项，围绕全区教育综合改革启动“教育扶贫政策保障”等10个方向课题研究，出版了2015年度《内蒙古教育改革与发展重大课题研究报告》。面向基层学校科研需求，分类开展课题主持人、学校科研骨干培训，不断提升教师教育科研能力，促进教师专业成长。

（三）推进教育领域综合改革和依法治教，不断激发教育活力

教育领域综合改革有序推进。深化考试招生制度改革，《内蒙古自治区考试招生制度改革实施方案》正式出台。完善城乡义务教育经费保障机制，自治区本级财政提高了对寄宿制学校、民族学校公用经费补助标准，进一步促进了基本公共服务均等化。出台《内蒙古自治区全面改善贫困地区义务教育薄弱学校基本办学条件工作专项督导实施办法》和《内蒙古自治区深化中小学教师职称制度改革的指导意见》，推进“全面改薄”和中小学教师职称制度改革。

依法治教扎实推进。以加快简政放权为核心，推进行政权力规范运行，简化优化公共服务流程，将原有的须开具证明的37项事项精简为32项。完善社会参与机制，加强和改进民办教育管理，引导民办学校规范办学、健康发展。以章程建设为突破口，推进现代学校制度建设，实现了全区高校“一校一章程”。

（四）大力实施教育惠民工程，教育公平得到有力保障

全面建立“城乡统一、重在农村”的义务教育经费保障机制。从2016年春季学期开始，我区全面建立了以“统一城乡义务教育‘两免一补’政策、统一义务教育学校生均公用经费基准定额、巩固完善农村地区义务教育学校校舍安全保障机制、巩固落实城乡义务教育教师工资政策”为主要内容的义务教育经费保障新机制，并将民办学校纳入经费保障范围，实现教育经费可携带。同时拓展了义务教育经费保障内容，将国家提出的“两免一补”政策拓展为“两免两补”，即对城乡义务教育学生免除学杂费、免费提供教科书，对家庭经济困难寄宿生补助生活费，对城乡寄宿生住宿费补助政策；对民族学校按照双语授课学生人数和年生均公用经费基准定额标准的10%增加公用经费补助；将取暖费补助政策由农村牧区扩大到所有义务教育学校。

改善学校办学条件。继续实施“全面改善贫困地区义务教育薄弱学校基本办学条件”项目，截至2016年10月底，我区累计投入全面改薄资金52.92亿元，校舍建设开工学校2084所，竣工学校2028所，完成设施设备购置的学校1120所。启动实施义务教育学校建设项目，2016年总投资2.01亿元，重点改善集中连片特困旗县、国贫县、区贫县、民族自治旗、边境旗县、革命老区等旗县学校教学和生活条件，着力促进城乡义务教育学校办学条件达到标准化要求。继续实施支持学前教育发展项目，2016年下达中央财政专项资金4.72亿元，自治区财政专项资金2.0亿元，共计6.72亿元。

构建全覆盖资助体系。全区共完成各级各类资助资金49.5亿元，惠及学生达445.4万人次。其中，普通高等教育落实资金22.19亿元，惠及学生42.89万人次；中等职业教育落实资金7.02亿元，惠及学生42.87万人次；普通高中教育落实资金14.19亿元，惠及学生64万人次；义务教育落实资金5.48亿元，惠及学生296.3万人次；学前教育共下达中央和自治区以奖代补资金6500万元。生源地信用助学贷款工作稳步推进，共审核办理生源地助学贷款8.65亿元，获得国家助学贷款资助的学生13.03万人次，实现了应贷尽贷的目标。通过学生资助管理信息系统建设，逐步建立精准资助工作机制。

促进教育招生考试公平、公正、公开。全年共组织全国和自治区

17类29次教育统一考试，共计118.8万人参加。高考录取新生18.93万人，其中本科9.79万人，高职（专科）9.13万人；区内12.33万人，区外6.60万人。深化考试招生改革，调整了高考外语听力和民族汉考三级考试时间，在高考所有批次中稳步推进"动态排名精确定位"录取模式改革。自学考试开考专业实行动态管理，报考人数不足20人的专业暂停接受新生报考，优化了自考专业结构。查处各类教育考试违规考生805人次，各类考试违纪舞弊考生人数连续两年呈大幅下降，考风考纪持续好转。

高校就业创业工作协同推进。强化就业市场建设，启动自治区2017届普通高校毕业生联合招聘会和2017届蒙古语授课毕业生校园专场招聘会，有效整合区域资源，搭建资源共享平台。强化创业培训，全区各高校共举办创业培训987场，举办创业大赛101场，开展创业讲座或论坛277场。全区27所高校设有学生创业协会或俱乐部，13所高校科研成果优先向创业学生转让。截至9月1日，全区毕业生总数约11.3万人，实现就业约9.8万人，就业率为86.19%；蒙古语授课毕业生就业率为87.06%，同比提升3.92个百分点。

全面加强教师队伍建设。深入推动内蒙古自治区"乡村教师支持计划"和县域内义务教育学校校长教师交流工作的实施，积极拓宽教师补充渠道，招聘补充农村牧区学校"特岗教师"383名及400名地方"特岗教师"，开展了城镇优秀退休教师、城镇优秀教师和大学毕业生支援乡村教育工作。大力开展教师培训工作，全年共培训中小学教师53279人次、幼儿园教师18154人次。

加快推进教育信息化。学校信息化环境明显改善，中小学宽带网络接入率达到96%（全国平均87%），教学点达到84%；中小学校园网建网率达到68%，教学点达到16%；中小学多媒体教学设备配备率大幅提升，普通教室多媒体配备率达93%（全国平均80%）。建成自治区基础教育资源公共服务平台（蒙古文版、汉文版）和6个盟市级教育资源平台、64个旗县级教育资源网，优质数字教育资源供给能力逐步提升。全区已有73个旗县区（占全区旗县总数的71%）建成"同频互动课堂"系统，全区78%的中小学专任教师能利用信息技术和数字教育资源开展常态化教学，"课堂用、经常用、普遍用"的格局初步形成。

积极推进教育扶贫工作。除教育领域重点工程、项目倾斜支持贫困地区、贫困人口外，自治区组织召开了教育扶贫及乡村教师队伍建设现场会，印发《内蒙古精准扶贫教育支持计划实施方案》，并配合自治区相关部门就精准扶贫建库工作做了相关数据、材料的搜集整理工作，积极推进教育扶贫攻坚工作向深度、广度迈进。

（五）全面推进教育系统党的建设，为教育事业改革发展稳定提供坚强保障

加强组织领导，党建工作形成新格局。自治区党委教育系统工作委员会正式成立，推动全面从严治党要求在教育系统落地生根，促进教育系统党建工作真正统起来、抓到位，切实形成条块结合、运行有序、指导有力的党建工作新格局。加强教育系统党风廉政建设，组织召开了全区教育系统党风廉政建设工作会议和高校党委书记抓基层党建工作述职报告会，促进了“两个责任”“一岗双责”的落实。

加强平安和谐校园建设。重新修订了对盟市政府、高校领导班子年度安全工作考核目标，把视频监控网络建设、消防、食品安全和禁毒教育列入重点责任考核目标，进一步推动落实学校安全管理责任。加大对学校安全隐患排查整治力度，先后印发了8个预警通知，重点对安全事故防控、消防、食品、饮用水安全等方面可能出现的安全问题提出预警措施，并多次联合自治区有关部门组成督查组深入学校开展安全督查，向245所学校下达了整改意见。组织开展平安校园创建活动，各级各类学校不断加大投入力度，人防、物防、技防建设进一步推进，部分旗县学校、幼儿园实现了一键式报警，高校警务室建设正在有序推进。

二、存在的主要问题

（一）各类教育在办学条件和质量上仍然存在差距

比较突出的是义务教育均衡发展。年内有34个旗县（市区）通过国家督导评估验收，全区102个旗县（市区）已累计通过国家验收61个，但实现剩余50%县域义务教育均衡任务还十分艰巨。学前教育资源虽有较大扩充，学前毛入园率也有较大提高，但公办园相对偏少，

民办园质量和条件，尤其是管理有待进一步提高。职业教育战略地位有待进一步加强。教育结构不够合理，高中阶段职普比例偏低，高层次应用技能人才供应矛盾还比较突出，职普融通、向上流动的人才培养渠道还不够畅通，人才评价选拔方式比较单一，现代职业教育体系建设任务依然艰巨。

（二）教育投入不足和信息化建设滞后

投入不足制约教育发展，义务教育公用经费标准相对较低，高等教育、高中阶段教育债务沉重，优质教育资源不足。边远农牧区的宽带通信线路基础条件较差，难以支撑庞大的教育信息化建设需求，信息技术与教育教学缺乏深度融合。

（三）师资队伍的能力素质有待增强

特别是经济欠发达和偏远农村牧区中小学师资队伍水平亟待提高。职业院校“双师型”教师数量不足，高校缺少高水平的学科带头人和优秀中青年教师，更缺乏学术领军人物和高水平科技创新团队。

三、2017年主要工作

（一）完善培育和践行社会主义核心价值观长效机制

继续深入推动将社会主义核心价值观落实到国民教育全过程，深入开展中华优秀传统文化和革命传统教育，把增强学生社会责任感、创新精神、实践能力作为重点任务贯彻到教育教学全过程。牢牢把握高校意识形态工作领导权，加强和改进高校宣传思想工作。推行国家通用语言文字教育，提高少数民族掌握和使用国家通用语言文字能力。全面加强学校体育和美育工作，大力发展校园足球，带动学校各项体育协调发展；改进美育教学制，探索课堂教学、校园文化和课外活动“三位一体”艺术教育模式。

（二）推进基本公共教育服务均等化

推动建立学前教育生均拨款制度，提高学前教育管理和科学保教水平。做好义务教育经费保障新机制实施工作，以“全面改薄”、义务教育学校建设等基础教育重大工程项目建设为抓手，加快缩小城乡、区域、校际办学条件差距。引导普通高中多样化发展，组织实施县域普通高中多样化发展试点学校建设项目。改善特殊教育学校办学条件，扩大特殊教育资源教室建设，加强特殊教育改革试验区建设。深入实施“乡村教师支持计划”，加强县域内义务教育教师的统筹管理，推进校长教师轮岗交流，创新教师教育培训管理，着力提高教师队伍整体水平。加强学生资助体系建设，完善学前教育资助政策，加强助学资金使用管理，提高资助精准度。

（三）加快构建现代职业教育体系

推进中高职协调发展，引导本科高校转型发展，积极争取中职、本科高校3+4试点。深化产教融合、校企合作，推进职业教育教学改革，提升职业教育质量。完善以提高职业能力为导向的专业学位研究生培养模式。深化继续教育改革，推进终身教育体系建设。

（四）强化高等教育内涵建设

继续实施高等学校教学质量与教学改革工程，进一步提高高等教育质量。统筹推进“双一流”建设，推动本科高校转型发展，进一步优化高等教育结构，完善学生创新创业教育体系。推进研究生培养模式改革，实施研究生教育创新计划，加强研究生教育质量保障体系建设。深化高校科技评价、项目经费管理、成果收益处置等各项改革，推进“创新能力提升计划”和“新型智库建设计划”。

（五）优先重点发展民族教育

贯彻落实《内蒙古自治区民族教育条例》，进一步细化发展任务和工作措施，持续推进“民族教育人才培养模式”改革试点，总结提炼“民族教育发展水平提升工程”实施成果及经验。

（六）推进教育信息化

扩大优质教育资源覆盖面。构建利用信息化手段扩大教育资源覆盖面的有效机制，加大优质数字教育资源开发力度，推进在线开放课程共享和中小学“同频互动课堂”建设，加强优质数字教育资源在农村牧区学校的推广应用。

（七）深化考试招生制度改革

扎实推进《国务院关于深化考试招生制度改革的实施意见》，逐步完善分类考试、综合评价、多元录取的考试招生模式。进一步落实义务教育免试就近入学、阳光招生、阳光分班等政策。推进初中阶段学生考试招生制度改革，稳妥实施义务教育阶段教育综合素质评价。

完善外来务工人员子女入学、考试等相关政策。

（八）加强教育系统党的建设和党风廉政建设

全面加强高校领导班子建设，严格落实党委领导下的校长负责制，进一步落实从严治党主体责任和监督责任。加强教育系统意识形态工作，提高宣传思想工作水平。持续推进党风廉政建设，严肃党内政治生活。

（九）加强平安校园建设

建立健全领导责任制和责任追究制度，健全分类管理、分级负责、条块结合、属地管理为主的应急管理体制，全面组织开展“隐患排查整治年”活动、平安校园创建活动，最大限度减少危机和事故，坚决遏制重特大安全事故的发生。

供　　稿：张　磊　郝文婷　内蒙古自治区教育厅
责任编辑：乌仁塔娜

内蒙古就业与社会保障事业发展情况

2016年是“十三五”规划的开局之年，全区各级人社部门认真贯彻自治区党委、政府的决策部署，围绕“四个全面”战略布局，牢固树立和贯彻落实五大发展理念，适应经济发展新常态，坚持民生为本、人才优先工作主线，促改革、补短板、守底线、防风险，锐意进取，精准发力，各项工作顺利推进，绝大部分指标提前完成年度目标任务。

一、就业和社会保障事业基本情况

（一）就业局势保持总体稳定

在经济结构调整和转型升级、部分企业经营困难、用工需求减少的背景下，实行积极的就业创业政策，深入推动大众创业、万众创新，突出重点群体就业工作。1—11月，全区城镇新增就业26.67万人，完成年度计划的102.6%；城镇失业人员再就业人数5.72万人，完成年度计划的114.4%；全区城镇登记失业率为3.63%，低于年初确定的控制目标0.37个百分点。一是扎实做好以高校毕业生为主的重点群体就业工作。印发了《内蒙古自治区人力资源和社会保障厅关于进一步做好2016年全区高校毕业生就业创业工作的通知》，深入实施高校毕业生就业促进计划和创业引领计划，实施了“三支一扶”“民生工作志愿服务”服务基层项目生招募工作。截至11月底，全区高校毕业生实现就业或落实就业去向13.9万人。有序做好京蒙、周边等劳务对接工作，为农村牧区劳动者提供免费就业信息和有组织的劳务输出服务。截至11月底，全区农牧民累计转移就业人数256.42万人，其中转移6个月以上的209.88万人，分别完成年度计划的104.7%和104.9%。二是着力推动创业带动就业。深入实施“创业内蒙古”行动，开展了第三届“喜桂图杯”创业大赛、第二届“中国创翼”暨内蒙古大学生创业大赛等活动，召开了全区“创业内蒙古”行动现场推进会，组织了“创业内蒙古”行动成果展，在内蒙古电视台黄金时段播放了就业创业公益性广告，进一步激发创业创新热情，创业带动就业的倍增效应发挥明显。1—11月，累计参加创业培训人数5.27万人，完成年度计划的105.48%，培训后创业成功人数4.35万人，完成年度计划的108.79%；创业带动就业岗位15.00万个，完成年度计划的115.35%。三是围绕供给侧结构性改革，促进和稳定就业工作扎实推进。认真落实援企稳岗政策，严格按程序做好困难企业的稳岗补贴申领、审核、审批、发放等工作。去产能领域职工安置工作顺利推进，会同经信等6个部门，开展了摸底、信息核实等工作，出台了化解钢铁、煤炭等行业过剩产能职工安置工作实施意见和职业培训计划等政策，对2016年涉及企业的职工实行实名制信息管理，建立了季报告、月调度制度，15户钢铁、煤炭企业须分流安置的5354人已全部妥善安置。四是职业技能培训进一步加强。为缓解就业结构性矛盾，开展了灵活多样、针对性强的技能培训，打造具有区域特点的技能培训品牌，落实培训补贴政策，全区城乡技能培训27.09万人，完成年度计划104.2%。五是加强公共就业服务工作。围绕实施脱贫攻坚工程，主动作为，成立了专项工作领导小组，与自治区扶贫办制定了《全区就业创业扶贫行动实施方案》和《关于在打赢脱贫攻坚战中做好人力资源社会保障工作的实施意见》，深入开展政策帮扶、技能培训、园区建设、岗位帮扶、精准服务、信息台账“六个进村入户”活动，进行有针对性的就业服务，积极促进就业脱贫。开展了以“就业帮扶·真情相助”为主题的就业援助专项活动，全区通过各种就业渠道援助就业困难人员5.64万人，完成年度计划112.8%。帮助401户“零就业”家庭中的407人实现就业，“零就业”家庭保持动态清零。1—11月，全区各级公共就业服务机构开展了高校毕业生就业洽谈会暨春季人才云服务交流大会等现场招聘会714场，累计组织用工单位2.39万家，提供就业岗位52.43万个。

（二）社会保障体系进一步完善

一是稳步推进社会保险制度改革。以自治区政府名义出台了《内蒙古自治区整合城乡居民基本医疗保险制度工作方案》《内蒙古自治区人民政府关于建立统一的城乡居民基本医疗保险制度的实施意见》，自治区本级和各盟市已经全部完成职能、机构、人员的整合工作，城乡居民医保整合工作过渡平稳、政策衔接顺利，做法走在了全国前列，得到了人社部的充分肯定。二是不断扩大社会保险参保覆盖面。截至11月底，全区参加城镇职工基本养老保险累计达601.15万人、城乡居民基本养老保险734.41万人、城镇基本医疗保险1013.26万人、失业保险240.97万人、工伤保险301.20万人、生育保险304.23万人，分别完成年度计划的91.8%、100.1%、100.1%、100.3%、100.4%和100.1%。深入实施全民参保登记计划，在乌海市试点的基础上，将全民参保计划试点范围扩大至全区61个旗县，目前已完成自治区集中管理社会保险数据的比对筛选工作，并将比对筛选后的未参保数据整理下发到各盟市进行核查核实，试点旗县的参保人员数据已开始整理入库。三是稳步提高社会保险待遇水平。按照国家部署，从2016年1月1日起，退休人员养老金平均上调6.5%，人均增加171元；城乡居民基础养老金标准达到每月90元，月人均达到143.9元，高于全国110元的平均水平；城镇居民医保财政补贴标准由每年380元提高到420元；城镇职工、居民医保政策内住院费用平均报销比例达到85.3%和74%；城镇居民大病保险在基本医疗保险报销后，合规医疗费用实际报销比例达59%。四是降低社会保险费率。积极落实国家和自治区降成本的相关要求，在2015年降低失业、工伤、生育保险费率的基础上，从2016年5月1日起，又将失业保险单位缴费率降低了0.5个百分点。

（三）人社领域公共服务水平不断提升

围绕人社部门承担的就业、社会保障等领域公共服务，2016年，人社厅创新公共服务方式，提高公共服务效能，覆盖城乡的人社公共服务体系初步形成。截至目前，全区796个苏木乡镇293个街道办事处2159个城镇社区建立了劳动保障工作所、站，在12191个嘎查行政村配备劳动保障协理员，形成了自治区、盟市、旗县、乡镇（苏木）和村（嘎查）公共就业服务网络。以云服务、微应用、大数据理念为指导，进一步整合公共服务资源，搭建服务功能同步联动覆盖全区的草原就业服务云平台。为解决农牧民面临的用卡难、领取难、认证难的问题，积极推进信息互联互通惠民便民工作，让参保农牧民足不出村即可享受社保查询、选档缴费、资格认证、待遇领取、持卡消费等服务；在嘎查村建立了11203个“社会保障卡综合服务点”，实现了农村牧区社会保障卡综合服务点建设全覆盖，打通了服务群众“最后一公里”。稳步推进异地就医直接结算，在全区本级和12个盟市已经全部开通了门诊划卡、药店购药直接结算，与北京、上海、天津、宁夏等省、自治区、直辖市签订了异地就医合作意向和实施协议，与异地退养人员较多的海南省实现了跨省异地就医实时结算。

二、存在的主要问题

总的来看，2016年各项工作推进较为顺利，但是在经济新常态下，就业和社会保障事业面临的风险和挑战也不容忽视。就业创业领域，“十三五”时期保持就业局势稳定压力有增无减。一方面，劳动力供大于求的就业总量矛盾依然存在。新常态下，经济增速放缓，对就业的拉动作用将有所减弱，在一定程度上增加了就业总量矛盾。另一方面，随着供给侧结构性改革力度加大、去产能进程加快，劳动力技能水平与市场需求不匹配、劳动力供给与需求失衡的结构性矛盾更加突出。在新常态下，经济增速放缓，社会保障工作也面临一些困难和问题。部分人群游离在社会保障制度之外，社会保险扩面难度增加，社会保障可持续性还有待进一步提高，做好社会保障工作任务十分艰巨，也是人社领域全面深化改革的难点所在。人社公共服务领域，随着事业快速发展，服务对象的急剧增加，人社公共服务能力滞后于群众需求已成为当前工作的一大短板。

三、2017年主要工作

2017年，认真落实自治区党委、政府的决策部署，围绕民生为本、人才优先工作主线，主动作为，精准发力，坚持改革创新，守住民生底线，推动人社事业实现新发展。

（一）着力扩大就业创业

要把就业工作摆在各项工作的首位并作为政治责任，综合施策，精准发力，确保完成全年就业目标任务，确保就业局势稳定。一是完善落实积极的就业创业政策。实施就业优先战略和更加积极的就业政策，制定进一步做好促进就业创业工作的政策措施，落实好新形势下就业创业工作实施意见，鼓励多渠道、多形式就业，扩大就业规模，加大对新经济和新就业形态、灵活就业的扶持力度，提高就业质量，实现城镇新增就业25万人，城镇登记失业率控制在4%以内。二是以实施“创业内蒙古行动（2016—2020年）”为抓手，深入推动大众创业、万众创新，完善创业扶持政策和激励机制，激发创新创业活力，支持创业园区、创新工厂、创客空间等孵化平台建设，落实好“创业领航”“创客逐梦”“创业筑巢”“融资畅通”“青年创业”“返乡农牧民工创业”6项计划，更好地发挥创业带动就业的引领作用和倍增效应，年底前实现新增创业企业6万户以上，带动就业20万人以上。三是抓好以高校毕业生为主的重点群体就业。研究制定进一步引导和鼓励高校毕业生到基层工作的实施意见，完善服务基层保障机制。统筹做好农牧民转移就业和困难群体、退役士兵就业。加强就业服务和就业援助，做好就业困难人员、农牧民工、残疾人等重点群体的就业工作，确保“零就业”家庭动态清零，实现农牧民转移就业245万人，其中转移6个月以上200万人。多渠道稳妥有序做好化解过剩产能中职工安置工作。四是强化职业技能培训。建立覆盖城乡全体劳动者的技能培训制度，探索构建职业技能培训联盟，扩大职业培训规模，提升劳动者技能水平，化解就业结构性矛盾。深入实施农牧民工职业技能提升计划，城乡技能培训26万人，培育自治区就业技能培训品牌20个，打造自治区知名培训品牌5个。五是扎实做好就业精准扶贫。以开展就业创业脱贫行动为抓手，做好就业脱贫工作，多渠道促进就业扶贫，确保每个贫困家庭至少一人实现就业。

（二）织密扎牢社会保障安全网

以增强公平性、适应流动性、保证可持续性为重点，扎实做好普惠性、基础性、兜底性民生建设工作，发挥好社会保障稳定器作用。一是进一步完善社会保障制度。建立全区统一的城乡居民基本医疗保险制度，理顺管理体制，提升服务效能。全面推行大病保险制度，完善重特大疾病保障机制。深化医疗保险支付方式改革，推进总额控制下的按病种、按人头等复合型付费方式，推广医保智能监测系统，做好基本医疗保险药品目录调整工作。二是扩大社会保险覆盖面。实施全民参保计划，扩大社会保险覆盖范围，完善养老保险参保缴费政策和转移接续政策，将更多进城务工农牧民、灵活就业人员等低收入群体纳入职工养老保险，稳步提高保障待遇水平。三是加强基金管理。加大基金征缴力度，努力做到应收尽收，确保各项待遇支付。完善预算管理，健全内控机制，强化基金统筹调度，建立风险预警机制，防控基金支付风险。推进社保基金市场化投资运营，实现保值增值。积极探索划转部分国有资本充实社会保险基金，促进社会保险可持续发展。

（三）积极推进信息化建设

围绕增加公共服务供给，探索云计算、大数据在人社系统领域的应用，重点抓好四个方面的工作。一是加强基层公共服务平台建设。要认真落实进一步完善人社公共服务体系建设的意见，健全基层服务机构，明确服务职责，强化经费保障，解决公共服务领域城乡发展不平衡、服务场所分散、设施设备落后的问题。提高基层队伍建设水平，改进窗口单位工作作风，提升服务群众的能力和水平，打通服务群众“最后一公里”。二是积极推进信息化建设。加大投入力度，扎实推进金保工程二期，探索“互联网+人社”发展新路径，以推进社会保障卡发行应用为载体，推动“互联网＋”与就业创业、社会保障、劳动关系等工作的融合，提高数据质量，推动信息互联共享。加快推进和完善区内异地就医直接结算，完善相关政策和标准，依托国家异地就医直接结算平台，年底前建立跨省异地就医直接结算机制。三是拓宽信息服务领域。完善内蒙古12333人社云平台、草原智慧就业云平台服务功能，整合简化信息服务流程，打造智能服务新模式。开展“互联网+人力资源服务”行动，建立网上服务目录，拓展业务网上办理的范围，整合线上线下公共服务，形成复合功能多边平台，更好地满足群众不断升级和个性化的服务需求。四是要进一步转变职能，加强事中事后监管，积极开展“双随机、一公开”，持续推进简政放权、放管结合、优化服务，不断提高公共服务质量和效率。

供　　稿：高国青　内蒙古自治区就业和社会保障厅
责任编辑：双　宝

内蒙古卫生与计生事业发展情况

2016年，自治区卫生计生系统紧紧围绕“五位一体”总体布局和“四个全面”战略布局，认真贯彻全国卫生与健康大会精神，积极推进健康内蒙古建设，坚持创新、协调、绿色、开放、共享发展理念，明确重点，主攻难点，推进试点，打造亮点，找准着力点，卫生计生改革发展事业有序推进。

一、深化医改工作全力推进

（一）改革的领导和推进机制不断完善

将公立医院综合改革纳入对盟市政府、有关厅局领导班子年度实绩考核内容，调整自治区深化医改领导小组，组长由自治区主席担任。印发《内蒙古自治区深化医药卫生体制改革2016年重点工作任务》。自治区政协就全区旗县级公立医院综合改革开展议政性协商。深化医改任务，台账化管理制度不断完善，医改台账、医改监测、医改信息交流三项工具和“部署安排、培训宣传、督查指导、考核评价”四步工作法有力推进了深化医改各项任务的落实。在福建省三明市举办了全区城市公立医院综合改革政策培训班，进一步明晰了改革思路，提升了能力水平。

（二）公立医院改革力度不断加大

自治区卫生计生委出台《公立医院改革示范旗县创建工作指导意见》，在11个旗县开展了公立医院综合改革示范创建工作。城市公立医院综合改革新增5个国家级城市公立医院综合改革试点城市。全区参与综合改革的所有公立医院全部取消药品加成，在全国较早实施了医疗服务价格调整，调整和规范收费项目9221项。试点地区均组建了由政府主要领导牵头的公立医院管理委员会，卫生计生行政部门负责人均不再兼任公立医院院长职务，全面推行聘用制和岗位管理制。公立医院控费工作力度不断加大。

（三）分级诊疗试点工作不断加快

分级诊疗试点扩大到9个盟市，出台了《内蒙古自治区卫生资源配置标准（2016—2020年）》，城市以三级医院为龙头建立医疗联合体，农村牧区全面推行县乡村一体化管理。远程医疗服务体系覆盖全区104所医院，医师多点执业达500余人，加大对口支援、组建名医工作室等工作力度，促进优质资源下沉。引导合理就医，通过医保分级支付、不同的收付费标准，引导城乡居民合理选择在县乡村和社区医疗卫生机构就诊。出台了家庭医生签约服务实施意见，落实了全科医师及乡村医生签约服务政策。完成家庭医生签约服务率15%、重点人群签约服务率30%的年度工作要求。通过订单定向医学生培养、免费大中专学历教育、全科医生转岗培训、全科医生规范化培训等方式，加快人才培养和队伍建设，切实提高基层医疗卫生机构服务水平。

（四）药品供应保障机制不断健全

新一轮药品集中采购全面启动，分类采购稳步推进，积极探索"两票制"的实现形式。将国家谈判的两个药品纳入自治区医保报销范围。将7类高值医用耗材纳入网上阳光采购范围。与陕西、宁夏等省、自治区探索实施省际跨区域联合采购，降低药品、耗材价格。双信封招标药品中标价格较自治区历史价平均降低了27.19%，直接挂网药品价格平均降低了3.44%，自治区谈判药品价格平均降低了9.4%。第一批高值医用耗材限价比医疗机构历史平均采购价下降20%左右。建立完善短缺药品监测机制，提高预警能力。建立了药品和医用耗材不良记录管理制度和企业考核退出机制。实行县乡村一体化配送模式，不断提高基层和偏远地区药品供应保障能力。

（五）其他领域医改任务不断深化

全区"新农合"参合率达到98%，人均筹资标准提高到540元，政策范围内住院报销比例稳定在75%左右。城乡居民大病保险覆盖所有城乡居民，人均筹资达到30元以上，实际报销比例达到60%左右，医保支付方式改革加快推进。自治区政府印发了《内蒙古自治区整合城乡居民基本医疗保险制度工作方案》，自治区本级完成城乡居民医保的统一管理，2017年1月1日起正式启动实施统一的城乡居民医保制度。基本药物制度和基层运行新机制不断巩固完善，13个国家和自治区基层医疗卫生机构综合改革重点联系点各项工作深入推进。

二、计划生育服务管理改革持续深化

（一）计划生育目标管理责任制得到较好落实

坚持计划生育基本国策，坚持党政一把手亲自抓、负总责，坚持计划生育目标管理责任制。调整充实了人口和计划生育工作领导小组，自治区政府组织开展了计划生育工作专项督查。全区党政主导、部门共管、群众参与的综合治理工作格局不断完善。

（二）依法组织实施全面两孩政策

自治区人大常委会于2016年3月30日审议通过《内蒙古自治区人口与计划生育条例修正案》，出台《做好全面两孩政策实施后计划生育奖励扶助政策调整衔接的通知》，确保新老政策无缝对接。出台了全面实施两孩政策风险防控预案，建立起出生人口监测和预测机制，全面两孩政策得到全面落实。

（三）积极改革完善计划生育服务管理

出台《内蒙古自治区党委、自治区人民政府关于实施全面两孩政策改革完善计划生育服务管理的意见》。实行生育登记服务制度，取消二孩生育审批，全面推行计划生育网上办事。不断加强出生人口性别比综合治理工作，出生人口性别比稳定在正常范围。全面开展流动人口基本公共卫生计生服务工作，完善覆盖流动人口、方便可及的卫生计生服务网络体系。启动新一轮“全国计划生育优质服务先进单位”创建活动。

（四）深入推进妇幼健康服务

出台《内蒙古自治区孕产妇和新生儿急救转诊网络管理规范》，开展全区新生儿复苏项目培训，加强孕产期保健服务和出生缺陷综合防治。妇幼重大公共卫生项目深入实施，启动“2016年妇幼健康优质服务示范工程”创建活动和“手拉手”对口支援活动。推进妇幼保健和计划生育技术服务资源整合，10个盟市92个旗县567个乡级机构完成整合。

（五）推进计划生育扶助保障工作

计划生育“三项制度”扎实推进，计划生育特殊家庭扶助力度不断加大，实现城乡统一、年龄统一。落实《内蒙古自治区人口与计划生育条例》规定的计划生育特殊家庭一次性扶助金，落实计划生育特殊家庭一对一联系人制度。实施计划生育特殊家庭、独生子女、双女户家庭和基层计生干部计划生育保险。

（六）完善家庭发展支持体系

积极打造有利于计划生育的家庭发展支持体系，全面创建“北疆幸福家庭”，全面实施“新家庭计划”，开展了“家庭科学育儿”“青少年健康发展”“计划生育家庭养老照护”“圆梦女孩志愿行动”“幸福工程——救助贫困母亲”“家庭发展追踪”等项目工作。推进家庭健康服务体系建设。自治区被确定为国家医养结合示范省区，呼和浩特市、乌海市、鄂尔多斯市被确定为国家医养结合示范试点市，健康老龄化和医养结合工作取得明显成效。

三、卫生计生重点工作持续加强

（一）公共卫生工作不断强化

人均基本公共卫生服务经费提高到45元，国家规定的12类45项基本公共卫生服务稳步实施，全区城乡居民规范化电子健康档案建档率达到84.52%，0～6岁儿童国家免疫规划疫苗预防接种率达到96.7%，65岁以上老年人健康管理率71%；高血压、糖尿病患者健康管理率分别为49.8%和40.43%，规范管理率分别为57.23%和69.7%。全区97%的基层医疗机构开展了卫生监督协管服务。全区艾滋病、鼠疫等重大疾病防控工作得到加强，继续保持了无人间鼠疫疫情、无脊髓灰质炎状态、艾滋病低发态势和无重大传染病疫情暴发流行。全面推进结核病综合防治服务模式，10月，全区报告布病病人同比减少17.25%。全区儿童常规免疫接种率达到98.91%。“山东济南非法经营疫苗案件”得到及时有效处置，积极开展二类疫苗采购和使用管理工作。印发了《内蒙古自治区实施全国精神卫生工作规划（2015—2020年）方案》，严重精神障碍在册患者管理率达到72.65%。启动卫生应急规范旗县（区）建设，公共卫生突发事件得到有效处置。爱国卫生运动深入展开。

（二）卫生计生服务体系建设加快推进

印发《内蒙古自治区卫生资源配置标准（2016—2020年）》，起草《内蒙古自治区“十三五”卫生与健康规划》，编制完成《“健康内蒙古2030”实施方案》。国家下达中央预算内投资15.02亿元，建设医疗机构、公共卫生等项目140个。嘎查村标准化卫生室全覆盖工程856个建设任务全部完成。继续实施“小药箱”进农牧户工程，完善固定与流动相结合的农村牧区卫生服务体系。编制了“十三五”健康医疗大数据应用发展规划，基层医疗卫生机构管理信息系统项目建设进展顺利，全员人口信息管理系统稳定运行。

（三）医疗服务质量和水平进一步提升

医疗质量管理与控制体系不断健全。进一步改善医疗服务行动计划深入实施，预约诊疗在三级医院全面推开。“日间手术”积极开展，优质护理服务工作在全区二级以上医院全面推开。临床路径管理在全区大部分二级及以上医院推开，入组率和完成率逐步提升。深化平安医院创建活动，医疗纠纷人民调解覆盖92个旗县。进一步加强医疗机构行风建设，规范医务人员诊疗行为。

（四）科技创新和人才培养工作力度不断加大

投入专项资金869万元，重点支持12个学科实验室建设。启动实施新一轮“领先重点学科实验室”评审工作，积极推动医学科学研究。2016年，全区住院医师规范化在培人数达到3322人。启动“3+2”助理全科医生培训工作，继续实施订单定向医学生免费培养项目、全科转岗培训项目和在岗乡村医生中专学历教育项目。印发《内蒙古自治区面向嘎查村卫生室3年制中职免费医学生教育培养计划（2016—2020）》。“草原英才”高层次人才培养取得新成效。

（五）卫生计生依法行政能力明显提高

积极推进卫生计生地方立法和标准工作，进一步完善自治区卫生计生委权责清单和行政审批事项清单，建立并推行权责清单向社会公示制度。加强卫生计生综合监督执法，进一步规范执法行为。开展民营医疗机构和预防接种专项监督检查，组织开展《中华人民共和国职业病防治法》等法律法规落实情况监督检查，严厉打击、查处非法行为。加强食品安全风险监测能力建设，食品安全宣传和风险监测工作力度进一步加大。干部保健制度建设不断加强，各项保健任务得到认真落实。

（六）健康扶贫工程加快落实

印发《内蒙古自治区卫生计生精准扶贫实施方案》《内蒙古自治区健康扶贫工程实施意见》，落实了对建档立卡的贫困人口和医疗救助对象在医疗机构门诊、住院的倾斜政策。圆满完成自治区建档立卡农村牧区贫困人口因病致贫、因病返贫调查工作。积极推动定点和行业帮扶工作，定点帮扶协调落实帮扶经费90万元，区域帮扶协调落实帮扶项目工作11项，投入2450万元。

四、蒙医药和中医药事业快速发展

印发了《内蒙古自治区蒙医药中医药健康服务发展规划》《内蒙古自治区蒙医药中医药事业“十三五”发展规划》和《内蒙古自治区贯彻落实国务院〈中医药事业发展战略规划（2016—2030年）〉的实施方案》。出台《内蒙古自治区关于加快公立蒙医中医医院改革发展的意见》，同步推进公立蒙医中医医院改革，蒙医医疗服务项目和价格全部调整到位。继续推进全区蒙医中医医联体工作，在29个旗县开展蒙医药中医药县乡村一体化试点。中央投资项目18个旗县蒙医中医医院基础设施建设进展顺利，199个基层医疗卫生机构蒙医馆、中医馆建设得到落实。自治区成立70周年55个旗县蒙医中医医院建设献礼项目，4所已投入使用，23所完成主体工程，15所已开工建设。蒙医药和中医药特色优势得到进一步发挥。评定了132个蒙医中医特色优势重点专科。开展了第二批全区名老蒙医药中医药专家学术经验继承工作和蒙医中医住院医师规范化培训。推进蒙医药标准化，完成了36个蒙医优势病种诊疗指南。五是深入开展蒙医中医医院进一步改善医疗服务行动计划，完成了2016年度大型蒙医中医医院巡查工作。派出了蒙医专家赴蒙古国开展义诊活动，蒙医药对外交流合作不断深入。

全区卫生计生改革发展工作积极推进，但也存在一些问题和薄弱环节需要解决。一是由于主客观原因，全区卫生计生事业投入不足，发展相对滞后，包括蒙医、中医在内的医疗卫生服务体系建设仍须加强。二是鼠疫、布病等传统传染病和新发传染病、慢病等防治任务十分艰巨。三是国土面积大，居住分散，卫生服务成本偏高，可及性问题尚未完全解决。四是深化医改深层次体制性、机制性矛盾凸显，各地改革进展不平衡，改革系统性、协调性、联动性须进一步加强。五是少数地区领导对计划生育工作重视程度下降。六是人才缺乏依然困扰着卫生计生事业的发展。

五、2017年主要工作

2017年，全区卫生计生工作将全面贯彻新形势下卫生与健康工作方针，以需求和问题为导向，以保障人民健康为核心，以基层为重点，以深化医药卫生体制改革为动力，进一步完善医疗卫生服务体系，进一步提高医疗服务质量，进一步加强公共卫生和重大疾病预防控制，进一步促进蒙医药和中医药事业发展，进一步强化卫生计生科技创新和人才队伍建设，进一步推动健康服务业发展，努力全方位、全周期保障人民群众健康，为全面建成小康社会和推进健康内蒙古建设、促进人口均衡发展作出新的贡献。

（一）强化重大政策落实

不折不扣地落实好国家和自治区关于卫生与健康领域的重大决策部署和重要会议精神，加快出台《“健康内蒙古2030”实施方案》，全面落实卫生与健康领域“十三五”期间的各项规划，在优结构、增活力、补短板、促转型上精准发力，力求重点工作有重大进展，难点工作有重大突破，统筹推进各项改革发展任务的落实。

（二）继续深化医药卫生体制改革

加强医疗、医保、医药“三医”联动，着力推进基本医疗卫生制度建设。全面推开城市公立医院综合改革，加快建立较为完善的现代医院管理制度。全面推进分级诊疗，大力推行临床路径管理，所有盟市、旗县全部推进家庭医生签约服务。进一步健全全民医保体系，加快医保支付方式改革，加强疾病应急救助。巩固完善基本药物制度，健全药品供应保障机制，推进药品采购的“两票制”。继续完善基层运行新机制。加快推进综合监管制度建设。鼓励和支持社会资本举办各类医疗机构，推进医师多点执业。

（三）促进人口长期均衡发展

加强计划生育工作网络和队伍建设，实施好全面两孩政策，进一步完善出生人口监测预测制度，依法依规查处政策外多孩生育。改革完善计划生育服务管理。提高妇幼健康和生育服务水平，完善优生优育技术服务体系，提高出生人口素质。完成盟市、旗县、乡镇三级妇幼保健和计划生育服务资源整合。加快建立有利于计划生育的家庭发展支持体系，全面创建“北疆幸福家庭”，深入实施“新家庭计划”，推进“健康家庭”行动，巩固出生人口性别比综合治理成果，推进流动人口公共卫生计生服务均等化。

（四）加强卫生计生重点工作

推进自治区重大卫生项目建设，开展旗县医院标准化和苏木乡镇卫生院标准化建设。提高基本公共卫生服务经费补助标准，加强服务质量管理。加强疾病控制体系建设，优化防控策略。提高医疗服务质量和水平。大力实施健康扶贫工程。推进科技创新和人才队伍建设。全面加强卫生计生法治建设和综合监督工作。完善卫生应急体制机制，强化突发公共卫生事件应急处置。进一步推进自治区及盟市区域卫生信息平台的建设、应用和互联互通，加快推进医疗大数据建设。深入开展爱国卫生运动。实施健康促进项目，大力开展健康教育。

（五）促进蒙医药和中医药事业发展

推进蒙医药和中医药服务体系标准化建设，深入开展蒙医中医医院服务能力建设工程和基层蒙医药、中医药服务能力提升工程“十三五”行动计划，大力提升蒙医药和中医药服务能力。加快推进公立蒙医中医医院同步改革。积极推进蒙医药健康服务发展和蒙医药、中医药医养结合，启动内蒙古国际蒙医医院养老康复治未病旅游基地建设。加强蒙医药、中医药学科建设和人才队伍建设，推进蒙医药标准化进程。加强蒙医药学术及对外交流，推动蒙医药和中医药国际化。

供　　稿：杨若锋　内蒙古自治区卫生和计划生育委员会

责任编辑：双　宝

内蒙古扶贫开发工作情况

2016年，全区各级扶贫部门深入贯彻落实习近平总书记扶贫开发战略思想和考察内蒙古重要讲话精神，全面落实精准扶贫精准脱贫基本方略，精心落实“六个精准”要求和“五个一批”工作举措，年内将完成减贫21.2万人，比2015年多减贫3.2万人，完成12个区级贫旗县摘帽任务。

一、采取的主要措施

（一）加强领导，落实责任

调整充实了自治区扶贫开发小组，新成立脱贫攻坚推进组，逐级分解、落实任务，层层签订责任书。自治区38位省级领导干部“一对一”联系38个贫困旗县，实行月报告制度。2016年，省级领导干部先后100多人次深入贫困旗县调研指导，帮助协调落实项目，解决制约贫困旗县经济社会发展的突出问题。带动409名盟市级领导、1852名县处级领导分别联系贫困苏木乡镇和贫困嘎查村，15.2万名党员干部帮扶35.7万户贫困户，每名党员干部联系3～6户贫困户，实现了帮扶全覆盖。

（二）建档立卡，分类扶持

完成了90个旗县区10526个嘎查村35.7万户80.2万贫困人口的建档立卡信息更新和动态管理工作，剔除不符合标准21.4万人，新识别补录17.1万人。贫困识别与各类扶贫数据由基本精准达到比较精准，得到了国务院扶贫办的肯定。落实了“五个一批”分类扶持措施。2016年减贫的21.2万人中，通过扶持生产和转移就业脱贫8.7万人，易地扶贫搬迁脱贫5万人，生态补偿脱贫0.7万人，通过教育脱贫2.5万人，政策兜底4.3万人。

（三）完善政策，创新机制

出台了《内蒙古自治区党委、自治区人民政府贯彻落实〈关于打赢脱贫攻坚战的决定〉的意见》《盟市党委、政府（行政公署）扶贫开发工作成效考核办法》《调整不适宜脱贫攻坚工作的领导干部实施细则》《贫困退出机制实施意见》《开展统筹整合使用财政涉农涉牧资金试点工作实施意见》等8个政策性文件。自治区行业部门出台了“1+19”精准扶贫配套政策。在10526个有建档立卡贫困人口20户以上的嘎查村全面推行“453”“挂图作战”法，做到扶持谁底数清、谁来扶责任清、怎么扶办法清、如何退要求清。

（四）加大投入，整合资金

2016年，各级财政扶贫投入89亿元，比上年增加37亿元。中央下达财政扶贫资金19.84亿元，比去年增加4.69亿元，增幅31%。自治区本级安排财政扶贫资金18.75亿元。盟市、旗县投入大幅度增加，盟市投入9.87亿元，增长30%；旗县投入6.45亿元，增长1倍。在52个贫困旗县开展统筹整合使用财政涉农涉牧资金试点工作。撬动金融扶贫资金新增100亿元，预计全年扶贫专项投入达到400亿元。

二、聚焦精准扶贫精准脱贫，推进重点工程项目

（一）深入推进规划、项目、干部“三到村三到户”工程

自治区为2834个贫困嘎查村每个村投入50万元财政扶贫引导资金，采取自建直补、先建后补、杠杆撬动、菜单式扶贫、资产收益扶贫等多种模式，支持贫困户发展特色产业。选派驻村工作队3463个，驻村干部1.1万名，第一书记8195名。截至10月底，下达“三到”项目引导资金14.2亿元，实施项目3523个，11.2万户26.1万贫困人口得到精准扶持。

（二）启动易地扶贫搬迁工程

2016年，投入33亿元，计划搬迁贫困人口5万人、同步搬迁3万人。目前，已经下达各类资金23亿元，其中中央预算内资金4亿元，自治区本级配套资金4.1亿元，地方债资金4.16亿元，农发行贷款9.1亿元，国开行贷款8113万元，国开行建设基金8088万元。全区78个项目旗县1199个安置点项目全部开工，搬迁入住率超过50%，90%的集中安置点达到主体完工。其中，村内就近安置2.04万人，新建移民新村安置6400人，依托小城镇安置9300人，依托产业园区安置1900人，依托

乡村旅游区安置1700人，入住养老幸福院2600人，投亲靠友分散安置7700人。探索实施“六个结合”搬迁模式和七种安置方式，对搬迁到城镇的农牧民实行“四不变、两同等、一减免”政策，实现搬迁与脱贫同步。

（三）实施金融扶贫工程

继续在57个贫困旗县实施金融扶贫富民工程。截至11月底，新增贷款90.5亿元，累计发放244.6亿元，贫困旗县平均贷款投放额度达到4.3亿元，覆盖48.8万户农牧民，建档立卡贫困户覆盖率达到50%以上；支持125家扶贫龙头企业贷款22亿元，辐射带动16万户42万人转移就业、增产增收。贷款使用1年以上的贫困户人均增收1500元。同时实施扶贫再贷款、中和农信小额扶贫贷款、互助资金等项目，投放支农支小再贷款72.28亿元、扶贫再贷款49.02亿元，60个中和农信小额信贷扶贫项目旗县放贷12.6亿元，83个旗县1130个嘎查村实施互助资金项目，累计投入贫困村互助资金2.5亿元，累计发放借贷8.4亿元。金融扶贫成为增加扶贫投入的主要举措，走在了全国前列。

（四）积极开展专项扶贫工作

一是教育扶贫。对不在低保范围的、就读中高等职业院校的建档立卡贫困户家庭子女实施“雨露计划”，补助13000人。举办致富带头人培训、驻村第一书记、电商扶贫等培训22期，培训2058人。二是电商扶贫。开展20个电商扶贫进农村综合示范旗县（国贫县10个）建设，每个旗县投资2000万元。在扎兰屯、巴林右旗、五原等旗县市探索扶贫项目与电商服务的深度融合。与多家电商企业合作，推进电商扶贫工作。三是旅游扶贫。会同自治区旅游局对2834个重点贫困村的旅游资源进行摸底调查，启动了65个嘎查村的旅游扶贫试点，带动近6000贫困人口脱贫。四是革命老区建设。协助出台了自治区《关于加大脱贫攻坚力度支持革命老区开发建设的实施意见》，完成了国务院扶贫办聘请第三方对2013年四子王旗中央彩票公益金支持革命老区整村推进项目的绩效考核工作。组织开展2016年中央彩票公益金项目立项、招标等工作。

（五）加强社会扶贫工作

26个中央、国家机关单位继续定点帮扶31个贫困旗县，选派挂职干部29人、第一书记18名开展帮扶工作。围绕基础建设、公共事业、产业发展等，签署了《关于进一步加强京蒙对口帮扶和全面合作的框架协议》，编制完成了京蒙扶贫协作"十三五"规划。自治区直属机关单位继续定点帮扶兴安盟和乌兰察布市。截至10月底，自治区直属机关、单位定点帮扶兴安盟104个厅局企事业单位累计投入帮扶资金6202.7万元，其中点上帮扶资金6151.6万元，延伸帮扶资金51.1万元。在2016年全国脱贫攻坚奖评选中，自治区亿利集团董事长王文彪获得脱贫攻坚奉献奖。组织开展了全国"扶贫日"活动，实施"扶贫济困、圆梦学子"捐资助学项目。

总体来看，全区扶贫工作取得积极进展，但是贫困人口主要居住在自然条件恶劣地区，并且贫困人口居住分散，战线长，改善生产生活条件难度大；贫困人口自我发展能力不足；精准扶贫工作仍有差距等主客观问题依然较突出。

三、2017年主要工作

2017年是我区进一步完善落实脱贫攻坚政策、持续推进脱贫摘帽步伐、深化脱贫攻坚成果的关键一年。我们要认真贯彻落实自治区第十次党代会精神，深入实施精准扶贫、精准脱贫基本方略，大力推进特色优势产业、基础设施网络和公共服务体系建设，深化京蒙扶贫协作，加大对口帮扶、定点帮扶力度，因户因人施策，提高脱贫成效。计划减贫20万人，14个自治区贫困旗县摘帽，3个国贫旗县摘帽。

（一）强化责任落实

深入推进省级领导干部联系贫困旗县工作，强化权力、责任、资金、任务"四到旗县"和规划、项目、干部"三到村三到户"工作机制，进一步落实贫困旗县主体责任，不脱贫不调离、不摘帽不调整。加强对驻村工作队、帮扶责任人的管理考核。

（二）聚焦精准、持续发力

对贫困人口基本信息进一步核实，对新增贫困人口及时补录，已脱贫的及时标注，动态调整更新建档立卡数据。因户因人，精准施策，对2017年减贫的20万人通过扶持生产和转移就业、易地扶贫搬迁、生态补偿、教育健康扶贫、政策兜底分类扶持。

（三）实施十大重点扶贫工程

一是“三到村三到户”。继续为2834个贫困嘎查村每村投入50万元财政扶贫引导资金，由旗县统筹用于贫困村贫困户发展特色产业。二是易地扶贫搬迁。2017年，计划年搬迁6.13万建档立卡贫困人口，做到搬迁与脱贫同步。三是产业扶贫。推广菜单式、杠杆式、资产收益扶贫，密切贫困群众与专业合作社、扶贫龙头企业利益联结机制，提高贫困人口产业发展参与度。积极推进农牧业特色险种助推脱贫攻坚试点工作，探索解决因灾减贫的路径。四是劳务输出扶贫。对贫困劳动力实名登记并录入就业信息系统，搭建就业平台。五是金融扶贫。继续加强与政策性、商业性金融机构合作，加大扶贫小额贷款投放力度，积极推行“两免一补”政策的落地，对建档立卡贫困户实行“名单制”返贫小额贷款发放，提高对贫困户的精准覆盖。六是基础建设扶贫。因地制宜解决好贫困户住房、通路、通水、通电、通网络等突出问题，力争到2017年所有的贫困户实现住房安全有保障。七是生态建设扶贫。优先吸纳建档立卡贫困人口参与林业生态保护和建设，为具备条件的建档立卡贫困劳动力提供生态护林员岗位。八是教育扶贫。从2017年起，将低保家庭大学生资助政策扩大到所有建档立卡贫困家庭，对建档立卡贫困户子女上大学给予每人每年1万元资助。九是健康扶贫。在现有建档立卡贫困户基本医保、大病保险享受“两降低、两提高”政策基础上，推广家庭病床做法，对患有大病和长期慢性病贫困人口村内就诊比照住院报销。在全区18个贫困旗县开展保险助推脱贫攻坚试点，以综合意外伤害保险、重大疾病保险、商业补充医疗保险、慢性病门诊补充医疗保险为基本险种，重点解决因病致贫返贫问题。从2017年起，对因病致贫的建档立卡贫困户参加大病住院补贴险、慢性病补助保险，财政扶贫资金按照50%的比例给予保费补贴。十是社会保障兜底。认真做好农村最低生活保障制度与扶贫开发政策的有效衔接，将符合条件的建档立卡贫困人口全部纳入低保范围，实现应保尽保。

（四）激发内生动力

加强对贫困群众的宣传、教育、培训和引导，振奋精气神，克服等靠要。注重发挥村级基层组织示范引领作用，大力培养农牧民专业合作组织和致富带头人，增强带领群众脱贫致富的能力。倡导尊老爱幼、勤俭持家、自力更生的传统美德，推行星级文明户评定、不良记录登记制度，增强贫困户自我责任意识，坚决杜绝“靠着墙根晒太阳，等着别人送小康”现象。

（五）要加强扶贫机构队伍建设

完善各级扶贫开发机构设置和职能，配强扶贫开发工作力量，把各级扶贫办建设成为各级党委、政府脱贫攻坚强有力的“参谋部”和“作战部”。加大党的十八大六中全会精神和扶贫先进事迹宣传报道力度，加强惩处扶贫领域不正之风和腐败问题，做到廉洁扶贫、阳光扶贫。

供　　稿：张　国　内蒙古自治区扶贫办

责任编辑：双　宝

内蒙古文化事业与文化产业发展情况

2016年，全区文化战线紧紧围绕“四个全面”战略布局和建设民族文化强区目标，全面贯彻党的十八大和十八届三中、四中、五中、六中全会精神，深入学习贯彻习近平总书记系列重要讲话特别是考察内蒙古的重要讲话精神，积极传承弘扬民族文化，加强优秀文艺作品创作生产，扎实推进公共文化服务体系建设，深化文化体制机制改革和文化产业发展，不断提升文化的影响力和软实力，着力打造文化繁荣风景线，有力推动了自治区文化的大发展、大繁荣。

一、文艺事业繁荣发展

深入学习贯彻习近平总书记在文艺工作座谈会和中国文联十大、中国作协九大开幕式上的重要讲话精神，全面贯彻落实《中共中央关于繁荣发展社会主义文艺的意见》。一是强化导向引领。召开全区文艺工作座谈会，起草和征求《关于进一步繁荣发展自治区社会主义文艺的实施意见》《加强和改进自治区文艺评论工作的意见》《文艺精品创作五年规划纲要（2016—2020年）》和《关于组织实施文艺“拔尖人才”培养工程的方案》的意见，制定出台《全区性文艺评奖制度改革的实施意见》《中国·内蒙古草原文化节组织实施办法》《草原文化节剧目和小戏小品遴选、评审暂行办法》等一系列政策性指导意见，文艺工作宏观指导机制建设方面得到完善。全面推动“放歌草原·书写百姓”主题实践活动，成立内蒙古文艺志愿者协会，启动第二批作家艺术家挂联活动。改革全区规范性奖项，保留全区“五个一工程”奖、文学创作“索龙嘎”奖、艺术创作“萨日纳”奖评奖和广播电影电视大奖4个奖项，提高文艺评奖的公信力和权威性。全区第十一届艺术创作“萨日纳”奖共评出艺术类作品69部。二是打造文艺精品。坚持以人民为中心的创作导向，以草原文学重点作品创作、优秀蒙古文译介、精品舞台剧创作等重点工程为抓手，推动中国梦、核心价值观、70周年大庆、全面建成小康社会四大主题创作，推出了音乐剧《相思树》《爱在胡杨》，二人台剧《圆梦》等新创剧目，打磨提升舞剧《我的贝勒格人生》、晋剧《巡城记》、漫瀚剧《凤祥楼》、话剧《尹湛纳希》等一批文艺精品。其中，创作电影剧本《守望》《野马河》获得中宣部“电影剧本孵化工程”后期扶持项目；电视剧《安居》完成后期制作并入选迎庆建党95周年献礼影片；民族情景歌舞《草原上的乌兰牧骑》和民族舞剧《马可·波罗传奇》参加第五届全国少数民族文艺会演，分别荣获剧目金奖、银奖；散文《蒙古密码》、长篇小说《信仰树》获得第十一届全国少数民族文学创作“骏马奖”。成功举办了第十三届中国·内蒙古草原文化节。设立专项资金，持续推进“内蒙古文化艺术长廊建设计划”，为文艺精品创作提供支持。积极组织申报国家艺术基金项目，获得资助资金总额3574万元。三是做好文艺批评。加强文艺批评阵地建设，设置中国文艺评论基地、草原文学理论研究基地，加强草原文艺理论研究，为文艺评论提供理论支持。在《实践》开设“文艺评论”专栏。改版《内蒙古日报》“文艺评论”专栏，增加刊发频次，拓展版面内容。在网络上开设“草原文艺评论”专题，开通微信公众号，促进文艺评论向大众欣赏拓展。确定电视剧《北方大地》、音乐剧《草原英雄小姐妹》、报告文学《生命的守望》等6部作品作为重点评论内容，组织有关专家开展评论活动。

二、文化体制改革扎实推进

认真贯彻自治区党委、政府决策部署，加强系统谋划，加紧任务落实，全面深化文化体制改革，取得了一系列新进展新成效。一是注重顶层设计，扎实推进规划编制工作。印发《2016年全区文化体制改革工作要点》，确定了自治区本级年度20项改革任务和盟市级215项改革任务，召开自治区文化体制改革专项小组会议和全区文化体制改革工作座谈会。深入谋划“十三五”文化改革发展，明确了“十三五”文化改革发展总体思路、主要任务和保障措施，完成了《内蒙古自治区“十三五”时期文化改革发展规划纲要》的编制工作，即将提交文化体制改革专项小组会议研究，经自治区党委、政府审定后印发。

二是强化导向要求，推动实现两个效益相统一。制定出台了国有文化企业把社会效益放在首位、实施社会效益和经济效益相统一的实施意见，进一步明确了国有文化企业改革方向和重点任务。制定了自治区直属国有文化企业负责人双效考核办法和薪酬管理办法，科学设计了双效考核指标，考核结果与薪酬分配相挂钩，充分调动企业负责人积极性主动性。文化体制改革专项小组会议研究通过后将尽快印发实施。三是把握精简效能，推进文化管理体制改革。推动制定了进一步深化全区文化市场综合执法改革的实施意见，撤销自治区和市辖区执法机构，减少执法层级，加强执法力量。推动制定出台了5项新闻出版业年审年检制度，完善了新闻出版管理体制。四是完善工作举措，确保各项任务落到实处。坚持“月通报、季调度”和台账销号制度，对取得阶段性成果的任务组织开展“回头看”。规范文化体制改革试点工作，重新确定了改革综合试点地区试点工作的重点范围。2016年20项改革任务，有2项已经出台文件并启动实施，3项近期印发实施，1项上报自治区党委常委会待研究，1项方案完成正在征求意见，13项等待中央顶层设计。

三、文化产业持续健康发展

按照“抓大扶小”的思路，深入贯彻落实中央要求，抓好投资拉动，抓好消费带动，抓好统计促动，牵引文化产业快速做大总量。一是打造产业抓手。开展骨干文化企业、小微创意文化企业和重点文化产业项目申报认定工作，拟对认定的项目、企业予以政策支持和资金扶持，并进行动态跟踪和监督问效，推动项目落地见效。加强项目库建设，对全区续建、新建、拟建文化产业项目进行了全面摸底调查。二是促进融合发展。推动文化与旅游融合发展，与旅游局共同制定了文化与旅游融合发展三年行动计划，明确了一批文化旅游融合项目，做大产业规模。推动文化与科技融合发展，加快鄂尔多斯市国家级文化和科技融合示范基地建设，孵化和培育了一批文化科技企业和项目，提升产业水平。以鄂尔多斯市为试点，积极推进文化消费试点工作。三是强化资金支持。2016年，自治区文化产业发展专项资金共安排3.9亿元，支持了41个文化产业项目。同时启动了2017年专项资金项目的申报评审工作。推动基金管理机构完成了签订有限合伙协议等各项前期工作，注册成立了基金公司，开展了项目遴选、投资工作，引导带动社会资本、金融资本、企业资本投资自治区文化产业。与自治区统计局联合下发了《关于开展文化及相关产业定期统计调查的通知》，定期调度我区文化产业有关数据并形成分析报告。四是搭建服务平台。举办自治区首届文化产业博览会，开展了博览展示、文化贸易、研讨交流、项目签约等多项活动。组织自治区代表团参加了第十一届深圳文博会，组织部分文化制造业企业赴发达省份考察调研、交流学习。举办全区文化产业培训班，为文化企业和从业人员搭建起交流学习提高的平台。积极推进“文化市场北疆稳定工程”，全面加强市场监督检查，相继出动执法人员463249人次，开展文化市场执法检查、安全生产检查。积极落实文化市场经营“黑名单”制度，确保文化市场安全稳定有序。

四、公共文化服务日臻完善

积极推动公共文化服务建设，坚持把建设的重心放在基层和农村牧区，统筹规划、加大投入、因地制宜、分步实施，着力改善全区公共文化服务网络，提高公共文化产品供给能力，推动全区文化建设与经济建设、政治建设、社会建设协调发展，取得了显著成效。一是推进公共文化服务标准化、均等化建设。制定出台加快构建现代公共文化服务体系的实施意见，大力推进五级公共文化服务设施网络建设。印发《公共文化服务体系建设评价考核办法》《加快自治区贫困地区公共文化服务体系建设的意见》《社区与机关单位公共文化服务设施共建共用管理办法》《推进基层综合性文化服务中心建设的实施意见》等4个配套政策文件，从建设标准、考核评价、资源共享等方面对公共文化服务体系建设工作做了进一步细化。继续推进嘎查村文化室建设，完成1763个嘎查村文化室配发任务，超额完成年度任务。推动基层综合文化服务中心建设，稳步推进“贫困地区百县万村综合文化服务中心示范工程”，制定《“贫困地区百县万村综合文化服务中心示范工程”建设工作方案》。目前，全区7个盟市353个嘎查村的建设任务已经落实，资金拨付、检查验收等工作已完成。中央改革领导小组专门就我区基层公共文化综合中心进行调研，充分肯定了我区的经验做法。二是提升公共文化服务品质和服务效能。在全面推进公共文化服务标准化建设、基层综合性文化服务中心建设的基础上，推动公共文化单位法人结构治理改革和创建国家公共文化服务示范区和示范项目，包头市创建国家公共文化服务示范区，乌海市“书法五进”和乌兰浩特市“拉场戏”创建国家公共文化示范项目均顺利通过验收。成立自治区群艺馆联盟，为全区文化馆总分馆制奠定基础。推动全区“互联网+公共文化”服务管理平台推广使用工作，完成“阳光工程”——中西部农村文化志愿服务行动计划，招募数十名农村文化志愿者。三是打通文化惠民“最后一公里”。深入实施“八大文化惠民工程”以及“数字文化走进蒙古包”“彩云服务”“全民阅读”等一系列文化惠民活动，广播电视综合覆盖率均达到99%以上，“农家（草原）书屋”“数字书屋”实现嘎查（村）的全覆盖。全民阅读活动深入开展，成功举办第二十六届全国图书交易博览会，组织评选2016草原阅读季“阅读之星”“全民阅读先进集体”等。成立了内蒙古文艺志愿者协会，促进文艺志愿活动规范化、系统化、长效化，全年共组织各类文艺志愿服务活动约20场次，参与文艺志愿者达200余人，直接受益群众达3万余人。启动第二批作家艺术家挂联活动，30名中青年艺术家被筛选深入基层挂联。组织实施“草原文艺天天演”惠民演出工程，组织优秀剧目及小戏小品深入农村、牧区、厂矿、企业、高校进行演出。组织第十三届中国·内蒙古草原文化节优秀剧目11台深入农村牧区、企业高校巡演200多场次。

五、民族文化遗产保护传承成效显著

以推进立法和保护为核心，深入推进重大项目工程，推动民族文化遗产走进社会，进一步加强文化遗产保护传承工作。一是着力推动非遗走进现代生活。积极推进非遗保护立法工作，《内蒙古自治区非物质文化遗产保护条例（草案）》已提交自治区人大审议。组织评审了自治区第五批非遗代表性传承人。继续实施非遗抢救性保护，《内蒙古蒙古族长调风格及其典型曲目》出版发行。广泛开展非物质文化遗产宣传、展示和培训工作，组织参加第四届非物质文化遗产博览会，举办了蒙古族刺绣、蒙古族服饰艺术等5个国家级代表性项目传承人群普及培训班。二是不断提高文物保护、管理和利用水平。加强文物保护工作，颁布实施《元上都遗址保护条例》，积极推动红山文化遗址、辽上京与辽祖陵遗址、阴山岩刻遗址和万里茶道内蒙古段申遗工作。锡林郭勒盟多伦县小王力沟辽代贵妃墓考古荣获“2015年度全国十大考古新发现”。强化文物管理工作，完成馆藏可移动文物数据采集上报1072914件（套），启动《内蒙古长城保护总体规划大纲》编写工作，组织对全区长城保护与执法情况进行实地督察。有效提升文物利用工作水平，落实博物馆免费开放政策，批准组建了内蒙古博物馆馆际联盟，积极推进智慧博物馆建设。积极开展文物行政执法工作，共破获和受理文物案件24起，收缴各类涉案文物893件套。三是以重大项目工程带动文化传承保护。设立专项资金，组织实施“内蒙古民族文化研究建设工程”“内蒙古文化艺术长廊建设计划”“草原文化研究工程”等。其中，“内蒙古民族文化建设研究工程”建成试运行“内蒙古民族文化数据库数据加工标准和支撑平台”；“内蒙古文化艺术长廊建设计划”推进顺利，年底前全部项目结项，部分项目翻译工作完成并重新出版，出版环节有序推进；“草原文化研究工程”出版《草原文化研究丛书》（第二辑）；“蒙古语语料库建设工程”二期工程确定了4000多种“蒙古语语料库”蒙古文献目录，完成自治区成立70周年献礼项目《蒙古语自然口语语料汇编》100万多词的编辑和校对工作；《〈元史〉汇注》顺利通过评审工作。此外，还在兴安盟科尔沁右翼中旗、锡林郭勒盟东乌珠穆沁旗、阿拉善盟阿拉善左旗等地建立了创作采风基地，对各类民族文化艺术元素进行挖掘和采风。组织对地方戏曲剧种进行普查，共发现蒙古戏、二人台、漫瀚剧等16个地方戏曲剧种，举办了首届地方戏剧目展演活动。

六、对外文化交流异彩纷呈

坚持国家站位，加强文化交流工作，草原文化影响力进一步提升。一是积极推动草原文化“走出去”。在斯里兰卡成功举办“美丽草原我的家”中国·内蒙古文化周活动。组织文化艺术团组赴在波兰、匈牙利7个城市开展了“欢乐春节”巡回演出活动。组织内蒙古民族艺术剧院蒙古族青年合唱团赴亚欧7个国家12个城市进行巡回演出。深入开展与俄罗斯、蒙古国的文化交流合作。举办中蒙友好“2016——吉祥春节”文艺晚会、中蒙友好“2016——吉祥春节”迎春茶话会、中蒙新闻工作者座谈会、中蒙翻译家座谈会，组织开展“感知中国·蒙古行”——第四届乌兰巴托·内蒙古文化周活动。全年共派出文化艺术团组25个317人次，分赴美国、英国、法国等19个国家及港澳地区开展文化交流活动，有效促进了世界对内蒙古文化的了解，提升了内蒙古的知名度和影响力。二是统筹推进周边国家文化交流。制定下发《关于做好对周边国家毗邻地区文化“走出去”工作的通知》，统筹协调边境盟市结合当地实际，发挥地缘优势，加强与周边国家毗邻地区的文化交流合作。其中，呼伦贝尔市举办首届中俄少儿美术作品展、中俄艺术交流俄罗斯油画展，赴俄罗斯布里亚特共和国参加乌兰乌德市成立350周年庆祝活动演出；锡林郭勒盟赴蒙古国参加了“格根木扎-13”国际蒙古语戏剧节，苏尼特右旗乌兰牧骑赴蒙古国参加了2016年国际蒙古舞艺术节；巴彦淖尔市乌拉特中旗赴蒙古国开展文化、旅游、卫生交流等活动，增进了边境盟市与周边国家毗邻地区友好交流，营造睦邻友好的文化氛围。三是加强文化传播能力建设。对全区文化“走出去”资源力量情况进行调研，形成报告上报国务院新闻办公室对外推广局，有效统筹我区新闻出版、广播影视、文化艺术以及动漫、游戏、文化创意设计等业态领域的文化资源。在对外文化交流中强调“讲好中国内蒙古故事”，提高文化交流活动吸引力。制定出台《关于讲好中国故事的工作方案》，建立“好故事资源库”，强化新闻发言人、新闻评论员、专家学者、文化交流使者、出境公民等“五支故事员队伍”。实施“纳荷芽中蒙出版交流工程”“丝绸之路影视桥工程”“丝路书香工程”、蒙汉文互译人才培养基地和基里尔蒙古文人才培养基地建设工程，加快建设“中俄蒙文化走廊”。出版物《中国经典故事（1—20）》《世界经典故事（1—20）》《四大名著》（基里尔蒙古文版）入选“经典中国国际出版工程”，《清朝蒙古实录（6辑）》（俄文版）入选“丝绸之路书香工程”重点翻译项目，蒙古文版《蒙古民间故事漫画》等系列丛书签订版权输出协议。

七、文化人才队伍不断壮大

基层文化队伍进一步充实，一些高水平的文艺人才不断涌现，为我区文化的繁荣发展奠定了更加坚实的基础。一是实施“文艺拔尖人才培养计划”。启动了“内蒙古自治区舞蹈表演拔尖人才培养计划”，从全区选拔了李德戈景、维力斯、白洋等6名舞蹈演员，由赵林平、何燕敏等舞蹈家通过一对一的方式进行教学培养，在第十三届中国·内蒙古草原文化节上进行了汇报演出，引起很大反响。二是实施上海戏剧学院、上海音乐学院面向我区的定向大学生培养计划。2016年完成了在我区招收戏剧影视文学、播音与主持艺术和音乐制作等6个专业13名委培生的招生工作。三是加强文化队伍和文艺人才的培训。选派7名文艺人才和文化干部参加全国文化名家暨“四个一批”人才建设研究班和国情研究班。与上海市开展对口交流，全方位提升文化行政执法人员业务素质。举办马克思主义文艺观高级研修班、内蒙古文学创作高级研修班、全国中青年民族文艺理论与评论研修班、内蒙古微电影创新研讨培训班以及第三届全区产（行）业报纸文艺副刊、文艺刊物评奖暨《内蒙古职工文化报》特约记者培训班等培训研修活动，在内蒙古大学组织举办全国文研班暨文艺评论研究班，切实加强对文艺人才的培养力度。四是切实加强基层文化队伍建设。不断强化苏木乡镇、嘎查村的宣传文化专兼职工作人员的配备，采用“旗聘、乡管、村用”模式或政府购买服务的方式，加强基层文化队伍建设。注重挖掘苏木乡镇、嘎查村等基层文化、文艺人才，充实到基层文化队伍，丰富基层，将文化大院（文化户）作为基层文化中心服务延伸的重要补充，进一步丰富基层群众的文化生活。

我区文化发展虽然取得积极进展，但从整体上看，一是民族文化传承保护力度还须进一步加大。必须进一步加大挖掘、传承、保护和弘扬的力度，促进优秀民族文化的创造性转化，为守好各民族美好精神家园筑牢文化根基。二是公共文化服务均等化标准化建设须进一步推进。加快实施好文化惠民工程，提高公共文化设施的利用率，提供更多适应人民群众需要的公共文化服务，让老百姓享受到更多的文化权益。三是文艺精品创作须进一步加强。进一步强化精品意识，集中力量打造一批体现民族特色、地方特色和文化实力、符合时代要求的文化精品。四是文化体制机制性障碍尚存，改革须进一步深化。文化产业结构不合理，总量规模偏小，区域发展不平衡，文化消费能力不足，须进一步加快建立面向市场的体制机制，为推动结构战略性调整开辟新路径、拓展新空间。

八、2017年主要工作

2017年，全区文化工作要认真贯彻落实党的十八届三中、四中、五中、六中全会精神和自治区第十次党代会精神，以迎接自治区70周年大庆和党的十九大为契机，进一步提升我区文化软实力，为打造文化繁荣亮丽风景线作出新的贡献。在文艺创作方面，围绕迎接自治区成立70周年、党的十九大等重大主题活动，创排一批体现内蒙古鲜明特色、具有示范引领作用的重点优秀剧目，抓好庆祝自治区成立70周年专场晚会，实施“草原儿女心向党”惠民演出活动，组织乌兰牧骑沿“一带一路”和“草原丝绸之路”开展巡回演出。在公共文化服务体系建设方面，加快现代公共文化服务体系建设，推动实现公共文化服务的标准化、均等化。组织举办自治区成立70周年成就展。继续推动公共文化单位法人治理结构改革，全面推广公共图书馆、文化馆总分馆制试点经验。加强公共文化数字化管理服务平台的管理和运用。深化博物馆治理结构改革，推动博物馆馆际联盟建设。在民族文化遗产保护和传承方面，颁布实施《内蒙古自治区非物质文化遗产保护条例》，组织申报国家级文化生态保护区。启动蒙医药申报非物质文化遗产工作。对国家级代表性传承人进行抢救性记录。继续加强非遗传承人队伍管理工作。组织出版《内蒙古蒙古族传统服饰典型样式》（蒙古文版）。继续推进红山文化遗址、辽上京和辽祖陵遗址、阴山岩刻遗址和万里茶道申遗工作。继续开展长城遗址保护和周边环境综合整治工作。完成智慧博物馆建设任务。推动文化产业发展方面，按照“抓大扶小”思路，抓好重点项目和园区建设，进一步促进文化与旅游融合发展，为文化产业与金融业搭建对接平台，组织申报国家文化产业示范区。深入开展文化消费试点工作，促进文化贸易发展。完善文化市场信用监管体，推动上网服务行业、文化娱乐业转型升级。

继续推动文化市场综合执法改革，提高执法能力和执法水平。对外文化交流方面，深入开展与俄罗斯、蒙古国的文化交流合作，举办内蒙古文化周活动，互派人员开展演出、展览、讲座、培训等活动。赴德国举办内蒙古文化年活动，强力推动内蒙古草原文化走出国门。选派文化团组参加“欢乐春节”活动。

供　　稿：高文鸿　内蒙古自治区党委宣传部

责任编辑：张　敏

内蒙古科技事业发展情况

在自治区党委、政府的正确领导下，自治区科技厅紧紧围绕全区经济社会发展大局，着力实施创新驱动战略，完善顶层设计，深化体制机制改革，认真落实各项重点工作任务，科技事业取得了明显进步。

一、科技事业进展及工作举措

（一）继续深化改革

起草制定了《内蒙古自治区贯彻落实〈国家创新驱动发展战略纲要〉实施方案》《内蒙古科技厅落实〈内蒙古自治区深化科技体制改革实施方案〉分工方案》《内蒙古科技决策咨询工作制度（试行）》《内蒙古自治区科技计划评估和动态调整制度》《内蒙古自治区关于加快知识产权强区建设的实施意见》《关于印发深入推行科技特派员制度实施方案的通知》等指导性文件，为推动科技发展进行了顶层设计，为自治区“十三五”科技发展运行指明了方向。

创新科技计划项目形成机制，充实自治区科技项目储备库，推进科技经费管理改革，持续推进科研信用体系建设，改善提升了科技进步的绩效，逐步建立适应经济社会发展需要的科技计划管理体制和经费管理机制。

（二）创新科技投入方式

创新财政科技投入方式。一是建立后期资助机制。对项目单位先行投入、符合自治区科技发展方向、成果具实用价值并转化且取得良好经济社会效益的科技项目以及创新平台载体提供开放共享服务，财政科技专项资金给予后补助支持。二是壮大科技协同创新基金规模，总规模达到6.48亿元，新投资科技型中小企业4家，投资额近亿元。

推动新型科技研究开发机构建设。新启动建设7家自治区新型研发机构，目前总数达到45家。自治区财政投入资金8亿元，带动盟市投入和企业自筹资金超过20亿元。

促进科技与金融紧密结合。一是为解决初创期科技型中小微企业融资难问题，在壮大科技协同创新基金规模基础上，设立天使投资子基金，基金初期规模2亿元。二是与中国银行、兴业银行、浦发银行、财信担保公司等协商合作模式，推动建立知识产权质押风险补偿机制，设立风险补偿资金。三是推动建立科技与金融结合联动机制。与金融办、相关银行、担保公司等共同签署了《科技和金融结合支持创新创业合作备忘录》，采取金融放贷、融资担保、创业投资、社会融资等方式为科技型中小微企业发展和创新创业项目提供金融支持。

自治区本级财政2016年科技投入8.1亿元，较2015年的10.3亿元减少4%。其中，用于科技项目的经费从2015年的7.7亿元减少到2016年的7.3亿元，减少5%。争取获得各类国家科技计划项目300项，经费达2亿元。

（三）着力实施关键共性技术攻关和成果转化工程

着眼于产业技术需求和区域经济发展，组织实施关键技术攻关工程和实用高新技术成果转化工程，下达自治区应用技术研究与开发资金项目经费2.56亿元。围绕稀土、装备制造、新能源、现代农牧业、生态治理等重点领域，加快开发一批核心技术和战略产品。结合自治区党委、政府重点工作部署和自治区新型研发机构建设，组织实施自治区科技重大专项，下达经费4.75亿元。针对科技成果与技术需求信息不对称、成果转化率低的问题，建立了基于互联网线上、线下相结合的自治区科技成果交易平台。制定促进科技成果转移转化10条措施，在聚焦产业需求、建设交易平台、实施交易激励、加强政策引导、鼓励多元投入、培育服务体系、理顺三权关系、完善人才政策、放活经费管理、强化组织落实等方面提出具体政策措施。

（四）推进人才载体建设工程

按照产业发展、平台载体、人才团队“三位一体”推进原则，推动各类创新要素集聚并发挥放大效应。加强科技人才引进培养。我区入选国家级重大人才工程数量和质量有新的提升，6人入选“万人计划”科技创新创业领军人才，4人入选科技部“创新人才推进计划”。申报入选“草原英才”个人18名，占全区总数的23%；团队16个，占全区总数的22.2%；基地3个。“三区”科技人员选派896人，受培训人员114人。2人获得中科院兰州分院“西部之光”人才培养引进计划立项支持，每个项目支持经费15万元，至此我区已有22人入选该计划。新建院士专家工作站9个，柔性引进院士10名。2人获批国家优秀青年基金项目，实现了我区优秀青年基金项目历史的突破。1人获得重点国际（地区）合作研究项目，是我区科学家首次获得此类项目资助。

推动研发平台建设。强力推进国家级重点实验室后备力量建设。2016年，投入2433万元支持实验室建设，较2015年增长1633万元，增长率达到204%。2家企业国家重点实验室正式进入首个建设期。内蒙古大学申报“省部共建草食家畜生殖调控与繁育国家重点实验室”工作取得阶段性进展，被列入2016年度省部共建国家重点实验室建设计划。目前，自治区重点实验室和自治区工程技术研究中心总数分别达到88家和128家。全区共有国家级高新技术企业300家。

大力打造创新载体。经过一系列的前期培育，全区建有国家级高新区2家、国家级农业科技园区4家、国家级孵化器8家。包头稀土高新区成为我区第一家国家科技服务业区域试点单位，内蒙古自治区大学科技园管理有限责任公司成为国家级科技企业孵化器，鄂尔多斯汽车及关键零部件特色产业基地获批成为国家火炬特色产业基地。全区共有自治区级高新区8家、高新领域各类国家级基地8家、西部地区国家级国际创新园1家。发挥满洲里口岸优势，成立了满洲里国际技术转移中心，启动运行京蒙科技合作现代农业技术转移平台。继续推动高校、科研院所与企业组建技术创新战略联盟，批复了内蒙古蒙东铝及铝加工产业技术战略联盟的试点构建，启动筹建国家荒漠化防治产业科技创新中心，为建设祖国北疆生态安全屏障夯实了创新基础。

（五）营造科技改革创新的良好环境

发展众创空间，推进创新创业工作。一是自治区政府转发《国务院办公厅关于加快众创空间发展服务实体经济转型升级的指导意见》（内政办发〔2016〕145号），在包头召开了全区推进众创空间发展现场会，提出了今后一个时期众创空间发展的具体要求。二是两批认定众创空间试点70家、试点培育23家，涵盖自治区12个盟市；35家众创空间被科技部列为国家级众创空间，呼和浩特市获批开展国家小微企业创业创新基地城市示范建设。这批众创空间已经为3000多家初创期企业、2500多个创业项目提供创业支持服务，服务拟各类渠道融资上市企业31家，有力支撑了创新创业。组建了内蒙古众创空间联盟，促进众创空间之间的交流协作，资源共享。三是认定首批26家自治区“星创天地”试点单位和21家试点培育单位。四是安排700万元专项资金引导支持一批运行效果突出的20家单位，积极提供融资服务，协调科技协同创新基金为众创空间孵化项目提供融资。五是积极开展人才培训，举办了7期众创空间发展论坛和创新创业导师等培训，培训人员800多人，其中经过培训取得国家创新创业导师认证107人。六是引导鼓励骨干企业建设专业化众创空间。颐高集团、庆华集团、蒙草抗旱、和润农业、蒙东云计算等8家龙头企业创办了众创空间，带动本行业领域中小微企业和创客群体成长和发展。

加强科技合作与交流。一是围绕“一带一路”战略和自治区沿边开发开放发展战略实施，通过项目引导、平台基地建设，人才引进，支持我区高校、科研院所和企业加大与俄罗斯、蒙古国、美国、日本等国家和地区有关科研机构和企业之间的合作与交流。二是针对区域和地缘互补优势，着重拓展和深化与北京、广东、重庆、吉林等地的科技合作。区域科技合作领域不断扩大，内容更加具体、务实。三是与中科院等合作机制进一步完善。科技厅与中国科学院北京分院召开了科技合作座谈会。双方总结了“十二五”的合作工作并商讨了“十三五”工作重点，目前双方正研究签署战略合作协议的具体内容。四是通过举办赤峰·中国北方农业科技成果博览会暨全国农高会新丝绸之路创新品牌展示交易会、第十三届中国（满洲里）北方国际科技博览会和中国新丝绸之路·锡林郭勒草原畜牧业创新品牌展示交易会，推广交易和转移转化了一批适用先进技术。其中，北博会共达成72项合作意向，签署合作协议29项，金额达38.39亿人民币；赤峰农高会签约科技合作项目38项，现场完成交易额3.2亿元，意向成交额6.8亿元；锡林郭勒展交会签约项目26项，项目总投资283.53亿元，现场完成交易额1430万元，达成意向成交额0.85亿元。

深入实施知识产权战略。重点开展了专利行政执法工作、企业知识产权托管工程、知识产权中介机构建设与人才培育工程、发明专利费用资助办法修订等工作。开发了全国首个双语手机应用（APP）“内蒙古知识产权执法平台”，新增知识产权入托企业80余家，累计入托企业达500多家。截至目前，全区专利申请7315件，同比增长24.98%；全区专利授权4180件，同比增长24.78%；专利合作条约（PCT）专利申请量11件，有效发明专利3686件，每万人发明专利拥有量为1.47件，我区专利综合水平稳步提高。

开展科研条件建设工作。2015年，大型科学仪器协作共用网内注册实验室共承担191项国家级和70项自治区级科研项目，为区内外134个企事业单位提供分析测试服务，共计完成32万多个样品检测任务，对外测试总收入1700余万元，对外共享服务后补助金额为995778元。首批确定3所高校、5家科研院所、2家大型国有企业共10家单位作为大型科研仪器开放共享试点，10家试点单位可向社会开放共享的大型科研仪器共计549台套，其中50万元以上大型科研仪器设备313台套，50万元以下大型科研仪器设备236台套。

开展质量科技工作和技术标准推进战略。为提升技术标准创制能力和整体水平，促进标准化工作与科技创新的结合，科技厅与质监局联合印发《关于推进技术标准创新工作的意见》。积极落实《内蒙古自治区推进标准化工作三年行动计划（2014—2016年）第二年度工作任务》，探索建立科技成果与技术标准研制同步机制。制定《内蒙古科技成果标准化转化方案》。

（六）实施科技惠民工程

农牧业科技信息化服务体系建设。在呼伦贝尔市、巴彦淖尔市分别建立了内蒙古“12396”东、西部语音服务中心，在巴彦淖尔、阿拉善、呼和浩特、乌兰察布、呼伦贝尔等地开通了“12396”移动信息服务平台，实现了全区共用一个客户端、分地区显示、信息资源共享的目标，用户量突破9万。开展了“互联网+产业化”服务和电商服务新型服务模式示范的探索，为兴安盟荷马糖业和巴彦淖尔市新华专业合作社提供农艺指导、农资供应、产品销售等全程个性化推送服务。

推进科技特派员创业行动计划，创建肉牛、肉羊、冷凉蔬菜、水稻、甘草等8个科技特派员创业链、29个科技特派员创业示范基地，结成利益共同体35家，创办领办各类合作社和协会18家，带动近2万余户农牧民，科技创业就业取得良好成效，为贫困地区农牧民增收和农牧业增效、推进贫困县域科技进步的整体升级发挥了积极作用。

此外，2016年，科技厅会同财政厅组织专家对已到执行期的阿尔山市、丰镇市、阿拉善左旗、阿拉善右旗、包头市九原区、四子王旗、扎鲁特旗等7个富民强县试点项目进行了现场验收，对准备验收的3个旗县提供审核指导。科技厅定点帮扶工作成绩被自治区政府评为"帮扶工作示范单位"。

二、存在的主要问题

据国家科技统计监测，2015年内蒙古综合科技进步水平44.89%，居全国第二十三位。但在国家科技统计监测的33项指标中，我区排名在二十位之后的指标有20项，其中4项指标排在第二十九至三十一位，与全区经济发展水平不相适应。

（一）科技与经济结合不够紧密

创新链和产业链对接不到位，鼓励创新的激励和约束机制不契合，科技评价体系不科学，科技资源分散，共享程度低，科技活动的市场导向机制尚未形成。

（二）科技成果转化应用不力的问题

科技服务体系建设滞后，促进科技成果转化的激励机制不完善，开放合作程度不够，吸引外部科技资源的政策环境不健全。公益性科技成果推广机制不完善，成果示范推广遇到一定困难，需要政府出台更多政策鼓励成果转化。科技项目未能形成连续扶持机制，一定程度影响了成果转化。

（三）科技创新能力有待提高的问题

高层次研发平台匮乏，我区是全国没有高校国家重点实验室的省区之一，导致难以承担国家级重大基础研究课题，也较难吸引一流研究人才。高水平科研团队和领军人才短缺，专业技术人员结构不合理；人才工作发展不平衡，高层次人才主要集中在呼包鄂；人才团队和个人发展后劲不足。企业创新主体地位不突出，我区规模以上工业企业中，有研究与试验发展活动的企业仅占6.07%。

（四）科技投入仍然偏低的问题

2015年全区研究与试验发展投入占GDP比重为0.69%，远低于2.04%的全国平均水平。自治区财政科技支出占财政年度支出的比例约为0.85%，全国平均为2.24%，在全国居于第二十八位。

（五）创新意识有待进一步提高

全社会对科技创新工作、科研规律的认识和理解还应进一步提高。基层科技工作困难较多，目前独立设置科技局的旗县（区市）仅为41个，在县域经济社会发展中的创新支撑作用偏弱。

三、2017年主要工作

按照自治区党委、政府的部署，按照“十三五”规划的目标任务，自治区将全面启动实施重点科技工作，为建设创新型内蒙古提供强大科技支撑。

（一）着力推进实用高新技术成果转化工程

构建以科技大数据平台为核心的科技成果转化交易系统，出台行之有效的激励政策，建立市场导向、政府服务、企业主体、产学研结合的科技成果转化推广体系，转化先进适用高技术成果，促进科技成果的商品化、资本化、产业化，推动产业和产品向价值链中高端跃升。

（二）着力推进重点领域关键技术攻关工程

围绕清洁能源、现代煤化工、有色金属、现代装备制造、绿色农畜产品生产加工、人口健康、生态环境保护等方面，聚焦一批重大技术需求，整合各类科技资源，开展关键共性技术攻关，加快突破重点领域发展瓶颈，推动重点产业转型发展。

（三）统筹科技创新人才平台载体建设工程

按照项目、平台、人才一体化原则，对创新平台载体进行优化布局、科学定位和水平提升。培育一批国家级重点实验室和工程技术研究中心；组建一批产业技术创新战略联盟；建设一批多元化投资、多样化模式、市场化运作的新型研发机构；打造一批高水平科技示范园区；启动呼包鄂地区自主创新示范区建设。

（四）大力培育高新技术企业和科技服务业

强化高新技术企业培育，建设高新技术企业培育综合服务平台，强化对科技服务业的财政、金融、税收优惠支持。加强专利信息、专利运营、知识产权质押融资、知识产权维权援助服务平台建设。加快推进科技资源开放共享，推进科技服务业与“双创”互动发展。加快发展众创空间，围绕特色产业和企业建设专业化众创空间。

（五）强化科技开放合作共享

围绕“一带一路”战略、“中俄蒙经济走廊”建设和自治区沿边开发开放发展战略实施，支持与俄罗斯、蒙古国等国家和地区的合作交流。支持国际科技合作基地建设。深化与北京、广东等地区的科技合作。深化与中科院等院区合作。协调推进新一轮部区会商。

（六）继续深化科技体制机制改革

强化对已出台改革政策措施落实的跟踪和监督。加快推进知识产权强区建设，提高知识产权创造、运用、保护、管理和服务水平。修订《内蒙古自治区促进科技成果转化条例》。重构创新治理体系，健全科技项目形成机制和管理办法，加大科技研发投入力度，完善科技资金投入机制和管理办法，建立创新导向的考核评价机制。健全法制环境，培育市场环境，激发全社会创新创业热情。

供　　稿：姜宝林　内蒙古自治区科学技术厅
责任编辑：双　宝

内蒙古法制建设情况

2016年，自治区政府深入贯彻落实党的十八大和十八届三中、四中、五中全会精神，按照中共中央、国务院《法治政府建设实施纲要（2015—2020年）》的要求，全面贯彻落实改革，积极推进依法行政，圆满完成了全年的各项任务。

一、2016年法制建设情况

（一）加强科学立法、民主立法，推动经济社会可持续发展

1. 地方性法规、政府规章制定情况

自治区政府立法工作坚持“围绕中心、服务大局，突出重点、急需先立，体现特色、注重质量”的基本思路，为自治区经济社会又好又快发展提供了良好的法制保障。2016年，审查、修改地方性法规审议项目9项。其中，注重地方立法特色、保护生态环境保护的立法项目有《内蒙古自治区基本草原保护条例》《内蒙古自治区森林草原防火条例》；体现立法支持改革的项目有《内蒙古自治区人民代表大会常务委员会关于修改涉及“先照后证”部分地方性法规的决定》《内蒙古自治区人口与计划生育条例》；保护少数民族教育的项目有《内蒙古自治区民族教育条例》；加强非物质文化遗产保护，保护自治区境内历史文化遗址的项目有《内蒙古自治区非物质文化遗产保护条例》《内蒙古自治区元上都遗址保护条例》；《内蒙古自治区安全生产条例》《内蒙古自治区电信设施建设和保护条例》等已经政府讨论通过，报送自治区人大常委会。

2016年，政府规章项目重心在于及时根据国家法律、法规的修改和废止进行调整。2016年，共完成政府规章项目6项；修订项目4项，即《内蒙古自治区人民政府关于修改部分涉及“先照后证”政府规章的决定》（涉及3项政府规章的修改）、《内蒙古自治区经营性服务价格管理办法（修订）》《内蒙古自治区行政事业性收费管理规定（修

订）》《内蒙古自治区人民政府关于修改〈内蒙古自治区矿山地质环境治理办法〉的决定》已经正式颁布实施；废止项目2项，即《内蒙古自治区劳动争议处理办法》和《内蒙古自治区劳动者工资保障规定》。

2. 继续开展立法协商工作

2016年，将关乎民生和自治区经济社会发展的《内蒙古自治区安全生产条例》和《内蒙古自治区非物质文化遗产保护条例》作为立法协商项目，在具体的调研、审查、修改过程中，邀请政协社会与法制委员会的有关政协委员、专家全程参与，充分发挥了政协委员在立法协商中的作用，力争形成高质量的地方立法协商成果。

3. 加强立法宣传

增强对有内蒙古地方立法特色的法规的宣传，对于扩大立法影响、增强立法的实施具有重要作用。《内蒙古自治区森林草原防火条例》《内蒙古自治区牛羊屠宰管理办法》正式实施后，自治区有关部门召开了新闻发布会，印发宣传册，《内蒙古自治区牛羊屠宰管理办法》还在自治区政府门户网站进行了在线专题访问，最大范围让社会公众知晓地方性法规的颁布。

（二）做好6张清单公布，深化行政审批制度改革

1. 权责清单的进一步科学化

截至2015年7月中旬，自治区本级、12个盟市、102个旗县全部公布了权力清单，我区成为全国第六个公布省、市、县三级全覆盖、立体式权力清单的省份。2015年12月31日，内蒙古三级政府责任清单向全社会公布，由上年的4274项调整为3927项。截至2016年6月底，全区12个盟市已全部完成并公布了本级权责清单。103个旗县按要求将于2016年12月底前公布本级权责清单。

2. 进一步简政放权，优化权责清单

自治区权责清单公布以后，为了更好地体现中央关于简政放权、适度下移行政执法重心的改革精神，自治区各部门科学论证和梳理行政权力的层级配置，2016年6月2日，经自治区政府常务会议通过，《内蒙古自治区人民政府关于下放部分行政权力的决定》（内政发〔2016〕66号）向盟市和旗县一次性下放196项自治区级行政权力，逐步实现行政执法重心下移，行政权力配置科学化合理化。

3. 公布了6张清单

2016年5月31日，自治区政府公布了自治区本级行政审批中介服务事项清单，是全国31个省、自治区、直辖市政府中的第一张行政审批中介服务事项清单。截至2016年12月，自治区已经公布6张清单，即权力清单、责任清单、公共服务事项清单、行政审批中介服务事项清单、随机抽查事项清单、行政许可证明事项清单。按照国务院的部署，自治区、盟市和旗县政府的随机抽查事项清单也在2016年底正式全面公布。2016年12月10日，内蒙古自治区法制办公室申报的“内蒙古权责清单建设”项目，获得中国政法大学和中国行政法学研究会等举办的第四届中国法治政府奖。

（三）建立合法性审查制度，加强对抽象行政行为监督

1. 加强重大行政决策和规范性文件的合法性审查，提高规范性文件质量

按照党的十八届四中全会中关于加强重大行政决策和规范性文件合法性审查的要求，自治区政府下发了《关于加强文件合法性审查的通知》（内政办发〔2016〕61号）。截至2016年12月初，前置合法性审查自治区政府拟制发的规范性文件共263件次，比2015年多了135件，合法性审查增加了105%，所有提交自治区政府常务会议讨论的规范性文件、请示、建议、决策类事项都要进行合法性审查。2016年，共审查各盟行政公署、市人民政府及自治区各部门、单位报送备案的规范性文件378件。按照“有备必审，有错必纠”的备案监督要求，发现内容违法的规范性文件共计4件。

2. 以合法性审查试点工作为契机，大力推进规范性文件合法性审查工作

自治区政府法制办作为国务院法制办确定的17个“全国完善规范性文件合法性审查机制”试点单位之一，为此，自治区政府制定了《内蒙古自治区完善规范性文件合法性审查机制试点工作方案》报国务院法制办并获得批准，正式在我区开展完善规范性文件合法性审查机制试点工作。进一步制定了《内蒙古自治区规范性文件合法性审查工作规则》和合法性审查意见、合法性审查说明两种制式文本，建立健全规范性文件合法性审查通报制度、协调沟通制度、建议纠正制度

和统计分析制度。建立健全规范性文件专家协助审查制度，建立专家库和协助审查工作机制，借助政府法律顾问开展规范性文件专家协助审查工作。

（四）全面加强行政复议，化解社会矛盾

1. 行政复议、应诉案件办理情况

截至2016年12月初，自治区政府共办理行政复议案件126件、行政应诉案件27件。2016年，行政复议案件的特点是土地类案件仍占绝大多数，信息公开类案件比重逐年增大，案件种类越来越多，不服政府不履行监督职责和不受理复议申请申诉的案件也在逐年增加，还首次出现了不服政府安全责任事故认定行为和不服政府不履行土地补偿争议裁决职责等新的类型案件。2016年的行政复议工作，注重复议工作的规范化建设，从规范行政复议办案程序入手，提高行政复议案件办理质量，加强了重大行政复议案件专家论证制度，组织开展了行政复议案卷评查，实行行政复议工作情况向政府报告和全区通报制度，提高行政复议案件的办结率、准确率，总结案件背后存在的问题，找出行政机关执法中存在的共性问题，从而加强对行政执法行为的监督。

2. 加强行政应诉管理，规范行政应诉工作

为了规范行政应诉行为，不断提高行政应诉水平，出台了《内蒙古自治区人民政府办公厅关于加强和改进行政应诉工作的实施意见》（内政办发〔2016〕167号），同时自治区还根据行政诉讼法和国务院的最新要求，对《内蒙古自治区行政应诉规定》的政府规章进行了修订，加强和改进行政应诉工作，支持人民法院的案件审理。

3. 全区复议人员实行资格化管理

为了进一步提高行政复议人员的规范化管理，提高行政复议水平，自治区政府于2014年颁布了《内蒙古自治区行政复议人员资格管理办法》（内政发〔2014〕128号），在全区正式建立了行政复议人员资格管理制度。2016年，自治区政府组织专家制定了行政复议人员考试办法和考试大纲，开发行政复议人员资格考试系统，并完成了全区1224名复议人员的资格考试。

（五）贯彻落实行政执法体制改革，加强行政执法监督

1.建立行政处罚自由裁量权管理制度

自治区级42个执法部门均已经制定出台行政处罚自由裁量基准及适用规则，自治区政府正在着手起草《内蒙古自治区规范行政处罚自由裁量权基准办法》，对裁量权的制定主体、范围、种类、幅度和法律责任进行了相关规定，预计2017年出台。《内蒙古自治区规范行政处罚自由裁量权基准办法》的出台，是贯彻落实《国务院关于加强法治政府建设的意见》的重要措施，对于保障法律、法规和规章的正确实施，全面推进公正执法具有重要作用。

2. 行政执法全过程记录试点工作顺利开展

2015年，自治区下发了《关于建立全区行政执法全过程记录制度试点单位的通知》和实施方案，确定了建立执法全过程记录制度试点“五＋一”模式，即自治区工商局、交通厅、公安厅、呼和浩特市政府、包头市政府 5 个试点单位和呼和浩特海关1个联系单位。2016年，对试点工作的推进和实施情况进行了充分调研和论证，总结试点遇到的问题，指明下一步工作方向。目前，5个试点单位都按照要求完成了试点工作，形成了制度成果，积累了在执法全过程记录方面的工作经验，为在全区推开这项工作奠定了基础。

3. 严格行政执法人员证件管理

2016年，对全区行政执法人员进行全面清理，依据编制部门出具的证明核对行政执法人员身份，截至9月，自治区和各盟市都厘清了现有行政执法人员数量，通过组织培训新办证人员，统一参加行政执法人员资格证考试。在我区的大部分地区实现了统一机考的方式，避免了人为因素，保障了行政执法证件的含金量。

（六）建立自治区法治政府建设指标体系

中共中央、国务院发布的《法治政府建设实施纲要（2015—2020年）》（中发〔2015〕36号，以下简称《纲要》），要求各地区各部门结合实际制定实施方案，明确提出时间进度安排和可检验的成果形式。内蒙古自治区落实中共中央要求，通过细化分解中央文件的法治政府指标，出台了《内蒙古自治区落实〈法治政府建设实施纲要（2015—2020年）〉实施方案》（以下简称《实施方案》），明确了内蒙古自治区建成法治政府的任务要求和指标体系，具体到承担部门和完成时限。以此为基础，内蒙古自治区又制定了《内蒙古自治区法治政府建设考核办法》和《内蒙古法治政府建设指标体系（2016—2020）》两个政府规章，正在专家论证阶段。《实施方案》的出台，确定了内蒙古法治政府建设的五年规划和法治政府建成指标体系，为我区在2020年实现建成法治政府的目标提供了衡量基准，具有重要意义。

二、存在的主要问题

（一）政府职能转变不够彻底

当前，政府在教育、医疗等公共服务领域投入不足，在交通、供水、供电等基础建设领域投入过多。政府职能的边界不清、政府开发商角色不分的现象仍然比较普遍。行政审批制度改革不到位。在精简的大部分审批事项中，真正和老百姓直接密切相关的审批项目少，给老百姓减轻负担的审批事项更少。另外，大量下放的审批事项因为基层缺乏承接的能力，导致审批更加混乱的现象也时有发生，行政审批制度的改革还需要继续深化。

（二）依法行政的各项制度落实不到位

很多依法行政的制度执行起来缺乏力度，很多制度被束之高阁，成为应付检查的一种摆设。还有很多制度执行不到位，有用时拿来用，没用时就被放在一边。法治政府建设存在形式主义倾向。一些政府对依法行政的组织推进工作呈现模式化、套路化，停留于口头承诺，缺乏实质举措；部分建设举措停留于应付上级要求、显示“政绩”，不能有效提升行政权活动的规范程度。

（三）综合行政执法改革亟待推进

综合行政执法改革仍然任重道远，综合行政执法制度建设滞后，依据不充分，综合执法机构职权不明。各地综合行政执法各自为政，范围不统一，不科学，执法任务不清晰，执法效率和效果大打折扣。综合行政执法机构与业务主管部门之间存在矛盾，综合行政执法机构隶属于政府，与业务主管部门是平级，业务指导关系不顺畅，信息资源共享不健全，很多检验、监测、监测机构隶属于业务主管部门，导致执法衔接不顺，从而使得综合行政执法推进困难重重。

（四）行政执法权力配置不尽科学合理

从国家到地方普遍存在行政执法主体繁多、机构林立的问题，虽然近年政府机构改革和综合行政执法改革的推进在一定程度上解决了行政执法主体过多的问题，但执法机构庞杂，职权不清、职权交叉的现状仍未得到根本改善。行政执法主体不合法和执法主体混乱的情况还不同程度地存在；行政执法权在横向上交叉较为严重，部门之间职责不清；在纵向上划分不明确，上下级行政机关执法重叠，基层执法力量不足等状况普遍存在。

三、深化内蒙古法治政府建设的建议

（一）大力促进政府职能转变，建设有限有为的服务型政府

根据党的十八届三中、四中全会的要求，继续深化行政审批制度改革，进一步简政放权，最大限度减少政府对微观事务的管理，市场机制能有效调节的经济活动一律取消审批，对保留的行政审批事项要规范管理、提高效率；直接面向基层量大面广、由地方管理更方便有效的经济社会事项，一律下放地方和基层管理，加强基层行政审批能力建设，做好承接工作。清理非许可类行政审批。将非许可类的行政审批纳入行政许可法调整范围予以规范和控制。能否切实治理这些非行政许可类审批，决定着新一轮行政审批改革的成败。

（二）完善重大行政决策制度

规范行政决策权限和程序，首先要完善科学民主的决策机制，把公众参与、专家论证、风险评估、合法性审查和集体讨论决定作为重大决策的必经程序。完善行政决策风险评估和跟踪反馈机制。凡是有关经济社会发展和人民群众切身利益的重大政策、重大项目等决策事项，都要进行社会稳定、环境、经济等方面的风险评估。在重大决策执行过程中，决策机关要跟踪决策的实施情况，全面评估决策执行效果，并根据评估结果决定是否对决策予以调整或者停止执行。建立重大决策终身责任追究制度及责任倒查机制，对出现重大决策失误或依法应及时作出决策但久拖不决造成重大损失、恶劣影响的，要按照谁决策谁负责的原则严格追究责任。

（三）改革行政执法体制机制

科学划分执法权限，合理配置执法力量，是完善执法体制、提高监管效能的基础。根据不同层级政府的职能和事权，合理配置执法力

量，减少行政执法层级，推进执法重心向市县政府下移。自治区政府除特殊领域外，原则上不宜设置行政执法队伍，主要行使执法监督指导、协调跨区域执法和重大案件查处职责，不宜直接对民商事主体实施具体检查和现场执法。旗县级政府部门直接承担执法职能，可探索设置综合行政执法机构。着力提高基层执法能力，特别是要加强食品药品、安全生产、环境保护、劳动保障、商贸服务等重点领域基层执法力量。深入推进综合执法改革，积极探索推行跨地区跨部门综合执法，要整合执法主体，继续推进相对集中行政执法权和综合执法工作。适时推行部门内部综合执法。理顺城管执法体制，制定《内蒙古自治区城市管理领域相对集中行政处罚权办法》，通过立法予以明确和规范城市管理行政执法部门的法律地位、管理体制、执法职能和执法程序。

（四）严格规范行政执法行为，建设公正文明的效能型政府

制定内蒙古自治区行政程序规定，针对行政检查、行政处罚、行政强制等执法行为，制定具体执法细则、操作流程，做到步骤清楚、要求具体、期限明确、程序公正。完善并落实行政执法裁量权制度。进一步科学合理量化细化行政裁量标准，规范裁量范围、种类、幅度，建立裁量权案例指导制度，严格规范裁量权的使用，避免执法的随意性。创新执法方式，积极应用行政指导、行政协议实施管理，扩大行政补偿和行政奖励适用范围。变运动式治理为常态化治理，统一执法标准，建立执法规则。加强重点领域风险防控管理机制，完善以随机抽查为重点的日常监督检查制度。大力推进行政执法信息化，全面推行执法过程全程记录制度。探索实行行政执法案例指导制度，提高行政执法标准的统一性。要改变单一、强制、粗暴的执法方式，全面推行全程说理性执法、行政监管劝勉、执法事项提示等柔性执法方式。加强行政执法队伍建设，提高执法人员素质。全面落实行政执法经费队伍保障制度，确保执法人员工资足额发放。严格执行罚缴分离和收支两条线管理制度，严禁收费罚没收入同部门利益直接或者变相挂钩。

供　　稿：戴　燕　内蒙古自治区人民政府法制办
责任编辑：朱　檬

地区发展篇

呼和浩特市经济社会发展情况

2016年是“十三五”规划开局之年，呼和浩特市深入贯彻习近平总书记系列重要讲话和考察内蒙古重要讲话精神，全面落实自治区党委、政府各项决策部署，协调推进“四个全面”战略布局，解放思想，开拓创新，凝聚力量，攻坚克难，在建设更具活力、更为美丽、更加和谐的现代化首府过程中取得新成绩。

一、2016年的主要工作

2016年，呼和浩特市认真贯彻落实新发展理念，积极适应引领发展新常态，坚持稳中求进工作总基调，适度扩大总需求，坚定不移推进供给侧结构性改革，引导良好发展预期，加快培育新动能，国民经济运行总体平稳、稳中有进、稳中提质、好于预期。重点项目建设实现新突破，城乡面貌发生新改观，城市功能和综合承载能力、城市宜居水平、城乡发展一体化水平显著提升。民生保障呈现新成效，全市60%以上财政收入用于民生支出，最大限度地让广大群众共享改革发展成果。环境质量有了新提升，通过实施“气化呼和浩特”工程、“五河四库两湖”改造建设、节能减排、“引黄入呼”二期及分质供水、大青山前坡综合整治等系列行之有效举措，切实加大环保和生态建设力度，使首府整体环境质量有了明显改善。

（一）2016年主要经济指标运行良好

2016年，全市地区生产总值预计达到3280亿元，增长7.7%左右；一般公共预算收入预计达到259.8亿元，增长5%；规模以上工业增加值预计增长9.3%左右；固定资产投资预计达到1862亿元，增长15%左右；社会消费品零售总额预计达到1480亿元左右，增长9.5%左右；城镇常住居民人均可支配收入预计达到40164元左右，增长7.5%左右；农村常住居民人均可支配收入预计达到14503元，增长7.5%左右。形成了以服务业为主导的产业结构，工业转型升级成效明显，打造了一批有一定规模和优势的产业集群，培育形成了食品、电力、石化、医药、光伏、电子六大优势特色产业，完成产值1307亿元，占全市工业总量比重达到82%。培育打造了一批新产业、新业态、新商业模式，以云计算、电子商务、文化旅游、金融保险为重点的现代服务业稳步发展。

除城乡居民收入外，其余主要经济指标将顺利完成年初预期目标。其中，全市地区生产总值增速高于年初预期目标0.2个百分点，规模以上工业增加值增速高于年初预期0.3个百分点，固定资产投资增速高于年初预期3个百分点，社会消费品零售总额高于年初预期0.1个百分点，经济发展总体态势要好于去年、好于年初预期。

（二）全面深化改革向纵深推进，首府发展动力活力显著增强

呼和浩特市认真贯彻落实中央和自治区党委关于全面深化改革的部署要求，扭住关键，精准发力，经济、政治、文化、社会、生态文明和党的建设制度改革全面推进、重点突破，为全市经济社会发展增添了新动力、拓展了新空间。十八届三中全会以来，呼和浩特市承接了中央和自治区159项改革任务，开展各类试点88项，一些重要领域和关键环节改革取得重大进展，部分改革走在全区乃至全国前列。

呼和浩特市率先推进行政审批制度改革，审批事项由708项减少到87项，进一步降低了企业制度性交易成本。率先在全国省会城市实现“三证合一、一照一码”，在全区率先启动“五证合一”改革。商事制度改革以来，全市新增市场主体10.7万户，进入大众创业、万众创新繁荣期。率先推进农村土地制度改革，和林格尔县作为全国33个试点县之一，探索了兼顾各方的土地增值收益分配机制，“在非典型地区试出了典型经验”。率先推进投融资体制改革，引导1100多亿元社会资本参与园林绿化、公共服务等领域建设，让更多社会投资者分享政府购买公共服务成果。

（三）努力推动经济发展迈上新台阶、民生改善实现新提高

1. 转型发展取得重大突破

制定并实施了12个新型服务业发展规划，现代服务业发展提速、比重提高、结构提升，全市21个服务业集聚区被认定为自治区级服务业集聚区。食品、电力、石化、医药、光伏、电子六大优势特色主导产业进一步发展壮大。现代农业发展步伐进一步加快。创新成为加快转型发展的主动力，全市科技企业孵化器面积、国家级创新载体数量、科技部认定的高新技术企业数量、上市企业数量、专利申请量授权量、专利拥有总量和人均拥有量均居全区首位；“中国云谷”初具规模，“中国光伏材料之都”建设成效显著，“中国乳都”得到巩固提升，电子商务蓬勃发展，现代物流扎实推进，现代金融加快发展，新产业、新业态、新商业模式为全市经济发展提供了新动能、注入了新活力。

2. 民生福祉持续增进

2016年，呼和浩特市加强呼和浩特招生考试信息网建设，最大限度公开各类招生政策、考试规定、招生章程，让广大群众第一时间了解最新政策。落实随迁子女在当地就学升学政策，最大限度地保障外来务工人员随迁子女在呼和浩特市接受教育。确定新建、续建的23个公办中小学、幼儿园项目，目前建成、在建项目23个，开工率达到100%；10所“十个全覆盖”校舍建设及安全改造工程已全部开工。稳步推进蒙汉双语教育，学前教育接受双语教学比例达31.5%，实现蒙汉双语授课学前三年教育普及率高于全市平均水平。

2016年，呼和浩特市完善公立医院补偿机制，取消药品加成，调整医疗服务价格，解决群众看病贵的问题；推进分级诊疗制度建设，下沉优质医疗资源，解决群众看病难的问题。目前，全市46家公立医院已全部取消药品加成，完成医疗服务价格调整；全市已建立医疗联合体5个，涉及医疗机构97家。

2016年，全年投入超过15亿元，计划改造284个老旧小区。截至目前，老旧小区开工率为100%，已完工272个，完工率为96%，受益居民近30万人。2016年，呼和浩特市累计新建、改建老年人日间照料中心87个，建筑面积2.53万平方米。2016年10月起，呼和浩特市将百岁老人的高龄津贴由每人每月300元提高到每人每月600元。截至10月底，共为22306名低收入老年人发放高龄津贴1876.97万元，为7149名城乡低保老年人发放高龄津贴577.96万元。

（四）城市建设取得重大成就，城乡面貌发生巨大变化

呼和浩特市始终坚持城乡融合、互动发展、共同繁荣，常住人口城镇化率达到67%，建成区面积扩大到260平方公里，现代化首府框架基本形成。坚持人民城市为人民，一批打基础、利长远的基础设施工程扎实推进。首府城市建设史上单体投资最大的二环快速路全线贯通，地铁一、二号线全面开工建设，机场迁建获得国务院和中央军委批准。地下综合管廊建设稳步推进，地面景观持续改善。内蒙古少数民族群众文化体育运动中心、规划展览馆、儿童探索博物馆、游泳跳水馆等一批现代化水平较高的功能性设施基本建成。坚持注重生态宜居与历史文脉传承，城市整体价值大幅提升。

围绕望得见山、看得见水，持续加大环境治理与城市生态环境改善力度，在市区从里到外、从南到北形成了44公里环城水系、65公里二环快速路绿化、101公里绕城高速宽林带绿化、14公里大黑河生态水系、150平方公里大青山前坡生态屏障等5道亮丽生态景观带，“引黄入呼”二期工程投入使用，分质分类供水有序推进，“气化呼和浩特”成效明显，好山好水好风光更好地融入了城市。围绕“记得住乡愁”，大力推进大召区块、公主府区块、将军衙署区块、昭君博物院区块改造建设，城市特色进一步彰显，历史文化名城品位进一步提升。

坚持城乡统筹、以城带乡、以工促农，“美丽乡村”建设成效显著。下大气力补足农村发展短板，建立农村环境卫生管理长效机制，农村基础设施全面加强，基本公共服务水平大幅提升，三个层次推进城乡一体化取得重大进展。

二、2017年的工作重点

2017年是实施“十三五”规划的重要一年，也是供给侧结构性改革的深化之年，呼和浩特市确定下一步工作的奋斗目标：“按照中央和自治区党委的各项决策部署，进一步强化首府意识，在贯彻落实自治区第十次党代会精神过程中干在实处、走在前列，为决胜全面小康、建设现代化内蒙古、打造祖国北疆亮丽风景线作出新的更大的贡献。”

以自治区成立70周年为契机加快各项事业发展，在经济工作方面，一方面是在“稳”上下足功夫，重要经济指标要稳住，民生社会事业要稳住，确保经济始终保持上升势头；另一方面，要在“进”上做更大文章，要在投资上求进，在培育新动能上求进，在城市建设上求进，在全面深化改革上求进，在加强生态文明建设上求进，在补齐短板上求进。

（一）以供给侧结构性改革为发力点

进一步发挥呼和浩特市作为呼包银榆经济带、呼包鄂榆主体功能区以及我国内陆连接俄蒙乃至欧洲的重要节点城市等区位优势，继续巩固提升包括乳业、光伏产业和大数据产业在内的五大主导产业，着力抓好包括金融交易结算中心、物流配送中心、创新创业中心在内的四大中心建设，通过投资调整结构，把握好投资中大项目与工业的关系、把握好投资和地区生产总值与收入间的关系以及脱贫奔小康目标中产业人口与城市的关系，早日实现“两个率先”“两个中高”和“两个翻番”建设目标。

（二）以民生和生态为底线

首先，经济保持中高速增长，率先在全区实现地区生产总值和城乡居民人均收入比2010年翻一番。主要经济指标平衡协调，物价水平保持在合理区间，经济自主增长机制加快形成。创新成为引领发展的动力源泉，在全区率先建成国家创新型城市。率先在全区全面建成小康社会，全面深化改革，在重要领域和关键环节取得决定性成果，市场发育程度明显提高。主动参与“一带一路”建设，深度融入京津冀协同发展，对内对外开放层次和水平明显提升。

其次，生态环境质量总体改善，生态安全保障能力进一步提升。生产和生活方式的绿色、低碳水平持续提高。能源和水资源消耗、建设用地、碳排放总量得到有效控制，完成节能减排任务。一批重大生态工程全面完成，天蓝、地绿、水净、空气清新成为常态。

再次，人民生活持续改善，全社会文明程度普遍提高。就业比较充分，城乡居民收入持续增加，中等收入人口比重上升。现行标准下农村贫困人口全部实现脱贫，武川县和清水河县两个贫困县提前摘帽。要抓好老旧小区、棚户区改造以及保障房、回迁房建设，切实提高广大群众特别是困难群众居住条件；要强化社会事业与产业融合发展，抓好社会养老、就业、体育、医疗等社会事业；要抓好共享经济、人人经济，为微企、微创、微商发展创造良好环境。教育、文化、社保、医疗等公共服务体系更加健全，基本公共服务均等化水平与社会治理水平进一步提升。中国梦和社会主义核心价值观更加深入人心，城乡居民思想道德素质、科学文化素质、健康素质明显提高，全社会法治意识不断增强，民族团结进步事业深入推进，积极创建并获得全国文明城市称号。

（三）促进“五化”协同出实招

首先，要着力打造大数据产业。在基础设施、智能制造、智慧管理、数字储存运用、数字交易、数字生成等方面狠下功夫，用3～5年时间，打造大储存、多平台、全产业的大数据产业，产值要达到千亿元目标，做大以航天科工为主的工业云，以浪潮、华为为主的智慧城市云，以货车帮为主的交通运输云，以九次方为主的数字交换云，实现“云聚青城、数联天下”。

其次，要全力发展新材料产业。呼和浩特市重点打造金桥、沙尔沁两大光伏生产基地和武川县、清水河县两大光伏应用基地。重点推进中环产业园扩能提质，引进全球领先的金刚石切割线技术，创建中晶科技研究院，全面建成神舟硅业万吨级多晶硅项目，全面建成科林埃尔300万千瓦光伏全产业链项目，力争再引进1～2个光伏全产业链大项目，将呼和浩特市建成自治区最大和全国最重要的光伏晶体材料生产基地，计划到2017年，多晶硅产能达到1万吨，单晶硅产能达到3万吨，太阳能电池片及组件产能达到300万千瓦，光伏产业产值达到150亿元。

（四）全力抓好国家级新区建设

按照自治区党委要求，呼和浩特将全面启动新区规划建设，新区定位为自治区全方位对外开放的重要窗口、创新体制机制的重要平台、辐射带动区域发展的重要增长极、产城融合发展的重要示范区、绿色循环低碳发展的生态智慧区。力争用 5 年时间再造一个呼和浩特。这是呼和浩特主动融入国家“一带一路”发展战略的重要举措，更是推动呼和浩特乃至内蒙古在“十三五”及今后一段时期内跨越发展的新引擎、新动力。目前，呼和浩特国家级新区战略定位、发展思路、建设选址等形成了初步建设方案。

此外，要全力抓好城市规划建设管理。切实提升首府品位和形象，力争早日荣获联合国人居环境奖。要着力治山、治水、治气，确保地下不排不漏、地上不放不冒；要铁腕治堵，全力打通断头路、通信路、指挥路、处置路；要着力治乱，坚决整治乱划、乱建、乱挖、乱排、乱贴、乱停、乱走等行为。

供　　稿：杨尚智　曹占伟　呼和浩特市发改委
阿拉腾　宋向华　呼和浩特日报社
乔庆智　内蒙古社科院呼和浩特市社科分院
责任编辑：张志华

包头市经济社会发展情况

2016年，在包头市委的领导下，全市各地深入学习贯彻习近平总书记系列重要讲话精神和视察内蒙古时重要讲话精神，坚决落实中央、自治区和市委的决策部署。抢抓机遇，主动作为，攻坚克难，砥砺奋进，坚定不移率先发展，主要经济指标保持中高速增长；全面推进转型升级，产业发展迈出新步伐；切实抓好重点领域改革攻坚，各类创新资源加速集聚；有效拓展发展空间，城市知名度和影响力明显提升；改善城乡人居环境和发展环境，全力以赴惠民生，奋力开创了“十三五”发展的新局面。

前三季度，全市地区生产总值实现2832.4亿元，增长7.6%，高于自治区平均增速0.5个百分点；公共财政预算收入235.6亿元，同比增长10.3%；规模以上工业实现工业增加值900.3亿元，同比增长8.8%；固定资产投资2549.9亿元，同比增长15%；社会消费品零售总额995.1亿元，同比增长9.6%；城镇常住居民人均可支配收入31000元，增长7.4%；农村牧区常住居民人均可支配收入10313元，增长7.4%。预计全年，全市地区生产总值达到3900亿元左右，增长7.8%左右；固定资产投资达到2950亿元左右，同比增长14%左右；社会消费品零售总额达到1398亿元左右，同比增长9.5%左右；城乡常住居民人均可支配收入分别达到35440元和14692元左右，均增长7.5%左右。

一、2016年的主要工作

（一）有力有效，调控经济运行

1. 抓好化解过剩产能和降本增效

制定出台促进工业经济平稳增长、扶持小微企业和帮扶困难企业的系列政策措施，在自治区率先淘汰钢铁产能193万吨，加大为企业争取国家和自治区各类扶持资金力度，市本级投入9.7亿元兑现政策承诺。全市工业品产销率稳步提升，企业利润总额增长 1 倍以上。

2. 强化项目投资拉动

围绕产业转型、基础设施建设和民生领域短板，组织实施亿元以上重点项目831个。400个项目建成并投入运行。331个亿元以上工业重点项目超额完成年度投资目标。7个项目被列入自治区成立70周年献礼项目，占全区献礼项目总数近三分之一。我市重点项目建设和招商引资综合排名跃居自治区首位。

3. 改善市场流通和消费供给

苏宁广场、奥特莱斯等大型商业综合体投入运营。煤炭物联、内蒙古钢银、中东跨境电子商务等电商平台填补了自治区相关领域空白。成功举办第三届中国（国际）牛羊肉产业大会、第二十六届全国图书交易博览会等40多场大型展会。通过支持居民购房需求、提高棚改货币化安置比例等措施，有效推进房地产去库存，保持了房地产市场持续健康发展。

（二）提质增量调整产业结构

1. 加快改造提升传统产业

组织实施明拓集团80万吨稀土现代铁素体不锈钢、包铝110万吨合金铝等96个改造项目，包钢集团镀锌板等新产品正式投产，包铝集团铝水资源全部就地转化，一批铝轮毂、化成箔项目竣工投产，铝深加工产业链条进一步延伸。全市优质钢、特种钢比重达到87.6%，电解铝就地转化率达到75%。

2. 大力培育战略性新兴产业

杉杉新能源客车、比亚迪纯电动矿用车投产下线，网络协同制造平台400台数控机床实现联网，现代装备制造成套化、智能化水平迈上新台阶。“稀土+”战略深入实施，四大功能性材料产量增长17%，在全国的行业产值占比提高到40%。清洁能源的发展基础更加坚实，风电、光伏装机容量分别达到350万千瓦和80万千瓦，居自治区首位，采煤沉陷区光伏先进技术示范基地一期工程开工建设。新型煤化工产业体系加快构建，神雾电石法乙炔化工、50万吨煤焦油深加工、60万吨煤制乙二醇等项目开工建设，神华70万吨煤制烯烃升级示范项目完成评估。高温气冷堆核电站示范工程燃料元件生产线正式投产，国内首条AP1000核电燃料元件生产线具备投产能力。

3. 加快发展现代服务业

传化交投公路港完成投资24亿元，蒙西国际铁路港一期工程投入运营，唐山·曹妃甸港包头内陆港正式挂牌，B型保税物流园区申报海关总署，空港航站楼完成改造。钢铁、煤炭、城市共同配送等物流园区建设扎实推进，土右旗、达茂旗、固阳县3个“互联网+精品农畜产品”物流基地初具规模。五当召景区通过国家旅游景区资源与景观质量5A级评审，达茂旗、土右旗、石拐区先后获批创建国家全域旅游示范区。建成春坤山、马鞍山两条旅游特色景观线路，满都拉旅游风情小镇一期和美岱召景区综合改造工程主体完工。中国游牧文化旅游节、敕勒川旅游文化节等近百项活动精彩纷呈。全年旅游收入突破400亿元，增长23%。

4. 打造“高精强”现代农牧业

5个现代农牧业示范园区核心区基本建成，食品加工园区入驻企业50家。成功引进天猫、北京二商等一批国内外知名企业，龙驹奶制品加工基地等4个项目竣工投产。全年新增自治区级龙头企业13家、著名知名商标30个，全市农畜产品加工转化率达到63%。包头市绿色农畜产品展销中心投入运营，与海南省实现优质农畜产品互联互通。高标准建成国家商务部肉菜追溯体系项目。我市被评为国家农产品质量安全追溯试点城市，荣获“中国羊肉美食之都”称号。

（三）聚智聚力谋求创新突破

1. 深入实施科技创新五大工程

设立30亿元科技金融创新基金，组织实施重点科技项目23项和产学研合作项目32项，工业机器人伺服电机、消防无人机等多项科研成果在我市转化落地。全年新增20家国家级高新技术企业，20家市级创新型试点企业、10家科技小巨人企业。自治区首家石墨烯材料研究院落户包头，中国技术交易所包头分中心正式挂牌。积极创建国家军民融合创新示范区，设立包头军民融合科技评估中心。制定发布稀土钢等18项产品标准。大力培养引进科技创新创业人才，启动实施大学生集聚计划，8家众创空间晋升国家级。包头市科技馆建成开放，成为启迪全民创新意识的重要平台。

2. 加快推进智慧包头建设

深入推动大数据产业开发应用，建成稀土产品交易所、内蒙古大宗畜产品交易所等电子交易平台和内蒙古首个大数据创新产业园区，入选国家“工业云创新服务”试点城市、国家首批信息化试点城市和全国信息化城市50强，获评2016年“宽带中国”示范城市。与中国航天科技集团四维测绘技术有限公司签署合作共建智慧包头协议，开工建设智慧包头大数据体验中心。借助2016内蒙古大数据产业推介大会平台，集中签约总投资额约为283亿元的19个具有较强引领性、示范性和带动性的大数据产业项目，智慧城市建设全面铺开。

3. 有效缓解资金瓶颈制约

支持企业通过定向增发、发行公司债和私募债等方式直接融资473亿元。惠民水务、塞北机械等9家企业登陆“新三板”，“新四板”挂牌企业累计达到513家。策划设立总规模653亿元的产业基金21个，13个总规模394亿元的基金项目已经获批，落地134亿元。金融机构存款余额达到3111亿元，增长13.5%；贷款余额达到2364亿元，增长14.3%。表外融资达到863亿元。全市不良贷款率低于自治区平均水平，金融生态环境持续优化。青山区、石拐区列入自治区县域金融改革示范地区，包头市成为国家促进科技与金融结合试点城市。

4. 深入推进重点领域改革

牢牢抓住经济体制改革牛鼻子，构建“1+20”国企国资改革政策体系，启动国企成本规制试点工作。混合所有制经济快速发展，大力推广政府与社会资本合作模式，推动简政放权、放管结合、优化服务改革向纵深发展。制定公布政府权责清单和投资领域负面清单。在全国率先建立“多评合一、多审合一、多验合一、多规合一”的行政审批工作机制，推行“容缺预审”，申报材料精简20.4%。商事登记实施“六证合一、一照一码”和个体工商户“两证整合”，市场监管强化“双随机、一公开”，公共资源交易实现数字见证和在线监管。梳理规范387项公共服务事项，制定公布流程图，使群众和企业办事更加方便。完善龙头企业与农牧民利益联结机制，产业化经营参与率达到70%，带动农牧民平均增收450元。加强生态文明制度建设，基本农田红线、基本草原划定和小型水利工程管理体制改革全面完成，制定实施以绿色生态为导向的农业补贴制度，设立了总规模100亿元的生态产业基金。其他领域改革均取得阶段性成果，改革成效正在显现。

（四）内培外拓厚植发展优势

1. 支持外五旗县区协同发展

希拉穆仁至百灵庙、固阳至武川等一级公路和包环铁路建成通车，包白快速列车实现对开，县际交通基础设施保障能力不断增强。石拐区建成自治区首个大数据创新产业园区，城市共同配送物流园区晋升为自治区级服务业集聚区，喜桂图新区功能日益完善。白云矿区光伏发电畜牧养殖、选铌选钪综合利用等重大项目全面推进，产业发展实现多元化，资源利用水平持续提升。土右旗电力装机达到230万千瓦，占到全市火电装机的1/4，煤化工、天然气液化等产业快速发展，扩权强县改革和中等城市建设迈出坚实步伐。达茂旗清洁能源并网规模达到289万千瓦，绿色农畜产品走出内蒙古，成为自治区首个国家有机产品认证示范创建区。固阳县列入国家独立工矿区支持范围，50万吨轻金属及自备电厂等一批重点项目开工建设，夯实了县域经济基础。

2. 主动参与区域协同发展

在呼包鄂地区率先制定协同发展规划和实施方案，建立项目储备库，推动包银高铁、包西高铁列入国家“十三五”规划和中长期铁路网规划，城市立体综合交通枢纽等重大工程全面开工建设，包头成为全国50个铁路重要枢纽城市之一。举办第四次呼包银榆市长联席会议和首届蒙商大会，一批合作协议成功签订。

3. 持之以恒抓好对外开放

满都拉口岸成为国家进口肉类指定口岸，获批建设中蒙边境互市贸易区，包满铁路三期主体工程完工。包头机场国际航空口岸临时开放，飞往蒙古国、韩国、泰国、香港的国际航线正式通航，首架冠名“包头创梦号”的东航客机成为鹿城蓝天名片。包头至中亚的国际集装箱班列开行，开创了自治区向西开放的先河。支持企业“走出去”，包钢集团、鹿王羊绒、丰达石油机械等企业的生产经营触角延伸到美国、哈萨克斯坦等国家和地区。在蒙古国成功举办包头特色商品博览会，与香港的经贸合作不断深化。中德党际第四次可持续发展对话走进包头，中欧装备制造园区建设取得实质性进展。与澳大利亚、新西兰等国家建立城际友好关系，在现代农牧业、旅游业和科技教育、文化卫生等领域开展务实合作，向国内外各界展示了包头。

（五）共建共治塑造城乡新貌

1. 加快完善城市功能

实施城建项目224个，完成投资439亿元。友谊大街改造、建设路四道沙河北桥等45条道路和4座桥梁建成通车。轨道交通规划正式获批，地铁控制中心开工建设。公交线路进一步优化，方便了群众出行。北梁腾空区总投资90亿元的18个重大项目全面启动，新都市区地下综合管廊、城市展示馆、博物馆、文化艺术馆建设有序推进。奥林匹克公园、市民公园等14个公园广场为群众提供了新的休闲娱乐空间，建成区绿化覆盖率达到44.2%。城市执法体制改革全面开展，创建景观示范街成效显著。

2. 全力改善农村牧区生产生活环境

在自治区率先完成“十个全覆盖”三年建设任务，累计投入资金161亿元，改造危房5.2万户，硬化街巷5185公里，解决了29.3万人的安全饮水问题，1725个村庄旧貌换新颜，农村牧区基本公共服务均等化迈上新台阶。

3. 加强生态建设和环境保护

全面完成国家林业重点工程53.5万亩，重点区域绿化4.6万亩，包头黄河国家湿地公园通过验收。总投资189亿元的城市水生态提升及综合利用工程开工建设，河道治理及河湖连通工程扎实推进。油气回收治理全面完成，洁净型煤推广等工作在自治区发挥了引领示范作用。主要污染物减排任务超额完成。加快发展循环经济，工业固废资源综合利用率提高到75%。

（六）用心用情做好民生工作

1. 补齐基本民生保障的短板

在财力紧张的情况下，财政民生支出占比达到84%。制定实施全市打赢脱贫攻坚战和支持固阳县的政策措施，贫困人口减少2万人。改造城市棚户区28705套，整治老旧小区187个。开工建设包头高技能人才公共实训基地，累计建成57个创业园孵化基地和33个新型职业农牧民实训基地，发放创业担保贷款5亿元，全年城镇新增就业4.28万人，实现高校毕业生就业2.24万人，农牧民转移就业23.2万人。在全国率先采取“一制一档”模式开展城乡医保并轨，自治区范围内城镇职工医保门诊异地就医即时结算正式推行。企业退休人员养老金月人均增加171.8元，艰苦边远地区行政事业人员津贴标准提高42.8元。民政福利园区开工建设。一批养老院、社区日间照料中心建成运行，为困难失能老人发放护理补贴，养老服务体系建设获得民政部充分肯定。在自治区率先向565户失独困难家庭和408户残独困难家庭分别发放一次性扶助金5912万元和2166万元，给予了社会关爱。

2. 提高社会事业发展水平

九原区和土右旗通过国家义务教育均衡发展评估验收。在自治区率先实现学前到高中阶段阳光招生全覆盖。与芬兰、俄罗斯、蒙古国、日本等国家教育交流合作取得实质性进展。成功创建国家公共文化服务体系示范区。《敕勒情缘》等讲述包头故事的优秀剧目深受群众喜爱，电视连续剧《安居》在央视一套热播，电影《搬迁》入围首届意大利中国电影节主竞赛单元，一批文艺精品获得国家艺术基金支持。包头市儿童医院、包头市蒙医中医院二期等重点工程扎实推进，包钢医院、包头市中心医院等7个医联体试点工作全面启动，家庭医生签约服务人数达到80.4万人。国家青少年足球夏令营活动基地二期工程扎实推进。包头市蝉联国家卫生城市荣誉称号，入选国家健康城市建设试点。

3. 加强和创新社会治理

街道社区工作更加规范，首批58个农村牧区社区试点建设全面实施。居民小区物业管理实现全覆盖。加大信访工作力度，妥善化解社会矛盾。严格落实安全生产责任制，全年各类生产安全事故和死亡人数均呈现下降态势。积极创建全国质量强市示范市，食品药品安全监管等工作不断加强。平安包头建设取得新进展，民族宗教工作开创新局面，创建全国双拥模范城实现“八连冠”。

二、2017年的工作重点

2017年，要全面贯彻党的十八大和十八届三中、四中、五中、六中全会和自治区第十次党代会精神，强化责任意识，保持战略定力，坚持统筹推进“五位一体”总体布局，大力践行创新、协调、绿色、开放、共享的发展理念，坚决守住发展、生态和民生底线，加快建设更高质量小康社会，全面推进改革开放，深入推进依法治市进程，从严推进管党治党，集中力量破难题、千方百计补短板，推动经济社会健康持续发展。

（一）推动率先发展，壮大地区经济实力

着力稳定企业生产经营，加大对重点企业、重点行业指导帮扶力度，推动企业更好适应市场经济发展要求。着力增投资上项目，优化发展环境，加大招商引资力度，带动更多社会资本参与投资。着力提升产业发展层次，促进服务业发展提速、层次提升、比重提高，大力发展“高精强”现代农牧业。

（二）实施创新驱动，释放更强增长动力

增强科技创新能力，鼓励扶持企业创新，深化军民协同创新，培育引进创新创业人才，构建有利于创新创造的制度环境。推进金融服务创新，完善金融组织体系，开发新型金融平台，完善扶持激励政策，营造良好金融环境。加快信息化创新发展，深入推进智慧包头建设，培育发展大数据产业，大力发展电子商务，全面提升城市网络化、数字化、智能化水平。

（三）深化改革开放，开拓更好发展前景

深入推进各项改革，深化经济体制改革，加快财税体制改革，创新资源配置方式。持续扩大对外开放，深度融入国家“一带一路”和“中蒙俄经济走廊”战略，承接并办好更多国际国内大型展会，提升包头知名度和影响力。广泛开展区域合作，全力推进呼包鄂协同发展，积极对接京津冀协同发展，加快融入环渤海经济区，实现深度融合发展。

（四）推进城乡统筹，构建协调发展格局

提升城市品质和内涵，完善并严格执行城市规划，推进新都市区建设、老旧小区改造、北梁腾空区开发，加强城市公共管理和安全管理，创建国家生态园林城市。推动县域协同发展，合理摆布产业项目，引导园区和企业跨区域重组，强化对外围旗县区政策、资金、项目、人才等方面的支持，形成中心带动、多点支撑的发展格局。提高农村牧区现代化水平，繁荣发展农村牧区经济，提升公共服务均等化水平，健全完善长效管理机制，巩固新农村新牧区建设成果。

（五）强化生态环保，大力推进绿色发展

加强生态保护修复，巩固扩大重点区域绿化成果，推进大青山生态治理，实施城市水生态提升综合利用工程，打造良好的水生态景观。强化环境污染治理，实施大气污染防治工程，加快水环境治理，加强土壤污染治理，加大矿山环境治理力度，不断改善环境质量。促进低碳循环发展，加强废旧资源和固体废物回收利用，推进餐厨废弃物资源化综合利用和无害化处理，降低能源消耗强度，减少污染物排放。健全生态文明制度，完善生态文明教育体制机制，完善环境监控体系，确保生态环境阈值底线不被逾越。

（六）促进文化繁荣，加快文化强市建设

全面提升城市文明程度，广泛开展群众性精神文明创建活动，提升全社会文明素质，扩大包头文化影响力，巩固全国文明城市创建成果。增强公共文化服务供给，加强公共文化基础设施标准化建设，推动基本公共文化服务均等化，组织好中国梦、社会主义核心价值观和自治区成立70周年大庆等主题创作，全力推出一批文艺精品。加快发展壮大文化产业，调整提升产业结构，推动文化与旅游深度融合发展，加快文化市场建设，实现文化项目资源优化配置。

（七）保障改善民生，增进更多民众福祉

持续增加居民收入，实施更加积极的就业政策，落实好强农惠农富农政策，努力缩小城乡、区域、行业收入分配差距，促进共同富裕。着力强化社会保障，扩大职工养老、医疗、失业保险综合覆盖面，统筹社会救助体系，有效保障困难群众基本生活。全面发展社会事业，提高教育现代化水平，构建城乡一体的现代医疗卫生服务体系，广泛开展全民健身运动，开展应对人口老龄化行动，保障妇女和未成年人权益，支持残疾人、红十字、慈善事业发展。坚决打赢脱贫攻坚战，认真落实“六个精准”“五个一批”工作要求，推进规划、项目、干部“三到村三到户”，集中力量打好脱贫攻坚战。按照国家标准，农村牧区贫困人口全部脱贫，固阳区贫县摘帽。

（八）加强民主法治，维护和谐，稳定大局

加强民主政治建设，支持人大、政协履行职能发挥作用，加强党对统一战线工作的领导，促进各民族共同团结奋斗、共同繁荣发展。加快依法治市进程，提高地方立法质量，推进依法行政，深化司法领域各项改革，推动全社会形成良好法治氛围和法治习惯。推进平安包头建设，完善社会治安防控体系，加强和改进信访工作，高度重视安全生产工作，切实保障人民群众生命财产安全，提升人民群众安全感。

供　　稿：吕先荣　包头市委政研室副调研员、办公室主任
责任编辑：多志勇

呼伦贝尔市经济社会发展情况

2016年，在自治区党委政府的正确领导下，我市认真贯彻党的十八大和十八届三中、四中、五中、六中全会精神，紧密团结在以习近平同志为核心的党中央周围，深入贯彻习近平总书记系列重要讲话精神和治国理政新理念、新思想、新战略，深入贯彻习近平总书记考察内蒙古重要讲话精神，深入落实自治区党委各项决策部署特别是李纪恒书记调研呼伦贝尔重要讲话精神，推动经济、政治、文化、社会、生态文明和党的建设取得了新进展、新成效。

前三季度，全市地区生产总值完成1069.4亿元，增长7.1%。城乡居民收入分别完成22116元和8371元，增长7.5%和7.9%。前11个月，公共财政预算收入完成90.54亿元，增长1.2%；限额以上固定资产投资完成978.42亿元，增长5.9%；规模以上工业增加值增长4.9%；社会消费品零售总额完成542.13亿元，增长9.7%。预计全年，全市地区生产总值增长7.3%，达到1692亿元；公共财政预算收入增长6.5%，达到110.1亿元；限额以上固定资产投资增长13%，达到1044亿元；规模以上工业增加值增长9%；社会消费品零售总额增长10%，达到600亿元；城乡居民收入分别增长9%，达到29260元和12679元。

一、2016年的主要工作

（一）全力推进经济持续健康发展

积极克服经济下行压力和严重旱灾不利影响，牢牢掌握经济工作的主动权，保持了经济总体平稳、稳中向好的良好势头。

一是全力稳增长、扩投资。把重点项目建设作为稳增长的重中之重，2016年1—11月，174个市级重点项目已开复工171个，完成投资446.3亿元；28个自治区级重大项目已开复工27个，完成投资47.3亿元。出台实施《工业经济稳增长十条措施》等一系列针对性强的政策，着力降低企业成本，组织开展 4 批直供电交易，为企业降低成本约1.2亿元，确保工业经济平稳运行。

二是加快调结构、促转型。三次产业结构演进为16：43：41，旅游业成为战略性结构调整的主攻方向，预计全年接待旅游人数达到1558.8万人次，增长10%；旅游业总收入完成547亿元，增长22%。大力度推进民族文化与冬季旅游融合发展，打造海拉尔至满洲里至根河精品旅游线路，陆续在呼和浩特、昆明、南宁、海南等地进行冬季旅游推介，做活做火冬季旅游。举办首届呼伦贝尔全域旅游高峰论坛等系列活动，着力推动旅游提档升级。加快推进大数据云计算产业，在11月7日举办的内蒙古大数据产业推介会上，呼伦贝尔市与国网信通集团、华为公司、中网科技等公司签约了总投资近70亿元的中网科技（内蒙古）云计算数据中心（二期）、海拉尔大数据中心（一期）等10个项目。大力优化农牧业结构，提高高产、优质、高效作物和饲草饲料种植比重，预计粮食产量达到150亿斤，粮经饲比达到85.8：10.8：3.4。扩大农区养殖规模，全市牧业年度牲畜存栏2176.3万头（只），预计全市肉类产量为27.3万吨，同比增加6.8%。农牧业产业化加快推进，规模以上农畜产品加工企业实现销售收入436亿元，增长8%。

三是着力强基础、增后劲。不断加大铁路、公路、机场、电网、水利、市政等基础设施建设力度，预计完成投资239.5亿元。扎兰屯至阿荣旗高速等12个公路项目进展顺利；滨洲铁路电气化改造主体完工，齐海满客运专线正式列入国家中长期铁路发展规划；扎兰屯支线机场实现通航，新巴尔虎右旗、阿荣旗、莫力达瓦达斡尔族自治旗、陈巴尔虎旗、满归通用机场和海拉尔机场扩建工程建设步伐加快；扎敦水利枢纽、Z866、尼尔基水利枢纽下游灌区等工程扎实推进；实施了海北至牙克石至扎兰屯500千伏输变电等35个电网重点项目。

（二）持续加大生态文明建设力度

生态环境治理方面，把呼伦湖保护治理作为全市生态保护建设工作的头等大事，统筹推进森林、草原、河湖等生态系统的保护与建设。颁布施行《呼伦湖国家级自然保护区条例》，管理体制进一步理顺，环境治理力度进一步加大，引河济湖、河湖连通等工程发挥重要作用，呼伦湖水域面积达到2044平方公里，水质及周边生态环境得到明显改善。发放草原补奖资金6.3亿元，完成退牧还草190万亩、天保工程4301.9万亩、造林78.6万亩、重点区域绿化8.8万亩。环境综合整治方面，全力做好中央环境保护督察组反馈意见整改工作，开展百日攻坚行动，坚持问题导向，实施台账式清单管理，切实推进企业落实主体责任，以强有力的措施和最严厉的手段，做到整改一个，公示一个，销号一个，见效一个。

（三）切实保障和改善民生

累计投入民生领域资金232.7亿元，占一般预算支出的67%。全力抓好抗旱救灾。针对入夏以来的严重旱情，采取大范围调运饲草、鼓励牲畜出栏、协调贷款等一系列举措，有效克服了旱灾带来的不利影响。投入财政资金和银行贷款7.12亿元，牲畜出栏300万头（只），调运饲草69万吨，受灾地区社会稳定，牧民生产生活平稳有序。大力推进脱贫攻坚，严格按照“六个精准”“五个一批”要求，累计投入扶贫资金30.3亿元、发放贷款25.8亿元，阿荣旗、扎兰屯、新左旗达到脱贫摘帽标准，年内实现3万人脱贫。大力推进百姓安居，棚户区改造累计投入资金90亿元，全年开工72264套，开工率104.2%，基本建成64667套，建成率220.3%，货币化安置率达到69.4%。大力推进创业就业，进一步完善和落实积极的就业创业政策，出台《关于进一步加强创业培训工作的实施意见》等政策性文件，发放创业担保贷款1.03亿元，市创业创新基地和青年电商创业园投入运行。加大重点群体就业保障力度，全年实现城镇新增就业3.2万人、高校毕业生就业10475人、农牧民转移就业7.5万人。大力推进社会事业，各级各类教育均衡发展，基本医疗和公共卫生服务能力显著提升，文化体系建设取得新成效，自治区民运会和全国冬运会筹备工作有序进行，成立呼伦贝尔农垦草牧业等5个院士专家工作站。正式启动创建全国文明城市工作，精神文明建设迈出新步伐。继续提升城乡最低生活保障标准和企业退休人员养老金标准，社会兜底能力进一步增强。

（四）全方位深化改革开放

扩大开放方面，主动融入国家“一带一路”战略，深入推进中俄蒙合作先导区、满洲里国家重点开发开放试验区等重大开放平台建设，全区首个综合保税区通过验收。23条中欧班列实现常态化运行，2016年以来通行945列，增长58%，成为国内通往俄欧市场最便捷、最高效、最安全的陆路通道。预计全年对外贸易完成30亿美元、口岸运量完成3200万吨。深化改革方面，重点推进了81项经济、生态、社会、文化等领域改革任务，全面深化改革实现新突破。在国有林区改革上，全面完成了林区“两供一业”等社会管理职能、公共服务职能的承接工作，完成5家辅业企业划转工作。在农村牧区改革上，通过股份合作、合同订单、流转聘用、服务协作等模式，进一步推进和完善了农企利益联结机制。在生态文明制度改革上，编制完成呼伦贝尔市自然资源资产负债表，为开展领导干部自然资源资产离任审计奠定了基础。在简政放权上，37个市直部门完成责任清单编制，商事制度实现“五证合一、一证一码”。

（五）全力促进民族团结进步和边疆稳定

认真落实兴边富民、扶持人口较少民族地区发展等政策，争取少数民族发展资金1.5亿元，全面启动创建全国民族团结进步示范市工作。民主法治建设持续加强，人大及其常委会依法履行职能，政协积极探索协商民主广泛多层制度化建设，全面依法治市向纵深推进。切实压实维稳责任，大力排查化解矛盾，2016年1—11月，市三级上访人次同比下降16.1%，实现自治区第十次党代会期间赴区进京“零非访”目标。深刻汲取“9・24”等重大事故教训，连续开展2轮各领域全覆盖的安全生产大检查，与去年同期相比全市事故起数下降34.1%，死亡人数下降5.17%。全面落实自治区安全生产大检查专题部署会议精神，组成多个督查组深入工矿企业、生产一线开展督查，通过最严肃的态度、最严实的责任、最严密的排查、最严格的标准、最严准的措施、最严厉的问责，杜绝重大安全生产事故发生。

在总结工作的同时，认真分析呼伦贝尔市面临的挑战和存在的不足：一是呼伦贝尔市的发展还只是在原有低起点上实现增长，欠发达的市情没有根本改变；二是产业结构层次低端化特征明显，资源型产业比重依然较高；三是主体功能区战略实施，环境约束更加严格，产业转型升级的要求更加迫切；四是公路、铁路、电网及口岸等基础设施建设滞后，城市辐射带动能力不强、地区发展差异大、基本公共服务均等化有待提升；五是在后续发展上缺少项目支撑、缺少知名品牌、缺少大企业带动。

二、2017年的工作重点

2017年，呼伦贝尔市要全面贯彻党的十八大和十八届三中、四中、五中、六中全会精神，紧密团结在以习近平同志为核心的党中央周围，深入贯彻习近平总书记系列重要讲话精神和治国理政新理念、新思想、新战略，深入贯彻习近平总书记考察内蒙古重要讲话精神，以自治区第十次党代会精神为指引，进一步完善发展思路，进一步丰富“两区三地一家园”的目标定位，进一步强化推进落实举措，为打造祖国北疆亮丽风景线贡献力量。

（一）坚决守住生态底线，积极打造全国可持续发展的生态环境保护建设示范区

以呼伦湖综合治理重点突破为带动，统筹推进市域内林田草山水湖综合保护治理。一是全力推进呼伦湖综合治理。深入实施《呼伦湖流域生态与环境综合治理实施方案》，全面启动总投资21.08亿元的一期工程20个重点项目，推动呼伦湖及周边地区生态环境进一步好转。二是抓好森林草原生态建设。大力支持内蒙古大兴安岭国有林区改革，加快国家储备林基地建设项目落地和林业生态建设基金设立工作。全面完成草牧场确权，推进畜牧业集约化、标准化、规范化发展。组织实施好新一轮草原生态补奖、草原保护建设规划，实施退牧还草122万亩、禁牧1687万亩、草蓄平衡8671万亩。三是加快生态文明制度建设。完成好自然资源资产负债表编制、离任审计和责任追究制等国家和自治区试点任务，推动我市生态保护建设工作全面步入法治化、制度化轨道。全面落实中央环保督察反馈意见，加快建立生态保护建设各领域工作长效机制，推动实现美丽与发展双赢。

（二）拓展发展新空间，建设全国沿边开发开放最具活力的合作先导区

加快中俄蒙合作先导区建设步伐，推动满洲里国家重点开发开放试验区建设，充分发挥综合保税区政策作用，推进过货能力、通关能力大幅提升，经济总量、产业结构、口岸经济、开放经济、综保区经济、试验区经济发生根本性、结构性变化。以满洲里为龙头，在平台建设、互联互通、经贸合作、人文交流等方面持续发力，推动向北开放全面升级。充分利用新一轮东北振兴战略机遇，加快推进海满阿经济区建设，推动周边地区在生态、旅游、开放和基础设施建设等方面一体化发展，形成蒙东地区发展新的经济增长极。加强与长江三角洲、珠江三角洲地区协作，拓展与中西部地区合作领域，积极承接国内先进产业转移。

（三）促进“五化”协同，全力构建特色产业体系

发挥具有核心竞争力的优势，加快转型升级，推动三次产业协调发展，确保主要经济指标处于合理区间。一是加快建设国际化高端旅游目的地。按照全域旅游、四季旅游的要求，坚持问题导向，拓展旅游产业链，推动吃、住、行、游、购、娱要素全面发力、景区建设与旅游配套服务体系并重发展，让游客进得来、行得畅、留得住、玩得好、能消费、可回头，着力推进冬季旅游突破、夏季旅游提质升级。二是加快建设国家级绿色有机农畜林产品生产加工输出基地。利用好境内外丰富的农产品资源，做大油菜籽、玉米、大豆、小麦、牧草等加工规模，加快推进食用菌、野生干鲜果类等林产品的精深加工，加大对肉业集团等重点龙头企业的培育力度，做大做强肉类加工产业，农畜产品加工转化率达到55%以上，打造“名优特精”农畜产品品牌。全力支持农垦集团改革发展，努力把农垦集团打造成推动农牧业发展的“国家队”、健康食品的产业化“航母”，引领带动全市农牧业现代化。三是加快建设国家重要的清洁能源和煤基产品加工输出基地。充分发挥好呼伦贝尔煤水组合优势，提高煤炭就地转化率，在不新增占用草原、符合环评要求的前提下，加大华能、神华、云天化、东方希望等重点企业重点项目建设力度，充分释放现有产能。四是培育做大进出口产品加工业。重点做好木材落地加工，力争木材精深加工比例达到60%以上，把满洲里打造成国家级木结构装配式建筑产业化基地、全国家具木材集散中心。五是积极发展装备制造业。加大对华德牧草、蒙拓农机等企业的支持力度，鼓励企业与国内外行业领先企业对接合作，提高农牧机械科技含量，加快农牧机械产品升级换代，不断提高产业规模和市场竞争力。六是全力发展现代服务业。全力推进健康养老、现代物流、金融、家政、会展、商务等现代服务业发展，特别是要大力发展大数据、云计算产业，牢牢把握内蒙古被确定为国家大数据综合试验区的重大机遇，大力度推进已签约的10个重点项目，给予大数据企业资金、用地、用电等方面的保障，努力建成全区领先的大数据产业集聚区。

（四）立足补齐短板，抓好城乡基础设施建设

全面推进“七网”建设，实施一批重大基础设施项目。铁路网建设计划投资15亿元，加大齐海满客运专线等项目推进力度，加快启动海拉尔至满洲里动车等项目。公路网建设计划投资115亿元，全力推进以“三环一线”为重点的公路建设，提升干线公路等级，全面启动林区公路建设。航空网建设计划投资2.6亿元，确保新巴尔虎右旗、阿荣旗、莫力达瓦达斡尔族自治旗通用机场实现通航，海拉尔机场扩建项目投入运营。市政网建设计划投资53.3亿元，统筹推进城市供热、供水、燃气、防洪排涝和污水垃圾处理等181个项目。水利网建设计划投资25亿元，加快推进尼尔基水库下游30万亩灌区、Z866、晓奇子水库等项目，完成扬旗山、扎敦水利枢纽供水工程。能源网建设计划投资24亿元，积极推进伊敏、扎赉诺尔外输电力通道项目，大力推动输变电网建设，重点解决岭东地区电力相对短缺问题。信息通信网建设计划投资4.6亿元，实施“宽带呼伦贝尔”工程，深入推进“三网融合”。

（五）统筹规划推进，加快具有鲜明特征的城镇体系建设进程

实施中心城区优先发展战略，按照音乐名城、旅游名城、冰雪运动名城的发展定位，高起点规划、高标准建设、高效能管理，着力将海拉尔打造成与满洲里相呼应，辐射俄蒙和东北等周边地区，在东北亚有重要影响力的国际化、特色化、现代化的魅力城市。加快特色小城镇建设步伐，突出重点、完善规划，加大投入、精雕细琢，努力实现民族文化、自然生态与现代文明的完美结合，努力打造一批生态型、旅游型、民族民俗型、林下经济特色产业型等风格各异、独具魅力的特色小镇，构建中心城区、副中心城市、中心镇和重点镇联动发展的城镇体系。

（六）增强发展动力，深入实施创新驱动发展战略

按照“坚持有所为有所不为，围绕产业链部署创新链”的总体要求，推动重点领域创新。一是推动生态环保方面创新。抓好生态草牧业试验试点建设，充分发挥中科院与农垦集团合作平台作用，实施百万亩人工种草计划，加快推动呼伦贝尔传统畜牧业转型升级和科技创新与成果转化，全力提升呼伦贝尔绿色有机农畜林产品品牌价值和农牧业综合保障能力。二是推动资源高效利用方面创新。支持和引导华能、神华等重点耗煤企业加大技改力度，通过环保技术降低单位耗煤量，加快企业转型升级，实现煤炭资源的清洁高效利用。三是推动大众创业、万众创新。实施更加积极的创业扶持政策和服务政策，扩大创业园区、孵化基地、实训基地规模，设立专项资金帮助中小企业解决融资难、启动难、前期难问题，培育一批适合呼伦贝尔的科技成果转化项目，打造区域性创业创新中心。四是深化体制机制创新。重点在农村牧区、国资国企、文化体制、生态文明等方面改革创新取得突破，2017年底前完成地方国有林场改革主体任务。

（七）坚持以人民为中心的思想，切实保障和改善民生，全力推进精准脱贫

把脱贫攻坚作为发展头等大事和第一民生工程来抓，按照“六个精准”“五个一批”要求，创新扶贫开发模式，健全帮联工作机制，精准推进各类扶贫项目，有效整合各类扶贫资源，拓宽融资渠道，落实责任、“挂图作战”，确保1.5万人稳定脱贫，贫困旗市如期摘帽。大力推动创业就业，提升完善各类创业园、孵化基地功能，以创业带动就业，解决好高校毕业生、零就业家庭、退役军人等重点人群就业，年内实现城镇新增就业3万人。切实抓好百姓安居工程，计划投资120亿元，开工各类保障性安居工程6.7万套，加大货币化安置比例，不断改善群众居住条件。持续提高群众收入水平，推进收入分配改革，完善工资正常增长机制，推动居民收入增长与经济增长同步，健全完善社会保障体系，提高保障标准，确保困难群众基本生活。统筹推进社会事业，实施教育优先工程、文化繁荣工程、健康提升工程和体育惠民工程，满足群众多样化需求。全面推进依法治市，建设法治、平安、和谐呼伦贝尔，坚决维护宪法法律权威、维护人民权益、维护公平正义、维护和谐稳定，构筑祖国北疆安全稳定屏障。

供　　稿：郭　平　呼伦贝尔市委副秘书长

责任编辑：天　莹

兴安盟经济社会发展情况

2016年，兴安盟在自治区党委、政府的正确领导下，全盟上下全面贯彻党的十八大和十八届三中、四中、五中、六中全会精神，深入贯彻习近平总书记系列重要讲话和考察内蒙古重要讲话精神，统筹推进“五位一体”总体布局，协调推进“四个全面”战略布局，认真落实稳增长、促改革、调结构、惠民生、防风险各项措施，全力推动“十项工程”和“三地联动、五城同创”等重点工作重点工程，经济社会保持了平稳较快的发展势头。1—9月，全盟地区生产总值完成303亿元，同比增长8.1%；规模以上工业增加值107亿元，增长9.5%；固定资产投资420亿元，增长21.2%；社会消费品零售总额161亿元，增长10%；公共财政预算收入23亿元，增长11.2%，公共财政预算支出165亿元，增长6.3%；城乡居民收入分别达到18445元和5760元，增长8.9%和8.5%。其中地区生产总值、规模以上工业增加值、公共财政预算收入、城乡居民收入等主要指标增速居全区前列。预计全年，全盟地区生产总值增长8%，规模以上工业增加值增长10%，固定资产投资增长12%，社会消费品零售总额增长9.5%，公共财政预算收入增长8%，城乡居民收入分别增长9%和10%。

一、2016年的主要工作

（一）重点产业发展实现新突破

牢固树立发展是硬道理的思想，以优势特色产业发展工程为重点，加快推动三次产业齐头并进、融合发展。一是大力发展现代农牧业。加快推进农牧业供给侧结构性改革，积极推动粮改经、“粮改饲”、旱改水，在发生严重旱灾的情况下，全盟粮食产量达到126亿斤；深入实施“稳羊增牛”战略，牲畜存栏达到1317万头（只）；大力培育壮大龙头企业，销售收入百万元以上龙头企业增至92家，前三季度实现利润总额7亿元，增长17%；大力加强绿色农牧业品牌建设，全盟绿色食品原料标准化生产基地达到740万亩，“三品一标”获证产品达到202个，兴安绿色品牌的知名度和影响力不断提升。二是着力推动工业扩量提质增效。一手抓扩大增量，加快推进工业重点项目建设，全盟千万元以上工业重点项目开复工69个，完成投资68亿元，规模以上工业企业达到206家，实现利润增长10%。特别是2016年通过积极争取，总投资500多亿元的4个产业项目取得突破性进展，其中博源和乌兰两个化肥项目重新启动建设，2017年投料试车；与吉林省政府签署煤化电热一体化示范项目合作协议有效解决了40亿立方米煤制气项目产品消纳问题；蒙能2×66万千瓦电厂项目纳入扎鲁特至山东青州特高压外送通道配套支撑项目，电力外送问题得到根本解决。一手抓盘活存量，制定出台电力扶持、金融支持、减免税费等政策，帮助企业降低成本、稳定运行、创新发展。积极主动赴云南红云红河烟草集团，协调争取卷烟结构调整、技改升级等方面的支持，保证了全盟工业支柱企业乌兰浩特卷烟厂平稳运行。三是着力发展现代服务业。以打造旅游支柱产业为目标，统筹推进全盟旅游资源开发，着力构建全域旅游发展新格局。特别是作为全盟旅游业发展龙头，阿尔山成功承办联合国开发计划署“大图们倡议”第九届旅游委员会、阿尔山论坛研讨会等高端会议，先后举办圣水节、森林音乐节等节庆活动，知名度和影响力大幅提升，带动全盟旅游人数和收入均实现22%以上的增长。抓住新型工业化、城镇化加快推进和消费结构升级的机遇，大力发展金融、电子商务等新兴服务业。2016年1—9月，全盟金融机构各项存贷款余额分别达到564.7亿元、635.1亿元，存贷比112%，金融对实体经济发展的支持作用显著增强；全盟6个旗县市中有4个进入全国电子商务进农村综合示范县创建行列，农村牧区电子商务综合服务站达到241家。

（二）重大项目建设取得新进展

2016年，兴安盟紧紧抓住国家重点支持基础设施建设项目向民族地区优先布局的重大机遇，统筹各种资源，争取多方支持，着力破解交通运输、能源外送和工程性缺水瓶颈。铁路方面，乌兰浩特至白城铁路扩能改造项目计划2017年7月底竣工通车，这标志着兴安盟将建成全区第一条跨区域进京动车连接线，为加快融入东北和京津冀经济圈提供了快捷通道。积极争取乌兰浩特至阿尔山铁路进行电气化改造，使之具备开行动车条件，提升以阿尔山为核心的全域旅游通行条件。努力争取通辽至满洲里客运专线规划路线途经兴安盟5个旗县市。公路方面，加快推进总投资298亿元的乌兰浩特机场连接线、乌兰浩特西南绕城高速公路、伊尔施至柴河公路、省道203线阿尔山至乌兰浩特公路等19个重点项目，其中乌兰浩特机场连接线年底前完成主体工程。民航方面，截至目前，乌兰浩特、阿尔山2个机场已开通13条国内航线，完成进出港航班7208架次，同比增长23.9%，旅客吞吐量58.4万人，同比增长23.6%，五岔沟通用机场和阿尔山航空口岸项目正积极推进。水利方面，总投资237.5亿元、设计库容20亿立方米的“引绰济辽”文得根水利枢纽和输水工程项目可研报告通过国家水利部审查，总投资8.6亿元、设计库容近1亿立方米的乌布林水库项目通过自治区核准，总投资8.5亿元、设计灌溉面积41万亩的扎赉特旗绰勒水利枢纽下游灌区工程进展顺利，这几个重大项目建成后将大幅提升水利保障防洪抗旱、供水和粮食安全生产能力。电力方面，兴安盟共有12座66千伏变电站建成投运，新增和改造66千伏线路数10条，年内兴安盟开发区220千伏输变电、乌白高铁供电和通霍铁路电气化改造牵引站等工程将全部竣工，兴安盟电网结构得到进一步完善和优化。这些重大基础设施项目建成投入使用后，将极大提升兴安盟的区位优势和发展优势，为经济社会持续健康发展提供有力支撑。

（三）全面加强生态环境保护与建设

始终把生态文明建设放在突出位置来抓，尊重自然、顺应自然、保护自然，实现经济效益、社会效益、生态效益相统一。一是不断加大生态建设力度。大力推进“三北”防护林、天然林资源保护和水土保持治理等重点生态工程，实施退耕还林3.8万亩、退牧还草23万亩，累计完成营造林、草原生态建设和水保治理400多万亩。突出抓好重点区域绿化，积极创新机制，广泛动员力量。2016年，投入40亿元完成重点区域绿化近30万亩，城区绿化呈现出“三季有花、四季见绿、色彩丰富、层次分明”的良好效果。二是强化环境污染综合防治。全面加强工业点源、农业面源、生活污染源整治，实施燃煤锅炉淘汰、工业烟粉尘治理、松花江流域水污染防治等环境治理项目32个，生态环境质量得到有效提升。严肃查处各类环境违法行为，重点对中央第一环境保护督察组和自治区列举的环境隐患和重大问题进行专项督查，做到不整改不放过、不见效不收兵，持续保持环境执法监管的高压态势。三是推动资源能源节约利用。大力推进节能降耗，积极落实能源和水资源消耗、建设用地等总量和强度双控行动，严格限制高耗能高排放项目引入，决不以牺牲环境为代价换取经济增长。

（四）着力保障和改善民生

坚持民生优先理念，努力用小财政改善大民生。2016年1—9月，兴安盟教育、文化、卫生、社保等民生领域支出达到114亿元，占全部支出的70%。

一是强力推进脱贫攻坚头号民生工程。按照“四个切实”“五个一批”“六个精准”工作要求，实施精准扶贫、精准脱贫，年底全盟将有2.2万贫困人口实现稳定脱贫。全面落实领导、干部帮扶责任制，全盟共有42846名机关党员干部与48558户贫困户结对帮扶。选派2913名干部下乡驻村，确保每个苏木乡镇都有领导挂点联系。严格落实国家、自治区各项支农惠农政策，在财力十分紧张的情况下，盟、旗两级筹措资金8.6亿元用于贫困户住房、教育和医疗保障。通过补贴自建、政府统建、易地搬迁模式，年内改造危房9万户；对全盟2852名贫困家庭儿童、392名特殊教育学生、5967名高中贫困学生给予教育补助政策；对252名贫困家庭孩子实行免费大专教育。围绕乳、肉、果、蔬、稻五元产业结构，对有劳动能力的贫困人口，实施双扶双带、菜单帮扶、托管经营、合作共赢，建立贫困户与新型经营主体紧密的利益联结机制，共为19912农牧户落实产业扶持政策，增强了贫困地区和贫困人口自主发展能力。

二是加快实施乌兰浩特地区城市改造提升工程。启动实施了以棚户区改造、断头路打通和“一山两河”景观带打造及盟党政新区区块建设为重点的城市建设项目，对乌兰浩特市和前旗新址一体规划、整体打造。总投资13.6亿元的41条36.7公里道路畅通工程项目进展顺利，洮儿河和归流河景观治理工程已经完成工程量的90%，预计2017年自治区大庆前全部投入使用。

三是大力推进创新创业工程。着力优化发展软环境，积极推进

"互联网+"行动，鼓励大众创业、万众创新，全盟农牧民转移就业15.2万人次，城镇新增就业超过1.3万人，城镇登记失业率控制在4.0%以内。

四是深入实施人才培养工程。协调推动各级各类教育均衡发展，积极探索应用型、技能型人才培养模式，对贫困家庭不能考入高中或大学的初高中毕业生实行免费进入兴安职业技术学院五年或三年制大专学习政策，让每个人都有机会通过教育改变命运，切实阻断贫困代际传递。

五是创造性地实施政策暖心工程。出台实施了兴安盟《加快发展养老服务业优惠政策》《兴安盟老年人优惠优待政策》，对老年人实行免收挂号费看病、免费乘坐公交车等政策。按照12%的标准稳步提高城乡低保、五保、"三无"等人员供养保障标准，为低保对象和重度残疾人缴纳养老和医疗保险。

六是大力推进文化惠民工程。推进总投资7.4亿元、建筑面积7.4万平方米的盟文化中心、盟图书馆和科技馆项目，扩大文化公共服务覆盖面，开展"多彩兴安"系列文化活动，不断满足城乡群众精神文化需求。

七是深入开展平安创建工程。扎实推进全面依法治盟，深入开展社会矛盾纠纷排查化解，严厉打击各类违法犯罪活动，全面开展安全生产、食品药品和道路事故隐患排查，切实加强军政军民团结，进一步巩固和维护了民族团结、边疆安宁的良好局面。兴安盟被正式命名为全国首批13个、自治区唯一一个民族团结进步示范盟。

（五）全面深化重点领域改革

始终把改革摆在突出位置，启动推进改革任务636项，完成378项，形成各类改革成果384条，全面深化改革取得阶段性进展。经济体制改革纵深推进，启动推进改革任务146项，完成58项，形成各类改革成果42条。扎实推进"放管服"改革，大力度简政放权，全面公开权责清单和公共服务事项目录，推行"双随机、一公开"监管，盟本级行政权力由265项精减到190项。突出抓好供给侧结构性改革，努力降低企业生产经营成本，积极争取大用户直供电政策扶持，自治区大用户直供电交易企业达到6户，预计全年企业交易电量5.8亿千瓦时，节约用电成本8000余万元。推行个体经济和小微企业零税赋政策，全盟94%的龙头企业与农牧民建立稳定的利益联结机制。以PPP或类PPP模式设立区域扶贫、农牧业产业化、重点项目等各类基金60亿元。生态文明体制改革实现突破，启动生态保护红线划定工作，开展森林草原碳汇交易试点，加快阿尔山林业体制改革，使阿尔山成为全国第一个进行生态系统生产总值核算的县级市。

目前，兴安盟发展中还存在一些突出矛盾和深层次问题。主要是经济发展方式比较粗放，改革创新能力有待增强，产业结构不合理，城乡区域发展不平衡，基础设施相对滞后，对外开放水平不高；城乡居民收入和公共服务水平低于全国全区平均水平，消除贫困、缩小差距任务艰巨；生态环境仍很脆弱，节能减排压力增大，资源环境约束趋紧。

二、2017年的工作重点

2017年是实施“十三五”规划承前启后之年，更是兴安盟结构调整和产业转型升级中至为关键的一年。兴安盟将按照自治区第十次党代会、全区实施新一轮东北振兴战略推进工作会等一系列重要会议的安排部署，以提高经济质量和效益为中心，坚决守住发展、生态和民生三条底线，牢牢把握自治区成立70周年大庆节点，突出抓投资、上项目，大力推进绿色农牧产品生产加工和全域旅游业发展，着力推进特色城镇化，切实保障和改善民生，不断加强和创新社会管理，为2020年全面建成小康社会打下坚实基础。2017年，兴安盟将重点抓好以下几项工作。

（一）强化项目投资拉动作用，全力保持经济平稳较快增长

以重大项目建设为抓手，全力抓好乌兰、博源两个大化肥项目投产运营，加快推进蒙能2×66万千瓦电厂项目建设进度，积极推进布里亚特至长春煤制气长输管道项目开工。不断拓宽资金渠道，积极争取上级投资，努力扩大市场融资，有效吸引民间投资，大力开展招商引资，加快在产业结构调整、基础设施建设、社会事业发展、生态环境保护等领域推动、实施、储备一批大项目好项目，以合理有效的投资和优质充足的项目支撑经济增长、促进结构调整、优化转型升级。同

时，努力挖掘消费潜力，扎实推进供给侧结构性改革，有力化解过剩产能，努力保持经济平稳较快增长。

（二）突出绿色化理念，协调推进三次产业发展

把绿色生态作为立盟之本，所有产业都围绕“绿色化”发展理念推进实施。一是坚持做优一产。加快建设百万亩水稻、百万头肉牛等绿色农畜产品生产基地，扶持万佳、荷马糖业等龙头企业做大做强，进一步完善龙头企业与农牧民利益联结机制，提高农畜产品加工转化率和精深加工水平。加快绿色有机食品地理标志认证，整合现有品牌，打造“兴安盟大米”等一批地理标志产品，努力创建全国优质品牌。着力推进农牧业与二、三产业融合发展，使农牧业成为连二产、带三产“接二连三”的富民产业。二是坚持做大二产。围绕工业经济提质增效，抓好钢铁、卷烟、水泥、冶金等传统产业改造升级的同时，扶持蒙羊、宏达压铸、白医制药等企业做大做强，推动农畜产品加工业实现标准化、绿色化发展，装备制造业、蒙中医药、生物制药业实现高端发展。积极引进和扶持一批高新技术企业和创新型企业，培育发展绿色工业，帮助新兴产业加速成长为支柱产业。三是坚持做活三产。突出抓好金融、物流、文化、健康、养老等产业发展，特别要抓好以阿尔山为龙头的全域旅游业，着力推进世界地质公园、国际养生度假旅游区和国家5A级景区创建工作，积极开发跨境游、冰雪游等产品，实现四季旅游均衡发展。做好旅游与文化整合文章，办好阿尔山国际冰雪节、阿尔山论坛等特色活动，提高对外知名度和影响力。

（三）深入落实新一轮东北振兴战略，全力抓好对内对外开放工作

一是继续加强与蒙古国的交往合作。加快建设基础设施互联互通工程，推进阿尔山机场国际航站楼建设，在保持阿尔山至乌兰巴托航线开通的基础上，推动阿尔山至韩国首尔、日本东京等国家及港澳台地区航线的开通，努力争取航空口岸实现全年开放。着力推进通关便利化，加快阿尔山跨境旅游合作区、跨境经济技术合作区建设。加强与蒙古国在农牧业、矿产资源开发等方面的合作，推动盟内重点企业在阿尔山口岸落地。继续扩大人文交流，定期选派蒙汉双语人才赴蒙古国政府及企业界学习交流，鼓励兴安盟人民医院定期选派优秀医疗技术人员开展医术交流活动，支持兴安职业技术学院与蒙古国互派教师、留学生。二是继续深化区域合作。坚持“走出去、走上去”，开展定点招商、产业招商、以商引商，主动融入东北经济圈，承接京津冀、长江三角洲、珠江三角洲等发达地区产业转移。

（四）狠抓生态建设与环境保护，促进可持续发展

认真抓好中央第一环境保护督察组督察意见的落实，以减排工程建设为重点，积极落实管理减排和结构减排措施，推进大气污染防治工程，减少农业面源污染。加强水资源保护利用，促进水资源的科学开发利用。狠抓生态保护和建设，认真落实草原生态补奖等惠民惠牧政策，加大森林、草原保护力度，加强科尔沁沙地治理。加大投入力度，加强考核，落实好重点区域绿化和植树造林任务。

（五）着力保障和改善民生，提高人民群众幸福指数

一是突出抓好扶贫攻坚头号民生工程。把产业选准做实、把资金花好管严，确保各项帮扶政策措施落到实处、取得实效。继续推进“三到村三到户”精准扶贫，开展脱贫户生产生活情况回访调研，总结探索扶贫工作新模式，确保如期实现脱贫摘帽目标。二是切实抓好百姓安居工程。以阿尔山林区、乌兰浩特老工业区为重点，加快推进棚户区改造工程，用足用好财政、税收、金融、土地等政策，加大融资工作力度，全力破解资金瓶颈。加强棚户区改造资金监管，确保专款专用。在抓好棚户区改造工程的同时，着力推进以人为核心的新型城镇化，切实抓好“美丽乡村”建设，推动城乡区域协调发展。三是突出抓好以民生为重点的社会建设。加大公共财政向民生领域倾斜力度，不断提高人民群众的生活水平和幸福指数。切实抓好城镇居民医疗保险与新型农村合作医疗整合工作，全面提高城乡居民大病医疗保险和救助标准。进一步健全盟、旗、乡、村四级养老服务体系，稳步提高城乡居民低保、五保、“三无”、孤儿保障水平，托底解决城乡20万困难群体养老、医保问题。同时，全力抓好群众关心的收入、教育、就业和社会保障等问题，努力维护民族团结和社会和谐稳定。

（六）深入推进依法行政，进一步优化发展环境

加快政府职能转变，在巩固已有成果的基础上，进一步精简行政审批事项、放宽市场准入，深入推进商事制度改革，促进工商登记便利化。在落实好中央和自治区顶层设计要求的同时，开展基层实践创新，围绕激发民营经济活力，努力构建“亲”“清”新型政商关系。进一步优化创新创业环境，开辟大学生创业“绿色通道”，不断激发市场活力和社会创造力。加大高新技术人才引进与培养力度，深入推进电子商务进农村工作，建设一批村屯电子商务综合服务站，扩大“草原淘宝”等平台线上线下交易。

供　　稿：王文玺　兴安盟住房和城乡规划建设局局长

责任编辑：多志勇

通辽市经济社会发展情况

2016年，通辽市认真学习贯彻习近平总书记系列重要讲话和考察内蒙古重要讲话精神，牢固树立政治意识、大局意识、核心意识、看齐意识，聚焦全面建成小康社会目标，结合实际坚决贯彻落实五大发展理念，科学谋划推动经济社会发展。前三季度，全市地区生产总值完成1236.77亿元，增长7.5%；公共财政预算收入完成99.54亿元，增长8.6%；规模以上工业增加值增长9.1%；限额以上固定资产投资完成1219.33亿元，增长15.5%；社会消费品零售总额完成352.13亿元，增长9.7%；城乡居民人均可支配收入分别完成20787元和7656元，同比分别增长8.5%和7.7%。预计全年，全市地区生产总值增长8%，限额以上固定资产投资增长13%，公共财政预算收入增长6.5%，社会消费品零售总额增长9%，城乡居民人均可支配收入分别增长9%和10%。

一、2016年的主要工作

（一）保持经济稳健增长

一是加强经济运行调度，全力以赴稳增长。面对经济持续下行压力，坚持稳中求进工作总基调，着力推进供给侧结构性改革，结合实际精准落实五大任务，保障经济健康运行。制定30条措施强化低成本要素供给和企业减负，1—10月，协调落实大用户直供电42.3亿度，为企业节支6.5亿元，累计为236家企业发放贷款17.8亿元，“一企一策”服务重点企业，帮助39家企业复产，新增规模以上企业15户，总数达608户，工业用电量达277.2亿度，同比增长23.6%。

二是加快项目建设，抓开工、促落地、抢进度、保落实。举全市之力推进项目建设，秋季集中开工建设亿元以上项目31个，截至9月底，实施限上固定资产投资项目987个。164个重点项目开复工152个，开复工率93%，共完成投资797.52亿元，投资比重占全市固定资产投资的53.6%。出台扶持民营经济政策，市场主体新增2.9万户，总数达20.1

万户，民间投资同比增长7.6%，占全市固定资产投资的51.6%。进一步强化重大基础设施保障，通辽至京沈高铁连接线率先全面建设，通辽至鲁北、奈曼至营口高速公路全面开工，7条铁路电气化改造有序推进，霍林郭勒机场成功校飞，通辽机场改扩建开展前期工作；扎鲁特至山东青州特高压、科尔沁区至霍林河天然气管道相继开工；毛都水库开工建设，“引绰济辽”等水利工程正在推进；中心城区停车场、供水供热扩容提质改造、智慧城市等市政项目加快实施。

（二）推进产业转型升级

一是大力发展现代农牧业。规模降本，农机提效，一揽子推进土地草牧场确权流转、“四权”抵押、农企利益联结等农村牧区综合改革。建成900万亩生态节水高产高效粮食功能区，推进“粮改经”“粮改饲”，红干椒、荞麦等特色作物面积达250万亩，建成饲草料基地570万亩。增牛稳羊扩猪禽，牧业年度牲畜存栏2203万头（只），其中牛327万头。粮食和肉类产量分别达到138亿斤、68万吨，居全区前列；培育壮大农牧业产业化龙头企业200余家，专业大户、家庭农牧场、专业合作社等新型农牧业经营主体发展壮大，流转土地、规模经营1110万亩，专业合作组织突破1.2万个，45%的龙头企业与农牧民建立紧密型利益联结关系，带动30多万农牧户产业化增收。

二是做优做强工业支柱产业。坚持优化存量，强化增量，提升产业核心竞争力。铝及铝新材料产业，由初级加工向高端产品制造转型，重点推进锦联二期铝板带箔、创源高强高韧铝合金、联晟双零箔等铝加工和伯恩露笑150公斤级蓝宝石晶体等项目；玉米生物科技产业，以酸、糖、醇、胶、药等高附加值产品系列开发为主攻方向，培育全株产业链。梅花生物10万吨苏氨酸、金谷源玉米循环经济产业园等项目加快推进。绿色农畜产品加工产业，推进就地初加工、精细化再生产，巩固提升科尔沁牛业、金锣等原有企业，全力推进邦杰、伊赛、牧合佳等产业延伸项目；现代蒙医药产业，系统推动药材种植、人才培养、药品研发、标准制定、检测检验、医药服务等蒙医药融合发展，组建蒙医研究院，与河北安国农企合作种植药材6万多亩，修正药业、祁州药业、开封药业等知名药企相继入驻。清洁能源产业，新能源占总装机规模的40%，深能二期15万千瓦风电、振发能源20万千瓦光伏及变电站等项目开工。

三是优化提升现代服务业。积极推进全时全域旅游，面向哈长沈大城市群，打造“东北看草原、自驾游通辽”品牌。加快建设500公里文化旅游风景大道，推动旅游与文化体育深度融合，全面提升景区服务功能，预计全年接待游客超过540万人次，实现旅游收入超过130亿元，同比增长均超过20%。大力发展现代物流业，加快建设主城区五大重点物流平台及旗县专业特色物流园区。把发展大数据产业作为引领产业转型升级、创新社会治理、服务民生的重要抓手，举行通辽市大数据产业推介会，通辽市大数据产业园、通辽云计算中心、智慧公安等6个项目成功签约，项目总投资69亿元。电子商务业加快发展，通辽电子商务产业园获得国家“2016年十佳电子商务园区”殊荣。

（三）加快发展动力转换

一是狠抓改革施工落地。六大领域289项改革任务有序推进，有效解决一批影响制约发展的关键性问题。大力简政放权，市本级行政许可压减率达78%，审批时限缩减64%；创新非公经济服务模式，成立非公经济阳光服务中心，与行政审批中心“串联”服务，一体推行“五证合一、一照一码”；开展领导干部自然资源资产离任审计试点，完善自然资源管理制度；推进主审法官办案责任制、刑案庭审实质化、行政案件异地交叉多点集中管辖等司法体制改革；推进北部区域微电网国家级改革试点，蒙东能源风光火214万千瓦微网建成运营，努力形成长期稳定的低电价比较优势。

二是全方位扩大开放。主动融入国家“一带一路”、东北振兴、京津冀一体化、环渤海经济圈发展战略，积极推进中国内蒙古三盟市与蒙古国三省区域合作，承办中蒙博览会暨“3+3”区域合作会议、欧亚太平洋大学联盟蒙药学术高峰论坛，加强与周边盟市在旅游、物流、基础设施等各领域合作共赢。多地举办通辽绿色农畜产品博览会，与保定等地区缔结友好城市。开通“通满欧”跨境货运班列和大连港集装箱每日班列，实行公铁海多式联运模式，贯通北连欧洲、南至港口、通关达海的大通道。加大招商引资力度，分行业绘制产业链图谱，制定产业招商路线图，突出主导产业、重点区域和行业龙头企业，开展专业化精准化招商。截至10月末，全市新签约千万元以上项目165个，总签约额1530亿元，其中亿元以上项目119个，预计全年可实现到位资金660亿元。

三是大力推进科技创新。召开全市科技创新大会，聘请院士顾问“把脉问诊”，制定三年行动计划，设立科创基金和成果转化引导基金，规范科技项目招投标，引进高层次人才。建成常设科技大市场，深化与中科院、清华大学、吉林大学、内蒙古民族大学等高校合作，重点扶持蒙医药、铝新材料等技术研究院，建成院士工作站9家、国家级高新技术企业15家、自治区级企业研发中心19家，国家农业科技示范园区获批。围绕产业链部署创新链，玉米、肉牛良种化率分别达100%和98%，蒙药产业化关键技术通过科技部验收，一批创新成果步入应用阶段。

（四）切实增进各族群众福祉

不断巩固和加强民族团结。全面贯彻落实党的民族政策，深入开展民族团结进步创建活动，切实保障各族群众合法权益，共享改革发展成果，各民族守望相助、团结和谐的局面更加巩固。全力打好脱贫攻坚战。对135448名贫困人口建档立卡，逐级逐村分户落实责任和措施，选派10241名干部包联贫困户，组成21个推进组，强力推进2016年扶持的1.06万户总计4万贫困人口的精准脱贫工作。通过种养结合、结构调整，发展庭院经济、休闲农牧业等多种举措，发展经济、增收脱贫。库伦旗代表自治区接受国家脱贫成果第三方评估，结果为A类。扎实推进“双城同创”。统筹实施棚户区改造、物业管理全覆盖、环境综合治理，系统解决居民吃住行等问题。倾斜强化一线执法，建成食品加工园，推动食品加工划行归市、入园经营、集中监管，保障群众“舌尖上的安全”。国家卫生城创建以较高分值通过暗访验收。统筹做好创业就业、教育医疗、社会保障等方面工作。全面落实创业就业政策，成为自治区首家全国创业先进城市。改善128所义务教育薄弱学校办学条件，统筹发展民族教育、学前教育和职业教育，公办民族幼儿园全免费。推进公立医院改革，新建13个苏木乡镇卫生院和481个标准化嘎查村卫生室，为农牧区贫困人口免费体检。开展社会保障提标工程，覆盖城乡的养老、医疗、社会救助等社会保障体系进一步健全。深入推进文化惠民工程。新建嘎查村文化活动室582所，开展“百团千场”文化下乡演出，弘扬民族文化，讲好中国故事。承办全国贫困地区公共文化建设工作会。建立公共安全联调联动工作机制。创建集社会治安、信访维稳，环境、食药、生产、消防、网络安全等于一体的大公共安全联调联动工作机制，公共安全风险有效化解。平安通辽、法治通辽建设扎实推进。

（五）加强生态文明建设和环境保护

加强生态建设保护。坚持“人退绿进、自然封育”，实施“双千万亩”综合治理等重大生态工程，建设罕山、大青沟、乌斯吐、老哈河和乌旦塔拉5个生物多样性保护示范区，通辽市境内的4086万亩科尔沁沙地，半数得到有效治理。“树往人多处栽”，建成百万亩城郊森林，完成村屯绿化3215个、公路绿化3300公里，植树2600万余株，森林覆盖率达到28%。

加强环境保护治理。坚持“环境安全和群众利益至上”的原则，深入开展节能减排和污染治理整治行动，全力抓好中央环保督察组转办的30件清单、79个问题的整改，实行台账销号管理；针对北部区域产能积累集聚带来的环境隐患，与环保部中国环科院合作，积极推进投资10亿元的电解铝烟气污染物梯度利用、减量趋零排放示范工程，从源头上消除环保隐患。

（六）扎实推进全面从严治党

认真开展“两学一做”学习教育。分层级分领域制定“1+4+5”工作方案，分类制发《党支部手册》，全程纪录所有党支部“两学一做”情况。市委常委会以上率下带头开展学习研讨、问题整改，形成经常性教育机制。风清气正推进党委换届。细化“五个责任主体”责任，全方位组织督导指导；全面排查评估换届风险点，逐级逐项制定防控预案；树立正确选人用人导向，建立领导班子分析研判和干部选任全程纪实制度，盯住关键节点，严把程序关口，严肃纪律要求，保证换届风清气正。切实加强基层党建。深入整治软弱涣散基层党组织，强化开发区、工业园区和企业党建工作，在2098个嘎查村中深入开展集中教育整顿月活动，优化重植嘎查村“532”工作法，切实增强基层党组织凝聚力战斗力。正风肃纪，抓早抓小。深入整治懒政怠政、不作为、乱作为和不严不实、违反“八项规定”等问题，全程跟踪督查考评推进“四个全面”，加强重点工作落实情况，督促形成务实作风，常态化明察暗访、通报曝光。深入推进党风廉政建设。层层制定党风廉政建设“两个清单”，实行各级党委、纪委履责情况定期报告、年终述职述廉制度。市委书记、纪委书记与旗县市区市直部门主要负责人中期廉政谈话，以案施教，筑牢思想防线。充分运用监督执纪“四种形态”，保持反腐高压态势。积极配合自治区纪律审查、案件查办、巡视工作，率先推进市内巡查工作。

当前和今后一个时期，通辽市经济社会发展还存在不少问题和困难，欠发达的市情还没有得到根本改变，综合经济实力还不够强，产业发展不充分，扩总量、转方式、调结构的任务还很重；城乡居民收入低于全区平均水平，脱贫攻坚任务依然艰巨，民生领域还存在一些短板；维护地区平安稳定时刻不能放松，生态建设和环境保护仍须持续加大力度；部分干部适应引领经济发展新常态的办法不多、能力不强。

二、2017年的工作重点

2017年，通辽将认真贯彻落实自治区第十次党代会精神和李纪恒书记到通辽调研时讲话精神，按照通辽市第五次党代会的安排部署，坚持创新引领、开放转型、务实担当，进一步完善工作思路、细化工作举措、强化责任担当，推动通辽各项事业发展新局面。

（一）着力提高发展质量和效益，壮大地区综合经济实力

一是发挥投资关键作用和项目牵引作用。抓好自治区、市级重点项目和自治区70周年大庆项目，实行“挂图作战”、定期调度和包联制度，强力推进一批、全面建成一批、策划筹备一批，以足够的项目投入、足够的投资强度，为经济增长提供有力支撑，同时注意发挥消费拉动作用和出口促进作用，推动“三驾马车”持续发力。

二是强化创新、改革、开放三大动力。实施创新驱动发展战略，充分运用科技创新和成果转化引导基金，支持企业开展重大技术攻关，完善科技奖励制度，增设科学技术特别贡献奖，形成以创新为主要引领和支撑的经济体系、发展模式。深化经济体制改革，加大“放管服”力度，构建“亲”“清”政商关系，深入推进电力体制改革，

深化国资国企改革、财税体制改革、投融资改革、农村牧区综合改革，依靠改革激发活力、增加动力。落实好自治区全方位扩大开放的战略要求，积极融入新一轮东北振兴，承接京津冀产业转移，构建承东接西、通关达海的立体化交通枢纽体系，努力建设自治区向东向南开放的桥头堡。大力实施精准化招商、专业化招商、点对点招商，引进科技含量高、拉动作用强、发展潜力大的项目。

三是大力推进产业结构调整。工业方面，计划实施500万元以上工业重点项目330个。坚持优化存量、强化增量，瞄准高端、提升质量，铝新材料产业重点解决好降低成本、延长链条、绿色环保三大关键问题；玉米生物技术推进由加工型向制造型转变、由制造初级原料向高附加值产品转变；绿色农畜产品加工业变输出原粮活畜为推进就地初加工、精细化生产、食品级制造。培育壮大蒙医药产业，支持协助内蒙古民族大学组建蒙医药国家级重点实验室，争取内蒙古蒙医药大学落地通辽市；清洁能源产业推动开鲁深能二期15万千瓦、扎旗深能一期10万千瓦风电项目并网发电。农牧业方面，做好调结构、树品牌、促融合三篇文章，坚持为养而种、稳粮增畜，新建30万亩生态节水高产高效粮食功能区，推动“粮改经”“粮改饲”，大力发展特色种植业。在绿色有机上发力，提升科尔沁农畜产品品牌影响力。用工业化、商业化理念谋划农牧业，推动一、二、三产融合发展。现代服务业方面，推进科尔沁500公里风景带建设，加快完善旅游公共交通、公共信息系、安全保障系和旅游基础设施配套四大服务体系，加快品牌景区、重点景区建设，推进文化旅游体育深度融合，建成东北、华北自驾游首选目的地；完善提升五大物流平台，提升现代服务业规模水平。

（二）统筹城乡发展，增加发展的协调性和整体性

加快推进以人为核心的新型城镇化，结合创建全国文明城市和国家卫生城市，加强城市规划建设管理，实施百万人口区域性中心城市提质扩容工程，建设和谐生态、宜居宜业的现代化区域性中心城市。实施美丽县城、特色小镇三年攻坚提升行动，全面提升城镇功能和承载能力。加快补齐农村牧区基础设施和基本公共服务短板，创新乡村治理方式，形成共建共管长效机制。加快实施一批具有全局性、超前性的重大工程。推进京沈高铁连接线、通鲁高速、大白高速、旗县间高等级公路、行政嘎查村通沥青水泥路、通辽机场改扩建和旗县通用机场等交通基础设施建设。推进扎鲁特至青州特高压建设，加快通辽至霍林郭勒天然气管道工程建设进度。大力推进“引绰济辽”、引嫩济霍等重大跨流域水利工程。加快推进“三网融合”，推动互联网、云计算、大数据、物联网在经济社会发展各领域的应用。

（三）推动绿色可持续发展，建设美丽通辽

将生态建设作为通辽最大的基本建设，坚定不移推动绿色化发展。完成科尔沁沙地“双千万亩”综合治理346万亩，巩固完善罕山、大青沟、乌斯吐、老哈河南岸沙带、乌旦塔拉5个生物多样性示范区基础设施建设。大力退耕还林还草，启动生态环境保护地方立法，坚决打击“三滥行为”，深入实施京津冀风沙源治理，建设立足东北、面向华北的生态安全屏障。推进重点区域绿化工作，加快公路、农田防护林带、村屯、矿区、园区、村镇周边等重点区域绿化11.5万亩。强化环境保护治理，加快实施投资10亿元的煤电铝烟气污染物趋零排放示范工程，加快解决挂牌督办的重大环保问题。全面落实主体功能区规划，实施产业项目差别化准入政策和产业准入负面清单制度，建立覆盖所有固定污染源的企业排放许可证制度，完善突发环境事件应急机制。

（四）保障和改善民生，不断增进各族人民福祉

把脱贫攻坚作为头等大事和第一民生工程来抓，坚持精准扶贫、精准脱贫基本方略，用心用情用力工作。2017年，计划整合投入各类资金45亿元，扶持3.5万贫困人口稳定脱贫。基本消除开鲁县、扎鲁特旗两个区级贫困县绝对贫困现象，确保年底“脱贫摘帽”。落实“创业内蒙古”“创业逐梦”等6项计划，以创业带动就业。健全完善社会救助体系，全力保障城乡低收入群众基本生活，提高城乡低保保障标准。坚持协调发展，优化教育结构，全力推进义务教育均衡发展，加快普及高中阶段教育，完成主城区职业学校整合建设工程。开工建设通辽市医院新院区和蒙医中心医院。启动实施通辽市博物馆改造工程，建成乌力格尔艺术馆和版画艺术中心。完成新城区全民健身中心主体工程。

（五）加强和创新社会治理，筑牢祖国北疆安全稳定屏障

全力推进法治通辽建设。实施“七五”法治宣传教育规划，编制实施法治通辽建设规划，建立健全覆盖城乡的公共法律服务体系，完善法律援助制度和司法救助体系，增强公民法治意识。深入推进依法行政，深化行政执法体制改革，大力推行综合行政执法和法律顾问制度，推行政务公开，建立权责统一、权威高效的依法行政体制。抓好平安通辽建设。进一步健全大公共安全联调联动工作机制，落实党政同责、一岗双责、失职追责，统筹抓好重点领域隐患分析研判、综合整治、扎紧织密社会治安防控“六张网”，严厉打击黄赌毒、电信诈骗等各类违法行为，开展“生命教育”，遏制命案高发态势，严密防范、严厉打击渗透破坏、暴力恐怖、邪教和非法宗教活动，维护社会稳定。以群众工作统揽信访工作，完善网格化服务管理模式，全面开展涉稳隐患排查和重大事项社会稳定风险评估，切实解决好群众合理合法诉求。

（六）深入推进全面从严治党，为经济社会发展提供坚实保证

严格落实中央、自治区党委全面从严治党各项决策部署，深入贯彻落实党的十八届六中全会精神，提高党建科学化水平。加强思想理论武装，深入学习习近平总书记系列重要讲话和考察内蒙古讲话精神，坚定“四个自信”，树立“四个意识”，切实坚定理想信念，用党中央治国理政新理念、新思路、新战略武装头脑、指导实践、推动工作。加强领导班子和干部队伍建设，在基层一线、急难险重任务中培养发现使用忠诚干净担当的好干部。加强基层党组织建设，统筹抓好各领域党建工作，提高各领域党建工作科学化水平。加强党的作风建设，持续抓好“四风”整治，完善干部履职尽责机制、容错机制和问责机制，营造务实担当的良好风气。加强反腐倡廉建设，严格落实“两个责任”，运用好监督执纪四种形态，加大纪律审查工作力度，强化权力运行制约监督，形成风清气正的政治生态环境。

供　　稿：高志峰　通辽市委副秘书长、政研室主任
责任编辑：崔树华

赤峰市经济社会发展情况

2016年，赤峰市认真贯彻落实党的十八大和十八届三中、四中、五中、六中全会精神，认真学习贯彻习近平总书记系列重要讲话特别是视察内蒙古时的重要讲话精神，紧紧围绕自治区党委、政府决策部署，坚持稳中求进工作总基调，主动适应经济发展新常态，扎实推进供给侧结构性改革，着力稳增长、调结构、促改革、惠民生、防风险，经济社会发展取得了新成绩。1—9月，地区生产总值完成1229.7亿元，增长7.2%；城镇常住居民人均可支配收入21087元，农村牧区常住居民人均可支配收入6457元，分别增长8.7%和8.1%。1—11月，公共财政预算收入完成98亿元，增长6.5%；规模以上固定资产投资完成1441.7亿元，增长15.7%；规模以上工业增加值增长6.3%；社会消费品零售总额629.4亿元，增长9.9%。预计全年，全市地区生产总值完成1954亿元，增长7%；规模以上固定资产投资1462亿元，增长15%；规模以上工业增加值增长7%；社会消费品零售总额700亿元，增长9.8%；公共财政预算收入111.4亿元，增长6.5%；城镇常住居民人均可支配收入27387元，农村牧区常住居民人均可支配收入9516元，分别增长8.7%和8%。

一、2016年的主要工作

（一）千方百计增投资、上项目

赤峰市始终把增投资、上项目作为应对经济下行局面、增强经济发展后劲的关键一招。

1. 抓好项目投资

全年计划实施投资5000万元以上（社会事业项目投资1000万元以上）重点项目663项，总投资4200亿元，2016年预计完成960亿元，其中向自治区成立70周年大庆献礼项目33项，总投资2256亿元。1—11月，实际动工、开工项目743项，完成投资904.7亿元，同比增长12%。

2. 抓好创新融资

积极实施政府与社会资本合作融资、设立发展基金、搭建投融资平台、探索金融创新和推动直接融资的项措施，有效破解投融资难题。赤峰市确定了总投资近千亿元的政府与社会资本合作项目71个，其中入选国家第三批政府与社会资本合作示范项目6个，居自治区各盟市首位。设立了“美丽乡村”、高铁开发、赤峰市城市基础设施建设等发展基金11支，总规模近400亿元，目前已到位134亿元。整合国有投融资平台，组建了4家国有投融资公司，资产规模500亿元。探索银政通、资产证券化、金融租赁等融资模式，新增融资300亿元。推动资本市场直接融资，有6家企业上市或挂牌。

3. 抓好招商引资

认真落实自治区党委、政府“四方通达、八面来风”的要求，市委、市政府组团“走出去”招商引资、对接项目，各旗县区各部门也纷纷“走出去”洽谈、招商，推动了一批项目落地实施和一批项目签约合作。总投资100亿元的五龙集团30万辆汽车、21位海归博士组建的泰领医疗控股、总投资60亿元的朝气集团航空装备制造等项目正式签约，正威集团铜材深加工、碳谷科技富勒烯产业园等项目前期工作进展顺利。全年引进国内区外资金652亿元，增长10%。

（二）多措并举稳增长

坚持三次产业协调发展，推动经济持续向好。

1. 稳定工业经济运行

出台了《关于促进全市工业企业健康发展的若干意见》，从降低企业用电成本、支持企业互为市场、减免缓税费、鼓励兼并重组、杜绝乱罚款等方面降低企业成本，累计减免企业税费11亿元，通过电价补贴和大用户直供电降低企业成本3亿元。1—10月，工业企业实现利润总额59.6亿元，增长29.5%；亏损企业亏损额15.5亿元，下降18.4%。赤峰市在建60万千瓦风电、中电投2×30万千瓦热电联产、浦达拉200万吨沥青岩、大地云天化缓控释肥、瑞阳化工搬迁扩建、浩克新能源汽车等项目进展顺利，伊品生物20万吨谷氨酸、大地金峰年产50万吨阴极铜退城入园、京城新能源风机装备制造等项目开工建设。

2. 稳定农牧业生产

成功应对严重旱灾，粮食产量继续稳定在百亿斤以上，达到125.4亿斤。6月末，家畜存栏2661万头（只）。新增设施农业20.1万亩、优质紫花苜蓿27.4万亩，总面积分别达到131.8万亩和163.4万亩。新增土地流转面积184万亩，流转总面积617万亩，土地流转率达到42.9%。全市种养大户发展到10.4万户，家庭农牧场发展到865个。市级以上农牧业产业化重点龙头企业264家。澳亚奶牛养殖、恒都肉牛屠宰加工、中粮生猪全产业链、凌志速冻薯条加工等重点项目有序推进。

3. 稳定消费市场

11月末金融机构存款余额1823.2亿元，增长21.9%；各项贷款余额1352.9亿元，增长16.3%。1—11月，物流园区销售收入486.9亿元，增长9.5%，其中红山物流园区销售收入418亿元，增长10.5%。累计运行中欧（赤满欧）国际集装箱班列13列，运行货物1万吨，货值1100万美元。全年旅游接待人数1400万人次，旅游收入突破200亿元，分别增长11.5%和15.3%。宁城县、克什克腾旗入选国家全域旅游示范县，宁城县被评为全国农业和乡村旅游示范县，敖汉温泉城晋升国家4A级景区，全市4A级景区达到7个。

4. 稳定房地产市场

通过实行棚改货币化安置、减免契税、降低首付比例、提高公积金贷款上限等政策，推动房地产市场稳中向好。全市商品住宅待售套数4.2万套，面积363.7万平方米，与上年同期相比下降34.7%。全市商品房去库存时间约需18个月，其中商品住宅去库存约需10个月。

（三）持续用力促改革，不断增强经济社会发展动力和活力

全年确定改革任务320项，已启动281项，形成改革成果157项。

1. 着力抓好供给侧结构性改革

深入落实“三去一降一补”五大任务。工业方面，重点出台“飞地经济”政策，以赤峰经济开发区“一区四园”为基础，规划了154.3平方公里的赤峰东部工业走廊，鼓励各旗县区跨行政区域向工业走廊集中引驻项目和企业。其中规划面积15万平方公里的马林有色金属产业园基础设施项目及90万吨铜冶炼项目开工建设。农牧业方面，重点实施以加快农村牧区土地流转、发展规模种植养殖、提高优质农畜产品就地加工转化率为主要内容的“3661”工程，加快推进农牧业供给侧结构性改革。玉米种植面积比2015年减少215.4万亩，经济作物、饲料作物增加168.3万亩；优质肉牛、生猪存栏比2015年增加134.6万头（口），肉羊存栏下降；玉米“一粮独大”和肉羊“一畜独大”的结构性问题正在破解。

2. 全面深化各领域改革

深化行政审批制度改革，进一步简政放权，全面推行“双随机、一公开”监管，“放管服”不同步、不协调、不到位的问题正在得到解决。发挥基层便民服务室作用，构建了市、县、乡、村四级联动信息化便民服务网络。深化商事制度改革，全面实施“五证合一、一照一码”登记制度和个体工商户“两证整合”工作，新增市场主体5万户，总数达到27.7万户，分别增长28.8%和28.6%。深入推进社会领域改革，实行县域内义务教育学校校长、教师交流轮岗和中考“五统一”招生考试制度，设立2000万元文化产业扶持资金，公立医院改革全面实施。

3. 扎实抓好改革试点工作

9个国家级改革试点、29个自治区级改革试点和22个市级改革试点工作有序推进。巴林左旗农村土地确权登记颁证试点改革顺利完成，克什克腾旗草原确权承包试点通过自治区验收，全市草原确权登记年底基本完成。人民监督员制度、社会综合救助体系建设、社保基金社会监督等改革试点工作全面铺开。

（四）大力加强基础设施建设，加快补齐城乡统筹发展的短板

围绕公路、铁路、航空、电力、天然气、水利、通信“七大通道”建设，推出了千亿元基础设施工程包，全年完成投资突破200亿元，投资规模和建设规模创历史新高。赤峰至京沈高铁连接线开工，丹锡高速经棚至锡林浩特段具备通车条件，经棚至大板高速加快建设，经棚至乌兰布统高速即将开工，阿鲁科尔沁旗通用机场开工建设，林西支线机场加快推进，朝阳至赤峰燃气管道开工建设，东台子水库取得重大进展，锦山220千伏、天山220千伏等输变电扩建工程竣工投产。

中心城区改造提升步伐加快。中心城区防洪及环城水系治理、城市地下综合管廊、三座店水利枢纽向中心城区引供水工程、新区夜景照明改造升级、中心城区垃圾焚烧处理等项目开工建设，智慧城市、城市轻轨、中环快速路改造、“三山两园”（红山、南山、西山，樟子松园、油松园）改造、赤峰职教城等项目前期工作有序推进。中心城区框架进一步拉大，承载能力进一步增强，全市城镇化率达到48.5%。

农村牧区面貌大大改观。“美丽乡村”建设3年累计完成投资510亿元，完成8278个村庄建设任务，占村庄总数的77.4%。

生态建设力度持续加大。投资40亿元，完成重点区域绿化41.3万亩，栽植苗木4000万株，创改革开放以来绿化工作新纪录。

（五）惠民生、保稳定，努力增进人民群众福祉

进一步加大民生领域投入力度，民生支出占一般公共财政预算支出的77.2%。

1. 全面推进脱贫攻坚

推广杠杆式扶贫、龙头企业和合作社辐射带动扶贫、资产收益扶贫、“产业园区+易地扶贫搬迁”等扶贫模式，创新因病致贫人口脱贫模式，全年投入资金81.3亿元，7.6万人实现稳定脱贫。克什克腾旗、松山区实现区贫县摘帽。新增城镇就业3.2万人，农牧民转移就业70.6万人。

2. 扎实推进棚户区改造

全年完成投资38.75亿元，改造各类棚户区7042户，总计61.68万平方米。铁南棚户区7300户居民入住新居，如期实现了李克强总理让铁南棚户区居民三年迁入新居的重托。

3. 全面提高基本民生保障水平

启动了全民参保计划，加快推进社会保险扩面提标，完成了城乡居民基本医疗保险整合工作。城镇低保标准由每人每月457元提高到498元，农村牧区低保标准由每人每年3007元提高到3308元，参保人数达到36.4万人，基本实现应保尽保。百岁老人高龄津贴由每人每月300元提高至600元。

4. 加快发展科技、教育、文化、卫生、健康等社会事业

成功举办2016中国北方农业科技成果博览会暨全国农高会新丝绸

之路创新品牌展示交易会，现场交易额3.2亿元。投资7亿元实施农村牧区中小学办学条件提升工程，新改扩建幼儿园296所，职普比调整为3.2∶6.8，本科上线率达到58.3%。地方电视节目信号全覆盖、赤峰大剧院等工程积极推进。分级诊疗试点工作全面推进，与阳光保险、国药集团合作取得重大进展。赤峰市医院扩建、赤峰市综合检验检测中心等项目具备开工条件。

5. 深入开展全国文明城市创建工作

大力开展社会主义核心价值观和中国梦宣传教育，广泛开展群众性精神文明创建活动，培育打造“德善赤峰”品牌，全社会文明程度普遍提高。实现全国双拥模范城八连冠。

6. 深入开展社会矛盾排查化解工作

一大批社会矛盾得到及时有效化解，社会大局和谐稳定。

目前，赤峰经济社会发展仍然存在着一些困难和问题。一是欠发达的基本市情尚未根本改变，经济总量小，人均水平低；二是产业结构不合理，产业层次低，顶天立地的大项目、新项目少；三是创新驱动力量不足，创新发展任重道远；四是基础设施建设仍然欠账较多，城乡发展不够协调，城镇化水平还比较低；五是贫困面大、贫困人口多，脱贫攻坚、改善民生的任务依然繁重。

二、2017年的工作重点

2017年，是全面实施“十三五”规划承上启下的关键之年，也是全面深化改革的攻坚之年。赤峰市将认真贯彻落实中央工作部署和自治区第十次党代会精神，深化改革，扩大开放，守住三条底线，加快转型升级，促进“五化”协同，努力实现经济社会发展主要指标增速高于全国、全区平均增速的目标，以优异成绩迎接党的十九大胜利召开和自治区成立70周年。

（一）坚决守住发展底线，努力保持经济平稳较快增长

1. 发挥好现有企业产能对经济增长的基础作用

在推动发电和用电企业对接、减免缓税费、扩大企业融资、推动停产半停产企业恢复生产等方面制定更具有针对性的支持措施，稳定企业运行，保障经济增长。深入贯彻落实自治区非公有制经济工作会

议精神，深化“放管服”改革，营造更加宽松的环境，鼓励支持大众创业、万众创新，进一步壮大市场主体规模。继续激活房地产市场，配套提高教育、医疗等基本公共服务水平，增强城市、城镇对农牧民转移人口的吸引力，加快提高城镇化水平。

2. 发挥好产业发展对经济增长的牵引作用

在产业方面，推动一、二、三产业融合发展，在产业内部着力推动转型升级。有色冶金产业方面，集中打造具有优势产能的百万吨级铜产业园区，构建中国北方最大的铜冶炼基地；能源产业方面，力促京津冀清洁能源市场消纳承诺得到落实，打造面向京津冀的千万千瓦级清洁能源保障输出基地；化工产业方面，重点推动煤化工新型化、清洁化、多元化，打造新的支柱产业；农牧业方面，重点构建高水平的食品工业体系；服务业方面，重点发展全域全季旅游、现代物流、现代金融等支柱产业和电子商务、大数据、智慧城市等现代服务业。

3. 发挥好项目对经济增长的拉动作用

深入落实全区重大项目秋季集中开工动员大会精神，千方百计招商引资、扩大投资，新开工一批重大项目，掀起项目建设的新高潮。初步确定实施投资5000万元以上的重点项目684项，总投资4359亿元，当年完成1188亿元，增长23.5%。工业方面，开工建设金剑40万吨铜冶炼、盛森硅业氧氯化锆和硅橡胶、大地云天磷肥二期、伊品生物基戊二胺、克什克腾旗120万千瓦抽水蓄能电站等项目，加快中金岭南30万吨铅锌多金属冶炼、代黄沟5000吨铅锌采选、伊品生物年产10万吨苏氨酸和10万吨合成氨、瑞阳化工年产6万吨多元醇、中电投2×30万千瓦热电联产等项目建设，积极推进庆华煤基清洁能源、大唐煤制气二期、大唐克什克腾2×66万千瓦火电等重大项目前期工作。基础设施建设方面，继续推进“七大通道”建设，加快赤峰至京沈高铁连接线、经棚至大板高速公路建设，力促经棚至乌兰布统等高速公路开工，推进玉龙机场扩建前期工作，整体打包推进10个通用机场，开工建设辽东向辽西北供水赤峰支线工程、宁城打虎石水库向天义城区引供水、东台子水库和琥珀沟水库等水利工程，推进赤峰（元宝山）至华北400万千瓦电力外输通道建设，建成“气化赤峰”天然气管道。

（二）坚决守住生态底线，努力实现美丽与发展双赢

1. 利用建设手段增加绿量

深入实施重点生态工程，完成高效丰产经济林、樟子松、文冠果、山杏林改造、防沙治沙综合示范五大基地建设各20万亩，重点区域绿化20万亩。

2. 强化现代城镇绿色体系建设

推进中心城区地下综合管廊、环城水系治理、环城50公里生态圈、垃圾焚烧处理、公园改造、城市绿肺等项目建设，打造绿色城市、海绵城市，建成国家园林城市。

3. 推动循环低碳发展

建立循环工业、生态农牧业、绿色服务业体系，大力推动赤峰东部工业走廊和铜冶炼深加工、新型能源化工、高新装备制造、绿色食品加工、现代医药、纺织六大特色产业园建设，加快构建现代产业体系。在全市范围内实施工业退出机制，除矿山以外的企业基本实现退城入园，为保护生态留足空间，把森林、沙漠、湖泊等生态资源转化为富民强市的经济优势。

4. 加强生态文明法治化和制度体系建设

坚持把生态作为最普惠的民生福祉，严格执行《赤峰市禁牧休牧和草畜平衡条例》，制定出台地方性水资源管理法规，为统筹使用水资源和开展水权置换工作奠定基础。认真落实中央环保督察组反馈意见，强化污染防治，严肃查处环境违法案件，确保责任落实到单位、落实到人头，坚决按要求整改到位。

（三）坚决守住民生底线，努力提高人民群众生活水平

1. 坚决打赢脱贫攻坚战

深入实施精准扶贫、精准脱贫基本方略，严格落实责任制，完成投资90亿元，确保5.4万人脱贫，林西县实现国贫县摘帽。

2. 打响打胜棚改攻坚战

统筹推进中心城区和旗县所在地棚改工程，投资500亿元，改造5.1万户，其中中心城区投资417亿元，改造3.8万户。

3. 加快发展教育、文化、卫生、健康、养老等社会事业

发挥赤峰基础教育优势，坚持学前教育抓覆盖、义务教育抓均

衡、高中教育抓精品、职业教育抓整合，全面提高教育内涵发展水平。启动赤峰职教城建设，将市内3所高校、5所中职整合打造，构建自治区职教综合改革示范区。深入实施“文化+”行动计划，完善文化基础设施建设，启动中国契丹辽文化博物馆、红山文化展示中心等8个博物馆和赤峰大剧院建设，促进文化与旅游、体育等产业融合发展。实施“健康赤峰”工程，合理布局医疗机构，建设妇产儿童医院、康复养老医院等专业性医疗机构。

4. 全力维护社会和谐稳定

深刻汲取“12·3”宝马矿业特别重大瓦斯爆炸事故教训，全面深入开展“安全生产监管执法年”活动，持续开展安全生产大检查，彻底杜绝各类安全隐患。强化社会治安综合治理，创新社区管理模式，加快农村牧区社区化管理进程。加强矛盾纠纷排查化解工作，认真听取群众的意见和呼声，认真解决关系人民群众切身利益的问题，努力营造和谐稳定的发展环境和社会氛围。

供　　稿：曲国光　赤峰市纪委
　　　　　刘　浩　赤峰市委办公厅
责任编辑：张　敏

锡林郭勒盟经济社会发展情况

2016年，锡林郭勒盟认真贯彻落实中央、自治区的各项决策部署，全力推动经济社会持续健康发展。前三季度，全盟地区生产总值完成666.8亿元，增长7%；全社会固定资产投资484亿元，增长18.9%；一般公共财政预算收入74.1亿元，增长9%；社会消费品零售总额完成168.7亿元，增长9.5%。预计全年，全盟地区生产总值完成1015亿元，增长7.5%；全社会固定资产投资完成750亿元，增长20%；一般公共财政预算收入完成105亿元，增长12%；社会消费品零售总额完成246亿元，增长10%；城乡居民人均可支配收入分别完成33145元和13444元，分别增长9%和10%。

（一）供给侧结构性改革扎实推进，经济运行质量有了新提高

全力化解煤炭产能，前三季度原煤产量3694万吨，同比减少1587万吨。切实加大去库存力度，前三季度累计销售商品房19419套，同比增加3070套。前三季度，二产增加值416.8亿元，增长6.8%，其中，工业增加值378亿元，增长7%。口岸货运量完成960.6万吨，增长5%，进出境人员131.3万人次。招商引资到位资金312.9亿元，其中区外资金100.7亿元，外商资金227.6万美元。

（二）重点项目投资继续保持较高增长态势，发展基础进一步夯实

安排亿元以上盟级重点项目190项，总投资2098亿元，当年计划投资658亿元。前三季度，开复工180项，开复工率95%，完成投资508亿元。截至目前，累计有51个项目建成投产投运，预计到年底还有9个项目建成投产投运，盟级重点项目竣工率达到31.6%。27个自治区级重大项目开复工26项，预计全年完成投资270.7亿元。21个向自治区成立70周年献礼项目开复工19项，开复工率91%。锡张快速铁路项目列入中国铁路总公司“十三五”建设规划。

（三）产业结构调整步伐加快，转变发展方式取得积极进展

前三季度，服务业增速近年来首次超过工业增速，对经济增长的贡献率达到33%，同比提高9个百分点。非公有制经济增加值完成384.8亿元，同比增长10.7%，占地区生产总值的比重较2015年同期提高3.2个百分点。非公有制经济对全盟经济增长的贡献率达84.2%，拉动地区生产总值增长5.9个百分点。

（四）城乡居民收入稳步提高，社会事业和民生工作继续加强

前三季度，城乡居民人均可支配收入分别完成24553元和9071元，同比增长8.4%和7.8%。年内完成21375人精准脱贫，实现5个区贫旗县摘帽。3年累计完成投资115.37亿元，完成了全部71个苏木乡镇890个嘎查村（分场）3183个浩特自然村，总计27325个牧民散居点的“十个全覆盖”建设任务，惠及农村牧区常住户15.2万户，总计37.7万人。

一、2016年的主要工作

（一）全力稳定经济运行

全力落实“三去一降一补”任务，制定化解煤炭产能方案，计划3年淘汰退出煤矿7个，总规模540万吨。采取严格控制商品房建设用地、推进棚改货币化安置、加大农牧民进城购房政策支持力度等措施，扎实有序推进去库存工作。制定《进一步促进企业降本增效的意见》等，取消、降低收费项目41项。前三季度，完成电力多边交易8.9亿度，为企业降低用电成本6175万元；累计为5.7万户小微企业、个体工商户减免税费6000万元。建立完善借、用、还相统一的债务管理机制，化解地方性政府债务78.9亿元。着力补齐基础设施建设短板，年内争取完成基础设施建设投资117亿元，集通复线等7个铁路项目、6条高等级公路、锡林浩特机场改扩建和农村牧区公路、旅游公路加快推进，锡二铁路、丹锡高速等竣工通车。

（二）加快发展现代畜牧业

实施“减羊增牛”战略，制定印发了《关于加快发展优质良种肉牛产业的决定》和《优质良种肉牛产业发展规划（2016—2020年）》，着力打造中国中高端生态畜产品之都，年内引进优质良种肉牛1万头，计划出栏牲畜1200万头（只）。积极提高产业化经营水平，大庄园牛羊肉屠宰及精深加工项目一期建成投产。目前，全盟培育国家、自治区级龙头企业59家，组建专业合作社1191家，认定家庭牧场

469家。加强畜产品全产业链追溯体系建设，统一打造“锡林郭勒牛羊肉”品牌取得新成效。

（三）着力推动服务业提档升级

坚持全域旅游的思路，突出蒙元文化和草原特色，组织编制了全域旅游发展规划，重点推进中国马都核心区、锡林河生态景观带、锡林风景线、元上都遗址保护展示、小扎格斯台生态旅游景区等15个旅游项目建设。制定出台了餐饮、住宿等方面的服务质量标准，进一步加强了旅游公路等配套建设。

（四）深入实施创新驱动发展战略

与内蒙古联通公司和软通动力集团合作，启动建设大数据产业园，在全区率先推进数据信息资源整合，争取在全国率先建立现代畜牧业数据库和应用试点。印发了《信息资源整合共享及大数据产业项目推进工作方案》，重点建设五大基础数据库、数据共享交换平台和云计算大数据中心，涵盖智慧畜牧业在内14个大数据应用工程及2项大数据创新创业重点工程。目前，云计算大数据中心机房基本建成，数据共享交换平台和电子政务服务平台建设有序推进，二连浩特智慧城市一期工程建设完成，锡林浩特智慧城市试点项目通过自治区初审并报国家建设部、科技部，不动产登记信息管理平台、中小企业云服务平台搭建完成并运行。中电智云多伦大数据中心等项目扎实推进。依托大数据、物联网等现代信息技术，积极建设优质良种肉牛肉羊全产业链质量追溯和白酒、有机亚麻籽油、传统奶食品等防伪追溯体系。研究制定了《关于进一步创新驱动加快发展的实施意见》，组织实施科技计划项目200余项，形成察哈尔羊新品种培育、2000千千瓦风电机组关键技术研究及再工程化设计等科研成果100余项。

（五）全面深化改革开放

前三季度，制定出台改革成果53项，国家、自治区安排的及锡林郭勒盟自主推进的26项改革试点任务有序推进，年底完成全部改革。制定《“十三五”沿边开发开放规划》《关于加快推进向北开放的实施意见》，单设盟口岸办，二连浩特边民互贸区通关试运行。中国二连浩特中蒙俄经贸合作洽谈会升格为由国家贸促会和自治区政府主办的展会，其间达成协议资金65.3亿元。注册成立了资本金3.5亿元的盟级国有独资口岸开发建设公司，推动设立规模36亿元的“一带一路”暨重大基础设施建设基金。

（六）加强生态建设和环境保护

严格落实主体功能区规划，将75%的国土区域面积划入生态保护红线，初步编制完成草原自然资源资产负债表。以严标准、严监管、严考核落实好草原生态保护补奖政策，依法查处各类违法违规案件867起。严格规范天然打草场管理，预留草籽带107万亩、轮刈2095万亩。持续加强矿山地质环境综合治理，前三季度矿山企业投入资金2.04亿元，治理8.94平方公里，治理率达75%；“三区两线”及历史遗留废弃无主采坑治理、已过期闭坑矿山治理投入资金2.21亿元，治理18平方公里，治理率达65%。强化节能降耗减排工作，前三季度规模以上工业企业能源消费总量和产值单耗分别下降7.7%和6.3%，26个重点减排项目完工21个。以中央环保督察为契机，加大环境执法力度，全盟受理中央督察组转办信访问题50件，对27件属实或部分属实问题进行严肃处理，责令立即整改19件、立案2件，约谈3人、问责24人。

（七）加快推进新型城镇化发展

牢固树立以人为核心的新型城镇化理念，编制了《关于推进新型城镇化专题研究》和《“十三五”期间城镇化和城乡一体化发展规划》。实施了锡林浩特30公里生态景观带等重点工程，前三季度，完成市政设施建设投资30.2亿元，改扩建道路管网239.4公里，新增硬化绿化面积161.4万平方米，建成区面积扩大到173.27平方公里。全盟常住人口城镇化率达到63.87%。农村牧区进城人口享受同城基本公共服务覆盖率达90%以上。

（八）切实保障和改善民生

深入推进脱贫攻坚，投入扶贫资金13.5亿元，发放金融扶贫富民工程贷款8.64亿元。编制《太旗建设全国脱贫攻坚示范旗规划》，通过发展优势特色产业，支持太仆寺旗建设脱贫攻坚示范旗。积极推进大众创业、万众创新，设立2000万元发展基金引导大众创业，前三季度建设创业孵化基地25处，开展创业培训2551人，全盟企业法人增长43.9%，城镇新增就业1.4万人，农牧民转移就业1.9万人，城镇登记失业率控制在3.05%。完善社会保障体系，在全区率先开展了低保城乡统筹全国试点，全盟城市、农村牧区低保保障标准分别提高到月人均600元和年人均4500元。率先在全区开展重特大疾病医疗救助，安排医疗救助预算资金3420万元。扎实推进保障性安居工程，前三季度，全盟城市棚户区开工9476套，基本建成10325套。着力提升教育水平，完成薄弱学校改造37所，新续建幼儿园14所，建设标准化学校10所，5个地区通过自治区义务教育均衡发展评估。加快发展医疗卫生事业，制定了《开展分级诊疗制度试点实施意见》，优势病种蒙医蒙药治疗率达80%以上。积极推动文化事业发展，推出了《长调歌王——哈扎布》《驼乡新传》等一批精品剧目。

（九）全力维护社会和谐稳定

深化平安锡盟建设，总投资1.6亿元的平安锡盟数字化工程投入使用。认真落实“5+X”维稳信息研判会商机制、“1328”信访工作日和领导接待日制度，深入开展信访积案化解集中攻坚行动。前三季度，全盟信访批次和人数分别下降25%和28%，自治区交办的信访突出问题化解率91%、信访积案化解率100%。切实加强食品药品安全工作，完成盟级监管机构单设，建成以绿色畜产品检测为主的内蒙古东部、国家区域性的锡林郭勒食品检验检测和风险评估中心。

受发展起步晚、发展不足等影响，锡林郭勒盟经济社会发展仍然存在一些问题：一是经济增长对资源依赖偏重，工业以“原字号”产品和初级产品为主，优势特色产业结构单一、规模较小、层次较低、链条较短，总体上处在产业链的中低端。二是农牧业的规模化、标准化、集约化、品牌化水平不高，市场竞争力不足，发展层次不高，抗风险能力较弱。三是服务业规模小、档次低，特别是旅游业发展滞后，对就业和经济增长的拉动作用相对较弱。四是生态环境依然脆弱敏感，水资源制约明显，节能减排压力较大。五是口岸对经济发展的带动作用不够明显，对外开放水平有待提高。六是民生保障水平不高，教育、卫生等公共服务水平有待提高。

二、2017年的工作重点

2017年，锡林郭勒盟将深入贯彻落实党的十八大和十八届三中、四中、五中、六中全会精神，深入贯彻习近平总书记系列重要讲话精神和考察内蒙古重要讲话精神，全面落实自治区第十次党代会精神和李纪恒书记在锡林郭勒盟调研时讲话精神，坚持创新、协调、绿色、开放、共享发展理念，统筹推进“五位一体”总体布局、协调推进“四个全面”战略布局，全力推动新型工业化、信息化、城镇化、农牧业现代化、绿色化协同发展，努力打造富裕、文明、美丽、幸福的锡林郭勒。

（一）坚决守住生态良好这一底线，进一步筑牢我国北方生态安全屏障

牢固树立底线意识，抓紧制定锡林郭勒盟草原生态保护意见、生态保护底线标准，研究出台生态保护红线管理办法，健全完善领导干部自然资源资产离任审计、生态环境损害过错责任终身追究等制度，建立生态环境负债清单。严格落实新一轮草原生态补奖政策和草畜平衡、禁牧休牧轮牧制度，严格控制天然草场放牧存栏规模。加强高产饲草料基地和天然打草场管理，科学确定统一刈割时间，严禁高产饲草料基地改变用途种植粮食或经济作物。加强生态系统建设，完成林业生态建设85万亩，其中沙源治理28万亩、退化林修复改造17万亩、重点区域绿化面积4万亩，完成在期生产矿山和“三区两线”及历史遗留废弃采坑治理44平方公里。加大大气、水、土壤污染的防治整治力度，新上项目全部采取一流节水技术和节能减排技术。同时，坚决彻底抓好中央环保督察组反馈意见的整改落实。

（二）集中精力抓项目促投资，为经济持续健康发展培育新动能

切实发挥好投资的关键作用，初步确定2017年实施盟级重点项目196项，总投资3096亿元，当年计划投资728亿元。其中，续建123项，当年计划投资445亿元；新建73项，当年计划投资283亿元。围绕重点项目建设抓活融资，大力推广实施政府与社会资本合作融资模式，与金融机构合作抓紧推动设立现代牧业产业发展基金、道路交通建设基金、旅游发展基金等，加大对重点项目、重大工程建设融资支持力度。

（三）以现代畜牧业为主攻方向，大力发展绿色优质良种肉牛肉羊产业

痛下决心减少对传统发展路径的依赖，加快发展现代畜牧业，大力实施“减羊增牛”战略，出台《优质良种肉牛产业发展扶持政策（试行）》，通过市场化运作，鼓励具备条件的企业和养殖大户引进适合锡林郭勒盟气候条件的安格斯等优质良种肉牛，确保2016—2018年引进10万头以上。加强与黑龙江大庄园、台湾元盛、华润五丰等龙头企业合作，提升畜产品精深加工水平，年内力争华润五丰30万头肉牛精深加工、1万头优质良种肉牛育肥、2000头优质纯种肉牛扩繁示范项目建成，积极推进大庄园二期20万头肉牛精深加工、10万只优质良种肉羊繁育示范项目建设。同时，采取兼并重组、股份合作等形式，抓好元盛等现有企业的整合提升。

（四）以发展绿色草原全域旅游为龙头，引领带动服务业整体提升和增收富民

加快构建全域旅游发展格局，突出蒙元文化、绿色草原两大特色，编制完善全域旅游总体规划，坚持高起点规划、高标准建设、高水平管理，将全盟创建成国家草原全域旅游示范区。强化项目建设，重点抓好元上都遗址保护展示、小扎格斯台生态旅游景区、锡林风景线等20个项目建设，年内完成投资37.4亿元。高水平策划举办草原冬季那达慕和雪文化节，打响锡林郭勒“夏季看绿、冬季看雪”旅游品牌。探索推进“旅游+”产业新模式，打造集旅游、养老、保健、康复等为一体的现代健康产业基地。

（五）以建设绿色清洁能源输出基地为重点，推动传统工业向中高端水平迈进

大力发展绿色清洁能源产业，围绕锡盟至山东、锡盟至江苏特高压通道建设，全力争取华润、京能、蒙能、大唐等4个电源点年内建成投产。积极推进煤炭去产能，合理控制开发规模和强度，完备煤炭开发手续，坚决依法依规淘汰落后产能，加快推进煤炭开发和转化企业整合。大力发展循环示范产业，加强与华润、京能、吉林电力等企业合作，开展粉煤灰综合利用共性关键技术研发，确保粉煤灰综合利用项目与电源点同步建成投产，打造工业固废循环利用示范产业基地。注重运用高新技术和先进适用技术，改造提升有色金属采选冶加一体化发展水平，发展非资源型产业，构建多元发展、多极支撑的现代产业体系。

（六）以现代信息产业为引领，构筑经济发展新优势

以内蒙古国家大数据综合试验区启动为契机，抓紧制定锡林郭勒盟大数据产业发展规划，依托锡林郭勒空港物流园区，加快启动大数据产业项目二期和产业园区规划建设，积极引进一批拥有海量数据资源的国家部委、省区、相关行业和企业的数据中心进驻。深化与软通动力、内蒙古联通公司合作，争取年底完成盟旗两级数据信息资源整合共享。实施大数据现代畜牧业、智慧城市、智慧文旅、智慧教育、智慧医疗等应用示范工程，争取率先建立现代畜牧业大数据库和应用试点。积极推广应用物联网技术，突出抓好RFID物联网技术在优质良种肉牛肉羊全产业链质量追溯，以及中高端白酒、有机亚麻籽油、传统奶食品等防伪追溯方面的推广应用，力争到2020年建成全国农畜产品全产业链质量追溯示范产业基地。

（七）全面深化改革开放，进一步增强经济发展活力

继续抓好供给侧结构性改革，落实好去产能、去库存、去杠杆、降成本、补短板重点任务；推进“放管服”改革，加大简政放权力度；切实抓好习近平总书记嘱托先行先试的3项改革任务，在生态文明制度建设、构建龙头企业和农牧民利益联结机制、深化同俄蒙合作方面取得新成效。加快二连浩特国家重点开发开放试验区、综合保税区建设，推动设立珠恩嘎达布其自治区重点开发开放试验区，力争年内口岸过货量完成1900万吨，进出境人数突破260万人次，进口货物就地转化率达到40%。承办首届珠恩嘎达布其中蒙口岸合作发展论坛，争取将2017·中国二连浩特中蒙俄经贸合作洽谈会打造成国际区域交流合作重要平台，将2017·锡林郭勒中蒙俄国际区域产能合作论坛和2017·阿巴嘎旗民族商品交易会打造成国际品牌。深度融入京津冀协同发展、长江经济带发展和振兴东北战略，全力推进锡赤通经济区和辽蒙海陆开放合作试验区建设，加强与港澳地区的合作交流，主动承接符合优势、条件的产业转移，提升全方位对外开放水平。

（八）加强基础设施网络建设，不断提升发展支撑保障能力

铁路网方面，加快推进锡林浩特至集宁提速改造、巴珠四期、集二铁路扩能、多丰铁路复线等建设和锡林浩特至张家口快速铁路、锡林浩特至赤峰铁路前期工作，到2020年新增铁路1600公里以上，总里程达到3500公里以上，建成高效便捷的进京赴呼快速客运铁路通道、横贯东西的区际铁路通道、通疆达海的口岸铁路通道。公路网方面，重点加快推进丹锡高速、二广高速以及国省干线改造、旅游公路、农村牧区公路、边防公路等建设，到2020年新增公路2000公里以上，总里程达到2.1万公里以上，实现出盟通道、所有旗县市（区）和重点口岸高速公路连通，苏木乡镇、行政嘎查村和大的自然村通沥青路或水泥路。航空网方面，加快推进锡林浩特、二连浩特机场升级改造，加快蓝旗、东乌旗2个支线机场和6个通用机场建设，打造连通盟内外和国内重点城市的多层次、开放式航空运输网络。市政网方面，集中实施道路、供水、供热、绿化、地下综合管廊等基础设施建设和棚户区改造，近三年完成投资300亿元以上，年内棚改货币化安置率达到90%以上。水利网方面，加快推进引嫩济锡前期，实施好城镇水质提升、农村牧区安全饮水工程。能源网方面，加快建设特高压电力外送通道，加强盟内骨干电网网架建设，实施好农网升级改造和新能源风光互补改造升级工程，解决好1.27万户未通网电牧户用电问题。信息通讯网方面，全面推进“宽带锡盟”工程，实施好无线网、有线接入网、传送网、数据网、技术改造和宽带提速等信息项目，实现4G宽带网络全覆盖。

（九）全力改善和保障民生，切实增进各族群众福祉

全年投入各类扶贫资金9亿元以上，完成3个国贫旗5700人建档立卡贫困人口脱贫任务。大力推进“创业锡林郭勒”和众创空间建设，各旗县市（区）至少构建一个以上众创空间，加快建设具有示范带动作用的电子商务创业园。大力发展教育，争取全盟旗域义务教育均衡发展达标率100%，95%的中小学实现标准化。扎实推进健康锡盟建设，深化医疗卫生体制改革，实施医疗卫生质量提升工程。继续推进全民参保计划，加快城乡居民基本医疗保险制度整合，开展低保城乡统筹工作，实现所有牧业旗所在地建有一处牧区养老机构。抓好“美丽乡村”建设，健全农村牧区基础设施和公共服务设施投入长效机制，加强环境综合整治，巩固好建设成果。

（十）巩固发展民族团结、社会稳定大局，坚决筑牢祖国北疆安全稳定屏障

全面贯彻党的民族政策，深入推进兴边富民行动。认真落实信访维稳责任制，定期开展矛盾纠纷排查活动，妥善解决各类矛盾纠纷和重大隐患。深入推进军民融合发展，稳边固边。扎实推进平安锡盟建设，加大社会治安重点领域和突出问题专项整治，确保社会稳定。切实抓好生产安全、食品药品安全、交通安全等工作，坚决遏制各类重特大安全事故发生。

供　　稿：锡林郭勒盟行政公署办公厅
责任编辑：多志勇

乌兰察布市经济社会发展情况

2016年，乌兰察布市按照自治区党委、政府的决策部署，坚持以科学发展为统领，全面落实“四个全面”战略布局和“五位一体”总体布局，大力实施创新驱动、改革推动、项目拉动战略，实现经济运行总体平稳、稳中向好，社会和谐稳定的良好局面。前三季度，全市地区生产总值完成618.8亿元，同比增长7.2%；固定资产投资完成580.4亿元，同比增长9%；一般公共预算收入完成45.2亿元，同比增长3.9%；社会消费品零售总额完成222.6亿元，同比增长9.1%；城乡居民人均可支配收入分别达到19514元和5993元，同比增长8.2%和8%。预计全年，全市地区生产总值完成965亿元，固定资产投资完成660亿元，一般公共预算收入完成59.6亿元，社会消费品零售总额完成316亿元，城乡人均可支配收入居民收入分别达到26565元和9191元。

一、2016年的主要工作

（一）着力推进深化改革与对外开放

以经济体制改革为重点，实施经济生态和社会事业领域改革196项，形成成果105项，一些重点领域和关键环节改革取得新成效。围绕“五大政策支柱”和“三去一降一补”五大任务，大力推进供给侧结构性改革。完成房地产去库存754万平方米，取消、停征和免征涉企收费18项，126户企业享受自治区用电临时扶持政策，102户参与电力多边交易范围，降低企业生产成本22.6亿元。大力推进权力清单、责任清单、负面清单和网上审批制度改革，市本级责任清单全部公开，所有进厅审批事项实现全流程网上公开审批，行政审批项目即时办结率由30%左右提高到50%以上。深化投融资体制改革，21个政府与社会资本合作项目列入自治区项目库，总规模达320多亿元，其中2个进入国家财政部项目库。农村牧区综合改革稳步推进，旗县试点村土地确权工作全部完成，四子王旗草原确权和察右中旗、察右后旗基本草原划定工作通过自治区验收。土地和草牧场流转面积分别达到435万亩和434万亩，占家庭承包耕地和草原总面积的40%和7.9%。

抓住国家“一带一路”建设和京津冀协同发展重大机遇，大力实施融入京津冀、对接俄蒙欧合作战略，全方位扩大对外开放。召开了蒙晋冀长城金三角合作区第三届联席会议，累计签定产业合作项目36个。积极承接产业转移，建成中关村科技园、大兴至乌兰察布产业园等京蒙合作产业园区14个，共签定承接北京非首都功能疏解和产业转移项目107个，协议总投资537亿元。向北开放格局进一步优化，中国新雅宝路商场、天津自贸区东疆保税港区进口商品和平行进口汽车直营中心建成运营，乌兰察布至阿拉木图中欧班列开通，集宁海关实现通关便利化。

（二）着力扩大固定资产投资规模

围绕补短板、强基础、调结构、增后劲，着力优化投资结构，不断增加有效投资。全年实施亿元以上项目279个，总投资2214亿元。加强交通运输体系建设。乌兰察布集宁机场正式通航，开通航线8条、通航城市13个。凉城县等5个通用机场建设项目列入自治区“十三五”规划和国家重点项目库。乌兰察布高铁车站主体工程已完工，集宁至大同城际快速铁路被列入国家铁路中长期规划。实施重点公路建设项目30项，建设规模1300公里，完成投资48亿元，立体化交通大格局逐步形成。实施电网工程65项，新增变电容量115.3万千伏安。启动了引黄济岱工程，一期工程永兴水库向岱海补水正式通水，卓资县隆胜水库、四子王旗红格尔水库和兴和县七家营水库获自治区批复，要素保障能力进一步提升。

（三）着力提升产业发展水平

1. 以转变发展方式为主线，突出抓好“五个农牧业”

坚持农牧业内部挖潜增效，大力发展特色、设施、种子、绿色和加工农牧业，推动传统农牧业向现代农牧业发展。完成农作物总播面积1052万亩，其中马铃薯390万亩，冷凉蔬菜87.4万亩，以燕麦为主的杂粮杂豆150万亩。新改扩建“百千万”规模养殖场86家，奶牛、肉羊、肉牛和生猪规模化养殖比例分别达到82%、25%、16%和44%，牧业年度牲畜存栏910.4万头（只）、出栏382万头（只）。产业化进程不断加快，151家年销售收入500万元以上的农畜产品加工企业累计完成销售收入140多亿元，增加值44.5亿元，4家龙头企业实现上市经营。全市农畜产品加工转化率达到53%。农牧民专业合作组织加快发展，各类合作社发展到7801家，农牧民和企业紧密型利益联结比例达到35%。农畜产品质量安全保障体系更加完善，累计完成“三品一标”认证产品239个，认证面积445万亩，地理标志产品7个，42家企业纳入了自治区可追溯信息平台。

2. 以“扩、提、转、引”为突破，进一步做大做优工业经济

坚持横向延伸抓配套，纵向联合抓升级，推动企业循环式生产、园区循环式链接、产业循环式组合。2016年1—9月，完成工业固定资产投资185.7亿元，336户规模以上工业企业实现总产值741.3亿元，同比增长5.1%。优先发展能源产业，实施了一批火电、风电、光伏电源等项目，新增电力装机79万千瓦，成为保障首都、服务华北的重要电力输出基地。加快改造提升传统产业，三爱富无水氟化氢、氟橡胶项目和永和综合产能5.2万吨二氟乙烷系列产品项目顺利投产，形成氟化工系列产品总产能25万吨，产品达到15种，成为我国北方重要的氟化工产业生产基地。蒙维二期特种聚乙烯醇项目顺利投产，电石下游产能达79.3万吨。由清华大学深圳研究生院与瑞盛石墨合作的首条石墨烯生产线建成投产，全市各类碳素石墨制品产能达到29万吨，成为国内重要的石墨新材料生产基地。加快铁合金产业转型发展，引进吉林铁合金一期100万吨铁合金系列项目，全市铁合金综合产能达到423万吨，占全国的11%。信息产业加快发展，北京到乌兰察布光缆通道工程年底前建成，华为云计算数据中心正式启动，带动了华唐集团、软通动力、中信国安等一批知名大企业入驻。园区承载能力进一步增强，累计完成基础设施投入212亿元，入驻企业498户。1—9月，园区工业总产值达到535亿元，占全部规模以上工业产值的72.2%。加快推动园区提档升级，将14个园区整合为11个，自治区级园区达到8个，形成“一园多区”发展构架。

3. 以优化结构为关键，大力培育6个新兴服务业

围绕打造区域性商贸物流中心，不断壮大现代物流业。截至10月底，煤炭、马铃薯、皮革3个交易中心实现营业收入66.4亿元，完成全

年目标任务的66.4%。城乡市场流通体系日益完善，摩尔时尚广场、丝路文化博览园、北方国际石材城等一批城市商业综合体项目顺利推进。加快发展电子商务，11个旗县市区全部建成电商中心，云牧场电子商务产业园区投入运营，乌兰察布电子商务孵化创业园入驻企业49家，红星美凯龙网上商城“星易购”乌兰察布分站、京东商城乌兰察布特色馆、今合网等上线运营。

围绕打响体现草原文化、独具北疆特色的旅游观光休闲度假基地，促进文化旅游融合发展，建成蒙元文化博览园民族文化一条街，市博物馆项目顺利推进，大剧院规划设计前期工作已完成，推出了《忠勇察哈尔》《圆梦》《寻梦》等一批精典剧目。加强旅游基础设施和景区配套建设，实施旅游重点项目62个，累计完成投资28亿元。凉城旅游度假区岱海温泉小镇、国际滑雪场项目稳步推进，市京蒙游客中心、集宁战役红色纪念园、集宁区霸王河欢乐世界等一批旅游设施和景点投入使用。开通北京至乌兰察布旅游专列2列，建成3个自驾营地。截至10月底，共接待游客1200万人次，实现旅游收入102亿元，同比分别增长19%和16%。

围绕打造面向首都的养老养生基地，加快发展医疗养老产业。重点推进福瑞医养一体化、察右前旗五洲助康综合医院等项目建设。加强养老服务体系建设，新建民办养老机构5个，大力提升互助幸福院管理服务水平，中心城区选择6个街道办事处开展了社区居家养老服务试点工作，惠及800多名特殊困难老人，形成了以“居家养老为主，社区养老和机构养老为辅”的养老模式。

以北京张家口冬奥会为契机，大力发展体育健身产业。开工建设了市游泳馆、网球馆和岱海国际滑雪场等一批重点项目，赛马、攀岩和航空飞行等27个训练基地全面推进中。乌兰察布市初步具备了承办国际国内各类体育赛事的能力，2016年承办首届国际动力机车那达慕大会、2016全国拳击锦标赛和乌兰察布市首届国际露营大会等各类体赛事活动12项。公共体育服务设施日益完善，各类体育场馆达到1430个，人均体育场地面积1.82平方米。

充分发挥区位交通比较优势，大力发展会展经济。规划了市会展中心，建筑设计方案正在修改完善中。成功举办2016中国创业创新博览会、第二十六届全国图书交易博览会、“乌大张·俄蒙韩”特色商品博览会和首届乌兰察布文化产业博览会等大型会展活动。

着眼于提高金融服务和保障能力，大力发展金融业。形成国有商业银行、股份制商业银行、农村金融机构等多样化的银行服务体系。前三季度，人民币存款余额981.8亿元，贷款余额623.9亿元，存量存贷比和增量存贷比分别为63.5%和51.4%。创新融资方式，融资授信规模达到365亿元，46家企业在内蒙古股权交易中心挂牌，实现直接上市融资。

（四）着力推进城乡一体化建设

按照“一个尊重、五个统筹”城市发展要求，以“五城联创”为抓手，突出抓好城市规划建设管理三大环节，进一步完善城市功能、提高城市品位。实施城建项目565项，完成投资169亿元。城市道路、给排水等市政基础设施建设不断加强，新建改建城市主干道22.7公里、硬化街巷37万平方米；新建公园绿地11处，新增绿地面积400多万平方米；新建改建水源地2处；集中供热率和燃气普及率分别达到85%和80%。实施房地产开发项目168个，商品房销售面积258万平方米。加强既有居住建筑节能改造，完成改造面积76万平方米。扎实开展“物业管理服务规范年”活动，中心城区物业覆盖率达到100%。大力推进智慧乌兰察布建设，城管、交警、应急三大公共服务信息平台不断完善。“五城联创”取得阶段性成果，国家卫生城市顺利通过暗访验收，国家食品安全城市创建被列为全国试点。大力实施“美丽乡村”建设，整合撤并695个村，14个镇入选全国重点镇，4个村入选中国传统村落名录。加强生态文明建设，实施国家、地方重点绿化项目9项，完成建设任务125万亩。

（五）着力保障和改善民生

全面落实“六个精准”脱贫措施，实施“五个一批”脱贫工程，实现2.8万人稳定脱贫。完成“三到村三到户”项目投资4.6亿元，发放扶贫富民贷款11.2亿元，开工建设安置点591个。严格落实草原生态补奖政策，安置贫困人口护林员3820人。全面落实各项惠民助学政策，受助学生66230人。大力实施社会保障兜底工程，将完全或部分丧失劳动能力的贫困人口全部纳入农村牧区最低生活保障范围，对不符合低保条件、属于社会保障兜底脱贫的贫困户给予现金直补。启动实施医疗健康精准扶贫工程，对建卡立档的贫困人口开展13项免费健康体检筛查，完成体检50635人，对3669名贫困人口实施了大病救助。

大力推动大众创业、万众创新。深入实施“就业六项工程”和“创业六项计划”，截至10月底，农牧民转移就业35.6万人，城镇新增就业1.68万人，城镇登记失业率稳定在3.8%。加强创业创新载体和创客公共服务平台建设，乌兰察布创客大学、创客大学孵化基地正式揭牌，乌兰察布市创客空间和化德县星火众创空间入围国家级众创空间。围绕“住有所居、居有改善”，新开工城市棚户区改造1.7万套，基本建成9599套；实施农村牧区危房改造5.6万户，完工4.6万户，贫困群众居住条件大为改善。

全面提升社会保障水平。扎实推机关事业单位养老保险工作，市本级参保登记工作基本完成。城镇职工和居民基本医疗保险政策范围内报销比例分别达到90%和80%。“新农合”参合农牧民保持常住人口全覆盖，政策范围内报销比例达到78%。

（六）着力推进各项社会事业协调发展

优先发展教育事业。继续深化校长、教师和课堂教学三项改革，中小学课堂教学改革实现全员、全学科覆盖。启动实施“管办评”分离改革试点工作。推动义务教育均衡发展，5个旗县通过自治区评估验收和国家认定。各级各类教育实现统筹协调发展，教育教学质量和整体办学水平逐年提高。

加快发展医疗卫生事业。公立医院综合改革全面推进。开展了支付方式改革，重点实行乡村两级定点医疗机构门诊总额预付，将单病种限额付费病种由16种扩大到36种。大力推行全科医师及乡村医生签约服务，城镇和村级重点人群签约覆盖率达到62%和70%。与北京60家社区卫生服务中心结成一对一帮扶，开展远程会诊、功能检查等医技服务。启动实施家庭病床制度，设立了重大疾病救助基金，有效降低贫困人口医疗负担。

大力发展科技事业。实施重点领域关键技术攻关、实用高新技术成果转化、创新平台载体建设三大工程。争取国家和自治区各类科技计划项目13项，推荐申报国家和自治区科技项目69项，一批先进技术和科技成果落地转化。加强科技信息服务平台建设，选聘25名区内外专家加入平台专家团队。大力推进科技特派员制度，实现了农牧业产业科技特派员服务全覆盖。

受宏观经济形势影响，目前还存在一些困难和问题，主要表现为经济下行压力较大，企业投资信心不足，拉动全市经济社会发展的大项目、好项目少，已开工建设的项目周期长，效应还没有完全显现出来；稳增长压力较大，既使采取降成本等一系列政策措施，但由于主要工业产品价格持续下跌、产品滞销，部分企业生产经营仍然困难，城乡居民消费能力不足，特别是住房刚性需求不足，房地产去库存压力较大；城乡居民收入水平还不高，脱贫攻坚任务紧迫而艰巨，一些民生问题亟待解决等等。

二、2017年的工作重点

2017年是自治区成立70周年大庆之年，做好当年的工作意义重大。按照自治区第十次党代会精神和市委总体战略部署，以五大发展理念为引领，坚守发展、生态和民生底线，协同推进“五化”同步，因势利导、真抓实干，以优异的成绩迎接党的十九大胜利召开。

（一）深入推进创新发展，切实增强发展动力

创新抓项目、扩投资的体制机制。充分发挥投资的关键作用，围绕产业升级、科技创新、生态保护、社会事业发展、基础设施建设等领域，加快实施一批大项目好项目，不断提高投资的有效性。年内，计划实施亿元以上项目280个，总投资1914亿元。

创新产业转型发展的路径和模式。坚持举绿色旗、打特色牌、走品牌路，加快推进农牧业现代化进程。突出抓好马铃薯、冷凉蔬菜、杂粮杂豆、生猪肉羊四大优势特色产业，马铃薯播种面积稳定在400万亩，冷凉蔬菜面积达到90万亩，杂粮杂豆面积达到160万亩，生猪、肉羊分别出栏330万口、1000万只。坚持调整存量和做优增量并重，实施3000万以上工业重点项目115项，推动工业结构优化升级。加快发展新能源、新材料、云计算、装备制造、生物制药和节能环保等新型产业，大力改造提升传统优势产业，推动产业由中低端向中高端迈进，着力打造中国北方重要新能源基地、全国有重要影响力高端化工

基地和全国最大铁合金生产基地。坚持生产性服务业和生活性服务业并重，传统服务业和现代服务业并举，大力发展六个新兴服务业。重点推进“物流+”“旅游+”和“金融+”，加快发展临空经济、跨境物流、多式联运、冷链物流、物流金融，打造京津港口合作区、面向俄蒙欧国际物流节点城市，推动岱海国际滑雪场、集宁要塞文化旅游产业园、丝路文化博览园、会展中心和中高端养老社区等项目建成运行。

（二）深入推进协调发展，大力优化发展环境

坚持补齐短板与做强优势相统筹，切实加大城市建设力度，全年计划实施城建重点项目278项，完成投资159亿元。积极引导产业集聚发展，大力推进以人为核心的新型城镇化，城镇化率达到50%。重点加强道路交通、水、电等基础设施建设，扎实推进“五城联创”，突出抓好86个全国乡村旅游扶贫重点村建设，不断增强发展的整体性和协调性，努力打造环境优美、宜居宜业、各具特色的城市群。

（三）深入推进绿色发展，着力改善生态环境

坚持绿色发展方向，以绿色引领新型工业化、城镇化和农牧业现代化。围绕“两带三廊六大区域”，实施国家和地方重点绿化面积58.2万亩。严格落实节能减排目标任务，大力开展大气、水、土壤污染防治工作，切实加大岱海、黄旗海流域环境综合治理力度，使生态环境质量明显改善。

（四）深入推进开放发展，持续增强发展活力

大力实施三大开放合作战略。加强蒙晋冀长城金三角区域合作，重点实施好36个签约项目，促进三地合作向更深层次、更宽领域、更高水平迈进。全方位搭建合作平台，多渠道创新协作载体，积极承接首都功能疏解和产业转移，重点抓好总投资537亿元的107个项目，力争把乌兰察布市打造成承接首都产业转移的示范区、产业升级的助力区、产业发展的拓展区、创业创新的孵化区。积极推进善丹呼日勒口岸设立通关，逐步增开中俄、中蒙、中欧货运包机和客货航线，大力发展木材、矿产等进口资源加工业，全面提升对外贸易水平。

继续深化改革工作。进一步简政放权，强化“放管服”工作，大力推进供给侧结构性改革，深化财税金融体制改革，积极推广政府与社会资本合作融资模式，加快农村土地三权分置改革，形成有利于引领经济发展新常态的体制机制和发展方式。

（五）深入推进共享发展，不断增进群众福祉

大力实施精准扶贫、精准脱贫基本方略。严格落实“六个精准”“五个一批”和“三到村三到户”要求，不断创新完善扶贫体制机制，切实加大京蒙帮扶、对口帮扶和定点帮扶力度，力争2个贫困旗县摘帽、178个村退出贫困村、3.4万贫困人口稳定脱贫。健全完善各类社会保障体系，进一步提高保障水平、扩大覆盖面。深入推进大众创业、万众创新，全面落实各项扶持政策，加快实施“就业六项工程”和“创业六项计划”，积极发展众创、众包、众扶、众筹等新模式，促进充分就业创业。统筹加快教育、文化、医疗卫生、科技等各项社会事业发展，深入推进社会治安综合治理，不断健全完善公共安全体系，努力建设平安和谐乌兰察布。

供　　稿：赵高峰　乌兰察布市政府办公厅副主任
　　　　　温必全　乌兰察布市政府调研室主任
责任编辑：多志勇

鄂尔多斯市经济社会发展情况

2016年，在中央和自治区党委的正确领导下，鄂尔多斯市认真贯彻落实中央和自治区党委各项决策部署，协调推进“四个全面”战略布局，贯彻落实五大发展理念，团结带领全市各族干部群众，攻坚克难，砥砺奋进，协调推进经济、政治、文化、社会、生态文明和党的建设，全市经济平稳增长、社会和谐稳定、各项事业稳步发展。

一、2016年的主要工作

（一）着力稳定经济增长，经济社会保持平稳健康发展

面对宏观经济下行压力，坚持稳中求进工作总基调，稳工业、扶企业、促投资，推动地区经济在多重困难叠加影响下实现稳中有进、稳中向好、稳中调优。前三季度，全市完成地区生产总值3145.1亿元，增长7.2%；城乡居民人均可支配收入分别为29343元和10419元，均增长7.0%；1—10月，规模以上工业增加值1630.3亿元，增长8.0%；固定资产投资2921.9亿元（2016年目标2735亿元），增长11.0%；公共财政预算收入343.7亿元，增长1.9%；全社会消费品零售总额585.4亿元，增长10.1%.经济运行保持在合理区间。预计全年，全市完成地区生产总值4280亿元，增长8.0%；城乡居民人均可支配收入分别达到38131元和14873元，增长7.0%和10.0%；公共财政预算收入445.9亿元，增长3.7%；全社会消费品零售总额662亿元，增长8.5%。

（二）着力调整优化产业结构，转型发展迈出实质性步伐

认真贯彻习近平总书记考察内蒙古时提出的“着力转变经济发展方式”要求，制定要素制约条件下工业转型发展规划，设立转型发展基金，推动传统产业新型化、新兴产业规模化、支柱产业多元化。三次产业结构由2010年的2.7∶58.7∶38.6转变为2.3∶56.8∶40.9。推动资源转化增值、延长链条，建设国家清洁能源输出主力基地、现代煤化工生产示范基地，全市煤炭洗选率达到90%，煤炭就地转化率达到

17%，电力装机容量达到1930万千瓦，常规天然气产量达到290亿立方米，现代煤化工产能达到1273万吨，粉煤灰提取氧化铝产能达到120万吨。推动非资源型产业规模化、集群化发展，装备制造、电子信息、高新技术等新兴产业全面兴起，已形成37万辆汽车、60万台发动机、45万台变速器产能，京东方电子产品、云泰互联大数据等项目建成投产，建成蓝宝石产能1200万片，多晶硅产能8000吨。推动现代服务业配套发展、融合发展，制定出台关于加快生产性服务业和生活性服务业发展的意见，设立10亿元文化旅游业和现代物流业发展专项基金，第三产业完成投资增长22.6%，高于二产投资增速。深入推进国家级旅游业改革创新先行区建设，全面推进全域旅游发展。2016年1—10月，全市接待游客、旅游收入同比增长21.7%和24.2%。推动现代农牧业规模发展、品牌增收，打造沿黄河和无定河现代农牧业经济带、现代家庭农牧场产业发展带，建设面向全国的绿色农畜产品生产加工输出基地。

（三）着力推动重大项目建设，经济发展后劲不断增强

在建项目抓进度抓投产。2016年，全市续建亿元以上项目103项，已复工101项。新建项目抓开工。2016年，全市计划新建亿元以上项目107项，已开工102项，蒙西至天津南和上海庙至山东特高压电力通道、空港人造蓝宝石长晶生产线、万家惠欢乐世界旅游项目、蒙华铁路等一批重大项目落地开工、加快建设。上报项目抓核准。2016年以来，新签约项目130项，实施招商引资项目120项，引进国内区外到位资金393.5亿元。

（四）着力推进全面深化改革、全面依法治市和全面对外开放，发展内生动力和活力充分释放

分类有序推进全面深化改革。承担的国家资源型经济创新发展综合改革试点、全国首批生态文明先行示范区等44项国家和自治区级试点改革任务已完成25项，承接的自治区507项改革任务中已完成421项，结合实际确定95项自选改革任务已完成82项，共出台制度性改革成果500个，改革红利效应逐步显现。把推进“三去一降一补”作为稳增长、促转型的难得机遇，分别成立工作组，逐项制定实施方案，逐级推进任务落实，各项工作稳步推进。充分激发创新创业活力。

出台落实创新发展理念年度行动方案，发布了促进科技创新30条具体政策。举办了首届鄂尔多斯国际创意文化大会，制定《关于鼓励文化创意机构及文化创意人才入驻暂行办法》。鄂尔多斯市成为中国科协创新驱动助力工程示范市，被评为全国科技进步考核先进市、国家可持续发展实验区。坚持信息化带动国民经济和社会发展的重要战略，统筹推进大数据产业和智慧城市建设。在2016中国智慧城市发展年会上，鄂尔多斯市入选第六届（2016）中国智慧城市建设50强，在参评的201个城市中排名44。2016年11月7日，在鄂尔多斯市大数据产业恳谈会上，共签约项目24个，总投资109.85亿元。积极扩大对外开放。鄂尔多斯机场获批国际航空口岸，开通鄂尔多斯至韩国、泰国、俄罗斯等国际航线，商务部同意鄂尔多斯市先行开展跨境电商业务，综合保税区申报进入十部委会商审签程序。加快建设法治鄂尔多斯。制定全面推进依法治市工作规划、年度推进方案，启动实施156项任务，形成改革成果200多项。获评全国法治城市创建活动先进单位。

（五）着力保障和改善民生，人民群众获得感和满意度持续提升

在经济下行压力持续增大的情况下，将可用财力的80%用于民生和社会事业发展。城乡居民收入分别达到37432元和14420元，增长7%和7.3%，总量位列全国333个地市第二十六位和第十九位。脱贫攻坚扎实推进。年底确保率先实现国家现行标准线下5220户13047贫困人口全部稳定脱贫，杭锦旗按程序高质量退出自治区重点贫困旗行列。同时，将人均纯收入低于市农村牧区低保线（农牧民年人均纯收入4968元）的13593户33918人全部纳入脱贫范围，力争用3年时间将市级低收入人口人均纯收入提高到1万元。“美丽乡村”建设成效显著。农村牧区较大自然村“十个全覆盖”工程全面完成，累计完成49个苏木乡镇735个行政村5067个自然村，总计55.3万农牧区常住人口的覆盖任务，农村牧区基本公共服务水平大幅提升。就业、教育、医疗、文化、社保等重点民生工程深入实施。全市城镇登记失业率控制在2.94%以内，低于全区平均水平。在自治区率先实行蒙古语授课15年、汉语授课12年免费教育，基础教育水平进入全区前列。在全区率先实行“先看病、后付费”制度，公立医院改革顺利推进。成功创建国家公共文化服务体系示范区。全市安全生产形势持续稳定，未发生重大食品药品安全事故，信访总量保持逐年下降态势，社会大局保持和谐稳定。

（六）着力加强生态文明建设，发展可持续性进一步增强

严格执行优化开发区、限制开发区、禁止开发区“三区”规划和禁牧休牧划区轮牧、草畜平衡制度，制定了《关于加快生态文明建设的实施意见》，建立资源开发、环境保护最严门槛监管机制，实施了环境保护综合整治三年计划，集中开展环保专项行动、大气污染防治、水污染防治和棋盘井蒙西等矿区环境综合整治工作，建设美丽鄂尔多斯。森林覆盖率提高到26.5%，植被覆盖度稳定在70%以上。全面完成自治区下达的节能减排任务，空气质量优良率达到83.4%。

（七）着力推进全面从严治党，地方党委领导经济社会发展的能力和水平进一步提升

细化落实主体责任。制定了《关于深入贯彻落实全面从严治党各项要求的意见》及相关配套文件，分战线、分领域、分环节建立党建工作主体责任清单，建立落实主体责任“签字背书”、巡察和约谈等制度，构建起党委抓、书记抓、各有关部门抓，一级抓一级、层层抓落实的党建工作格局。全面抓实思想建设，加强学习型党组织建设，广泛开展社会主义核心价值观宣传教育和“中国梦·尽责圆梦”、乡风文明大行动等主题实践活动，牢牢把握意识形态工作主动权。加强领导班子和干部队伍建设，市、旗区、苏木乡镇三级党委换届顺利完成。从严开展“两学一做”学习教育，持续开展不作为、慢作为、乱作为、假作为问题专项整治，广大干部干事创业的激情和干劲不断增强。不断夯实基层基础，建立干部联系服务群众“三到两强”制度，全面推行“社区党组织365精细化服务法”，开展农村牧区基层党组织“五好三提升”创建活动，群众对干部的满意度明显提升。迅速传达学习党的十八届六中全会精神和自治区第十次党代会精神，进一步把广大党员、干部群众的思想和行动统一到会议精神上来，把智慧和力量凝聚到实现大会确定的目标任务上来，确保党的十八届六中全会精神和自治区第十次党代会精神落实落地。

但是，当前及今后一个时期，鄂尔多斯仍是欠发达地区，在全面建成较高质量小康社会的前进道路上，还面临经济下行、发展不足、短板明显、要素趋紧、风险增多等困难和问题，特别是地区之间的发展竞争更加激烈，全国各地竞相推进转型发展，加快动力转换，分化明显加剧，发展百舸争流，稍有懈怠，就将被超越、被淘汰。

二、2017年的工作重点

按照自治区党委部署安排和李纪恒书记具体指示精神，在前不久召开的鄂尔多斯市第四次党代会上，确立了“创新引领、绿色转型，为全面建成较高质量小康社会而努力奋斗”的主题，提出大力推进发展理念转型、发展动力转型、发展方式转型、发展结构转型的四个方面转型目标，基本实现六个方面战略发展目标，即建成全国资源型城市转型发展先行区。煤炭清洁高效利用水平全国领先，煤化工产业示范引领作用更加凸显，资源型产业链条有效拉长，战略性新兴产业规模不断扩大，服务业比重、水平、层次持续提高，农牧业集约化、绿色化、品牌化发展，产业整体发展迈向中高端、产品走向终端化，经济保持中高速增长，率先走出一条资源型城市可持续发展之路。建成全区创新发展引领区。科技创新贡献率持续提高，人才集聚成效明显，创意文化城市建设迈出坚实步伐，经济发展由以量取胜向以质取胜转变，基本形成创新驱动发展格局，走进西部创新型城市前列。建成全区城乡协调发展示范区。城乡协调发展体制机制更加完善，基本公共服务均等化水平全区领先，城镇辐射带动能力明显增强，县域经济综合实力进一步提升，基本建成生态、健康、智慧、宜居、宜业、宜游品质城市。建成全区开放合作样板区。“草原丝绸之路经济带”“中俄蒙经济走廊”重要节点城市、国际交流城市建设迈出坚实步伐，区域合作全面深化，形成全方位开放型经济体制机制，鄂尔多斯出产和鄂尔多斯文化广泛走向世界。建成全国生态文明先导区。绿色鄂尔多斯建设深入推进，生态文明制度渐趋完备，生态环境持续改善，实现由能源大市向节能减排先进城市和环保模范城市转变，祖国北疆生态安全屏障鄂尔多斯防线更加牢固。建成全区民生发展品质区。城乡居民收入稳步增长，形成广覆盖、多层次、高质量的公共产品和公共服务体系，成为依法治市先进市，建成全国民族团结进步示范市，民生保障和社会事业发展达到全区先进水平，社会更加和谐稳定。

按照以上总体思路和目标任务，今后重点抓好以下八个方面工作。

（一）加快产业转型升级，构建现代产业发展新体系

推进资源型产业升级示范、提质增效，全面推动绿色生产，推进煤电一体化发展，提升现代煤化工产业发展水平，加快传统产业改造升级，加大新能源开发力度；推进战略性新兴产业集群建设、规模发展，落实《中国制造2025》，大力发展装备制造、节能环保、电子信息、生物医药、通用航空、新材料、高技术服务业等战略性新兴产业；推进现代服务业配套融合、重点突破，大力发展全域旅游、现代物流业、文化产业、健康养生产业、金融服务业和电子商务；推进农牧业现代化、绿色化发展，优化农牧业产业布局和产业结构，打造绿色品牌，强化市场化运作，深化综合改革，建成面向全国的绿色农畜产品生产加工输出基地；推进产业发展环境持续优化，不折不扣落实中央和自治区出台的推进简政放权、扶持企业发展等政策措施，及时兑现鄂尔多斯市各类产业扶持政策，切实用好用足用活各类政策，构建现代产业发展新体系。

（二）深入实施创新驱动发展战略，建设创新型城市

着力提高科技创新能力，加快优势产业重大技术突破，强化科技成果转移转化；大力推动大众创业、万众创新，设立科技创业风险投资引导基金，构建有利于大众创业、万众创新蓬勃发展的政策环境、制度环境和公共服务体系；全力打好全面深化改革攻坚战，扎实推进供给侧结构性改革，高质量完成承担国家和自治区试点改革任务，打造自治区全面深化改革先行区；毫不动摇扶持民营企业健康发展，全面清理不利于民营企业发展的政策制度，及时兑现促进非公有制经济发展的各项政策；深入实施人才强市工程，实施创新领军人才引进计划和高层次人才创新创业团队引进计划，推动与呼市、包头人才合作、智力互动，共同打造呼包鄂“草原硅谷”。

（三）加快推动协调发展，构建平衡发展结构

大力推进城乡协调发展，稳步推进转移农牧民市民化，配套出台促进农牧民转移进城一揽子政策，深化户籍制度改革，扎实推进教育、医疗、社保一体化，实现基本公共服务常住人口全覆盖、同标准；加快建设品质城市，以国务院批准设立康巴什区、自治区推进呼包鄂协同发展为契机，加快东胜、康巴什、阿镇中心城区一体化进程，建成现代化区域中心城市；推动旗府所在地和重点镇特色发展，大力发展县域经济，构建特色鲜明、优势互补的县域经济发展格局；全力加强基础设施互联互通，构建平衡发展结构。

（四）筑牢祖国北疆生态安全屏障，建设绿色鄂尔多斯

全域植绿建绿，抓好重点区域绿化，组织实施京津风沙源治理二期等重点生态工程，建设丘陵沟壑、沙漠沙地生态治理区，创建国家生态园林城市；加强生态修复，统筹解决好禁止开发区和矿区生态环境保护问题，不断巩固和扩大生态保护建设成果；加大环境保护力度，实行最严格的环境保护制度，建设国家循环经济示范城市，建成国家环境保护模范城市；加强生态文明制度建设和文化培育，基本形成产权清晰、激励约束并重、系统完整的生态文明制度体系，努力营造爱护生态环境、崇尚生态文明的良好风尚。

（五）全方位扩大对内对外开放，拓展发展新空间

强化对外开放与合作，扩大能化产品、绒纺制品、绿色农畜产品以及化肥、汽车、铁合金、液晶显示器等优势特色产品出口规模，建设“草原丝绸之路经济带”重要节点城市、“中俄蒙经济走廊”重要节点城市；深化对内开放与联动，强化与京津冀都市经济圈、长江经济带、粤港澳台、东北、西安、成渝等地区和城市在产业转移、科技创新、人才引进等方面的对接协作，深化与呼包银榆等毗邻地区联动共融，推进实现互利共赢；加强呼包鄂协同与引领，把呼包鄂协同发展作为重大战略，率先行动，全面对接，全方位参与推进；大力开展招商引资与招才引智，引进促进就业增收、集聚人气商气、成长性好的现代服务业项目。

（六）全力推进共享发展，建设幸福鄂尔多斯

健全覆盖城乡的就业创业服务体系，实现更稳定的就业；稳步提高城乡居民尤其是中低收入家庭收入，让老百姓有更满意的收入；调整优化相关政策，提供更优质的教育；深化医药卫生体制和机制改革，打造更高水平医疗健康服务；大力弘扬社会主义核心价值观，塑造更丰富的精神文化生活；以增强公平性、适应流动性、保证持续性为重点，建立更可靠的社会保障体系；完善党委领导、政府主导、社会协同、公众参与、法治保障的社会治理体制，营造更安全的社会环境。

（七）深入推进全面依法治市，建设法治鄂尔多斯

完善党委领导、政府主导、社会协同、公众参与、法治保障的社会治理体制，围绕城乡建设与管理、环境保护、历史文化保护等制定出台地方性法规，提高全社会诚信意识，推动形成办事依法、遇事找法、解决问题用法、化解矛盾靠法的良好环境。

（八）深入推进全面从严治党，为全面建成较高质量小康社会提供坚强保证

充分发挥各级党委的领导核心作用，更好担当历史重任；强化思想政治建设，用科学理论武装头脑、指导实践；突出忠诚干净担当，打造一支党和人民信赖的高素质干部队伍；坚持把抓基层、打基础作为固本之举，更好地发挥基层党组织战斗堡垒作用；严明纪律、狠抓作风，以优良的党风促政风、带民风；严格落实党风廉政建设党委主体责任和纪委监督责任，深入推进反腐倡廉建设；凝聚各方力量，团结动员全市各族人民共同奋斗。

供　　稿：余永崇　鄂尔多斯市委政研室主任
责任编辑：天　莹

乌海市经济社会发展情况

2016年，在中央、自治区党委的正确领导下，乌海市牢固树立并切实贯彻五大发展理念，大力推进工业化、信息化、城镇化、农牧业现代化、绿色化进程，突出业态、生态、形态、文态、动态高效协同发展，实现了“十三五”良好开局。前三季度，全市地区生产总值完成389.4亿元，同比增长6.3%；固定资产投资完成114.8亿元，同比增长5.8%；公共财政预算收入完成67.9亿元，同比增长8.5%；社会消费品零售总额完成107.7亿元，同比增长9.2%；城镇常住居民可支配收入27817元，同比增长7.4%，农村牧区常住居民可支配收入10777元，同比增长7.1%。预计全年，全市地区生产总值增速6.5%左右，固定资产投资增长6%左右，公共财政预算收入增长8.5%，社会消费品零售总额9.5%左右。

一、2016年的主要工作

（一）坚持业态兴城，大力推进工业化、农牧业现代化，优化升级产业结构

一是调优调强工业。源通焦炉煤气制液化天然气项目投入试生产，华信焦炉煤气制液化天然气项目、家景镁业30万吨甲醇项目基本建成，“焦炭气化”从战略构想转变为现实生产力。神雾科技40万吨聚乙烯多联产示范项目开工建设，引进航天十二院氢等离子体煤制乙炔技术，煤炭资源实现分级分质综合利用。源宏医药中间体一期、亚东H酸和硫酸项目投入生产，煤焦化工新材料研究院特种炭黑项目开工建设，卡博特气相二氧化硅项目签约落地，推动精细化工向集群化迈进。天宇二期高岭土填料项目建成，鑫盛日电太阳能光伏实现并网发电，中钰镁合金轮毂及镁合金板型材项目开工建设，新能源、新材料、装备制造等战略性新兴产业占规模以上工业增加值24%。乌海高新技术开发区被认定为自治区级高新技术产业开发区。

二是大力发展服务业。万达广场、月星家居投入运营，乌海国际陆港建成预验收，乌海海关具备开关条件，乌海北货场项目进展顺利，乌海市首家跨境电商体验店开业，“互联网+服务业”蓬勃发展，新型业态层出不穷，商贸、物流业占第三产业增加值比重达40%。积极培育旅游业，乌海湖被评为国家水利风景区，当代中国书法艺术馆、蒙根花休闲农业园、阳光田宇国际酒庄被评为国家4A级旅游景区，全年实现旅游收入35.2亿元，增长28.3%。设立全区首家“金融驿站”和“金融超市”，乌海市成为中国西部地区首家获批发行绿色金融债券的地级市，金融业对税收的贡献度达到9.1%。

三是加快发展现代农业。积极吸引社会资本，乌达区绿色生态产业园建成运营，中广核光伏农业、华盛绿能光伏大棚等19个项目开工建设，总投资达25亿元。成功举办中国·乌海2016“丝绸之路”世界沙漠葡萄酒文化节暨第二十二届全国葡萄学术研讨会，建立中国乌海汉墨葡萄酒交易中心和国家质检总局葡萄酒区域检验检测中心，乌海市成为世界沙漠葡萄酒大赛永久举办地。加快农区土地流转，全年流转土地1.4万亩。推动农业龙头企业与农区居民建立利益联结机制，农户覆盖率达到85%。

（二）坚持生态立城，积极推进绿色化发展，不断优化城市发展环境

全面落实自治区关于乌海及周边地区大气污染联防联控工作部署，全力以赴抓好生态环境保护各项任务落实。组织实施大气环境综合整治项目767个，治理矸石自燃点486.8万平方米，修复整治排土场63个，硬化采区道路81.4公里，封闭物料堆场26万平方米，淘汰燃煤小锅炉177台，全面完成自治区下达任务。不断完善工业园区污水处理体系，工业污水基本实现达标排放。全力配合中央环保督察整改落实工作，建立市长包区、区长包园区、市区两级部门包重点企业的三级包联责任制，乌海市成为中央环保督察期间群众举报环境污染案件最少的盟市之一。积极与鄂尔多斯市、阿拉善盟开展沟通协作，建立环境执法联动机制，区域大气污染联防联控成效初显。乌海市首部地方性法规《乌海市海勃湾区生态涵养区保护条例》通过自治区人大常委会批准。稳步推进国家森林城市创建工作，投入生态绿化资金10亿元，实施矿区植被恢复试点、龙游湾湿地公园、村屯绿化等45项生态建设工程，完成造林绿化面积4万亩。全面落实最严格水资源管理制度，全国水生态文明城市建设试点任务基本完成。

（三）坚持形态塑城，持续优化城乡建设布局，全面提高城乡一体化发展水平

一是完善城市布局。城市总体规划和土地利用总体规划（2006—2020年）进一步完善，开展近期建设规划（2016—2020年）编制工作，编制完成环山湖旅游总体规划、城市综合管廊规划、综合交通运输规划、停车场规划等一系列专项规划，开展“多规合一”工作。

二是统筹城乡建设。交通网络不断优化，乌海湖大桥实现通车，石嘴山黄河大桥东引线、国道244线乌海段建成，市客运枢纽站基本完工，打通新海街、长青街等6条瓶颈路、断头路，完成19条街路、12.7万平方米路面改造，敷设道路排水管网32.5公里。旧城改造步伐加快，完成房屋征收7015户，对200余个老旧小区进行“五化”综合整治，既有居住建筑节能改造50万平方米。基础设施日益完善，改造热力管网31.5公里，新增供热面积60万平方米，新增燃气用户7300余户。城中水系加快建设，整治河道15公里，新建人工湖11个。农区“十个全覆盖”工程任务全面完成，惠及农区群众23820户63370人。

三是强化公共保障。民生和社会事业投入同比增长13.3%，占一般公共预算支出的72.1%，民生保障更加有力。全力实施脱贫攻坚工程，实现减贫758人。积极推动创业带动就业，2家众创空间被认定为第三批国家级众创空间。扶持成功创业2320人，带动就业9177人。城镇职工基本养老、基本医疗、失业、工伤、生育保险覆盖面进一步扩大。社会救助制度体系不断完善，最低生活保障标准居自治区前列。大力推进百姓安居工程，完成棚改投资21亿元，基本建成1.4万余套。社会事业全面发展。义务教育均衡发展，投入1.4亿元推进学校标准化建设。新建、改扩建幼儿园4所，学前三年毛入园率达到95%。普通高考本科上线率76.7%，同比提高8.1个百分点。职业技术学院本科专业达到4个，乌海职业技能公共实训中心一期交付使用。医疗卫生体制改革成效显著，全面推广分级诊疗模式。医疗服务水平不断提升，乌海市妇幼保健院建成自治区西部首家生殖辅助中心，乌海市人民医院介入技术达到国内先进水平，职业病防治院、精神卫生中心新院建成，乌海市蒙中医院二期和康复中心项目主体完工。积极推进医养结合，乌海市被确定为第二批国家医养结合试点。

（四）坚持文态铸城，不断加强思想文化建设，构建城市持续发展的灵魂和动力

大力弘扬社会主义核心价值观，积极培育独具乌海特色的书法文化、蒙元文化、草原文化和赏石文化。全力推动文化旅游产业融合发展，设立1500万元的文化产业发展专项资金，文化产业法人单位达612户。公共文化设施不断完善，群众艺术馆、文化馆全部进入国家等级行列，“书法五进”公共文化示范项目通过国家验收。成功承办第二十六届全国图书交易博览会等大型文化活动，举办2016年乌海国际半程马拉松赛等9项国内外大型品牌赛事活动，乌海市被授予“全国围棋之乡”称号，城市影响力进一步提升。统筹推进“六城联创”，实现了创建工作各具特色、互为铺垫、优势互补、整体推进的目标。

（五）坚持动态创城，全面深化改革、扩大开放合作，激发城市转型发展要素活力

一是推进全面深化改革。在公立医院、全民参保登记、立体化社会治安防控体系构建等多个方面先行先试，为全区探索可复制、可推广经验。深入落实供给侧结构性改革五大任务。稳步有序去产能，坚持以增量调整带动存量优化，淘汰炼铁、水泥等落后产能367万吨。扎实有序去库存，出台《乌海市城市棚户区改造购买存量商品房安置实施意见（试行）》，完成棚改货币化安置5308套，货币化安置率54.9%。积极有效去杠杆，建立长效处置非法集资预案，定期开展集中防范非法集资风险专项排查。千方百计降成本，积极争取电力优惠政策，帮助50户企业进入电力多边交易范围，为企业节约电费2.82亿元；落实援企稳岗政策，补贴资金1107.56万元。精准发力补短板，建立总投资1746亿元包含153个项目的政府与社会资本合作项目库，涉及基础设施、民生事业等领域，11个项目列入国家政府与社会资本合作项目库。

二是推动区域协作发展。积极落实《内蒙古乌海及周边地区产业转型升级规划（2016—2020年）》，推动区域产业合理分工、协作互补、错位发展。主动融入呼包鄂经济圈，持续深化蒙宁陕甘毗邻地区合作发展，着力提升区域协作水平。持续举办中国·乌海丝绸之路葡萄（酒）文化节等重大区域活动，强化与“一带一路”沿线地区和国家的交流合作。

三是促进市域要素高效流动。着眼促进人才集聚，大力引进各领域专业人才，全市人才总量达到79699人，为经济社会发展提供了有力的智力支撑。着眼促进物流高效，推进物流园、国际陆港等项目建设，物流业占第三产业增加值比重提高到20%。着眼促进车流通畅，不断完善交通网络，全市公路总里程达930.8公里，人均拥有城市道路面积25.5平方米，立体化交通网络日益完善。着眼促进信息流丰富，大力实施数字乌海、智慧民生、智慧小区、智能交通信息系统等项目，促进大数据、物联网等新一代信息技术与城市管理服务融合发展，乌海市被评为国家智慧城市、信息惠民示范城市和2016年度“宽带中国”示范城市。着眼促进资金流积聚，推动政府、银行、企业三方联动，金融服务实体经济保障能力不断强化。

在取得成绩的同时，乌海市经济运行中也存在困难和问题：一是部分指标仍低位运行，完成年度目标压力较大；二是固定资产投资乏力，拉动经济持续增长的大项目、好项目较少；三是宏观经济压力仍在增加。

二、2017年的工作重点

2017年是实施“十三五”规划的重要一年，也是自治区成立70周年。乌海市将坚持稳中求进工作总基调，大力践行创新、协调、绿色、开放、共享发展理念，坚决守住发展、生态和民生底线，协同推进新型工业化、信息化、城镇化、农牧业现代化、绿色化，深入实施“五态一体”发展思路，统筹推进稳增长、调结构、促改革、惠民生、保稳定各项工作，确保经济持续健康发展、社会大局和谐稳定。

（一）坚守发展底线，加快推动经济转型升级

一是强力推进投资和项目建设。全力以赴推进项目建设，实施重点项目建设行动计划，组织开展“重点项目建设年”活动，围绕经济转型、产业延伸、社会事业和民生改善等领域，抓紧研究策划一批大

项目、好项目，争取开工一批、强力推进一批、全面建成一批、策划储备一批。千方百计扩大投资规模，准确把握宏观调控政策取向，积极争取国家和自治区政策、项目、资金支持。加快推广政府与社会资本合作模式，重点在城市基础设施建设、民生事业等领域加大合作推广力度，释放企业和民间投资潜力。全方位、广渠道、多形式扩大招商引资，促进投资持续稳定增长。

二是加快新型工业化发展步伐。着力盘活传统产能，大力实施“焦炭气化”战略，加快推进源通公司100万吨焦炭气化制合成气等“气化乌海”项目，引导煤焦企业延伸发展液化天然气、甲醇、烯烃等下游产业链，实现煤焦生产加工基地向清洁能源生产和加工基地转变。着力重构产业要素，主动承接发达地区产业转移，加强与环渤海、江三角洲等地区精细化工产业对接，带动相关产业循环式改造、一体化发展。加快推进天津渤海化精细化工项目建设，带动以焦炭、粗苯、氯碱为源头的主导产业改造升级、延伸发展；积极推进天津渤天化年产18万吨聚氯乙烯糊树脂、30万吨烧碱项目，提升精细化工集群化、终端化发展水平。着力强化科技引领，充分发挥技术创新的引领作用，推动北京神雾集团40万吨聚乙烯多联产示范项目尽快达产见效，积极推进恒业成有机硅与卡博特合作建设气相二氧化硅项目，带动实现产业创新、企业创新和产品创新。着力深化军民联动，加快落实中国航天第十二研究院战略合作框架协议，积极建设低热值煤制乙炔项目，探索建立军民融合产业基金，激发转型升级新动能。着力培育战略性新型产业，大力发展非煤产业，培育壮大特色装备制造、新材料、生物制药、光伏产业等战略性新兴产业，促进支柱产业多元化、规模化发展。

三是全面提升服务业发展水平。着眼发展全域旅游、四季旅游，科学编制旅游产业发展规划，高标准建设旅游基础设施，超前强化旅游承载能力建设，重点推进乌海湖及周边规划、设计、开发和管理，创建乌海湖国家级旅游度假区，推动旅游业由新经济增长点向重要战略性支柱产业转变。要坚持生产性服务业与生活性服务业并重、现代服务业与传统服务业并举，统筹推进物流、金融、文化、商务会展、信息等服务业发展，全力推动服务业发展提速、比重提高、水平提升。

四是加快推进农业现代化进程。坚持生态、高效、特色、精品的现代农业发展道路。稳步推进以所有权、承包权、经营权三权分置为重点的农区土地制度改革，着力提高农业生产效率。完善龙头企业与农区居民利益联结机制，积极发展多种形式适度规模经营。推进葡萄全产业链发展，提高规模化、标准化、园区化发展水平，加快阳光田宇、云飞、西口风等农业龙头企业葡萄酒庄建设，促进一、二、三产融合联动，全力打造中国·乌海沙漠原生态葡萄酒庄之都。

五是大力实施创新驱动发展战略。全面提升自主创新能力，加快建设煤焦化工、氯碱化工等自治区新型科研开发机构和军民融合产业化中心，开展关键共性技术攻关，掌握一批具有自主知识产权的核心技术，为主导产业提供技术服务及技术支撑。突出企业创新主体地位，培育一批拥有自主知识产权、掌握自主研发品牌、具备持续创新能力的示范企业，激发技术进步内生动力。大力营造“双创”良好氛围，加快完善支持“双创”的政策体系，全力支持创新型小微企业、众创空间、创业工场等创新平台建设，促进生产与需求对接、传统产业与新兴产业融合。深入实施人才优先发展战略，突出“高精尖缺”导向，健全创新人才培育机制，最大程度发挥人才在创新发展中的引领作用。

（二）坚守生态底线，加快推动绿色化发展

一是持之以恒推进生态环境建设。大力推进京津风沙源治理、天然林保护等国家重点林业工程，实施乌海湖右岸、甘德尔河岸等绿化工程，力争建成国家森林城市。加快创建全国水生态文明城市，实施城中、城北、绕城三大水系工程，打造集城市景观、文化旅游和防洪功能于一体的城市循环水系，促进水资源优化配置、合理开发、高效利用。

二是坚持不懈开展矿区环境整治。突出问题导向，强化责任担当，切实抓好中央环保督察反馈的煤矿自燃、灭火排土场管理、矿区回填和自然保护区存在矿山企业问题整改落实，确保限期整改到位。依法开展煤炭企业整顿和资源枯竭矿井关闭工作，大力实施排土场、矸石山灭火和扬尘治理工程，推动矿区环境有效整治、空气质量明显改善。

三是坚定不移深化环境污染防治。深入推进乌海及周边地区大气污染联防联控，实施电力企业超低排放改造，严格控制扬尘等面源污染，开展化工等重点行业挥发性有机物治理，着力改善空气质量。加大水污染防治力度，落实最严格水资源管理制度，严把用水总量、用水效率和水功能区限制纳污控制三条红线，严格入河排污口管理和水质监测。强化海勃湾北部生态涵养区保护，确保饮用水源地安全。加快三区净水厂建设，强化水质检验检测，从根本上解决饮用水达标问题。强化环境监管执法，零容忍查处环境违法行为。

（三）协调城乡区域发展，全方位扩大对外开放

一是推进城乡一体化发展，全面提升城镇化建设水平。提高城市规划建设管理水平。高起点抓好城市规划，突出以人为本、尊重自然、绿色低碳的规划理念，着力构建以湖为核、以河为轴，环湖沿河发展的城市规划布局。高质量开展城市建设，协调推进新区开发和旧城改造，加大道路交通、地下管网、公共场所、园林绿化等基础设施建设，不断完善城市服务功能。高水平推进城市管理，不断创新城市管理模式，推动实现人性化、精细化、信息化、社会化管理。持续加大农区开发建设力度。健全城乡一体化发展机制，持续推进城乡产业一体化、基础设施一体化、公共服务一体化建设，促进基础设施向农区延伸、公共服务向农区拓展、城市文明向农区辐射，构筑城乡一体发展新格局。

二是推动区域一体化发展，全面提升对外开放水平。全方位深化区域协作。深入落实自治区推进乌海及周边地区一体化发展战略，着力发挥主导作用，推动互利共赢、深化务实合作。多层次拓展对外开放。充分发挥沿黄沿线经济带节点城市比较优势，主动参与呼包银榆一体化发展战略，持续深化蒙宁陕甘毗邻地区合作发展，着力建设自治区向西向南开放窗口。立足“一带一路”重要节点城市的区位优势，以打造自治区向北开放能源资源加工交易基地为突破口，加强与沿线地区和国家的交流合作，积极参与“中俄蒙经济走廊”建设，在共商、共建、共享中实现新发展。

三是推动基础设施网络建设，全面提升城市服务水平。加快构建铁路网、公路网、航空网、市政网、水利网、能源网、信息通信网七大基础设施网络体系，补齐基础设施建设短板，夯实区域中心发展基础。开工建设包头至银川高速铁路客运专线项目（乌海段），推进千钢铁路专线棋盘井至上海庙铁路连接线等重点基础设施建设；争取S37乌海至宁东高速公路、包兰铁路联络线快速铁路等重大项目开工建设，完成荣乌高速乌海段、国道110线乌海黄河特大桥工程；完善乌海机场基础设施建设，优化航线网络布局，通过时空变革创造经济发展新优势。加强城市地下管网建设，争取列入国家地下管廊和海绵城市建设试点。加快水利工程项目建设，推进实施蓄水、节水工程性措施，促进水资源高效、节约、科学合理利用，逐步解决资源性缺水问题。推动火电、抽水蓄能电站、光伏发电等多能互补的能源互联网一体运作，探索区域"能源革命"新路径，着力打造能源新优势。主动适应大数据形势和特点，抓住用好自治区作为国家大数据综合试验区的有利契机，加快推进新一代信息基础设施建设，强化与清华同方、浪潮、华为、腾讯等信息技术产业龙头企业的合作对接，依托云计算中心，加快大数据中心和大数据产业园建设。

（四）坚守民生底线，着力增进人民群众福祉

一是突出抓好重点民生工程。坚决打赢脱贫攻坚战，严格落实"六个精准""五个一批"和"三到村三到户"要求，制定精准产业帮扶措施；促进最低生活保障制度与扶贫开发政策有效衔接，将所有符合条件的贫困家庭纳入低保救助范围，做到应保尽保；加大医疗救助、临时救助、慈善救助等帮扶力度，防止因病致贫、因病返贫。实施就业优先战略和更加积极的就业政策，鼓励大众创业、万众创新，提供优质高效就业创业服务，发挥创业带动就业效应。完善社会保障体系，持续扩大社会保险参保范围，推进全民参保登记计划和电子社保示范城市创建工作。加大对低收入人群和困难人群的保障力度，推动社会救助体系不断完善。大力推进医养结合的养老服务体系建设，推行政府购买社区养老模式。抓住用好棚改政策机遇，加大与央企合作力度，深化实施棚户区改造工程，持续改善困难群众居住条件。

二是统筹推进社会事业发展。着力办好人民满意教育，推动教育教学水平实现大幅提升。高起点谋划学前教育，加大民办幼儿园扶持力度，提高优质幼儿园入园率。提升义务教育均衡化、优质化水平，强化心理健康教育，提高教育质量。优化高中教育教学资源配置，建设具有区域影响力和吸引力的高水平高中教育体系。增强职业教育吸引力，推动职业教育与产业发展紧密对接、深度融合。高度重视民族教育和特殊教育发展。坚持开放办教育，引进和培养一批优秀骨干教师，补齐教育事业短板。加快健康乌海建设，健全覆盖全市和服务周边的公共卫生服务体系。筹建三甲医院，提高医疗卫生服务水平。深化公立医院改革，加快分级诊疗制度建设，完善基本药物制度，提高重大疾病防控和突发公共卫生事件应急处置能力。重视和发展传统医疗，促进蒙医中医、妇幼保健事业协调发展。广泛开展全民健身活动，规划建设自治区西部足球训练基地。

三是注重创新社会治理模式。大力推进社会治理机制、制度和方法创新，充分发挥群众参与社会治理的基础作用，加快推进以智慧小区为核心的“互联网+”社区管理。深入开展平安乌海建设，加快立体化社会治安防控体系建设，优化完善服务管理平台，不断夯实维护社会稳定的基层基础；加强社会矛盾源头预防和治理，完善社会稳定风险评估机制，深化信访工作制度改革，推进社会矛盾多元疏导化解，确保社会安定有序。严格落实安全生产党政同责、一岗双责、失职追责责任机制，加强食品药品安全监管，切实提升群众的安全感和满意度。健全公共安全突发事件应急处置体系，完善全天候、系统性、现代化的城市运行安全保障体系。

供　　稿：乌海市委政研室

责任编辑：多志勇

巴彦淖尔市经济社会发展情况

巴彦淖尔市第三次党代会以来，市委团结带领全市各族干部群众，积极应对各种风险和挑战，以极大的勇气和担当，务实的精神和作风，办成了一批多年想办而未能办成的大事实事，迈出了谋发展、求突破、上台阶的坚实步伐，实现了打基础、激活力、增后劲的重大进展，绘就了一幅砥砺奋进、跨越崛起的壮美画卷。

一、2016年的主要工作

（一）面对经济下行的巨大压力，坚持稳中求进、进中提质，经济发展实现新跨越

2015年，全市地区生产总值、公共财政预算收入分别达到887.4亿元、65.8亿元，是2010年的1.5倍和1.7倍；社会消费品零售总额完成234亿元，实现了翻番；固定资产投资累计完成3746亿元，是“十一五”时期的1.9倍。初步形成多极支撑、多元发展的经济社会发展新格局。2016年前三季度，地区生产总值增长7.1%，规模以上工业增加值增长6.8%，一般公共预算收入增长6.8%，城镇常住居民人均可支配收入增长8.1%，农村牧区常住居民人均可支配收入增长7.8%。预计全年，全市地区生产总值增长7.0%，规模以上工业增加值增长7%左右，一般公共预算收入同口径增长6%，城镇常住居民人均可支配收入和农村牧区常住居民人均可支配收入均增长8%。

农牧业快速发展。以当好全区绿色农畜产品生产加工输出基地排头兵为目标，大力发展绿色特色农牧业。粮食产量突破60亿斤，实现十二连增。牲畜饲养量达到2300万头（只），肉羊出栏量居全区第一，举办了全国首届肉羊产业发展大会，被授予中国肉羊（巴美）之乡称号。设施农业突破25万亩，有机奶产量、无毛绒加工量、葵花种植面积居全国首位。河套、巴彦淖尔等品牌知名度不断扩大，河套番茄、向日葵等8个产品获国家地理标志登记保护。实施了645万亩中低

产田改造、土地整治项目，整治排水沟道1万多公里，农业生产条件得到明显改善。

工业经济稳中有进。神华、包钢煤焦化、联邦制药、紫金铅锌采选、盾安光伏、蒙羊肉羊精深加工等项目建成投产，初步形成了以农畜产品加工、冶金、化工、电力等产业为支撑的工业体系。有色金属产量居全区前列，进入全国黄金十强市行列。巴彦淖尔经济技术开发区晋升为国家级开发区。2016年，盾安光伏系列技改、恒源矿业铬铁技改等一批技术升级项目完工投产，金鼎公司钙白粉项目建成投运，西沙德盖钼矿采选、东立多晶硅、振森纤维板、恒嘉蓝宝石、鑫型新能源天然气制液化天然气、协鑫电力乌兰布和100兆瓦光伏和葡萄产业融合建设等项目进展顺利。

服务业增势强劲。2015年，第三产业增加值对地区生产总值的贡献率达到27%，比2010年提高了5个百分点。77家企业进入资本市场，直接融资57.2亿元。积极发展和运用大数据、云计算产业，建成全国首个羊畜产品交易中心，累计交易额2亿多元。甘其毛都煤炭电子交易平台开始试运营，河套农畜产品交易中心正在筹备中。全市电子商务企业和个体电商发展到1000多家，全市运营的电子商务产业园区已达到4个，2个旗县被评为国家级电子商务示范县。黄河河套文化旅游区、纳林湖、乌拉特部落、匈奴城等景区知名度不断提升，沙海旅游区、酒庄老镇等景区加快建设，富强村、联星光伏新村等一批村庄被评为中国最美村镇、中国最美休闲乡村，旅游业成为巴彦淖尔的一张亮丽名片。

（二）面对城乡和生态建设薄弱的现状，坚持多点发力、整体推进，人居环境得到新改善

水、绿、文化同步推进，城乡面貌焕然一新，草原水城、塞上绿城、河套文化名城魅力凸显。中心城区和各旗县建成区面积达128.6平方公里，全市城镇化率达到52.6%。以“五城同创”为抓手，共投入966亿元，实施了新区建设、棚户区、老旧小区、背街小巷改造等一批城镇基础设施建设工程，人居环境明显改善，巴彦淖尔市创建成为全国双拥模范城、自治区文明城区、自治区园林城市，获得全国文明城市提名资格。改造村庄4271个，11个镇入选全国重点镇，“美丽乡村”建设走在自治区前列。黄河堤防公路、机场路、金川大桥等建成投用，巴彦淖尔机场、乌中旗通用机场通航运营，京新高速巴彦淖尔段主线贯通，临甘一级公路加快建设，百平方公里公路密度达到32.6公里，居全区第三。城乡电网架构日益完善，支撑和保障发展的能力显著增强。新增湿地10万亩，湿地恢复和保护达231万亩，乌梁素海水质明显改善。完成林业生态建设361.7万亩，套区森林覆盖率提高到20%。乌拉特草原、乌兰布和沙漠生态环境持续好转，林草覆盖度分别达到25%和35%。节能减排任务超额完成。获得全国生态建设突出贡献奖，成为全国国土资源节约集约模范市、国家第一批生态文明建设先行示范区。

（三）面对人民群众对美好生活的期待，坚持民生优先、共建共享，人民生活又添新福祉

各级财政投入民生的比重达70%以上。城乡居民收入是5年前的1.7倍，16.7万贫困人口稳定脱贫。义务教育均衡发展和中等职业教育走在全区前列，河套学院成功升本，新校区建设基本完工，建成3个民族教育园区。市医院晋升为三甲医院，投资12亿元建成20万平方米的新区医院，成为自治区西部单体建筑最大、硬件设施最好的医院，牧区“小药箱”工程受到广大牧民好评。就业规模和质量稳步提高，社会保障体系日益完善。科技创新能力不断增强，高新技术企业达到10家、院士专家工作站3个、国家工程中心1个。建成巴彦淖尔市文博中心、黄河水利文化博物馆等28处大型公共文化设施，电视剧《我叫王土地》荣获中国电视金鹰奖，阴山岩刻列入世界文化遗产预备名单。举办河套文化艺术节等节庆活动，承办全国龙舟公开赛、沿黄公路自行车赛、国际马拉松赛、国际拳王争霸赛、全球华人篮球邀请赛等系列赛事，地区美誉度和影响力不断扩大。依法治市深入推进，全面推广“三化四全五确保”、社区网格化管理等基层工作法，社会治理水平明显提高。扎实开展大接访、大下访活动，一批信访积案得到化解。突发事件得到及时妥善处置，各类案件数量大幅减少，社会治安持续好转，群众安全感和满意度不断提升，安全生产形势总体平稳。军民融合深度发展，祖国北疆安全稳定屏障进一步巩固。

（四）面对改革开放的时代要求，坚持整体推进、重点突破，经济社会发展注入新动力

总书记嘱托的三项重点改革纵深推进，358项改革任务形成成果719个。本级行政审批事项精简幅度达85%，办理时限压缩66%。全面实行“三证合一、一照一码”，新注册企业数和资本额分别增长2.9倍和4倍。农村牧区综合改革、纪检机关“三转”、教育医疗等改革成效明显，农垦体制、行政综合执法等自主改革走在全区前列，国家、自治区级改革试点顺利实施。全方位对外开放新格局初步形成，甘其毛都口岸成为全区最大的公路口岸，2016年过货超过1300万吨。承办了宁蒙陕甘联席会议，签订26项投资合作项目、4项区域合作协议，协议金额165亿元，区域合作不断拓展。巴彦淖尔陆港通关运营，农畜产品出口额连续7年居全区首位，成为国家级番茄、籽仁外贸转型示范基地。

（五）面对加强党的建设的重大使命，坚持党要管党、从严治党，政治环境呈现新气象

层层细化完善“1+3”制度体系，党建责任主体更加明确。扎实开展党的群众路线教育实践活动、“三严三实”专题教育、“两学一做”学习教育，集中解决了一批群众反映强烈的突出问题，党群干群关系更加密切。“河套大讲堂”等理论宣讲阵地不断巩固，军地联讲活动被列为全国典型。制定出台了干部选任、监督、管理、考核等一系列配套制度，干部工作制度化、规范化水平明显提升。深化北疆基层党组织固本工程，基层党组织的政治功能和服务功能得到加强。严格执行中央“八项规定”和自治区、我市配套规定，党员干部作风明显转变，“三公”经费支出明显下降，公务用车改革进展顺利。严格落实党风廉政建设党委主体责任和纪委监督责任，始终保持正风反腐高压态势，严肃查处了一批违纪违法案件，在全区率先开展了巡察工作。市委总揽全局、协调各方的体制机制不断完善，人大、政府、政协工作水平进一步提高。

同时，巴彦淖尔市发展还面临着经济总量小、经济下行压力较大、产业层次较低、创新能力和发展支撑不足、生态环境还比较脆弱等困难和问题，需要在今后的工作中采取有效措施，认真加以解决。

二、2017年的工作重点

今后5年工作的总体要求是全面贯彻党的十八大和十八届三中、四中、五中、六中全会精神，以邓小平理论、“三个代表”重要思想、科学发展观为指导，深入学习贯彻习近平总书记系列重要讲话和考察内蒙古重要讲话精神，统筹推进“五位一体”总体布局，协调推进“四个全面”战略布局，坚持创新、协调、绿色、开放、共享发展理念，促进新型工业化、信息化、城镇化、农牧业现代化、绿色化“五化”协同发展，全面落实自治区党委各项决策部署，坚定不移做好“水、绿、文化”三篇文章，着力抓好五大基地建设，努力在转方式、调结构、促改革、惠民生、强党建上不断取得新成效，确保如期全面建成小康社会，实现巴彦淖尔绿色崛起、赛过江南。

今后5年的主要奋斗目标是经济保持中高速增长，主要经济指标不低于自治区平均水平，地区生产总值年均增长8%左右，到2020年地区生产总值比2010年翻一番；公共财政预算收入年均增长7%左右，全社会固定资产投资年均增长11%左右，城乡居民人均可支配收入年均分别增长9%和10%左右，社会消费品零售总额年均增长11%左右。经过各级党组织和广大干部群众共同努力，巴彦淖尔市经济实力显著增强，城乡协调发展格局基本形成，社会文明程度普遍提高，生态环境更加优美，深化改革取得决定性成果，社会治理能力稳步提升，党的建设科学化水平不断提高，人民群众获得感和幸福感不断增强。

实现上述目标，需要我们付出艰辛努力。巴彦淖尔市委团结带领全市各族干部群众紧紧围绕“四个全面”战略布局，把巴彦淖尔市各项事业奋力推向前进，努力创造无愧于时代、无愧于人民的崭新业绩。

（一）全面建成小康社会，在创造美好生活上取得新突破

一是着力推动经济平稳健康发展，夯实全面小康的物质基础。要打好绿色牌，推进农牧业现代化。充分发挥资源优势，积极谋划建设国家级现代农业高新技术产业示范区，当好自治区绿色农畜产品生产加工输出基地排头兵。推进农业供给侧结构性改革，扩大绿色有机和特色农畜产品生产，稳定肉羊、奶牛养殖规模，发展肉牛、禽类、

水产等养殖产业，促进设施农业和规模化养殖业提质增效。推动“粮经饲”统筹、农林牧渔结合、种养加一体、一二三产业有机融合，延伸农牧业产业链、价值链。走好特色路，推进新型工业化。加快煤化工、氯碱化工和硫化工等产业转型发展，积极发展石墨、多晶硅、蓝宝石等新材料产业，培育壮大农牧业机械和风电装备制造业，大力发展清洁能源、生物医药、节能环保、电子信息等产业，加快形成新兴产业集群。力争到2020年，巴彦淖尔经济技术开发区产值超过500亿元，其他旗县工业园区产值均超过200亿元，培育10家产值百亿元以上企业。打好组合拳，培育壮大现代服务业。完善陆港基础设施，打造以中心城区为核心的综合物流园区和县域特色物流中心，健全城乡物流配送体系。把大数据产业作为战略性新兴产业发展的重要抓手，大力实施“互联网+”行动，推动云计算、大数据、物联网等信息技术在各领域广泛应用和深度融合，加强电子商务示范基地和产业园区建设，打造线上“河套馆”，推动名优特农畜产品进军全国、全球市场。大力发展全域旅游、四季旅游，形成黄河风情游、农耕文化游、草原观光游、沙漠游、冰雪游、跨境游等多种经营业态，实现美丽全覆盖。加快乌梁素海生态修复和旅游品牌打造，加大沙海、乌拉山国家森林公园等特色旅游资源的开发力度，推动黄河河套文化旅游区、三盛公水利枢纽、纳林湖等景区提档升级，实现5A级景区零的突破，让旅游业火起来，让老百姓富起来。

二是着力统筹城乡发展，打造全面小康的人居环境。进一步提升城乡规划、建设和管理水平，把好山好水好风光融入城乡建设，扎实推进以人为核心的新型城镇化。临河城区充分利用南有黄河、多蓝湖，北有镜湖，东有章嘉庙海子，西有青春湖，内有总干渠、永济渠、北边渠、金川河，渠湖相连、内外相通、水绿环抱的优势，把临河建成环境优美、特色突出、宜居宜业宜游的草原水城、塞上绿城和现代化区域中心城市。推动临河陕坝同城发展，以全新理念推进双河区开发建设，集中发展生态旅游、文体教育、健康养生、会展服务等产业，把双河区建成城市草原、黄河外滩、中国西部最美的生态休闲旅游目的地。县城建设要以完善功能、提升品位、优化环境为重点，加大公园、小广场、停车场、市民活动中心、少年宫、游泳馆建设力度。推进特色集镇建设，加快建设“美丽乡村”。推动铁路、机场、公路建设，完善现代化立体交通运输体系，建成横贯东西、连通南北的大辐射交通网络。加强水利、电力等基础设施建设，形成适度超前的基础设施保障能力。

三是着力促进文化繁荣，汇集全面小康的精神力量。推动文化大发展大繁荣，建设全市人民共同精神家园。打造河套文化名城。深入挖掘河套文化内涵，实施“文化名家”“文化精品”工程，推出更多反映河套文化特色的精品力作。实施文化惠民工程，加强图书馆、文化馆和综合文化站、农村牧区小舞台等文化基础设施建设，推动公共文化设施免费开放，鼓励机关、企业、学校的文化设施对外开放，构建多层次、多形式的公共文化服务供给体系。培育壮大文化产业。以建设河套文化产业园为重点，大力发展各具特色的文化产业集聚区，加快构建现代文化产业体系。重点发展广播传媒、出版发行、工艺美术、竞技表演和演艺娱乐等文化产业，继续举办好国际、国内各类文体赛事活动。

四是着力保障和改善民生，提高全面小康的幸福指数。坚决打赢脱贫攻坚战。以山旱区、乌梁素海周边、乌兰布和沙区和总排干沿线等重点贫困地区为主战场，深入实施易地扶贫搬迁、“三到村三到户”、金融扶贫富民等重点扶贫工程。2017年，基本消除绝对贫困现象，5个自治区级贫困旗县全部摘帽，到2020年农村牧区贫困人口全部稳定脱贫。千方百计促进居民增收，健全工资正常增长机制，完善企业职工工资集体协商和支付保障机制，健全适应机关事业单位特点的工资福利制度，拓宽农牧民增收渠道。优先发展民族教育，提高幼儿教育质量，推进义务教育阶段学校标准化建设，扩大优质高中覆盖范围，加快现代职业教育体系建设，推动河套学院向应用型大学转变。加大科技成果转化力度，开展重点领域关键技术攻关，加强科技创新平台载体建设。健全城乡公共卫生服务体系，为人民群众提供安全、便捷、有效的医疗保障，广泛开展全民健身运动，提高全民健康素质。健全社会保障体系，实施全民参保计划，稳步提高保障水平努力，让人民群众共享改革发展成果。

五是着力保护生态环境，共建全面小康的美丽家园。要坚定不移地走绿色发展道路，加快生态文明先行示范区建设。严格环境保护，加强城镇和工业园区环保基础设施建设，加大水、土壤、大气的污染防治力度，坚决把不符合环保要求和产业政策的项目拒之门外。时刻关注人民群众反映的环境问题，发现一起、查处一起，让老百姓呼吸上清新空气、喝上干净水、享受到明媚阳光。加强生态治理，落实主体功能区规划，推进“三线四区”协调发展，严格国土空间用途管制。统筹抓好乌拉特草原保护、乌兰布和沙漠治理、河套平原绿化、乌梁素海综合治理工作，巩固和扩大生态保护建设成果。倡导绿色生产生活方式，积极推广清洁生产，鼓励发展循环经济，全力支持企业进行节能减排技术改造，减少农业面源污染，加强秸秆综合利用，构建绿色发展的现代产业体系。

（二）全面深化改革，在增强发展活力上厚植新优势

持续深化总书记嘱托的三项重点改革，健全龙头企业与农牧民利益联结机制，积极推广“公司+基地+农牧户”等多种组织形式，做到风险共担、利益均沾。推进生态文明制度建设，完善自然资源资产管理制度，落实草原生态补奖和天保公益林补偿政策，健全矿产资源开发保护管理和生态修复制度。进一步深化对蒙合作，积极参与“中蒙俄经济走廊”建设和自治区“一堡一带”建设，大力发展口岸经济，完善基础设施，促进互联互通，启动甘其毛都口岸自治区级重点开发开放试验区和中蒙经济合作示范区建设。重点抓好供给侧结构性改革，进一步深化行政体制、财税金融、科技、教育，医疗卫生、农村牧区产权等重要领域和关键环节改革。积极稳妥推动综合行政执法、河套灌区管理体制和供销合作社等试点改革和自主探索改革，形成具有我市特色、可复制可推广的改革成果。

（三）全面依法治市，在治理能力现代化上取得新提升

坚持法治引领，加快地方立法进程，形成河套灌区水利设施、乌梁素海保护等立法成果。认真抓好“七五”普法，加快建设法治政府，深入推进依法行政，促进严格规范公正文明执法。坚持司法为民、公正司法，提高司法公信力，让人民群众在每个案件中都能够感受到公平正义。坚持依法治理，深化完善“三联六调、司法确认”等社会治理工作法，建立健全矛盾纠纷多元化解机制，维护群众合法权益，加快构建平安巴彦淖尔。坚持德法并重，以创建全国文明城市为载体，深入开展群众性精神文明创建活动，大力弘扬社会主义核心价值观，继承和发扬中华民族传统美德，加快构建德治巴彦淖尔，让心有大爱、崇尚感恩、尊老爱幼、向善向美、团结奉献成为社会风尚。

（四）全面从严治党，在加强党的建设上取得新成效

坚持落实责任从严，把抓好党建作为最大政绩，切实担负起全面从严治党责任，真管真严、敢管敢严、长管长严，不断巩固和发展齐抓共管的党建工作格局，形成大抓党建的工作合力。坚持思想教育从严，把坚定理想信念作为首要任务，加强对中国特色社会主义理论体系特别是习近平总书记系列重要讲话精神的学习教育，引导党员干部增强“四个意识”特别是看齐意识，向党中央看齐。坚持干部管理从严，树立正确用人导向，构建科学有效的干部选任机制，建设忠诚干净担当的干部队伍，让干事创业、奋勇争先成为巴彦淖尔大地的最强音。坚持组织建设从严，分层分类推进基层党组织建设，不断扩大党的组织和工作覆盖面，强化基层党组织政治功能和服务功能，切实增强基层党组织的凝聚力和战斗力。坚持作风要求从严，加强和规范党内政治生活，认真落实“三会一课”、民主评议党员等制度，严肃开展批评和自我批评，树立和弘扬新风正气。坚持监督执纪问责从严，认真贯彻执行党的章程、准则、条例，教育引导党员干部强化规矩意识，增强纪律观念，深入推进党风廉政建设和反腐败斗争，努力营造风清气正的干事创业环境。

夺取全面建成小康社会决胜阶段伟大胜利，实现绿色崛起、赛过江南的目标，是时代赋予我们的崇高使命。我们坚信在以习近平同志为核心的党中央坚强领导下，巴彦淖尔市各族人民一定能够不忘初心、一往无前、守望相助、团结奋斗，不断开创决胜全面小康的新局面，努力把巴彦淖尔建设成为祖国北疆亮丽风景线上的璀璨明珠。

供　　稿：赵峻岭　巴彦淖尔市委副秘书长、政研室主任
责任编辑：天　莹

阿拉善盟经济社会发展情况

2016年，阿拉善盟深入贯彻中央治国理政新理念、新思想、新战略，全面落实自治区“十三五”发展新决策、新部署、新要求，紧紧围绕率先全面建成小康社会目标，统筹推进稳增长、调结构、促改革、惠民生、防风险各项工作，全盟经济社会在转型升级中保持平稳健康发展。前三季度，全盟地区生产总值完成253亿元，增长7.7%；城乡500万元以上固定资产投资完成346亿元，增长22%；社会消费品零售总额完成51亿元，增长9.4%；公共财政预算收入完成26.6亿元，增长11%；城镇常住居民和农村牧区常住居民人均可支配收入分别达到26035元和11737元，增长7.6%和7.5%。预计全年，全盟地区生产总值、固定资产投资、社会消费品零售总额、一般公共预算收以及城乡居民“两个收入”分别增长7.8%、22%、9.4%、7%、8%和9%。

一、2016年的主要工作

（一）突出项目支撑，不遗余力稳增长

一是推动重点项目建设。实施了86个盟级重点建设项目，累计完成投资365亿元。在重点项目的强力拉动下，全社会固定资产投资持续快速增长，增速在全区名列前茅。

二是加大招商引资力度。着力推进精准招商、产业链招商，主攻清洁能源、现代制造、文化旅游等重点产业，招商引资成效明显，签约招商项目53个，协议引资1312亿元；实施招商项目51个，到位资金160.5亿元。

三是优化经济发展环境。加强经济运行调度和监测分析，细化扶持企业稳定增长的政策措施，精准帮扶降成本，累计降低企业生产成本10亿元。加强金融服务，组建金融发展集团、文化旅游投资公司等融资平台，设立75亿元产业发展基金。通过争取自治区政府性置换债券、提升直接融资和政府与社会资本合作融资比重等举措，扎实推进

去杠杆工作，杠杆率由8%～12%下降为6%左右。

（二）突出产业发展，全力以赴调结构

一是加快推进新型工业化。以打造千亿元园区为龙头，调整优化“一区二园、特色产业城镇”工业布局，着力推动六大支柱产业发展。积极稳妥去产能，对34户重点企业项目进行转型升级、兼并重组，退出煤矿1个，产能30万吨。全盟规模以上工业增加值增长9%，高于2015年同期1.8个百分点；规模以上企业开工率高于2015年同期8.8个百分点，亏损面下降2.9个百分点；工业用电量、用气量、铁路发运量分别增长8.5%、16%、83%。

二是夯实农牧业基础地位。加快推进以结构调整、产业化发展为统领的“三农三牧”工作，制定实施了“1＋6”配套政策，着力扶持发展五大特色产业。农作物播种面积48.9万亩，粮经草比例由57：39：4调整为48：44：8。牲畜总头数控制在176万头（只），阿杜肉羊、蒙绒绒山羊、圣牧高科有机奶牛等产业化项目有序推进。加快特色沙产业发展，人工接种肉苁蓉和锁阳18.5万亩和9万亩，依托沙生动植物资源研发的中高端新产品达到40余款。农牧业产业化经营实现销售收入7.8亿元，增加值2.4亿元，分别增长4.2%和5.2%。

三是大力发展现代服务业。着力抓好景区建设、产业融合、优化服务等工作，全力推动旅游业成为战略性支柱产业。投资10.5亿元实施A级景区倍增计划，推进景区景点建设，全盟A级旅游景区达到17家。举办各类重点文化旅游活动63项，阿拉善英雄会成为全球规模最大的沙漠旅游和越野赛事活动，阿拉善盟整体列入第二批国家全域旅游示范区创建名单。全年接待国内外游客640万人次，实现旅游收入66.7亿元，增长40.4%和42%，旅游收入占全盟地区生产总值比重将超过19%。大力发展口岸物流业，物流信息化、标准化、集约化水平进一步提升。观赏石、肉食品等特色商品关注度不断提高，农村牧区电子商务工作有序推进。银行业金融机构存贷款余额分别为374.2亿元和365.4亿元，增长21.6%和13.7%。

（三）突出功能提升，聚精会神强基础

一是提高城镇建设水平。投入13.2亿元重点实施了巴彦浩特城市道路、生态系统等52个城建项目，全面提升城镇建设和管理水平，推进以人为核心的城镇化建设。巴丹吉林和达来呼布镇分别被评选为国家级、自治区级美丽宜居小镇。通过采取货币化安置、培育房屋租赁市场等措施，大力推进房地产去库存，消化存量房5056套66.2万平方米。

二是提升基础设施保障能力。实施饮水安全工程18项28处，解决了5748人、6.13万头（只）牲畜的饮水安全问题，巴丹吉林镇新水源供水工程建成通水。阿拉善左旗机场完成升级改造，进一步提升了安全和通达性能。巴彦浩特至银川快速铁路、吉兰泰至查干德日斯等7条铁路列入国家中长期铁路网规划，并启动了巴银铁路勘察设计工作。扎实推进交通路网建设，累计完成公路建设投资195.1亿元，新改建公路里程2740公里，嘎查村街巷硬化实现全覆盖、通油路率达90%。大力实施电力工程，阿拉腾敖包220千伏输变电、定远营升压工程等项目进展顺利，新能源基地及电力外送通道项目列入国家可再生能源“十三五”发展规划。

三是加强生态环境保护与建设。牢固树立绿色发展理念，全力推进国家重要生态功能示范区建设。认真实施草原生态补奖、天然林保护、“三北”防护林、重点区域绿化等重点生态工程，完成植树造林面积121.7万亩，草原保护建设规模达1553.2万亩。深入开展重点行业重点领域隐患问题集中整治活动，共排查出各类隐患问题620条，整改销号465条，整改率达89.4%。全面落实“水十条”“土十条”“大气十条”，腾格里、吉兰泰和乌海及周边地区等重点区域环境综合整治取得明显成效，实现主要污染物减排目标。阿拉善左旗、阿拉善右旗、额济纳旗均新增纳入国家重点生态功能区的县（市、区、旗）名单。

（四）突出改革开放，持之以恒增活力

一是稳步推进各领域改革。全盟确定的六大类336项改革任务，已启动281项，形成改革成果210项。顺利完成了党政机关公务用车改革，在全区率先推行“两证合一、一照三号”登记模式，启动了机关事业单位养老保险制度改革。建立行政权力清单目录，形成盟本级行政权责3018项。深化行政审批制度改革，盟本级行政审批事项精简到37项，精简率达73%。加快依法治盟进程，规范政务公开，推进盟旗政务服务和公共资源交易中心整合一体化管理，阿拉善左旗政府法制秘书制度获得中国法治政府奖提名。

二是加快推进对外开放。积极融入“一带一路”战略，与国务院参事室共同商定举办了首届“中国企业走出去——沿边经济开发开放（阿拉善）50人论坛”，进一步扩展了开放空间。策克口岸正式获批为进口蒙古国肉类定点口岸，国内首条通往境外的标轨铁路——策克口岸跨境铁路开工建设。截至11月末，策克口岸进口原煤1105.4万吨，增长65.7%，创历史之最。乌力吉公路口岸获得批复，各项基础设施全面开工建设。策克、乌力吉中蒙跨境经济合作区和敖伦布拉格综合保税物流园区前期工作稳步推进，阿拉善经济开发区陆港达到闭关条件，“两口岸三园区一陆港”的开放格局初步形成。

三是深入推进科技创新。积极搭建科技创新平台载体，建成中国（内蒙古）沙产业专利信息服务平台，收集和更新专利信息10万余条；阿拉善沙产业健康科技园开工建设；乌兰布和生态沙产业高新技术产业开发区被认定为自治区级高新技术产业开发区。加快科技成果转化和关键共性技术攻关，实施了高速离心雾化及模拟龙卷风技术等13个科技成果转化项目，完成了白刺和锁阳的资源调查研究，建立了肉苁蓉基因库，驼血多肽研发项目填补了国际空白。

（五）突出民生改善，千方百计谋福祉

一是深入推进民生工程。全力推进脱贫攻坚工程，提前实现阿拉善左旗、阿拉善右旗两个区贫旗县全部摘帽，39个贫困嘎查村全部退出，5866名建档立卡贫困人口全部脱贫。全面完成农村牧区“十个全覆盖”工程，累计投入52.3亿元，所有嘎查村和自然村实现全覆盖，2.68万户7.44万农牧民受益。深入实施百姓安居工程，新开工棚户区改造11484户148.2万平方米，完成投资32.2亿元。大力推进就业创业工程，实现城镇新增就业3913人，扶持创业1033人，带动就业3088人，城镇登记失业率控制在2.9%的较低水平。加大社会保障提标扩面力度，企业职工、城乡居民月人均养老金分别达2772元和349元，城镇低保月人均标准和农村牧区低保年人均标准分别提高到622元和5994元。

二是统筹发展社会事业。坚持教育优先发展，全力推进校舍建设及安全改造工程，开工建设一中、蒙中文体中心，基础教育办学条件得到进一步改善。阿拉善职业技术学院新校区建设进展顺利，新生录取人数和毕业生就业率均创新高。竞技体育和群众性体育协调发展，足球改革取得新的成果。全面提升医疗卫生事业发展水平，进一步健全基本药物制度和药品供应保障体系，“新农合”参合率达98.2%。推进蒙中医药事业快速发展，阿拉善盟蒙医医院综合业务大楼建成投用，蒙药爱克泻荣获国际传统医学金奖并获国家新药专利。加快发展养老服务事业，完成阿拉善盟养老院改造工程，开展政府购买养老服务试点工作。加快公共文化服务标准化建设，建成全盟首个24小时自助图书馆。阿拉善科技馆开馆，接待参观者8万余人次。深入开展民族团结进步创建活动，宗教事务、防震减灾、人民防空、妇女儿童、残疾人事业等工作都取得了新的成绩。

三是全力维护社会和谐稳定。严格落实安全生产责任制，大力开展重点行业、重点领域安全专项整治，阿拉善盟连续9年被自治区评为安全生产实绩突出地区。加大食品药品安全监管力度，切实保障了群众“舌尖上的安全”。强化社会治安综合治理，严厉打击各类违法犯罪活动，扎实推进平安阿拉善建设。健全人民调解网络，认真解决群众合理诉求，着力化解信访积案。积极推进军民融合发展，额济纳旗荣获全国双拥模范城五连冠殊荣。

阿拉善盟经济社会发展取得了可喜成绩，但欠发达的基本盟情没有彻底改变，产业结构不尽合理，战略性新兴产业和现代服务业比重偏低，加快供给侧结构性改革、转方式调结构的任务艰巨；创新发展水平较低，创业创新内生动力不足，改革开放任务艰巨；基础设施建设滞后，城市管理问题突出，城乡一体、产城一体发展任务艰巨；生态环境脆弱，节能减排压力加大，资源环境约束趋紧，可持续发展任务艰巨；政府效能和依法行政水平有待提高，加强法治建设、提高履职能力、优化发展环境任务艰巨。

二、2017年的工作重点

2017年，阿拉善盟将深入贯彻中央、自治区各项决策部署，认真落实自治区第十次党代会精神，坚守发展、生态、民生三条底线，促进新型工业化、信息化、城镇化、农牧业现代化、绿色化“五化”协同发展，着力构建大生态、大园区、大旅游、大城乡、大开放、大网络、大民生、大安全“八大格局”，努力把阿拉善打造成为祖国北部边疆亮丽风景线上的璀璨明珠。

2017年，全盟经济社会发展主要预期目标是地区生产总值增长7.8%，城乡500万元以上固定资产投资增长13%，一般公共预算收入增长2%，社会消费品零售总额增长9%，城镇和农村牧区常住居民人均可支配收入分别增长8%和8.5%。

（一）以扩大投资规模为重点，保持经济稳定增长

一是加强经济运行调度。严格执行领导干部包联重点项目、重点企业制度，继续采取“一业一策”“一企一策”方式，着力解决企业在生产、建设、转型过程中存在的实际问题，增强服务实体经济的主动性和有效性。

二是继续扩大投资规模。严格执行重点建设项目联席会议制度，加强事前、事中、事后监管，加快推进221个千万元以上建设项目，确保完成投资378亿元。着力推动12个自治区级重点项目和10个盟级献礼工程如期建成投产，48个亿元以上重大前期项目取得实质性进展。创造性地开展招商引资工作，力争引进到位资金173亿元以上。

三是强化金融服务。继续做好政银企对接服务，扩大中小企业“助保贷”资金池规模，推动设立小微企业贷款风险奖补资金，建立健全民间借贷监督管理和服务保障体制机制。加强拟上市企业孵化培育，争取1～2家企业完成上市。

（二）以产业结构调整为抓手，提升发展质量和效益

一是加快工业转型升级。围绕构建“大园区”格局，出台促进空天、石墨、黄金、石材等产业发展的指导意见，大力发展新能源、现代化工、新兴材料、新型建材、装备制造和特色农畜产品加工六大支柱产业，着力打造中国石墨产业创新共建基地，打造阿拉善右旗航空产业园区，打造阿拉善经济开发区成为主营业务收入超千亿元的绿色生态工业园区。

二是促进农牧业稳步发展。收缩发展高效节水农业，适度发展高端畜牧业，规模发展特色沙产业，扶持龙头企业从事精品林果种植、加工、销售，开展“沙漠人家”“胡杨人家”“葡萄人家”等休闲农牧业示范创建，确保农作物总播面积在50万亩以内，白绒山羊养殖规模在100万只左右，梭梭肉苁蓉、白刺锁阳、黑果枸杞三个百万亩产业基地植面积达到50万亩以上。

三是推动服务业提标提质。围绕构建“大旅游”格局，大力实施“旅游+”发展战略，重点发展观光旅游、体验旅游、体育旅游、健康旅游等业态，全力打造“大沙漠”“大胡杨”“大居延”“大航天”国际旅游目的地和国家级生态旅游度假区、自驾游基地。积极推进亚力达、太西等物流园区和盟内物流互联互通项目建设。深入开展电子商务示范镇、示范企业创建工作，加快电商创业园、网商孵化园、电子商务平台和农村牧区商贸网点、快递站点布局建设，推动电商经济快速健康发展。

（三）以补齐生态短板为突破口，着力改善发展基础条件

一是加强生态保护与建设。以三旗列入国家重点生态功能区为契机，加快国家重要的生态功能示范区建设进程，认真落实国家公益林补偿、新一轮草原生态奖补等政策，实施好退牧还草、天然林保护等重点生态工程，确保公益林保护面积达到2289万亩、草原保护与建设总规模达到1500万亩以上、植树造林面积达到120万亩以上。

二是加强环境综合治理。严守空间、总量、准入三条红线，坚决打好大气、水、土壤污染防治“三大战役”。加强重点区域重点领域环境综合整治，积极推进乌海及周边地区大气污染联防联控，集中开展环境隐患问题排查治理“回头看”工作，巩固提升整改成效，确保环境安全。

三是加强重大基础设施建设。围绕构建“大网络”格局，科学编制规划，打好攻坚会战，加快构建铁路网、公路网、航空网、市政网、水利网、资源网、信息通信网七大网络体系，加强现代基础设施网络建设。

四是加强城镇规划建设管理。围绕构建“大城建”格局，完善城镇总体规划、控制性详规和各类专项规划，实施老旧小区综合改造、市政道路、供热管网改造、给排水、污水处理等98项重点城建项目，确保年度投资达61.5亿元。深入开展“城市精细化管理巩固年”活动，加快推进文明城市创建步伐，力争阿拉善左旗早日达到国家园林城市标准，阿拉善右旗、额济纳旗达到自治区园林县城标准，全盟获得全国文明城市申报提名资格。

（四）以改革开放和创新驱动为着力点，不断增强发展动力活力

一是着力深化重点领域改革。扎实推进公立医院改革、养老服务改革、土地草牧场确权流转、城市管理综合执法改革等国家、自治区试点任务，确保试出成效，争取试成亮点。深化供给侧结构性改革、商事制度改革、国有企业改革、电力多边交易试点、财税体制改革等重点领域改革，进一步释放改革红利。

二是着力扩大开放合作。围绕构建“大口岸”格局，大力开展“口岸建设年”活动，加快策克铁路口岸、乌力吉公路口岸和定点肉类进口口岸建设，力争年内建成并实现通关。协调蒙古国在策克口岸设立领事馆，积极推进策克口岸升格为国际性口岸，力争中蒙策克至西伯库伦跨境经济合作区获批建设。启动敖伦布拉格国际物流园的规划建设，推进敖伦布拉格国际保税区审批和建设。

三是着力增强创新驱动。完善院地合作、厅盟会商工作机制和科技成果转化奖励制度，持续加大创新投入，推动设立科技创新引导基金，培育壮大创新主体，加强科技攻关和产品创新，力争新增高新技术企业2家、自治区级研究中心2家、众创空间1～2家。

（五）以保障和改善民生为切入点，促进社会和谐稳定

一是加强就业和社会保障工作。继续实施就业优先战略，巩固提升创业型城市建设成果，实现城镇新增就业3000人，农牧民转移就业3000人，城镇登记失业率控制在4%以内。继续完善社会保障体系，全面实施全民参保计划，确保企业职工、城乡居民、机关事业单位养老保险、城镇基本医疗保险参保覆盖面分别达到99%、100%、100%、99%，社会救助补助标准增长3%～8%。继续推进精准脱贫攻坚，巩固提升脱贫成果，确保贫困发生率控制在3%以内。

二是提升公共服务水平。坚持教育优先发展，深入实施教育体育领域综合改革，全面推进教育信息化建设，大力发展学前教育、基础教育、高中教育、职业教育、民族教育、体育教育和产业，全面提高办学能力和教育水平。深化医药卫生体制改革，继续完善四级医疗卫生预防保健服务体系建设。启动建设阿拉善盟疾控中心业务楼、阿拉善左旗妇幼保健院改扩建和吉兰泰医院改造项目，切实改善医疗条件。大力发展蒙医药、中医药事业，加快卫生计生信息化建设。继续实施好全面两孩政策，促进人口长期均衡发展。全面提升公共文化服务体系建设，加快形成盟、旗、苏木镇、嘎查村四级文化信息资源共享体系。

三是促进社会安定和谐。围绕构建“大安全”格局，严格落实安全生产责任制，切实加强重点行业重点领域安全监管和整治，坚决杜绝重特大安全生产事故发生；深入推进“食品药品安全阿拉善”建设，加强食品药品生产流通等各个环节监管，确保人民群众吃得安全、吃得放心；深入开展平安阿拉善创建活动，严厉打击各种违法犯罪行为，进一步提升群众安全感。严格落实信访工作责任制，积极回应群众合理诉求，主动预防和化解各类矛盾纠纷。全面推进依法治盟，做到依法执政、依法行政和依法司法。加强应急管理工作，健全社会预警体系和应急机制，不断提高应对各类突发事件和保障公共安全的能力。促进军民深度融合发展，做好优抚安置，巩固军政军民团结。加强民族宗教工作，促进民族团结、社会稳定和边疆安宁。

供　　稿：石东升　阿拉善盟行署办公厅
责任编辑：焦志强

满洲里市经济社会发展情况

2016年，满洲里市在上级党委、政府和市委的正确领导下，团结带领全市各族人民，全面坚持发展新理念，准确把握经济新常态，围绕“质量效益提升年”主题，攻坚克难，积极作为，实现了国家重点开发开放试验区建设的新突破，为率先建成全面小康社会奠定了坚实基础。前三季度，全市地区生产总值完成165.2亿元，增长7.2%；一般公共财政预算收入完成12.3亿元，增长7.1%；固定资产投资完成115.8亿元，增长15.5%；社会消费品零售总额完成102.9亿元，增长9.7%；城镇居民人均可支配收入2.57万元，增长8.3%。预计全年，全市地区生产总值完成241亿元，增长7%；公共财政一般预算收入完成16.1亿元，增长7%；固定资产投资完成125亿元，增长13.5%；社会消费品零售总额完成144.8亿元，增长10%；城镇居民人均可支配收入3.19万元，增长7.5%，主要经济指标增幅均居沿边地区前列。

一、2016年的主要工作

（一）经济增长质效并提

实施重点项目227个，开复工超亿元项目79个，有效促进了产业结构调整和经济稳步增长。工业经济提质增效，新增规模以上工业企业5户，工业增加值增长7.5%。原煤产销1065万吨。进口木材落地交付860万立方米，增长30%，木材精深加工比例达到55%。华能光伏一期和深能光伏二期并网发电，联众铅笔板、凯润实木家具等一批重点项目建成投用，恒升粮油加工和伊泰中俄农产品贸储基地等进口农产品加工项目加快推进，产业基础不断夯实。外贸产业势头良好。制定出台了《关于促进外贸回稳向好的实施意见》等一系列政策措施，新增外贸企业290家，满洲里市外贸进出口总额达到156亿元。新增境外投资项目32个，投资额达3.4亿美元。伊利托对俄进出口综合货场投入运营，远东液化石油气储运基地等物流项目基本完工。跨境电子商务蓬勃发展，电子商务产业园获评自治区级示范基地，交易额突破5亿元。旅游产业活力增强，获批第二批国家全域旅游示范区创建城市，启动了中俄跨境旅游合作区和边境旅游试验区创建工作。中俄边境旅游区荣膺国家5A级旅游景区，套娃广场二期试运营，查干湖景区、中俄蒙婚俗馆、世界木屋博览园、中俄蒙文化园等景点景区加快建设，智慧旅游信息平台上线运行，旅游服务能力大幅提升。全市旅游总人数680万人次，总收入48亿元。

（二）开放层次深度拓展

积极融入国家“一带一路”建设战略，制定出台了《进一步扩大对外开放的实施意见》，集中力量突破重点环节、提升整体水平。口岸货运量完成3050万吨；满洲里至后贝加尔斯克公路口岸被确定为中俄海关监管结果互认试点口岸；积极推行“三互”通关改革，全国沿边口岸首家国际贸易“单一窗口”上线运行；俄罗斯荞麦、燕麦、葵花籽、亚麻籽试验性进口成功获批；实现汽车整车进口428辆，货值突破3000万美元；新增“满俄欧”“赤满欧”和“通满欧”等区内始发班列，全年开行跨境班列25条856列，增长近100%。满西一级公路建成通车，公路口岸扩能升级改造项目基本完成，增开至赤塔国际道路旅客运输线路；滨洲铁路电气化改造主体完工；开通国内外航线30条，进出港旅客46万人次，增长10%，获评国际四星级机场；国际邮件互换局兼交换站获批恢复。综合保税区顺利通过国家十部委联合验收，实现正式封关运营，荣获中国开发区最佳竞争力奖；中俄互市贸易区深度开放取得实质性突破，边民互市贸易平台实现试运营，实现营业额8300万元；中俄蒙跨境经济合作区和中俄边境自由贸易区辟建工作有序推进。成功举办了北方科技博览会、中俄蒙国际旅游节、冰雪节暨美丽使者大赛、国际文化艺术节、满商大会等节庆会展活动，承办了国家沿边重点开发开放试验区建设工作座谈会和《南海各方行为宣言》第十三次高官会议。与俄罗斯鄂木斯克市和蒙古国额尔登特市缔结友好城市关系，在赤塔、乔巴山市成功举办“城市日”系列活动，对外交流合作层次不断提升。

（三）发展后劲不断增强

扎实推进重点改革任务117项、改革试点7项，形成改革成果126

项。全面推进简政放权、放管结合、优化服务改革，编制市本级权责清单4336项，取消行政事业性收费31项、降低减免28项，前置改为后置审批134项，建立行政审批中介服务清单制度，公布随机抽查事项清单；整合建立了统一的公共资源交易平台。深化商事制度改革，完成全区“五证合一、一照一码”试点任务。扎实推进供给侧结构性改革，出台《满洲里市稳定工业经济增长二十条措施》和《促进满洲里市房地产市场健康发展的意见》等配套政策，化解过剩煤炭产能300万吨，安置职工617人；商品房库存量减少29.2%。全力推进重点领域改革，扎赉诺尔区纳入国家陆地边境旗县管理；完成智慧城市云计算中心基础设施建设，搭建信息资源共享数据管理平台；创新金融合作产品，组建城发投集团公司，推广政府和社会资本合作模式和“银政通”、新型城镇化等产业基金，实现融资21亿元。

（四）城市面貌明显改善

坚持特色建设、精细管理、绿色发展。城市主体功能区建设试点获得国家批复。完善了“一环、一横、四纵、四出口”的现代路网规划格局。加快推进水质提升工程，实施城市供水和市区管网改造，体育公园等一批市政设施项目投入使用，城市承载功能明显提升。以房、墙、路、地、区为重点，投资13.7亿元实施城市环境综合整治工程。对70多个老旧小区实施综合改造。加快保障性安居工程建设，完成棚户区改造2365户。拆除“两违”建筑168万平方米，启动了主街道两侧外立面改造和牌匾整治工程，提升了城市形象。满洲里热电厂等脱硫脱硝改造工程建成投用；完成了年度节能减排任务。实施了城市绿化800万平方米；启动草原确权工作；呼伦湖专项整治成效明显，生态环境持续优化。

（五）幸福指数日益攀升

积极推进大众创业、万众创新，创办青年创业场，全市新增就业5014人，城镇登记失业率控制在3.5%以内。深入推进“救急难”试点工作，制定出台《满洲里市最低生活保障对象认定办法（试行）》，进一步完善了社会救助体系。制定精准帮扶措施118项，260名贫困人口全部稳定脱贫。顺利通过国家义务教育均衡发展县验收。满洲里学院附属中学和第九中学迁入新址。启动自治区公立医院综合改革示范县和卫生应急规范县创建工作，呼伦贝尔市医疗领域首家院士工作站落户扎赉诺尔人民医院。承办了中俄蒙老年人运动会，举办各类体育赛事21项，获批全国青少年校园足球试点县。严格落实安全生产责任制，集中开展安全生产百日攻坚行动，安全生产形势保持平稳。完善信访工作机制，加大矛盾纠纷排查化解力度，妥善解决群众合理诉求。严厉打击违法犯罪活动，反恐防暴和应急处突工作得到加强。积极推进“五城联创”，蝉联全国文明城市，实现全国双拥模范城六连冠。

二、2017年工作重点

2017年，满洲里经济社会发展的总体思路是深入贯彻党的十八大和十八届三中、四中、五中、六中全会精神及习近平总书记系列重要讲话和考察内蒙古重要讲话精神，全面落实自治区党委和呼伦贝尔市委各项决策部署，统筹推进“五位一体”总体布局，协调推进“四个全面”战略布局，坚持创新、协调、绿色、开放、共享的发展理念，坚决守住发展、生态和民生底线，持续推进转型升级，以国家重点开发开放试验区建设为主线，以提升口岸城市核心竞争力为中心，全面推进改革开放，深入推进依法治市，加快建设开放、活力、美好、美丽、幸福、满意满洲里，守望相助、团结奋斗，率先发展、走在前列，为打造祖国北疆亮丽风景线做出新的更大的贡献。

（一）全面深化改革开放，加快创新驱动发展，营造引领沿边开放的新优势

坚持扩大开放与深化改革协同推进，全方位融入国家“一带一路”建设战略，积极参与“中蒙俄经济走廊”建设，进一步拓展开放空间。

1. 全力打造“中蒙俄经济走廊”的重要物流园区

争取获批汽车平行进口试点口岸，建设配套基础设施，培育区域性进口汽车保税仓储和展示交易中心。争取获批俄罗斯小麦进口指定口岸，推动俄罗斯荞麦、燕麦、葵花籽、亚麻籽常态化进口，继续扩大农产品进口规模。规划建设空港物流园区，探索与德国帕西姆机场保税区合作开展航空货运和跨境包机业务。争取对俄进口贵金属仓储

和伊利托对俄进出口综合货场二期工程开工建设，推动远东液化石油气储运基地、森富口岸物流园二期等项目建成投用。继续增开国际货运班列，推动资源回运常态化，力争全年开行班列超过1000列。实施公路电子口岸升级改造工程，完善“三互”大通关和国际贸易“单一窗口”建设，提升口岸通关能力和服务功能。力争物流业产值达到13亿元。

2. 全力打造沿边开放新高地

积极推动综合保税区与互市贸易区、国际物流产业园区联动发展，按照“一年有进展、两年树形象、三年大发展”的目标，继续完善综合保税区基础功能，加快扩容提质和创新发展步伐，力争年内入驻项目达到10个以上，贸易额达到10亿美元；进一步优化“一线放开、二线安全高效管住”的分线管理模式，扩大互市贸易区B区封闭区范围，推行负面清单管理，丰富入区商品种类，力争全年实现营业额5亿元。加快中俄边境自由贸易区、中俄蒙（满洲里）跨境经济合作区申建进度，营造对外开放新优势。规划建设公路口岸入境免税店，探索试行市内免税经营试点，争取国内游客购物离岸退税政策。不断完善与俄蒙协调联络和互动合作机制，筹划举办中俄蒙市长峰会，加强各领域务实合作。与大连港、秦皇岛港和天竺保税区建立互动机制，加快推进“满洲里至呼伦贝尔至东三省至东北亚开放走廊”建设。主动融入东北经济振兴，积极承接长江三角洲、珠江三角洲等地区产业转移，力争招商引资到位资金160亿元。

3. 全力打造先行先试示范区

加快供给侧结构性改革，完成消化煤炭过剩产能任务，逐步减少商品房库存，切实完成去杠杆、降成本、补短板任务。深化行政审批制度改革，组建行政审批服务局，把分散在各部门的200多项审批事项进行集中，推行“一口受理、并联审批、限时办结”的服务模式；开展综合行政执法制度改革试点，提高行政效能；加快推进“双随机、一公开”，全面加强事中事后监管，切实做到简政放权、放管结合、优化服务。加快商事制度改革，放宽市场主体场所登记条件。深化环保体制机制改革，落实环保机构监测监察执法垂直管理。加快金融创新步伐，与中国工商银行合作设立“融e购”满洲里专区，推进卢布现钞跨境调运，探索离岸金融业务；降低企业融资成本，探索引进供应链金融机构，支持口岸经济发展。力争实现融资25亿元。

4. 全力打造创新创业试验田

深入推进兴边富民行动，鼓励发展家庭旅馆、旅游包车等富民产业。提升北方国际科技博览会市场化程度，加快科技成果引进和转化。完善创新型人才引进办法，着力引进高端创业团队和研发机构，鼓励各类人才带项目、带技术、带资金到满洲里创业发展。认真落实《满洲里市鼓励和支持非公有制经济加快发展的实施意见》，建立非公经济发展基金，发挥好“助保贷”、产业基金等融资作用，完善融资性担保服务体系，扶持中小微企业创新发展。积极发展众创、众包、众扶、众筹等新模式，让广大市民在国家重点开发开放试验区建设中分享发展、得到实惠。

（二）全面加快转型升级，提升产业质量效益，培育经济跨越发展新引擎

坚持发挥优势和补齐短板一起做，调整存量和做优增量同步抓，全力推进重点项目建设，打造口岸经济升级版。

1. 夯实工业经济基础

加快联众木材产业园、凯盛木门窗等一批重点项目建设，鼓励发展装配式现代木结构建筑产业，建设国家级木结构建筑产业化技术研发中心，加快打造全国最大的木结构房屋加工基地和全国木结构房屋产业示范市。推进恒升粮油加工、伊泰中俄农产品贸储基地项目建成运营，力争进口农产品加工业产值突破10亿元。启动虚拟现实技术（VR）芯片一体机加工、进口铂金加工提纯和进口钾肥仓储加工等项目，加快进口资源加工业发展。启动扎赉诺尔“煤电木云”一体化项目，提高资源综合转化水平。

2. 提升商贸经济层次

强化外贸综合试点企业政策扶持，积极吸引和培育外贸龙头企业，壮大对外贸易规模。进一步优化进出口结构，扩大液化石油气、有色金属等新品类进口，鼓励木制别墅、机电产品等出口，实现优进优出、提值增量。加快“走出去”步伐，实施中俄森林资源开发利用第六期合作规划项目，支持开展境外农业种植合作。打造“南菜北运”出口果菜品牌，力争全年出口果菜50万吨。办好国际贸易与投资博览会，进一步开拓市场。营造俄蒙餐饮文化氛围，规范俄罗斯食品市场秩序，推动服务业特色化发展。

3. 发展全域四季旅游

围绕“壮美内蒙古、亮丽风景线”主题，积极创建边境旅游试验区和中俄跨境旅游合作区，打造中俄蒙三国文化交融的跨境旅游基地。高标准编制全域旅游发展规划，完善旅游公共服务体系，继续推进“厕所革命”，增加休闲与娱乐设施，全力推进全域旅游示范区建设。确保中俄边境旅游区红色旅游项目提升工程和套娃景区三期、查干湖景区建成开放，完成中俄边境旅游区连接通道建设，提升景区品位。力促国际木文化博物馆、中俄蒙文化园等项目建成投用，加快世界木屋博览园、达永山滑雪馆扩建等项目建设，开发小河口旅游度假景区，培育敖尔金蒙元文化旅游区，打造一批全天候景点景区。充分发挥国际旅游节、冰雪节暨美丽使者大赛、文化艺术节等品牌优势，补齐冬季旅游短板，实现四季旅游均衡发展。积极融入根海满阿旅游一体化发展，培育满洲里至伊尔库茨克、乌兰巴托等精品旅游线路，打造中俄蒙旅游圈。力争全年旅游人数达到690万人次，旅游总收入突破50亿元。

4. 培育新型经济业态

大力推进“互联网+”行动计划，促进互联网、大数据、云计算等产业发展。加快智慧城市建设，推进智慧木材、智慧旅游、智慧物流等新业态。继续扶持电子商务产业园发展，加强与阿里巴巴、中国网库对接合作，积极引进更多的知名电商企业，做大跨境电子商务规模和层次，争取入驻企业达50家以上，争创国家级电子商务示范基地。推动对俄民贸市场加快线上线下融合发展，鼓励各类市场主体自建电商、微商平台，营造发展新优势。力争电子商务交易额突破10亿元。

（三）全面提升城市品质，优化生态人居环境，打造国际口岸名城新形象

坚持绿色化与城市化融合互动，按照景区标准规划建设管理城市。

1. 加强生态文明建设

全面落实中央环保督察反馈整改意见，加快建设全国可持续发展生态环境保护建设示范区。守住生态底线，全力配合呼伦湖周边环境综合治理，严禁非法征占草原，扎实推进大气、水、土壤等污染防治，全面加强饮用水水源地保护，加快推进二卡国家湿地公园建设。启动扎赉诺尔区矿山环境综合治理工程，确保进口资源加工园区企业全部接入集中供气供热工程，推动市区10蒸吨以下小型燃煤锅炉进行清洁能源改造，淘汰老旧车、黄标车，机动车环保标志发放率全部达标，完成节能减排目标任务。大力实施城市绿化工程，提高城区绿化覆盖率。

2. 完善基础设施网络

加快推进“七网”建设。铁路方面，协调推进滨洲铁路电气化改造工程，启动进口资源加工园区铁路专用线建设，继续推进满洲里至阿日哈沙特铁路、齐海满客运专线、满海乌通客运专线建设。公路方面，加快绥满高速公路满洲里段和省道203线跨滨洲铁路立交桥建设，确保满洲里至新伯鲁克公路、满洲里至阿拉坦额莫勒一级公路补充工程和国际公路口岸货运通道如期竣工，协调推进满洲里至赤塔高等级公路建设。航空方面，继续增开国内和俄蒙主要城市航线，年进出港旅客突破50万人次。市政方面，实施太湖路二期、湖北街改造工程、市区排水管网改造和扎赉诺尔曙光大道立交桥等项目，扎实推进二卡地区道路改造。能源方面，建设互贸区和国际物流产业园区重点项目供电线路，争取跨境油气管道尽快启动实施。水利方面，实施新开河综合整治等工程。通讯方面，完成智慧城市建设，使城市生活更加便捷。

3. 优化城市人居环境

加快推进城市棚户区改造，对11个老旧小区进行综合改造，完成10万平方米既有建筑节能改造，切实改善居民生活居住环境。完成供水管网改造，确保水质提升工程效果，让群众喝上安全放心水。完成全市污水处理厂升级改造工程，实施餐厨垃圾处理厂和垃圾转运站项目，完善城市综合承载功能。启动城市公交站亭改造工程，方便市民出行。完成市区主街道楼房外立面和牌匾改造，打造独具欧陆风情的国际化城市商业形象。合理保护开发“石头房”“木刻楞”等老建筑，争取南区特色街区建设纳入自治区第三批历史文化街区名录。推动新开河、灵泉镇建设特色小镇，促进区域均衡发展。

4. 完善城市管理机制

坚持规划先行，积极探索“多规合一”试点工作。继续推进城市环境综合整治，重点清理南区违法占地、违法建筑。严格落实门前“五包”责任制，明确划分各单位、商户业主卫生保洁范围；加大对乱堆乱放、私搭乱建和沿街建筑垃圾、白色垃圾的整治力度，大力整治城市“牛皮癣”，营造整洁靓丽的市容环境，争创国家卫生城市。全力推行一对一帮扶、菜单式收费等制度，完善物业监管体系，畅通退出机制，不断提高物业管理服务水平。

（四）全面增进群众福祉，着力补齐民生短板，构筑美好和谐幸福新家园

坚持以人民为中心的发展思路，坚决守住民生底线，全面完成10项惠民工程，大力推进公共服务均等化，努力让城市更温暖、群众更幸福。

1. 加强民生保障

拓展高校毕业生和复转军人等重点人群就业渠道，创建自治区级充分就业星级社区，确保城镇登记失业率控制在3.5%以内。提高城镇最低生活保障标准，不断提升弱势群体生活保障水平。进一步加大社会救助力度，用好“救急难”公益基金，落实托底保障。继续完善“12349”民生服务平台功能，拓展为老服务项目。推进机关事业单位养老保险制度改革，落实退休人员基本养老金调整政策。推动企业完善职工最低工资调整机制，继续提高机关事业单位工作人员、社区工作者和环卫工人的工资待遇，严格落实带薪年休假制度。持续推进脱贫攻坚工程，确保贫困人口始终动态为零。

2. 完善公共服务

办好人民满意教育，开展教育质量提升工程，加强师德师风建设，完善学前教育质量监控机制；巩固义务教育均衡发展创建成果；加快培育具有区域影响力的精品示范高中。加大教育基础设施建设投入，进一步改善办学条件。深化医药卫生体制改革，完善公立医院管理机制，推动开展智慧医疗，加强医院急需人才的引进与培养，完善与国内外知名医院双向交流机制，建设健康城市。实施文化惠民工程，完成图书馆、群艺馆、博物馆建设，推进广播电视数字化升级，培育一批骨干文化企业、口岸文化名人和文艺精品力作。扎实开展全民健身活动，继续推进足球、大体操进校园等品牌特色活动，积极承办各类体育赛事。

3. 强化社会治理

落实“四个最严”要求，加强食品药品安全风险防控和全过程监管。严格落实安全生产责任制和管理制度，加强重点行业重点领域专项整治，严格监管执法，坚决遏制重特大事故发生。注重社会矛盾源头治理，严格落实信访责任，依法依规协调处理群众诉求。强化社会治安综合治理和防控体系建设，严厉打击各类违法犯罪行为，不断提升群众安全感。完善各类预警和处置预案，加强应急处突救援队伍建设，提高突发事件应急处置能力。建立健全网络安全保障体系，提高网络安全保护能力。

4. 促进社会和谐

加强市民思想道德建设和群众性精神文明建设，完善社会诚信体系，确保顺利通过2017年全国文明城市复检。全面实施“七五”普法规划，提高全民守法用法意识，加快推进法治满洲里建设。加强军政军民团结，继续做好全国双拥模范城创建工作，强化军警民联防联治，筑牢祖国北疆安全稳定屏障。落实“两个共同”和“三个离不开”的要求，切实维护好各民族团结和边疆地区繁荣稳定，争创全国民族团结进步示范城市。

供　　稿：滕广兴　满洲里市委副秘书长

责任编辑：张志华

二连浩特市经济社会发展情况

2016年，二连浩特市深入贯彻落实习近平总书记考察内蒙古重要讲话精神以及自治区、锡林郭勒盟各项决策部署，以建设国家重点开发开放试验区为统领，全力以赴稳增长、促改革、抓开放、强基础、惠民生，口岸经济社会实现平稳健康发展。1—10月底，全市地区生产总值完成80.4亿元，同比增长10.5%；公共财政预算收入4.1亿元，增长6.4%；全社会固定资产投资35.5亿元，增长10.5%；社会消费品零售总额25.4亿元，增长9.8%；全体居民人均可支配收入33930元，增长7.2%。预计全年，全市地区生产总值完成109亿元，同比增长9.6%；公共财政预算收入5.81亿元，增长11.7%；全社会固定资产投资42.7亿元，增长10%；社会消费品零售总额33.9亿元，增长9.5%；全体居民人均可支配收入41160元，增长7.2%。

一、2016年的主要工作

（一）开发开放试验区加快建设

《二连浩特国家重点开发开放试验区总体规划》获批，累计协调自治区9个厅局出台支持试验区具体措施，锡林郭勒盟支持试验区建设意见有望年内出台。促成国家商务部与蒙古国工业部签署了《中蒙二连浩特—扎门乌德跨境经济合作区建设共同总体方案》，中方跨境区总体规划、产业规划和核心区控制性详规编制完成，核心区道路、给排水工程开工建设。边民互市贸易区一期建成并通过自治区验收投入试运行，二期工程开工建设。全方位扩大对外开放，第八届二连浩特中蒙俄经贸合作洽谈会升格为国家贸促会主办展会并成功举办，二连浩特国际会展中心建成并投入使用。健全与蒙俄合作机制，与蒙古国驻二连领事馆建立了定期磋商机制，与俄罗斯安加尔斯克、克孜勒市建立友城关系正式启动。加强对外教育交流合作，内蒙古师范大学二连浩特国际学院选派66名学生赴蒙古国和俄罗斯高等院校学习，为全市蒙古国学生发放奖学金300多万元，蒙古国学生在二连浩特市就读人数达到778名，增长85%。中蒙足球交流合作成效显现，“伊林杯”“合力杯”“娜荷芽杯”等形成品牌赛事，促进了口岸足球改革发展。全面深化改革，公路口岸“三互”大通关改革基本完成，人员、车辆通关时间缩短40%以上。“扩权强县”改革试点基本完成，自治区扩权目录中涉及的61项事权已落实60项。“先照后证”“五证合一、一照一码”等商事制度改革顺利开展，颁发全盟首张食品经营许可证、个体工商户“两证整合”营业执照。巩固扩大对蒙金融合作，中行二连分行实现我国首次图格里克现钞调运和中蒙本币互换协议项下图格里克融资业务，农行二连支行实现我国首次图格里克结售汇及资金清算。

（二）口岸优势特色产业稳步发展

1. 国际贸易物流业方面

主动适应对外贸易新常态，修订出台《二连浩特市支持边贸企业能力建设暂行措施（2016年暂行）》，全力争取并获得蒙古国熟肉制品、牧草及俄罗斯亚麻籽进口许可，支持企业稳定传统大宗商品和拓展新增商品进口规模。2016年1—10月，口岸过货量完成1174.8万吨，增长2.1%；预计全年口岸过货量1435万吨，增长2.1%。大力拓展对欧贸易，“郑连欧”国际货运班列实现常态化运行，“湘连欧”国际货运班列正式开行，1—10月开行中欧班列119列，增长1倍。加快发展跨境电子商务，站赤、塔穆嘎两家跨境电商正式上线运营，截至目前，电子商务商品通关量达1000吨。

2. 进出口加工业方面

制定出台“去产能、降成本”实施意见，进一步优化工业发展环境，促进工业企业健康发展。完善工业园区基础设施，完成粮食加工园区规划编制，粮食站场改造一期投入运营。狠抓工业项目建设，中晟安泰、中港伟业木材加工项目建成投产，远东木材交易中心、鹏顺尾矿选钨等项目开工建设。2016年1—10月，主要工业产品铁精粉、油菜籽、无毛绒加工量分别达到243.8万吨、3.9万吨、1834吨，分别增长51.8%、129%、25.9%；规模以上工业产值完成62亿元，增长10.3%。

3. 边境文化旅游业方面

助推中蒙两国旅游部门签署《中蒙旅游合作协议》，推动解决中蒙跨境旅游证件、运输车辆、团队旅游等问题。加快推进中蒙跨境旅游合作示范区建设，中蒙国际马术演艺基地、南市门旅游咨询驿站建成投用，综合博物馆布展一期完工，旅游综合服务中心、中蒙俄国际汽车露营公园等项目开工建设。成功举办第三届“茶叶之路”文化旅游节、第二届二连浩特·扎门乌德全民健身综合运动会等系列活动，开通了二连浩特至乌兰巴托旅客运输线路，口岸旅游吸引力进一步增强。修订出台《二连浩特市旅游企业奖励暂行办法》，加大对旅行社、旅游企业的奖补力度，来二连浩特市旅游观光的团组大幅增长。2016年1—10月，接待国内外旅游人数170万人次，增长8.3%；实现旅游业总收入37.5亿元，增长11.9%。

4. 绿色清洁能源业方面

可再生能源微电网示范项目已完成公司注册，年内将陆续完成各项前期工作。2016年1—10月，风光发电4.7亿千瓦时，增长10.2%。

（三）口岸和城市功能日臻完善

1. 口岸建设方面

锡二线铁路通车运营，集二线铁路扩能改造项目可行性研究报告上报国铁总公司待批。省道312线二连段公路基本完工，二满线一级公路、国道331与省道312重载连接线公路开工建设。机场改扩建项目完工，国际航空口岸设立列入国家口岸办“十三五”对外开放规划。中蒙俄跨境铁路双幅电气化改造、中蒙跨境高速公路等互联互通重大项目列入《建设中蒙俄经济走廊规划纲要》。

2. 城市建设管理方面

筹资近3亿元完善市政基础设施建设，重点实施道路、供水和硬化绿化亮化等工程。新建、改造、硬化道路、巷道和人行道87条，总计57.9万平方米，改造临街平房外立面4万平方米，市容明显改善。加快推进三水厂、供水管网改扩建工程，新建供水管线28.4公里，供水管网系统进一步完善。建成戈壁生态园，完成机场周边、街路提质改造等绿化工程，新增绿化面积48.8万平方米，绿化覆盖率达到36.5%。以创建全国文明城市为契机，加大城市分级分区管理力度，建立机关事业单位包联街路、住宅小区工作机制，完成35个老旧小区综合改造、18小区既有节能改造，城市环境进一步改善。“12345”综合服务热线、政务数据中心、电子警察等智慧城市一期工程投入使用，城市精细化管理水平不断提升。清理、收储、调整闲置土地19宗，荣获第三届国土资源节约集约模范市称号。

（四）新牧区建设成效明显。

实施“十个全覆盖”工程提档升级工程，高标准、高质量完成工程并惠及全市农牧民。累计建成住房222套，彻底解决了农牧区无房、土房、人畜混住291户390余人的住房安全问题；累计新打机井50眼，常住牧民取水距离控制在3公里以内；累计完成农网升级改造43户167公里，常住牧民全部接网通电；嘎查公路通畅率达到100%，60%的牧民出门5公里即可走上硬质路面；农牧民基础养老金达到每人每月735元，保障标准位于自治区前列。加快推动农牧业产业化发展，支持格伊古勒肉业申报自治区级名优商标，古伊林活动物隔离场建成投入使用，西北红奶牛养殖小区项目开工建设，有效带动了畜牧业发展。制定出台《建立完善龙头企业与农牧民利益联结机制实施方案》，扶持昊罡、茂源等企业与农牧户建立稳定合作关系，引进赛乌素果蔬包装仓储项目，引导农民发展绿色果蔬种植业。扎实推进草原确权登记工作，确权率为98%。认真实施京津风沙源治理工程，完成围栏封育、封沙育林等15万亩。

（五）社会和民生事业协调发展。

1. 社会事业方面

内蒙古师范大学二连国际学院、蒙古族中学、蓝天幼儿园建成投入使用，教育基础设施条件进一步改善。强化教育教学质量监管，招聘应届师范大学生11名，狠抓教学管理和教师培训，汉授、蒙授本科上线率达到57.4%、80%，分别提高3.8、9.2个百分点，顺利通过国家义务教育均衡发展验收。内蒙古师范大学二连国际学院办学规模扩大，在校生达到1222人。加快推进公立医院改革，出台市医院重点专科建设规划，与北京世纪坛医院签订合作协议，给予7名临床医学人员同工同酬待遇，口岸医疗服务水平稳步提高。加快构建现代公共文化服务体系，推出大型实景历史剧《成吉思汗的黑纛》，开展文化惠民下基层演出62场，二连浩特·扎门乌德中蒙国际那达慕荣获自治区特色品牌项目称号。改造完成中蒙药、化学药实验室和格苏木、宝鼎集贸市场食品快检室，食品小作坊加工园区主体完工。

2. 民生改善方面

扎实推进大众创业、万众创新，建成电子商务暨创新创业孵化基地，前三季度新增就业747人，城镇登记失业率控制在2.4%以内。社会保障覆盖面不断扩大，“新农合”参合率达到100%，最高报销比例达到90%。城乡低保月标准提高到640元，居全区盟市第一。“三无”人员分散、集中供养月标准分别提高到1600元、2000元，与五保对象、孤儿供养月标准均居全区盟市第一。大力发展养老服务事业，聚祥福养老院项目加快建设，“两国三地”候鸟式异地养老项目已组织4批次93名老人赴海南省三亚市、蒙古国中央省度假养老。高度重视双拥共建工作，妥善安置退役士兵8人，连续3次荣获全国双拥模范城称号。国家贫困线下农牧民全部稳定脱贫，创新城乡低收入人群帮扶机制，对57户家庭实行就业、医疗等分类帮扶政策。

总体看，前三季度口岸经济社会实现平稳发展，但仍面临诸多困难和挑战，主要体现在以下几个方面：一是口岸经济增速明显放缓。由于二连浩特市经济以对外贸易为主，对外依赖性较强，受国内经济下行压力加大、蒙俄市场需求低迷、民间投资下降等因素影响，进出口货运量和贸易额、固定资产投资等指标增速明显放缓，完成既定目标存在一定困难。二是产业发展不充分。受国内市场需求减少、蒙俄经济持续低迷影响，进出口贸易增长乏力；加工业缺乏大型龙头企业，链条短、规模小、档次低；旅游看点卖点少，配套功能不完善，吸引力不强；电力负荷不足，缺少外送通道，制约清洁能源产业发展。三是基础设施条件仍需完善。基础设施建设历史欠账较多，运输通道通而不畅的瓶颈尚未破解；城市公共设施建设相对滞后，特别是水资源严重短缺，在很大程度上制约了口岸经济社会发展。四是财政收支矛盾突出。二连浩特市财政收入主要依靠服务业，但服务业对财政贡献率降低，加之税源结构单一、工业企业税源少，导致财政增收困难、收支矛盾突出。对此，我们将采取有效措施，认真加以解决。

二、2017年的工作重点

2017年，二连浩特市将以党的十八大和十八届三中、四中、五中、六中全会精神为指导，深入贯彻习近平总书记系列重要讲话和考察内蒙古重要讲话精神，紧紧围绕“四个全面”战略布局，坚持发展是第一要务，牢固树立和贯彻落实创新、协调、绿色、开放、共享发展理念，以重点开发开放试验区建设为统领，努力把二连浩特建成向北开放的黄金桥头堡、“中蒙俄经济走廊”的区域性国际物流枢纽、沿边经济带的重要增长极、特色鲜明的现代化口岸城市和富民安边睦邻的示范口岸。预计全年，完成地区生产总值118亿元，同比增长9%；公共财政预算收入5.98亿元，增长3%；全社会固定资产投资49.1亿元，增长15%；社会消费品零售总额37.3亿元，增长10%；进出口货运量1470万吨，增长2.4%；全体居民人均可支配收入44798元，增长8%。重点做好以下工作。

（一）加快推进试验区建设，着力提升开发开放水平

1. 全力推动试验区先行先试

全面抓好国务院支持沿边重点地区开发开放若干意见、自治区政府支持试验区建设37条意见的贯彻落实，推动国家有关部委、自治区相关厅局出台配套政策措施，协调锡盟尽快出台支持试验区建设具体措施。突出抓好行政管理、口岸通关、金融创新等重点领域改革，加快形成有利于试验区建设发展、先行先试的体制机制。

2. 加快推进先导性工程建设

协调蒙方尽快与中方就《建设中蒙二连浩特—扎门乌德跨境经济合作区协议》进行磋商，推动中蒙两国政府年内签署。加大跨境区资金投入力度，年内完成核心区道路、给排水工程，开工建设综合管廊、综合查验中心等项目。推动边民互市贸易区繁荣发展，抓好二期工程建设，争取俄罗斯商品及第三国生活日用品入区交易，提高免税额度。

3. 促进重大基础设施互联互通

积极推动二满线一级、省道312线二连段公路建成通车，力争开工建设二赛线高速公路项目。全力推动集二线扩能及铁路站场改造项

目开工建设，协调推动二巴线铁路完成前期工程并开工建设。力争国际航空口岸获批，常年开通至乌兰巴托国际航线。完成公路口岸自助通关系统建设，进一步提高口岸通关效率。积极争取国家和自治区支持，力争纳入《建设中蒙俄经济走廊规划纲要》的互联互通基础设施项目靠前实施。

4. 全方位扩大向北开放

健全完善与蒙俄政府间合作机制，年内与俄罗斯安加尔斯克、克孜勒市正式缔结友好城市关系。组织筹办好第九届二连浩特中蒙俄经贸合作洽谈会，全力争取升格为国家级展会。大力实施“走出去”战略，支持企业赴蒙俄有关地区投资合作，建立境外生产销售网络，带动设备、产品出口和劳务输出。抓好与蒙古国扎门乌德市共同申办孔子课堂、与乌兰巴托市医院建立友好关系、与蒙古国共同培育文体交流品牌等工作，不断拓展对外开放合作领域。切实加大招商引资力度，以试验区先导性工程为载体，吸引国内外有实力的企业来二连浩特市投资兴业，促进口岸产业快速发展。

（二）培育壮大特色主导产业，努力做大口岸经济总量

1. 做大做强国际贸易物流业

继续出台支持外贸企业能力建设政策，稳定铁矿石、铜矿粉、木材等传统大宗商品进口，扩大纸浆、粮油、饲草等新增商品进口，提升建材、果蔬、日用品等出口比重。积极争取国家放宽蒙古国偶蹄类动物进口限制，并力争成为汽车整车进口口岸，进一步增加进口货物种类。推动落实《中欧班列建设发展规划（2016—2020年）》，加强与国内有关地区沟通对接，争取开行包头、石家庄、昆明等地经二连至蒙俄的中欧班列。加快发展跨境电子商务，完成电商公共服务平台建设，引导现有电商做大做强，争创自治区跨境电子商务试点城市及示范基地。协调呼和浩特白塔机场集团启动国际快件空地联运业务，培育发展国际物流业新的增长点。推动环宇国际商贸城、新利电器广场建成投入运营，提高口岸市场规模化、专业化水平。

2. 推动工业经济提质增效

继续完善工业园区基础设施，建成运营园区固体废弃物处理中心，启动实施粮食站场改造二期工程。发展壮大选矿加工业，协调渤钢集团启动铁矿石深加工项目，争取鹏顺铁矿石尾矿选锂项目尽快落地开工，推动鹏顺铁矿石尾矿选钨、天可源选矿项目建成投产。积极推进众合木材精细加工项目开工建设、远东木材交易中心建成投产，促进木材加工企业规模化发展。加快中商金鼎晟泰食品加工储运园区、古伊林肉食品加工项目建设，推动金古源粮油技改及扩建、明雨伟业绒毛加工、啊哈嘟灯具加工等项目建成投产，培育工业新的增长点。预计全年完成规模以上工业增加值32.3亿元，增长10.3%。

3. 促进文化旅游业提档升级

以创建国家全域旅游示范区为统领，加快中蒙跨境旅游合作示范区建设，推动旅游综合服务中心、中蒙俄国际汽车露营公园、综合博物馆布展二期、国门景区综合服务区建成投用，实施恐龙地质公园、市门景区、中蒙国际马术演艺基地提档升级工程，增加新的旅游看点。推动落实《蒙古国环境、绿色发展旅游部与中华人民共和国国家旅游局旅游合作协议》，加大与蒙方磋商力度，争取在解决赴扎门乌德一日游和赴赛音山达多日游证件、中蒙团体旅游互免签证、8座以下车辆自驾游通行问题上迈出实质性步伐。筹办好“茶叶之路”文化旅游节、中蒙俄互办“文化周（日）”、中蒙俄青少年足球邀请赛等品牌活动，进一步提高口岸文化旅游知名度和影响力。继续加大对旅行社、旅游企业奖励扶持力度，强化文化旅游宣传促销，深化与京津冀、呼包鄂和乌兰巴托、乌兰乌德等国内外客源地合作，吸引更多的外地游客来二连浩特旅游观光购物。

4. 培育壮大绿色清洁能源业

完成可再生能源微电网示范项目前期工作，推动5万千瓦光电、2万千瓦光热、1万千瓦储能项目等一期工程开工建设。加大与自治区能源局协调力度，力争获得更多的风光电指标。

（三）加强城乡建设和管理，促进城乡一体化发展

1. 努力提升城市宜居水平

完成第七次城市总体规划修编。以创建全国文明城市为统领，精心实施市政基础设施、硬化美化亮化、老旧小区和既有节能改造工程，加快推进天鹅湖湿地公园、茶马大道、疏港公路等绿化项目，改善城市宜居环境。完成三水厂、水源地扩建、供水改扩建项目建设，协调争取引嫩齐霍（锡）工程开工建设，切实提高城市供水保障能力。实施水质净化工程，继续寻找开辟新水源地，争取列入“合同节水”试点城市。筹办好房地产交易展示会，精心包装和推介房屋销售组合产品，充分利用棚改贷款加快棚户区改造力度，消化存量房。积极推进综合行政执法体制改革，构建城市管理综合执法体系，加大分级分区管理力度，全面加强日常执法监督巡查，抓好机关事业单位包联工作，提高城市管理精细化水平。启动智慧城市二期建设，年内完成信息指挥中心、食品药品监督管理平台、智慧社区等工程，提升城市管理智能化水平。加强国有土地动态巡查，加大闲置土地清理收储力度，全力保障重点项目和城市建设用地需求。

2. 加快推进新牧区建设

抓好“十个全覆盖”工程后续管护，确保工程长久延续使用、农牧民永享惠民成果。积极引导牧民调整优化畜种结构，策划包装一批肉牛养殖业项目，大力引进良种优质肉牛，培育发展肉牛养殖业。大力引导菜农提高种植和销售能力，发展壮大绿色果蔬种植业，不断提升赛乌素绿色果蔬品牌影响力。继续推进农牧业产业化发展，完善龙头企业与农牧民利益联结机制，争取年内扶持成立12家标准化家庭牧场示范户、3家示范合作社。落实好新一轮草原生态补奖机制，严格执行草原生态管护工作，确保年内牲畜存栏数控制在4.5万头（只），促进草原生态持续好转。扎实推进京津风沙源治理工程，确保完成封沙育林、围栏封育、人工造林12.5万亩和暖棚、储草棚建设6500平方米。

（四）繁荣发展社会事业，不断提高民生质量

1. 着力保障和改善民生

扎实推进大众创业、万众创新，继续扩大天利创业孵化园、民族文化创业园规模，启用电子商务暨创新创业孵化基地，全面落实就业创业扶持政策，促进高校毕业生、进城牧民、复转军人等群体充分就业。完善社会保障体系建设，全面实施全民参保计划，适度提高城乡居民基础养老金标准，稳步提高基本医疗保险水平。健全完善社会救助体系，适度提高城乡低保、五保人员、“三无”人员、孤儿供养标准，保障城乡困难群体基础生活需求。推动城乡低收入人群帮扶工作常态化，确保低收入群体得到及时帮扶、尽早脱困。加快发展养老服务业，推动聚祥福养老院建成投用，支持“两国三地”候鸟式异地养老项目，拓展温泉度假养老业务。

2. 提高社会事业发展水平

继续改善口岸教育基础条件，确保内蒙古师范大学二连浩特国际学院和蒙古族中学收尾工程，确保第一中学宿舍楼、第二小学综合楼年内建成投入使用。加大优秀教师引进和现有教师培养力度，继续完善与标杆学校对标机制，常态化兑现职称工资，调动教师工作积极性，进一步提高教育教学质量。继续扩大内蒙古师范大学二连浩特国际学院与蒙、俄高等院校“2+2”“3+1”联合办学规模，全力争取国际应用职业技术学院年内获批，进一步提升国际化办学水平。扎实推进公立医院改革，健全完善与知名医院合作长效机制，加强重点学科和急需全科医生队伍建设，年内建成妇幼保健院、急救中心，进一步提升医疗救治水平，努力实现常见病诊疗和常规检查不出二连浩特的目标。加快食品安全追溯体系建设，推动食品小作坊加工园区投入运营，保障口岸广大群众饮食安全。切实加大药品日常监管力度，全力争取年内启动口岸药检所建设。抓好口岸足球运动普及工作，与蒙俄有关地区办好品牌足球赛事，推动足球改革发展实现新突破。扎实推进群众性精神文明建设，加强社会主义核心价值体系教育，努力提升城乡民文明素质和城市文明程度，确保创建成为全国文明城市。

供　　稿：王继国　二连浩特市政府办公厅

责任编辑：张志华

专题研究篇

开放发展具有丰富深刻的内涵

刘万华

党的十一届三中全会以来，中国共产党人以开放作笔，在中国大地上书写了以开放促改革、促发展的新篇章。以习近平同志为总书记的党中央，接力我国开放战略，坚持“改革不停顿、开放不止步”，把推进改革开放作为决定当代中国命运的关键一招，进一步开创了我国对外开放的新局面。党的十八届五中全会在深入总结我国对外开放实践的基础上，提出了开放发展理念，并对坚持开放发展做了全面安排。党的十八届五中全会提出的开放发展理念具有丰富深刻的内涵。

一、着力实现合作共赢是开放发展的新思维

在经济全球化深入发展的今天，世界上国与国之间依存度不断提高，相互联系越来越紧密。但经济全球化在促进各国优势互补、共同发展的同时，也带来了国家之间收益失衡的问题。发达国家往往凭借资本、技术等优势处于支配地位，而大多数发展中国家付出较高成本却只能获取较低收益。如何解决全球化带来的经济失衡问题考验着人类的智慧。习近平总书记准确把握经济全球化的时代特征，提出了人类命运共同体的思想，并强调“世界各国联系紧密、利益交融，要互通有无、优势互补，在追求本国利益时兼顾他国合理关切，在谋求自身发展中促进各国共同发展，不断扩大共同利益汇合点”。“十三五”规划建议进一步提出，“开创对外开放新局面，必须丰富对外开放内涵，提高对外开放水平，协同推进战略互信、经贸合作、人文交流，努力形成深度融合的互利合作格局”。这一系列部署体现了以习近平同志为总书记的党中央打造人类命运共同体的思想，是我

国开创对外开放新局面的新思维。要打造人类命运共同体，形成互利合作格局，就必须打破“冷战”思维，加强对话沟通，增强战略互信；就必须在经贸合作的基础上，扩大人文交流，增强相互理解；就必须既要引进来，又要“走出去”，实现你中有我、我中有你的深度融合。“十三五”规划建议提出的扩大开放领域、放宽投资准入限制、实行负面清单管理制度、扩大金融业双向开放、逐步取消境内外投资额度限制等系列政策，既显示了中国进一步扩大对外开放的决心和信心，又体现了中国与世界各国互利合作、共谋发展的诚意，必将为我国的开放发展营造更好的国际环境。

二、发展更高层次的开放型经济是开放发展的新目标

党的十一届三中全会开启了我国对外开放的新征程。从建立经济特区到沿海沿江沿边及内陆的全方位开放，从发展“三资企业”到建立友好城市及扩大民间往来，再到国家乃至区域合作的多层次开放，从商品市场到资本市场、技术市场、劳务市场的宽领域开放，对外开放为我国的发展注入了强大的生机与活力。但我国的开放型经济发展到今天，也积累了许多矛盾和问题，如一些地区的发展过度依赖出口拉动，出口商品总体较低端，引进技术智力不够的问题突出，利用国际资源不够，等等。国际经济环境和国内发展条件的深刻变化，迫切要求我们必须把对外开放推向新的阶段，从而为中国经济的持续繁荣提供新动力。五中全会提出的“坚持内外需协调、进出口平衡、“引进来”和“走出去”并重、引资和引技引智并举，发展更高层次的开放型经济”，为新时期新阶段的开放发展确立了新的目标。围绕这一目标，“十三五”规划建议对完善对外开放战略布局、形成对外开放新体制等方面作出了部署，进一步明确了内陆、沿海的开放定位，对投资准入、完善贸易投资规则、健全贸易促进体系、自贸区推广复制、金融业双向开放、双边协定的签署等提出了政策性意见。这些对外开放重大举措，力求转变过去主要依靠吸引外资和产品出口的对外开放方式，更加强调双向开放以及开放布局和体制机制建设，必将为我国打造高层次的开放型经济提供重要保障。

三、推进“一带一路”建设是开放发展的新格局

改革开放以来，我国形成了从沿海到沿江沿边、从东部到中西部区域梯次开放的格局。但这一格局总体上存在着东快西慢、海强陆弱的不足，并由此带来了地区间发展不够协调的问题。以习近平同志为总书记的党中央，深入把握国际区域经济一体化蓬勃发展大势，统筹国内国际两个大局，提出了“丝绸之路经济带”和“21世纪海上丝绸之路”建设，谋求我国与沿线国家联动发展。党的十八届五中全会进一步对推进“一带一路”建设作出了具体部署，提出了“推进同有关国家和地区多领域互利共赢的务实合作，打造陆海内外联动、东西双向开放的全面开放新格局”。这是新时期新阶段我国开放发展的重大谋划和部署。这一开放发展的新格局把中国与众多国家紧密联系在一起，既扩大了中国的发展空间，又为众多国家提供了新的发展机遇，是沿线国家合作共赢的重要平台。同时，这一开放发展的新格局统筹海陆东西，在进一步提升沿海开放、向东开放水平的基础上，将加快内陆开放、向西开放的步伐，助推内陆沿边地区由对外开放边缘转为前沿，有利于解决国内地区间发展不平衡的问题。“十三五”规划建议中提出的基础设施互联互通和国际大通道建设，以及加强同国际金融机构合作，发挥亚投行、金砖银行、丝路基金作用，是推进“一带一路”建设的重要举措。随着这一系列重要举措的实施，“一带一路”的综合运输通道、经贸合作平台、人文交流纽带等功能和作用必将得到进一步发挥，通过共商共建共享的“同频共振”，中国将在这一新的开放格局中获得发展，沿线国家也将在这一新的开放格局中获益。

四、造福港澳和台湾地区人民是开放发展的新定位

香港和澳门在我国对外开放进程中起到了非常重要的作用。大陆与台湾地区的合作发展也经历了许多风风雨雨。随着我国经济崛起和国力的增强，内地与港澳、大陆与台湾地区的合作发展也必然要求赋予新的形式和内容。党的十八届五中全会对深化内地与港澳、大陆和台湾地区之间的合作发展作出了部署，提出了要发挥港澳独特优势，

提升港澳在国家经济发展和对外开放中的地位和功能；深化大陆与台湾地区经济合作，推动两岸产业、金融、贸易等双向开放。并强调要在对外开放中进一步密切内地与港澳的经济联系，加大对港澳发展的支持，加大对港澳改善民生的支持；强调在对外开放中要增强大陆与台湾的共识，增进“两岸一家亲”，让更多台湾普通民众、青少年和中小企业受益。这是开放发展新的定位。“十三五”规划建议中提出的各项加强内地与港澳、大陆与台湾地区合作发展的务实举措，必将进一步促进港澳和台湾地区的繁荣发展，必将促进各方面的关系更加融洽，人民更加满意，中华民族伟大复兴的中国梦更早实现。

五、提高我国在全球经济治理中的话语权是开放发展的新作为

中国作为全球第二大经济体，对世界发展的影响越来越大。中国的和平发展需要得到国际社会的理解和尊重，发展后的中国也需要承担与之相适应的责任和义务。同时，随着全球化、市场化的不断加深，旧的体制不断被打破，新的规则需要重新建立。特别是在全球经济增长乏力、贸易保护主义抬头、地缘政治多变的新形势下，国际经济秩序具有更多的复杂性和不确定性。因而，积极参与全球经济治理，积极承担国际责任和义务，是我国深度融入世界经济的必答题。党的十八届五中全会在坚持开放发展中，对如何参与全球经济治理、怎样承担国际责任和义务作出了明确回答，提出了要提高我国在全球经济治理中的制度性话语权。其中推动国际经济治理体系完善、引导全球经济议程、加强经济政策国际协调以及落实减排承诺、扩大对外援助规模、维护国际公共安全等举措，是我国开放发展应有的新作为，既是积极的，又是符合我国现实能力的。努力实现这一开放发展的新作为，有利于进一步树立中国良好的国际形象，有利于维护国际经济秩序的平等公正，有利于我国和世界各国的和平发展。

作者系内蒙古社会科学院党委书记、研究员

关于“中蒙俄经济走廊”建设推进中存在的问题和对策建议

马永真　范丽君

在“中蒙俄经济走廊”建设开局良好的情况下，如何利用好现有的优势条件，破除中蒙、中俄在双边和多边关系中存在的一些阻碍性因素，切实解决“中蒙俄经济走廊”建设推进中存在的问题，对持续加快推进建设步伐十分迫切，意义十分重大。

一、“中蒙俄经济走廊”建设现有的优势条件和有利因素

目前推进“中蒙俄经济走廊”建设，推动三方合作具有很多国内、国际优势。

（一）三国互为“战略伙伴关系”是三边经济合作重要的政治保障

当前，中蒙、中俄双边的政治关系呈现出历史上最好的“全面战略伙伴关系”，中蒙、中俄双边的高层互访频繁，签署的政治合作性文件层级逐年提高，为双边合作的规范化奠定了重要基础。

（二）金砖银行、丝路基金、亚投行是“中蒙俄经济走廊”建设的资金保障

中俄同属“金砖国家”，中蒙俄三国同为亚投行创始成员国，在上述资金使用上享有优先权。中国投资创建的丝路基金专门为“一带一路”服务，也是三国开展合作的专向资金之一。

（三）俄罗斯远东及西伯利亚地区和蒙古国及其与中国陆路稳定和睦的边界是三国合作的地缘保障

中俄、中蒙长达8000多公里边界线上“零暴力、恐怖事件”纪录

就是最好的证明。

（四）人才、技术资源相互交错，形成很强的互补优势

中国庞大的人口是俄罗斯远东及西伯利亚地区和蒙古国经济发展重要的劳动力资源储备。目前，在蒙古国和俄罗斯远东地区共有近30万中国务工人员，有效补充了上述两个国家的劳动力缺口。

另外，下大气力做好“五通”特别是“民心相通”工作，提升彼此的互信度，诸如三国产业转型、产业门类和部门同质性元素较多，互补性较少，核心技术等壁垒性技术性问题都可以妥善解决。

二、中蒙、中俄合作中存在的共性问题及对策

中蒙、中俄之间以及“中蒙俄经济走廊”建设中存在的共性问题有3个：一个是政治、经济和文化双边关系发展不对称；另一个是“中国威胁论”在蒙俄两国时隐时现的消极影响；第三个共性问题是彼此认知程度的不对称。这三个相互看似不相干的问题其实都是由“民心不畅通”而引发的。

目前，三国互为战略伙伴关系，经济合作与交流日益密切，双边贸易额呈不断攀升态势。2015年，中蒙、中俄贸易额分别达到60亿美元和900亿美元，比20世纪90年代初翻了近百倍。但是，中蒙、中俄之间的文化交流相对滞后，且官方化特点突出。例如，中蒙、中俄双方互办的“文化年”“青年年”“媒体年”等都是官方行为，民间交流很少，导致蒙古国、俄罗斯受高中以下教育的公民、失业者、外资企业员工、中等收入以下者对中国并无太多了解。这与美国、日本、韩国与蒙古国、俄罗斯的交流与互动形成明显反差。美国、日本、韩国与蒙古国和俄罗斯的交流从民间“草根工程”开始，彼此的民间认同程度、认知水平和互信度逐年提高。蒙古国、俄罗斯民众对中国和中国人的认知上的“官熟民疏”，直接影响到“中蒙俄经济走廊”建设在民间的落实。

此外，尽管中蒙、中俄贸易额度不断提高，但民间贸易不占主流。中国“走出去”的企业以央企、国企等为主，投资以国家级银行为主，民营企业、民间资本仍占少数。为此，我们认为有必要从文化，尤其是从民间文化交流领域入手，向俄罗斯和蒙古国民众讲好中

国发展的故事，增进中蒙俄三国民众之间的相互了解和信任。

（一）做好顶层设计

中俄两国不仅是国际社会公认的大国，也是地区内大国。而夹在中俄两个大国之间的蒙古国不仅是“经济弱国”，而且是缺少执政治国经验的“政治小国”。鉴于历史经验教训，也是出于对自身国家安全担心，提出“第三邻国”“永久中立国”等外交构想，旨在以此平衡与中俄的关系。如何消除蒙古国的这种担心，正是中俄两个大国尤其是中国需要面对的问题。

目前，中国倡导的“中蒙俄经济走廊”建设涉及到蒙古国，俄罗斯倡导的欧亚经济联盟也涉及到蒙古国。蒙古国如何在其中选择，我们一方面是静观其变，另一方面是要做好顶层设计，尽快实现“中蒙俄经济走廊”与蒙古国“草原之路”的政策对接。鉴于中国与俄罗斯签订了《丝绸之路经济带与欧亚经济联盟对接联合声明》，中国也需要尽快与蒙古国签订类似声明或相关法律性文件，以使中蒙两国的合作建立在以法律为基石的稳固基础之上。此外，还要依据现实做好与此相关的各方面工作。

（二）做好民间智库的交流与合作

民间智库来源于民间，应用于民间，其研究力量集中在中产阶层。民间智库多属于行业智库，与他们做好交流，让他们理解中国的发展，用他们的笔和口传达中国发展的声音，比官方智库的辐射面更大、影响力更深远。在此，我们认为，除了理清俄罗斯与蒙古国官方智库及其发挥的宏观性作用，还要更多地与蒙古国、俄罗斯的民间智库进行交流与合作，了解俄蒙两国民间对中国的态度和定位预期，处理好民间智库在国家战略决策中的微观性作用和所反映出的民意。

水能载舟，亦能覆舟。民间智库的载体在民间，一旦被第三方势力利用或者左右，定会影响政府的决策和政策执行度。曾经发生在蒙古国和俄罗斯大选期间的众多意外事件和媒体的炒作性报道，可以说都是民间力量使然。

（三）提升民间文化外交地位，改变“政热经温、文化靠边”的局面

如果说政治解决的是安定与稳定的政策性问题，经济解决的是利益分配问题，文化则是打开“心结”的钥匙。中蒙俄三国之间的问题多数存在于“民心相通”上。“民心相通”意味着互信程度的增加，有了互信，认同程度就会提高，认可程度也会随之提高，合作起来自然得心应手。目前，中国需要通过文化交流和合作与蒙俄两国构建共同的认识观。

中蒙、中俄在“民心相通”上存在问题的原因纷繁复杂，有历史遗留的，也有意识形态上的，还有认知水平差异导致的。问题不是一天两天形成的，解决起来也要循序渐进，需要具体问题具体分析，有的放矢才能见效。我们认为，树立正确的历史观和史学观，通过文化沟通与交流，对于民众历史的纠结和认同差异一定会越缩越小。

目前，世界正处于能源市场低迷、经济爬坡的艰难时期，中蒙俄之间的经济合作与交流也处于低谷。在此背景下，我们认为，传统民间文化应该是加强三方交流与合作的最好抓手。例如，中蒙俄之间的传统医学、民间音乐、体育、饮食、服饰以及蒙古学、草原文化研究等人文社会科学研究等都是很好的交流项目。北京一家医院、内蒙古国际蒙医医院等医疗部门已经与蒙古国开展传统医学领域的合作。内蒙古体委也与蒙古国、俄罗斯在蒙古民族传统体育项目方面展开合作。中蒙俄三国在蒙古学领域的合作已经建构起坚实的基础。我们希望中蒙俄三国掀起传统文化领域合作的热潮，以此提升三国的互信程度。

众所周知，文化领域交流合作产生的社会效益可能没有经济合作带来的经济效益显著，但是文化交流产生的社会效益、发挥的隐性与柔性作用不可低估。作为长期战略，中国在推进“中蒙俄经济走廊”建设过程中，一定要将经济效益与社会效益紧密结合起来，并进而行，由此提升蒙古国和俄罗斯民众对中国和中国人的认同程度。

（四）在合作过程中，杜绝企业内讧和政府内争的内卷行为

“中蒙俄经济走廊”建设推进过程中，一定要从国家制度层面制定沿边各省、区统一的对俄、对蒙投资标准，建立统一的口岸、边防、边境、海关管理机制，杜绝20世纪90年代中国企业在俄罗斯和蒙古国发生的内部恶性竞争事件和地方政府面对俄、蒙两国利益时的“内争”现象。无论是“走出去”的国企，还是民营企业，无论是做实体，还是做投资，都要进行必要的国情知识培训，制定中国企业“走出去”的底线或红线，告诫企业，国家利益、安全、形象、荣誉高于企业和地方利益，尽量杜绝或减少内卷行为发生。

此外，还须重视的是，我国作为倡议实施的主导方，要时刻关注俄罗斯与蒙古国双边关系对“中蒙俄经济走廊”建设的影响。尽管蒙古国和俄罗斯对“中蒙俄经济走廊”寄予很大期望，都希望借助这一平台，搭乘中国经济发展的“顺风车”复兴自身国家实力，而从中国方面看，“中蒙俄经济走廊”建设已经惠及中蒙俄三方利益，但是毕竟触动了俄罗斯的地缘政治空间，这使俄罗斯欧亚经济联盟必然会与中国“中蒙俄经济走廊”建设产生合作性竞争关系。俄罗斯的外交传统中自古就有欧亚兼顾自成一体的特点，如何处理好中俄、中蒙与俄蒙之间关系，也是我国党和政府需要考量的一个现实问题。我们的建议是，在中蒙俄三边政治关系稳定，经济处于低谷爬坡的背景下，加强文化交流与合作，特别是民间外交、民间文化交流与合作，是提升中蒙、中俄互信程度，规避中蒙俄经贸合作瓶颈的最好时机。

总之，“中蒙俄经济走廊”建设把三个国家的利益紧紧联系在一起。中蒙俄三方只有抓住难得的历史机遇，以“政策沟通、设施联通、货物畅通、资金融通、民心相通”为主攻方向，全方位推进务实合作，才能在打造兼顾彼此利益和安全的责任共同体中取得新的更大成效。

作者：马永真系内蒙古社会科学院院长、研究员
范丽君系内蒙古社会科学院俄罗斯与蒙古国研究所副所长、研究员

建设中国式智库人才“旋转门”的思考

张志华

中办、国办印发的《关于加强中国特色新型智库建设的意见》明确要求“加强智库人才队伍建设”。智库需要“智”，而“智”来自于学者的学识素养，来自于对实际的了解。中国特色新型智库建设必须有一流的高端智库人才来支撑，一流智库人才得益于智库人才培养使用机制的创新。学习和借鉴美国智库人才的“旋转门”机制，探索建立中国式的智库人才“旋转门”，应成为创新智库人才建设机制和培养一流智库人才的有益尝试。

一、我国智库人才现状

我国与发达国家相比，智库建设才刚刚起步，在制度设计、人员配备、人才培养机制等诸方面的理念和建设仍须进一步改善和提高。目前，大多数智库仍是传统意义上的学术机构模式，智库人才在结构、层次、国际视野和建设机制等方面问题比较突出，还不能很好地满足智库建设和国家治理现代化的发展需要。

（一）智库人才的纯学术性

目前，我国的智库多数为科研机构，研究人员大多数为纯学术型，为一般意义上的“三门”队伍，即从“家门到大学校门，再到研究机构门”，有些还是“两门”，即从“家门到大学校门，留在大学中工作”。这种人员的选择方式对于纯粹的科研机构或学术研究机构来说是正确有效且作出了巨大成绩的，因为从事一种高度专业化，高、精、尖的科学研究，其科研人员至少从大学本科时代起就开始接受严格的学术训练，在这一门学科中要有长期的积淀才有可能成为一名合格的科研人员。世界上许多杰出的科学家都有过类似的经历。

而且人文社会科学研究机构要担起引领社会发展方向的重任，这些都需要长期高度专业化的研究和投入。但智库则不然，因为智库的目标和作用是提供战略研究和对策研究。它的研究人员既需要有比较深厚的理论和学术基础，又需要丰富的国家治理实践经验。以发达国家智库为例，不少优秀的智库研究人员都有在两个完全不同的行业中任职的情况，社会经验丰富，具有高度国际化的视野，与人打交道的能力很强，善于发现和解决实际问题。发达国家智库研究人员的待遇也非常优厚，不仅远远高于行政辅助人员的工资，也高于大学同行们的收入。这是这些国家的智库能够提出相应精准和预测性报告的重要原因之一。

（二）智库人才的欠流动性

智库是生产思想产品，必然要求智库具有前瞻性、权威性、系统性、综合性和开放性的特质，为此，智库人才必然是既有学术素养，又有国家治理实践经验和领导思维的复合型的创新性人才，也必然是有着丰富经历与阅历的多面手。这就要求智库人才的跨领域和多部门的培养和历练。但是，目前我国智库与智库之间、智库与政府和企业及社会组织之间人员流动渠道不畅、流动速度滞缓，已是不争的事实，智库与这些机构几乎处于隔绝状态。而从美国的经验看，其智库之所以能推出高质量的产品，一个重要原因就是得益于其“旋转门”制度，人才在政府、军队、工商界和智库之间有规律地流动，其角色不断转换。从美国的长期政治、战略实践来看，“旋转门”是一种非常有效的机制，特别有利于扩大人们的视野，开拓人们的思维，从而为美国的战略制定提供有效的、长远的咨询。前政府官员能在智库中找到容身之处，智库的精英分子也能进入政府机构施展自己的才干，这样既能得出非常有针对性的政策建议，又能将其及时转化并付诸实施。在美国，由智库研究人员成功转型政府官员的有基辛格、布热津斯基、斯特普·塔尔博和劳伦斯·林赛等。目前执政的奥巴马政府的国家安全团队中，就有多名智库研究专家。

（三）智库人才国际视野差

智库机构是社会上最大的跨界联系枢纽之一，是联系政界、商界和社会的纽带。智库工作要求人才必须具有国际视野和战略思维，智库国际化人才缺乏是制约智库国际化发展的首要因素。在我国，智库这方面人才匮乏，具有国际学习、交流和熟悉国外情况的智库人才几乎是凤毛麟角。大多数智库人员都没有走出国门，国际视野和国际思维严重不足，学习借鉴国外先进理念和经验是最大短板。美国政府和智库有意识地花费大量资源派遣研究人员前往国外交流、学习、任职甚至长期居住，这已成为培养人才和进行文化宣传、理念影响等的重要手段。同时他们也邀请海外的研究人员到他们的智库中交流、学习，加强双方的沟通。政府可优先支持智库的国际化人才建设，例如将智库组织纳入“海外人才引进计划”等引才主体体系，放宽来华留学生毕业实习和工作政策等。

（四）智库人才培养使用机制僵化

从我国目前智库的“八路大军”来看，主力核心智库为官办智库，而官办智库的人事制度，大多数为行政和事业单位统一的人事管理制度，并未出台符合智库人才培养、选拔和使用规律的制度设计，这样就极大制约和束缚智库人才的脱颖而出、流动和集聚。比较僵化的人事和激励约束机制已远远不能适应中国特色新型智库对于人才的多元化、复合型和流动性的需求，极大影响了智库的人才高地的打造和人才储备。创新智库人事制度改革，建立中国式的智库人才的“旋转门”机制迫在眉睫。

二、建立中国式智库人才“旋转门”的必要性

我国智库人才的现状表明，智库人才是有别于学术研究机构和行政事业机构的特殊复合型高端人才，智库人才培养、选拔和使用制度的创新、智库人才高地的打造必须遵循智库建设的特殊规律和需要。在努力实施学术型人才向智库型人才转型的同时，有效借鉴西方智库人才建设机制，不断建立和完善中国式的中国智库人才“旋转门”制度是有益探索。

（一）合理的智库人才队伍结构要有“旋转门”

智库中既需要有领导型人才、专业型研究人才，又需要多学科、多领域复合型研究人才；既需要有专职研究人才，又需要有兼职研究人才；既需要有研究型专业人才，又需要有管理型人才、辅助型人

才；既需要有中青年人才，又需要有经验的老年人才，做到老、中、青结合，搞好传、帮、带。总之，由各方面人才组成强大有力、综合和谐的团队是必然选择。既要有过硬的工作能力和水平，又要有忠于职守的思想境界和良好作风；既要有自己的战略专家和通才，又要有各领域的专才，要有复合型的人才团队。

（二）强大智库高端人才队伍需要“旋转门”

近年来，许多退休官员进入智库工作，这给我国智库的发展带来了前所未有的促进因素，但也形成了有我国特色的以进为主的“旋转门现象”。近年来，随着我国智库对专业化的重视，包括对海归学者的重用，也有来自智库的中青年学者进入政府工作。但在总体上，我国还没有智库人才的“旋转门”。智库作为政策研究机构，研究成果有着明显的时政性和前瞻性，但同时研究人员要有很好的学术功底及全球视野，要考虑非专业读者的理解能力，不能自说自话。不但如此，如何提升智库研究成果的政策针对性、实效性、可操作性，离不开研究人员走入基层、走入群众、走入实践的经历。因此，智库建设中一个需要迫切解决的问题是强大智库人才来源的广泛性，要拥有源源不断的生力军队伍。

（三）激活人才交流需要“旋转门”

发达国家智库的“旋转门”机制为智库与政府之间的信息交流和人才更迭提供了便利通道，促进了知识和政治的有效结合，使得智库成为为政府培养和储备人才的港湾。美国每次换届选举后，政府部长等高级阁员不是由议会党团产生，也极少来自公务员，而是来自精英荟萃的智库。对我国而言，目前“旋转门”已经开启，但最多只有“半扇门”。退休官员进入智库只是一方面，我们更多的是要推动智库与政府现任官员之间形成人才流动机制。“旋转门”机制，在西方不只是简单的因党派执政更迭而产生智库与政府之间的职位互换，更重要的是，智库工作往往会促进人才的全面社会交往与思考能力的提升，为国家发展提供了大量的高端人才储备以及政府职位的选择空间。如果政界、学界、商界都流转起来，知识与公权力及经济有效结合，知识界与政治、企业之间的距离就大大缩短，有利于我国的公共政策制定更加科学、有效，也将有利于我国的人才流动。我国的“旋转门”机制将是逐步破解社会阶层固化的有益尝试。

三、建设中国式智库人才“旋转门”的路径

（一）实现纯学术人才向智库型人才的转变，打通智库内部的“旋转门”

长期以来，我国官办智库大多数为学术研究机构，因为智库内部的人事制度、激励约束机制和分配制度的一致性，智库人才与纯学术人才一样管理。目前建立和完善智库的“旋转门”，必须始终立足于我国的国情，首先应建立和完善智库内部的“旋转门”，要使大量的纯学术的研究队伍实现向智库人才的转变，要努力使科研人员更新观念，深入实际，更多了解社情和民意，要从观念、研究方法和学术成果等方面进行创新，实现转型升级，努力使多数纯学术科研人才尽快成长为复合型的智库人才。

（二）建立智库、政府、企业等官、产、学、研的“旋转门”

1. 探索建立灵活的事业单位自主用人制度

根据国家部署，将逐步取消科研院所、学校、医院等事业单位实际存在的行政级别和行政化管理模式，克服人才管理中存在的行政化、“官本位”倾向，在促进人才各尽所能的前提下，梳理调整各事业单位专业人才管理制度，在体现现代科研院所制度、现代大学制度精神基础上，适应并利用网状社会结构和新资讯条件为小型化智库存在提供的便利条件，发挥用人单位在人才培养、吸引和使用中的主体作用，避免传统的“一管就死、一放就乱”的局面。实施由政府授权和委托的人才服务机构提供人才租赁服务的办法，促进“单位人”向“社会人”的转变。鼓励各类事业单位实行项目聘用、任务聘用等灵活柔性的用人方式。

2. 创新干部管理机制

政府管理部门的工作由权利清单规定的微观掌控向宏观管理转变：以社会化的视野定政策、专业化的标准验成果和市场化的机制激发人，建立智库市场机制与智库管理体系接轨的管理体系。探索实行政府雇员制，建立聘任制公务员管理制度及机关、事业单位、国企人员交流、挂职办法，实施行政部门在不同领域、区域定期轮岗交流制

度。研究制定党政人才参与市场竞争到企业任职的办法，建立跨部门、跨系统人员交流制度。定期实施党政人才、企业经营管理人才、专业技术人才交流和挂职锻炼制度，贯通各类人才市场，密切人才融通合作交流，逐步打破人才身份、部门和单位限制。

3. 建立人才储备库机制

建立人才储备库机制，实现政府与智库之间人才有效流动，就是将现今领导干部中伴随简政放权、指数缩减和能上能下改革，将三分之一（或五分之一）的领导干部作为储备人才，定期调配充实到公办智库组织中，从事智库研究工作，依据新工作的业绩能力和成果，定期调配到新的领导岗位任职。人才储备库机制的建立，有利于解决智库建设和干部成长阅历、培训锻炼、能力考核的问题，建立人才储备库机制在目前的干部新常态建设中不但具有现实途径，而且对现在和未来具有深远的历史意义。现在，我们各级干部队伍都迫切地面临着解决能上不能下的终身制问题。打破终身制和能上能下，意味着人们社会地位和社会职业的不断变动，有利于人才的合理流动和各尽所能。社会养老金实施并轨后，人才储备库机制一方面必然普遍淡化知识分子、工人、农民、士兵从事公务员工作的心理，另一方面与官员任期制和定期轮换学习制耦合，使现有干部适应身份变化、增长新能力、感受新职业，对于解决干部能上不能下、终身制问题同样具有事半功倍的功效，对社会淡化官本位心理，克服干部终身制的弊端，使干部队伍更加专业化都将是最好的路径选择和过渡手段。

4. 建立开放的智库人才流转机制

智库与官员的流转机制是目前许多国家长期以来对仕学关系认识的经验总结，大体上采取两种方式来体现这种机制。一种是学者与官员在个人身上的身份变动；另一种是学者与官员在个人经历上的变动。智库与官员的流转机制使智库成为政策研究人才和决策者的培养机构、网罗社会各阶层精英的“俱乐部”。瞬息万变的信息社会要求人们必须间歇地静心学习和研究，进而不断适应和把握工作领域的日新月异的变化，以利于新的领导行为。从未来人的全面发展要求来看，官员学者化和学者官员化将是必然的过程，“文凭热”现象和文凭与水平的争议将不复存在，学者和官员也将失去本质差别而融为一体，阶层固化会被逐步破解。

（三）建立国际间的智库人才“旋转门”

伴随着我国对全球治理的参与日渐深入、广泛及全球一体化进程的推进，我国对国际化人才的需求愈加突出。为此，一方面要在“引进来”上发力。积极构建吸引海外人才回国的机制，营造回国人员创业的良好氛围，创造条件鼓励和支持政府机构、智库与国际组织间的人才流转，广泛邀请符合条件的海外华人华侨、港澳台人才、归国留学人员和外国专业人士加入智库。发达地区可以从公共部门的个别专业岗位开始吸纳国际人才，提升公共治理的国际化水平。另一方面要在“走出去”出招。要通过交流、实习、挂职、专家顾问等方式加强向各类国际组织和国际智库输送人才，在国际规则制定、学术外交过程中发出更多的中国声音、注入更多的中国元素，维护和拓展我国利益。

作者系内蒙古社会科学院副院长、研究员

农畜产品竞争力提升与农牧业供给侧结构性改革

王关区　刘小燕　陈晓燕　花　蕊

内蒙古农牧业资源丰富，是我国重要的农畜产品生产基地，同时农牧业是内蒙古农村牧区重要的支柱性产业。近年来，内蒙古主要农畜产品产量占全国总产量的比重显著增加，在消费市场上的占有率也大大提高。分析主要农畜产品的市场竞争力，发现其竞争优势和劣势，从而扬长补短、有效提升农畜产品的竞争力能力等，对于推动内蒙古农村牧区经济发展、保障国家粮食安全及食品安全等具有至关重要的意义。同时，推进内蒙古农畜产品市场竞争力提升的过程，也是引导土地、资金、技术、劳动力等生产要素优化配置，促进资源优势向质量优势和效益优势转变，深化自治区农牧业供给侧结构性改革，即降成本、补短板、调产能的过程，是拓展农畜产品市场，增进农畜产品消费，实现内蒙古农牧业增效、农牧民增收的有效途径。

一、内蒙古农畜产品生产概况

内蒙古是我国13个粮食主产省区之一，是全国净调出粮食的5个省区之一，每年为国家提供商品粮超过200亿斤。内蒙古农作物种植结构中七成以上为粮食作物，粮食种植结构主要以玉米、小麦、水稻、大豆、马铃薯五大作物和谷子、莜麦、糜黍、杂豆等为主。目前已形成一定生产规模并具有地域特点和品牌优势的粮食生产基地主要有西辽河平原及中西部广大地区的优质玉米生产基地，河套平原、土默川平原、大兴安岭岭北地区的优质小麦生产基地，中西部丘陵旱作区的优质马铃薯、杂粮杂豆生产基地，大兴安岭东南的优质大豆、水稻生产基地等。

内蒙古是我国重要的畜产品生产加工输出基地，为国内市场上牛羊肉、奶产品消费需求提供了有力的供给保障。内蒙古牛奶、羊肉和山羊绒产量居全国首位，牛肉产量居第四位。内蒙古优势基地牛奶、牛肉、羊肉产量已经占全区总产量的89%、72%和83%，优质羊绒产量占全区总产量的39%。目前，已形成一定生产规模并具有地域特点的畜产品生产基地，主要有土默川平原区，河套平原农业区，锡林郭勒盟和乌兰察布市农牧交错区的奶牛养殖区，科尔沁草原和西辽河平原区，呼伦贝尔市大兴安岭岭西区的牛奶生产区，草原牧区、半农半牧区和农区三大肉羊养殖区，中东部传统肉牛养殖区，西部高端肉牛养殖新兴区，以白绒山羊为核心的品种资源保护的绒山羊养殖区。

二、内蒙古主要农畜产品市场竞争力分析

基于成本收益视角，分析内蒙古主要农畜产品的市场竞争力，发现其竞争优势和劣势，同时探索有效提升农畜产品竞争力的途径，是深化自治区农牧业供给侧结构性改革的一个重要切入点。

（一）玉米市场竞争力分析

近10年来，内蒙古玉米种植面积以年平均6.64%的增幅连年扩大，总产量以年平均7.99%的增幅逐年提高，截至2015年，分别占全区粮食播种面积和产量的59.5%和79.6%，分别占全国的8.9%和10%，居全国第三位。

2010—2014年，内蒙古每亩玉米种植的成本利润率高于同期全国平均水平21.6、15.19、19.99、27.68、34.38个百分点，在玉米主产区中成本利润率最高；全国玉米每亩净利润年平均增长幅度为－6.73%，内蒙古为20.59%；内蒙古玉米每亩产值的年平均增长幅度为11.92%，高于全国平均水平2.06个百分点，略低于辽宁、吉林、黑龙江等地；内蒙古玉米每亩总成本年平均增长幅度为10.19%，低于全国平均水平4.04个百分点，在主产区中总成本年增幅最低。

2010—2014年，内蒙古玉米每亩主产品的销售净利润高于同期全国平均水平9.57、7.36、12.65、20.64、24.99个百分点，近两年来在玉米主产区获利能力较高。内蒙古玉米主产品单产量在主产区内处于较

高水平，2014年内蒙古每亩玉米主产品产量为553.08公斤，高于全国平均水平10.7%。

从成本收益水平来看，内蒙古玉米在国内玉米市场上具有一定价格、成本优势，内蒙古玉米在国内市场的竞争力较强。

（二）小麦市场竞争力分析

2014年，内蒙古小麦播种面积560千公顷，约占全国2.38%；同期河南、山东、安徽、河北、江苏小麦播种面积分别是内蒙古的9.3倍、6.3倍、4.2倍、4.2倍和3.7倍；与同处于春小麦产区的黑龙江、辽宁、吉林、青海相比，内蒙古小麦播种面积较大。

2010—2014年，内蒙古小麦单位面积产量的平均值为2981.6公斤/公顷，低于全国平均水平，低于同期国内主要生产省份以及同处于春小麦产区的其他省份，内蒙古小麦单位面积产量不具有优势；内蒙古生产每亩小麦的总成本、生产成本和土地成本分别是全国平均水平的1.28倍、1.22倍、1.55倍，生产成本中的物质与服务费用、人工成本也均高于全国平均水平，分别为全国平均水平的1.19倍、1.25倍。

2010—2014年，内蒙古小麦的成本利润率分别为－4.52%、7.91%、－5.60%、－9.32%、11.50%，低于全国平均水平。2010—2014年，内蒙古小麦市场占有率分别为1.42%、1.44%、1.51%、1.42%，研究期内无显著变化。

应用综合比较优势指数法对内蒙古小麦进行比较优势分析。2010—2014年，内蒙古小麦规模优势指数小于1，与全国平均水平相比处于规模劣势；内蒙古小麦效率优势指数小于1，与全国平均水平相比，生产效率处于劣势；内蒙古小麦综合优势指数小于1，与全国平均水平相比，处于比较劣势。

（三）马铃薯市场竞争力分析

2014年内蒙古马铃薯播种面积、总产量分别占全国比重的11.82%、10.04%，高于同产区黑龙江、吉林、宁夏、甘肃、青海等地。除宁夏外，内蒙古马铃薯单产水平低于同产区内其他省区，内蒙古70%以上的马铃薯是旱地种植，属中低产田，土地瘠薄，受干旱影响严重。

2011—2014年，内蒙古生产每亩马铃薯的总成本及其中的生产成本、土地成本均低于全国平均水平，分别占全国平均水平的76.49%、81%、49.65%，其中土地成本明显低于全国平均水平，生产成本中的物质和服务费用及人工成本也低于全国平均水平，分别比全国平均水平低19.85%、17.89%。从成本方面来看，具有一定的竞争力。

2012—2014年，内蒙古马铃薯的成本利润率均大于全国平均水平，从盈利水平角度考虑具有较强的国内市场竞争力。2010—2013年，内蒙古马铃薯的市场占有率分别为10.32%、11.27%、10.08%、10.55%，年际间无显著变化，稳定在10%~12%之间。

2010—2014年，内蒙古马铃薯规模优势指数大于1，与全国平均水平相比，内蒙古马铃薯生产具有规模优势；效率优势指数大于1或接近1，内蒙古马铃薯的生产效率具有继续提高的空间；综合优势指数大于1，与全国平均水平相比，内蒙古马铃薯生产具有比较优势。

（四）肉牛及牛肉市场竞争力分析

2010—2014年，内蒙古肉牛出栏量由351.6万头增加到630.9万头，牛肉产量由21.8万吨增长到54.5万吨，占全国总产量比重由4.09%提高到7.91%，排在河南、山东后，居全国第三位。

2014年，内蒙古每百头牛成本利润率为14.75%，与2013年的成本利润率26.23%相比，下降了11.48%。2014年，新疆每百头牛的总成本低于内蒙古74.96%，净利润高于内蒙古137.5%，成本利润率高于内蒙古125.13个百分点。同新疆相比，内蒙古肉牛养殖业收益水平较低，牛肉的市场竞争力较弱。饲草料费用过高是内蒙古物质与服务费用高于全国平均水平和新疆的主要原因。

（五）肉羊及羊肉市场竞争力分析

2000—2014年，内蒙古羊年末存栏数增长了1.57倍。从2004年达到5000万只后，年际间增减幅度不大，基本保持平稳。内蒙古羊出栏数量不断增加，2014年是2000年的2.72倍。内蒙古羊肉产量增长速度很快，2014年首次突破90万吨大关，2014年是2000年的2.93倍。

2010—2014年，内蒙古本种绵羊的生产成本持续上涨，2011年高于全国平均水平，也比甘肃、宁夏、四川高；2012年内蒙古本种绵羊的生产成本比2011增长150.85%，是全国平均水平的1.44倍；2013年和2014年继续小幅增长。内蒙古改良绵羊含税生产成本一直高于全国平均水平，也高于其他省区。目前，内蒙古本种绵羊、改良绵羊均不具有成本竞争比较优势。

2010年，内蒙古、青海本种绵羊价格指数低于全国平均水平。2011年和2012年内蒙古本种绵羊价格指数高于全国平均水平，而青海、宁夏、新疆均低于全国平均水平。2013年和2014年，内蒙古和新疆本种绵羊价格指数低于全国平均水平。内蒙古本种绵羊价格在国内具有一定竞争力。2010—2012年，内蒙古改良绵羊价格指数均高于全国平均水平，2013年和2014年，内蒙古改良绵羊的价格指数都低于全国平均水平，改良绵羊的价格竞争力有所增强。

2012年以前，内蒙古每百只本种绵羊成本利润率水平虽然低于全国水平及其他省区水平，但还有利润空间。2013年以来，内蒙古每百只本种绵羊的平均成本利润率为负值，同期其他省区和全国平均水平均超过内蒙古，同为负值的只有甘肃。从成本利润率比较来看，内蒙古本种绵羊肉羊盈利水平不具有竞争优势。2010年和2011年，内蒙古改良绵羊每百只成本纯利润率分别为166.99%、177.45%，接近或略高于全国水平，也比甘肃、青海高。2012年，该值只有16.88%，低于全国平均和甘肃、青海、新疆、宁夏等地水平。2013年，该值降为负值。2014年，该值比2013年又下降了38.22个百分点。虽然2013年和2014年全国及相关省区的成本纯利润率都在大幅度下降，但降为负值的只有内蒙古。

（六）牛奶市场竞争力分析

2010—2015年，内蒙古牛奶产量占全国20%以上，居全国第一位，但总体呈下降趋势。2012—2014年，内蒙古散养、小规模成本利润率分别下降85.15、24.19个百分点，中规模、大规模奶牛成本利润率分别提高10.87、7.14个百分点。散养和小规模饲养奶牛成本利润率分别低于同期全国平均水平34.71、32.78个百分点。中规模、大规模奶牛成本利润率虽然有所提高，但也分别低于同期全国平均水平6.31、1.01个百分点。同其他地区相比，内蒙古奶牛饲养成本偏高，特别是物质与服务费用支出较大。2014年，内蒙古小规模奶牛饲养每头牛的物质与服务费用支出比同期河北省、辽宁、黑龙江、宁夏分别多39.12%、25.82%、62.91%、47.74%；中规模奶牛饲养每头奶牛的物质费用支出比同期黑龙江、山西、宁夏、新疆分别多47.5%、46.68%、26.37%、26.02%；大规模奶牛饲养每头奶牛的物质费用支出比同期黑龙江、辽宁、河南、新疆分别多出18.62%、12.57%、36.7%、6.3%。2014年，内蒙古每50公斤主产品销售平均价格，散养和小规模奶牛低于全国平均水平外，中规模和大规模奶牛每50公斤主产品销售平均价格高于全国平均水平。

三、内蒙古农畜产品竞争力提升面临的难题

（一）内蒙古农牧业生产中“一粮独大”“一羊独大”的结构性矛盾比较突出，玉米播种面积大、总产量高，肉羊存栏数多、出栏量大，产能相对过剩，同时有的农畜产品产能相对不足

以种植业为例。内蒙古粮食总产量，“九五”时期年均增长3.3%，“十五”时期年均增长6.0%。其中，玉米产量“九五”时期年均增长4.0%，“十五”时期年均增长11.1%，而小麦产量“九五”时期年均下降7.1%，“十五”时期年均下降4.6%。2014年，内蒙古粮食总产量2753.00万吨，同比下降0.7%。其中，玉米2186.1万吨，同比增长5.6%；小麦产量153.90万吨，同比下降14.7%；稻谷产量52.40万吨，同比下降6.5%。2015年，内蒙古粮食总产量2827.0万吨，同比增长2.7%。其中，玉米产量2250.8万吨，同比增长3.0%；小麦产量158.3万吨，同比增长2.8%；稻谷产量53.2万吨，同比增长1.5%；小麦、稻谷产量增长的幅度要比玉米的小。多年来玉米产量的高增长，小麦、稻谷产量的负增长或低增长，使得内蒙古到2015年玉米产量占粮食总产量的79.6%，小麦产量占粮食总产量的5.6%，稻谷产量占粮食总产量的1.9%。这样内蒙古粮食内部结构严重失调，玉米大量过剩，小麦、水稻等的缺口增大，粮食供给的结构性矛盾加剧。

（二）近年来内蒙古农牧业生产成本有逐渐增加的趋势，农畜产品成本收益状况不佳，大大降低农畜产品市场竞争力

以畜牧养殖业为例。2005年，内蒙古肉牛、肉羊的生产成本低于全国平均水平，也低于国内其他畜产品主要生产地。2005—2010年，内蒙古肉羊的生产成本呈现逐年小幅上升的态势。2010年，内蒙古肉羊的生产成本高于全国平均水平。2012年，内蒙古肉羊的生产成本不

仅大大高于全国平均水平，还比国内其他省区高得多。2014年内蒙古本种绵羊、改良绵羊的生产成本分别是2005年的5.66倍、8.94倍，是2010年的3.61倍、5.53倍，是2014年全国平均水平的1.53倍、1.85倍。内蒙古肉羊生产成本增长，使其成本竞争力不断下降，当前已经下降到国内成本竞争力相对最低、最弱的等次。内蒙古肉羊生产成本的不断增加，也使其纯利润率逐渐下降，而且2013年其纯利润率开始出现负值，2014年、2015年其纯利润率负值的绝对值越来越大，说明从盈利水平的角度考察，内蒙古肉羊生产已经出现比较严重的亏损，当前基本上没有竞争优势可言。

（三）当前内蒙古农牧业发展中的“木桶效应”突出，迫切需要补齐发展中的短板

1. 内蒙古农牧业现代化拓展不足

在农牧业生产要素方面，内蒙古大部分地区干旱缺水，整体水资源相对匮乏制约农牧业生产的发展；从全区耕地总体质量看，中低产田较多，有灌溉耕地面积不足耕地总面积的三分之一，草场的“三化”问题仍然比较严重。农牧业生产经营相对粗放，管理水平比较低下，缺少集约化的饲养和精耕细作的田间管理。农牧业实用技术推广应用不足，农畜产品的技术含量不高。农牧户经营规模小、经营分散，并且缺少一批有较强辐射作用的农牧业龙头企业的带动，不利于开展农牧业机械化作业、规模化生产、现代化经营、产业化推进。

2. 内蒙古农牧业产业化推进有限

内蒙古农畜产品的加工能力较低，加工企业大部分比较落后，加工品适应市场、开拓市场的能力不强。如内蒙古大部分肉羊在本地简单屠宰后上市销售或以活体销售，只能在产业链底端徘徊，不能很好地获得精深加工所带来的高附加值的收益。内蒙古的农畜产品加工企业，有的加工产品定位太高，价格也太高，产品销售较少，企业发展受限；有的加工产品定位偏低，尽管价格较低，人们还是不喜欢购买，也影响企业的发展。如内蒙古的肉羊及羊肉加工企业一般都是生产鲜冻羊肉产品，生产熟制羊肉产品的很少，这样不仅使得羊肉产品的种类上显得单一，不能很好地满足消费者的需求，在食用羊肉的方便程度上也会受到影响。

3. 内蒙古农畜产品销售仍然滞后

在农畜产品流通条件方面，农畜产品批发市场等服务功能不健全，如设施条件差，检测环节缺乏，信息流通服务环节比较薄弱，而且管理模式和交易方式滞后，这些问题制约着农畜产品的流通速度。内蒙古农畜产品零散地、被动地销售多，有组织地、主动地销售少，一定区域的种植养殖户缺乏销售的联合体，种、养企业缺乏专业的销售团队或人员。内蒙古农畜产品的知名品牌、驰名商标等打造得还不够，草原品牌、绿色品牌、有机品牌及地标产品的品牌效应还没有很好地发挥出来，很多消费者特别是区外消费者对内蒙古优质农畜产品了解不多。优质不能优价，优质不能稳定占据市场份额，一方面是宣传不够，品牌打造不够，推销、促销缺乏；另一方面是由于市场运行不规范，内蒙古草原品牌、绿色品牌的追溯体系不健全等，草原品牌有被盗用、滥用的现象，假冒伪劣的草原品牌，把真正内蒙古草原绿色优质的农畜产品淹没在汪洋大海之中。

四、推进农畜产品竞争力提升与农牧业供给侧结构性改革的对策

（一）适当调整农畜产品产能

农牧业与其他产业不一样，农牧业的总体产能不能去也不能降，要着力维持、巩固、保障并不断提升农畜产品的有效供给能力，对于供过于求的产品种类要调减产能，对于供不应求的产品种类要调增产能，从而使种植结构、养殖结构得到完善和优化。

内蒙古的养殖结构表现为“一羊独大”，肉羊存栏数多、出栏量大，供过于求，产能相对过剩，而肉牛等供小于求，产能相对不足。因此，适当调减肉羊的产能、调增肉牛等的产能，是当前内蒙古畜牧业结构性改革的重要任务。

内蒙古的种植结构表现为“一粮独大”，玉米播种面积大、总产量高，在一定程度上供过于求，产能相对过剩，而小麦、水稻等供不应求，产能相对不足。因此，适当调减玉米的产能，调增小麦、水稻等的产能，是当前内蒙古种植业结构性改革的重要任务。

要适当调减玉米的播种面积，更要进行种养结合型调整，推进种养结合、粮饲兼顾，调减普通籽粒玉米种植面积，扩大青贮玉米和优

质苜蓿等的种植规模。同时，根据玉米结构调整的需要，培育和筛选青贮玉米专用品种，改进种植、栽培技术，提升产品档次；研制、创新适用于新玉米品种种植模式的农机具，提高玉米种植机械化、专业化水平。还要适当扩大优质细粮小麦、稻谷等的种植面积，有效提高小麦、稻谷的单产和总产量，与需求结构相适应、相对应，优化和升级内蒙古粮食的供给结构。

（二）切实降低农畜产品生产成本

对种植业来说，着力发展机械化、标准化种植，提高生产效率，降低农产品成本，增强农产品竞争力。改善农业生产经营管理，采用现代经营管理手段，降低物耗水平，如提高施肥的科学性和有效性等，在降低成本的同时又减少对环境的污染。加大科技投入，提高农业科研的能力和水平，加大高产、优质新品种培育力度，并加强对农产品保鲜、贮运、加工技术等的研究。如针对水资源短缺等制约因素，加快高产抗旱抗逆玉米、小麦新品种选育及栽培技术、先进适用节水灌溉技术等的研发与推广应用，并实施中低产田改造，不断提高土地的产出率。再如培育、实验及推广应用优质高产的脱毒马铃薯种薯，并建立种薯质量标准体系和市场准入制度。要建立健全各级农业科技推广网络体系，使新品种、新技术能够尽快投入到生产中发挥作用。同时加强对农民的技术指导和培训，积极探索针对性和适用性强的培训方式。

对畜牧养殖业来说，建设规模化、集约化和品牌化的养殖基地，是其降低成本、提高盈利水平的有效途径。在内蒙古羊牛饲养过程中，饲草料费用增加是养殖成本增加的主要因素。要充分有效地利用农作物的秸秆资源，科学合理地进行氢化、碱化及粉碎性的饲料化处理，为养殖业提供比较廉价的秸秆加工饲料。建议政府降低或取消拉运饲草料车辆的过路费，牧草及饲料运输要像运输鲜活农产品一样不收取过路费。

（三）有效弥补农牧业发展短板

1. 进一步加强农牧业现代化建设

不断提高农田和草牧场基本建设、农畜产品流通基础设施建设等方面的水准。科学、合理、可持续地利用农牧业自然资源，加强农畜产品产地环境保护、监测和管理，生产绿色、特色、安全、优质的农畜产品。要完善农牧业服务体系建设，在农牧业信息服务、农牧业技术服务等方面加大投入和支持力度，在政策咨询、信息传递、科技推广等方面发挥其积极作用。

加快发展新型农牧业经营主体，发展种养大户、家庭农牧场、专业合作社、农牧业产业化龙头企业等，构建现代农牧业经营体系，扭转小农牧户的弱势地位，发挥多种形式适度规模经营在农牧业机械和科技成果应用、市场开拓等方面的引领作用，提高规模化生产水平和经营效率，并有效降低生产成本。

2. 进一步推动农牧业产业化

要发挥龙头企业的辐射带动作用，使龙头企业与农牧民以多种形式合作，实现农畜产品标准化生产，提高农畜产品的市场竞争力。农畜产品加工企业要加强生产基地的建设，既带动种植业养殖业的发展，又使企业自身的加工原料有数量与质量的双重保障。加工企业要与农牧户建立稳定的利益联结机制，连成一个合理利益分配的统一集团，企业以较低的交易成本和稳定的价格获得有品质保证的原料货源，农牧户以稳定的价格及时出售，双方达到双赢的效果。

有效提升内蒙古畜产品的精深加工、综合利用水平，开发新种类的畜产品供给产品。从一些发达国家的经验看，畜产品被加工成可直接食用的形式更能够刺激消费。不仅肉羊、肉牛不同部位的羊肉、牛肉要加工成各类食品等，还要对肉羊、肉牛的副产品进行加工、提炼，如血、头、蹄子、杂碎、骨类、皮等也要加工、综合利用，做成食品或工业原料，将会增加肉羊、肉牛等的总体收益。

有效推进内蒙古农产品的精深加工，大力发展技术先进、产品销路好、经济效益高的玉米、小麦、马铃薯、杂粮豆等精深加工企业。如玉米要在进一步发展饲料加工企业的同时，充分利用国家产业政策的支持，推进玉米食用类产品的精深加工技术创新及其企业的发展、产品的开发等，有效提高玉米的加工转化率和附加值，提升玉米的全产业链效益。

3. 进一步完善农畜产品市场流通体系，不断提高农畜产品流通效率加强各类农畜产品市场建设，充分发挥其稳定农畜产品价格、调节农畜产品总量、季节、区域以及年际平衡的能力；加强农畜产品仓储物流设施建设，并积极探索连锁营销、配送中心、电子商务等销售方式；构建现代化的流通平台，做好市场信息网络建设，加强信息流通服务，形成具有地方特色的农畜产品集贸市场、批发市场等。

发展组织化、专业化的农畜产品销售，农畜产品种养殖户要建立健全销售联合体、销售合作组织等，或培育专业的销售人员及团队，通过有组织、有销售技能的专业人员及团队的共同努力，打开市场、开拓渠道、引领消费。要发展“互联网+”的农畜产品产业，实施高端定制、互联种养、电商销售等，为农畜产品产业发展开拓生产、销售的新天地。

加大内蒙古农畜产品品牌创立及宣传，打造具有地方特色“地名+品牌名”的知名品牌，加大品牌宣传力度，逐步形成品牌效应，有效提高内蒙古优质农畜产品的收益水平。建立健全内蒙古农畜产品溯源机制，让消费者简单快捷查询到自己购买的产品原产地，才能使消费者放心购买，扩大市场规模，同时也让品牌知名度进一步提升，品牌效益增大。

作者：王关区系内蒙古社会科学院牧区发展研究所研究员
刘小燕系内蒙古社会科学院牧区发展研究所副研究员
陈晓燕系内蒙古社会科学院牧区发展研究所副研究员
花蕊系内蒙古社会科学院牧区发展研究所副研究员

内蒙古城市水资源可持续利用对策研究

天　莹　杜淑芳

水资源是人类生存和发展的战略性资源，是保持生态环境平衡的不可替代资源，是可持续发展的核心。内蒙古除了呼伦贝尔市、兴安盟、锡林郭勒盟以外，其他9个盟市人均水资源均低于联合国公布的“人均1700立方米的严重缺水警戒线”，特别是西部地区水资源更为贫乏，人均水资源只有395立方米，相当于全国的1/5。进入20世纪以来，随着我区城市化进程加快和工业发展，人口向呼和浩特、包头、赤峰三大城市和区域中心城市集聚，用水总量不断增大，同时污水排放量不断增加。尽管污水治理能力明显提升，但是局部河流湖泊水污染仍不容乐观，城市发展与水资源矛盾日益突出，水资源不足已成为未来影响我区城市发展的重要制约因素。因此，如何合理利用水资源，实现城市可持续发展是摆在我们面前的重要课题。

一、城市水资源利用现状及变化

（一）供水总量有所增长，用水结构得到优化

近十几年来，我区城市人口快速增长，供水基础设施逐步完善，供水能力不断增强。2014年，全区城市用水人口达到854.2万人，比2000年增加96.3%，比全国用水人口增幅高出21.1个百分点；城市供水管道长度达到10619公里，比2000年增长136.0%。相应地，供水能力持续提高，年供水总量达73863.6万立方米，增长19.6%，其中生活用水增加43.1%，比全国高出7个百分点。尤其是2010年以来的增幅较大，城市用水普及率达到97.79%，上升了8.69个百分点。同期，生产用水总量下降了7.44%。

从用水结构上看，全区城市农业、工业、城镇公共用水比例分

别下降1.54%、2.32%、0.09%，居民生活和生态用水比例分别上升0.47%、3.46%。具体到各城市，用水结构的变化趋势基本和全区类似，只略有差别。

（二）污水处理率明显提升，再生水利用量增加

随着城镇化的推进和工业化的发展，我区城市污水排放量逐年增加，由2010年的46543万立方米增加到2014年的57212万立方面米，4年增加了22.9%，比全国高5.32%。同时，城市污水处理厂数量增加，污水排水设施不断完善，污水处理能力也在持续提升。2014年比2010年污水排放管道长度增加了42.39%，比全国高4.07%，污水处理厂由32座增加到40座，每10万城区人口拥有污水处理厂0.58座，比全国平均水平高0.11座。据《中国城乡建设统计年鉴2014》统计，内蒙古9个地级市中，污水处理厂数量最多的是包头市，有7座，其次是呼和浩特市，有4座，其余7个城市有污水处理厂1～3座；11个县级市中，乌兰浩特市有污水处理厂2座，其余10个县级市均有1座。污水处理量4年增加了36.15%，比污水排放量增幅高13.2%；污水处理率达到89.21%，比4年前提高8.66%，与全国的差距不断缩小。2010年，我区的污水处理率比全国低1.76%，到2014年我区的污水处理率比全国低0.97%。详见表1。

表1　2010—2014年城市污水排放和处理情况

	年份	污水排放量（万立方米）	污水排水管道长度（公里）	污水处理厂座数（座）	污水处理量（万立方米）	污水处理率（%）	再生水利用量（万立方米）	再生水管道长度（公里）	城市再生水利用率（%）
内蒙古	2010	46543	8514	32	37490	80.55	4196	259	9.02
	2014	57212	12123	40	51041	89.21	6120	637	10.70
	增加率（%）	22.92	42.39	25.00	36.15	8.66	45.85	145.95	
全国	2010	3786983	369553	1444	3117032	82.31	337469	4002	8.91
	2014	4453428	511179	1807	4016198	90.18	363460	7498	8.16
	增加率（%）	17.60	38.32	25.14	28.85		7.70	87.36	

资料来源：根据《中国城乡建设统计年鉴》2010—2014年相关数据绘制。

在我国节水型社会和最严格的水资源管理制度的大力推进下，我区城市再生水生产能力和利用量逐步提升，再生水设施和管网建设加快。管道长度由2010年的259公里增加到2014年的637公里，增加近1.5倍，再生水利用率达到10.7%，比全国平均水平高出2.54个百分点。涌现出像鄂尔多斯市这样的全国典型城市。鄂尔多斯市再生水利用率已经达到85.81%，远远高于其他地区。鄂尔多斯市再生水主要用于电厂、煤矿、园林绿化、景观湿地、路面冲洗等，再生水利用量达到2208万立方米，相当于节约了鄂尔多斯市居民家庭一年的用水量。

（三）水资源利用法律制度不断完善，管理更加严格

我区根据本地具体情况，依据国家有关水的法律和规章，制定了一系列相关水资源法规、水政规章和部门规章等。1998年，我区发布《内蒙古自治区城市供水实施办法》。为优化配置，高效利用黄河水资源，规范黄河水权转换行为，根据《中华人民共和国水法》、国务院《取水许可制度实施办法》、水利部《关于内蒙古宁夏黄河干流水权转换试点工作的指导意见》和水利部黄河水利委员会制定的《黄河水权转换管理实施办法（试行）》，2004年，我区制定了《内蒙古自治区黄河水权转换总体规划》和《内蒙古自治区本级水资源费使用管理办法》。2014年，根据《国务院关于实行最严格水资源管理制度的意见》《国务院办公厅关于印发实行最严格水资源管理制度考核办法的通知》《内蒙古自治区人民政府批转自治区水利厅发布〈关于实行最严格水资源管理制度实施意见〉的通知》，制定了《内蒙古自治区实行最严格水资源管理制度考核办法》。2015年，《自治区水资源保护规划》和《自治区城市饮用水源地安全保障规划》正式印发，《自治区重要江河湖泊水功能区纳污能力核定和分阶段限制排污总量控制方案》编制完成，《全区重要水源和地下水超采区的水量水位双控制方案》出台。这些制度的建立和完善，加强了水资源的管理，推进了我区水资源的合理利用。

（四）节水型城市、水生态文明城市建设稳步推进

水利部从2001年部署开展了节水型社会建设工作，截至2015年底，全国建成100个节水型社会试点城市。内蒙古自治区被水利部列入全国节水型社会建设试点的城市有4座，分别为包头市（2006年第二批）、呼和浩特市（2008年第二批）、鄂尔多斯市（2008年第三批）和二连浩特市（2010年第四批）。目前，这四座城市都已完成了试点验收。通过节水型社会试点建设，这四座城市在取水总量目标控制、水资源利用效率和效益提升、水务一体化改革、城市水资源配置优化、非常规水资源利用、城市水环境改善、新的节水技术推广等方面成绩显著，取得了显著的经济、社会和生态环境效益，为北方经济相对较发达、水资源严重紧缺地区节水型社会建设探索并积累了有益的经验，对条件类似地区全面推进节水型社会建设具有推广和借鉴意义。2013年，根据国家生态文明建设的要求，水利部提出开展水生态城市试点工作，乌海市是我区首个被列入全国水生态文明城市建设的试点城市。继乌海之后，呼伦贝尔市成为我区第二个全国水生态文明城市建设试点城市。我区水资源的开发、利用、节约、治理、保护正在逐步深入推进。

二、城市水资源利用中存在的问题及对策

（一）城市水资源利用中存在的问题

随着城市人口、产业集聚和建设规模的扩大，城市水资源利用中存在着过度开发利用地下水资源、上游过多占用水资源配额、个别地区超用黄河水、污水排放量增加、局部河流湖泊污染等问题，加上水利基础设施和市政供排水设施建设相对滞后及人口、产业与水资源的配置不够协调，进一步加剧了城市发展与水资源的矛盾，资源型缺水、工程型缺水、水质型缺水同时并存，而水的节约利用和再利用水平偏低，利用效率不高，浪费较严重，多部门协调和一体化管理不到位，导致城市经济社会发展越来越受到水资源的制约。因此，合理利用水资源，促进水资源可持续利用已经刻不容缓。

（二）城市水资源可持续利用对策

水是生命之源，在水资源短缺和城市发展的矛盾日益突出的情况下，需要根本转变城市水资源利用、管理方式和分享方式，要从开发利用优先向节约保护优先转变，从供水管理向需水管理转变，切实落实最严格的水资源管理制度，进一步完善流域管理体制机制，加快水务一体化进程，发挥市场在水资源配置中的作用，让上下游共同分

享水资源，在满足当代人用水需求的同时也不能危害后代人用水的权利，最终实现我区水资源与城市的协调可持续发展。

1. 将水资源纳入经济社会发展规划和城市发展总体规划

水资源分布极不均衡、人均水资源量偏低且人口、产业与水资源空间分布不匹配是我区水资源分布和利用特点。呼伦贝尔市水资源占比67%，而人口占比仅为10%，其他盟市人均水资源量都低于3000立方米，属于联合国划定的缺水地区。随着城镇化进程的加快，人口格局发生深刻变化，人口向西部水资源缺乏的大城市集中的趋势十分明显，导致西部城市发展与水资源的矛盾日益突出。同时，西部第二产业又以煤炭、冶金、化工、电力等为主，多数是高耗水行业，如果像煤化工这类耗水的项目生产规模不断扩大，势必会进一步加剧西部水资源的短缺形势。应该说过去一段时期，我区产业设置和布局，更多的是考虑与煤炭资源地距离远近的问题，对水资源的产业承载力考虑不够。因此，未来城市发展应该把水资源分布与城市人口规模、产业发展三者进行统筹考虑，以水定产，以水定城，优化水与产业、人口的配置是需要优先考虑的问题。依据水资源情况合理制定城市发展总体规划的人口规模，特别是西部呼和浩特、包头两大城市水资源人口承载力基本饱和，东部人口密集的通辽、赤峰市水资源利用程度也较高，应该适度控制人口规模，积极发展节水型产业，控制高耗水产业的数量和规模，在招商引资中限制高耗水项目的审批。加强其他中小城市、城镇产业支撑、基础设施和公共服务建设，引导人口向水资源条件好的中小城市、城镇集聚，促进就近就地城镇化，而不是继续大规模向呼和浩特、包头、赤峰、通辽等缺水城市过度集中，以避免缺水城市更加缺水的局面，实现水资源与人口、产业的优化配置。

2. 加强基础设施建设，提升蓄水、供水、排水和水资源再利用的能力

一是加强水利工程建设。增加投入，加强水库和其他水利设施建设，提高建设标准，提升蓄水能力，为城市提供稳定的水源。

二是高度重视中水管网建设和中水处理设施建设，提高中水回用率。当前我区中水回用率低，比以色列低70%，比美国低20%，可开发空间大。这就需要尽快将中水管网的建设纳入城市基础设施建设规划

之中，增加投入，逐步扩大中水覆盖面积，将中水用于绿地、景观、洗车、路面清扫和工业用水等方面。在新建的达到一定规模的小区要同步建设中水设施、中水管道和自来水管道，为小区绿化和居民冲厕利用中水提供条件。合理布局中水厂位置和规模，尽量减少中水管网的铺设长度，降低建设成本。

三是同步建设供水和排水管网。我区多数城市老城区供水和排水管网建设相对滞后，老化现象严重，漏损率偏高，每年造成水资源的大量损失。因此，加强供排水部门间的协调，加快供水和排水管网的更新改造，尤其是老城区要优先进行，保障供水排水和道路建设同步进行。通过管网建设，减少跑冒滴漏，降低漏损率，减少浪费。

3. 提高节水型社会建设水平，减少水资源的浪费

2000年以来，国家正式提出建设节水型社会，根本目标是要实现水资源的可持续利用。水资源的合理利用要坚持经济可行和环境的可持续性。与长距离的调水工程相比，节水和污水资源化成本相对较低，而且减少污水排放，有利于环境的保护。据研究，污水处理费用为每立方米1元，中水处理费用为每立方米3～7元不等，而长距离调水每立方米成本远远大于7元，而且对于水源地生态安全也会造成不良影响。因此，节水和污水处理后再利用是既经济又有利于水资源可持续利用的有效途径。

建设节水型社会，需要多途径减少水资源浪费。首先，工业节水。在工业企业要采用气冷代替水冷，推行冷却塔和冷却池技术，建立工业用水的封闭循环系统等方式途径减少水资源利用量，从源头上节水。要强制城市中水在工业中的使用，提高水资源利用效率。其次，居民和公共场所节水。加强宣传教育，提高全民节水意识。宣传内容既要注重理念又要注重具体细节，而不是空洞的说教，让节水意识深入人心。鼓励家庭使用节水器具，对购买节水器家庭进行补贴和奖励，在公共场所，如商场、学校、机关单位大力推广节水龙头，减少水资源浪费。第三，农业节水。在农村大力推进管道输水，积极提倡采取滴灌、喷灌进行灌溉，取代目前的渠道灌水，大幅提高农业水利用系数。第四，生态建设节水。完善中水管网建设，扩大中水的浇灌面积。建设凹式绿地，提高对雨水的利用率。积极推广本地抗旱树

种。比如美国很多州在社区绿化中都推行耐旱景致，一片耐旱的美化场地一般可节水30%～80%。

4. 率先推进西部城市和赤峰市、通辽市开发利用中水、雨水等非常规水，缓解水资源供给压力

实现水资源的可持续利用就是要转变水资源利用的思路，从开发—利用—治污—排放，向开发—保护—利用—再生转变，不能把水资源白白排放掉，而是要二次甚至多次利用。美国、日本、以色列的经验表明，利用中水是增加水资源的重要途径。这些国家不仅把中水用在绿化、景观、清洗路面，还用于农业灌溉。发达国家污水资源化达到了72%，并制定了相应的保障措施。比如日本在上下水管道间建立了中水管道，并对建设中水水道给予鼓励。与水资源利用先进国家相比，我国中水的利用程度和用途方面还存在差距。内蒙古西部城市大多属于缺水城市，尤其是呼和浩特市、包头市两大城市和鄂尔多斯市东胜区，水资源人口承载力或者接近饱和，或者潜力不大。东部的赤峰市和通辽市人口多，也面临缺水的问题。因此，在我区西部城市及东部的赤峰市、通辽市率先开发第二水源，提高中水回用率，是节约水资源、减轻城市供水压力、减少污水排放、减轻城市环境污染的有效途径。要合理规划和布局中水处理厂和设施，采取小循环、中循环、大循环模式利用中水。在新建大型机场、商业楼、办公楼、新区、新建小区直至整个城市建设中水设施，实现水资源的循环利用。还要积极引进和改进中水处理技术，降低中水处理成本，保障中水使用的安全和经济。还要积极探索中水回灌补给城市地下水的试点，遏制地下水位的下降，实现城市地下水的取补平衡。

建设“海绵城市”，充分利用天然降水。当前，我区城市建设很多地方有悖于“海绵城市”建设要求，公园和马路两边的人行道铺设不透水的材料、绿地高于路面的现象普遍存在，缺乏收集雨水和利用雨水的系统工程，导致雨水不仅不能利用，还会造成城市积水。因此，要树立生态文明理念，充分发挥自然生态系统的蓄存、渗透、净化功能，将工程措施和发挥自然生态系统功能的措施有机结合起来，充分利用天然降水，改善城市水环境，促进城市可持续发展。要做好顶层设计，编制“海绵城市”建设规划。要对本市的降水、土壤、地

下水、未开发前的地形地貌、河流、湖泊、湿地情况进行深入细致的研究，最大限度地保护原有生态系统固有的海绵体的功能，制定符合地区特点的技术规程和措施，不能简单照抄照搬国外的建设模式，要以城市水生态系统良性循环为目标，低成本高效益为原则，能在原有设施基础上建设的就不搞新的大挖大建，通过适度改造达到渗透、蓄存、净化、排放功能。要采取典型示范后再逐步推广的方式，不能一哄而上。可优先在棚户区改造、危房改造、老旧小区更新中推进“海绵城市”建设项目。

5. 完善水资源管理体制机制，提升水资源管理一体化水平

第一，建立全区水资源可持续利用协调委员会，加强部门协商与合作。我国目前实行的是以水利部门为主管部门，其他部门参与管理的模式。虽然水务一体化改革提出多年，旨在解决多年来多龙治水导致的职能交叉重叠、水资源管理效率不高的问题，但实际上水利部门权限十分有限，一体化管理尚未真正实现。比如农业和财政部门都有涉水项目，但对于这些部门的项目，水利部门实际上没有最后的决定权。就流域管理而言，流域委员会仅仅是水利部的派出机构，管理权限有限，流域管理仍然以当地行政区域管理为主，导致流域水资源管理不到位，超量取水问题不同程度地存在。为此，要建立全区水资源可持续利用协调管理委员会，由市主要领导任组长，办公室设在水务局，并建立定期的协商制度，协调各涉水部门的工作，实现供水与排水、水质和水量管理的统一，加快水资源管理一体化进程。

第二，做好各项水资源利用规划。城市水资源合理利用与可持续发展的实现，必须要在合理的规划指导下进行。因此，需要在城市专项规划中，增加中水利用规划和相关内容，对城市中水处理厂、管网和设施建设布局等方面作出长远打算，预留发展空间。

第三，落实最严格的水资源管理制度，强化考核制度。

第四，充分利用价格杠杆，促进节水和中水的利用。利用经济杠杆节水是世界各国的普遍做法。据研究，水价提高10%，可节水5%。当前我区自来水水价偏低，无法体现水资源的全部价值，且阶梯水价之间的价差小，对于大多数家庭来说很难起到节水的目的，尤其是对于年轻人和高收入群体的作用更小。日本的节水经验值得借鉴，东京

实施的阶梯水价，二级和三级相差5倍。而我们现行水价级与级之间差距小得多，只有3倍左右。水价级差较小，增加的水费占居民收入的比重没有明显的提升，对激发用户节水意识的收效不大。因此，在对低收入家庭的水费进行适当补贴的基础上，对一般用户提高水费价格，加大阶梯水价水费间差距，进而提高用户的节水意识，改变用户不良的用水习惯，调节供需关系，达到节水的目的。同时，制定合理的中水使用价格，按照低于自来水的价格制定中水价格，拉开中水和自来水之间的水价差距，提高用户使用中水的积极性。要采取“降阶梯”的水价模式，比如对于使用中水量多的企业实行“降阶梯”水价，使用越多，价格越低，激励用户更多地使用中水替换优质水。

第五，提高地方政府和主管部门取水用水的整体意识和大局意识，加强流域管理，实现水资源共享。流域是一个整体，流域内每个行政区对水资源的利用都不能只考虑自身利益，而是要有整体意识，本地区对流域水资源的利用不能损害其他地区的用水权利和流域整体的生态用水。我区西部有跨省区的黄河，东部有跨通辽市和赤峰市的西辽河，在流域管理上还存在只顾局部、不顾整体的问题，导致个别地区超额取用黄河水或下游缺水的问题。因此，流域内的城市在制定城市发展政策时，既要考虑本城市对水资源的需求，又要考虑整个流域对水资源的需求，本着上游优先但不能全部占有的原则，实行严格的用水定额管理制度，给下游留有余地，保障下游用水的需求，实现全流域水资源的平衡和可持续发展。因此，必须按照合理的比例，进行水资源分配。就黄河而言，黄河水开发利用率不应超过40%，而实际利用率达到70%，远高于这个警戒线。因此，即便我区位于黄河的中上游，有利用水资源的天然优势，也要本着流域可持续发展的思想，按照黄委会分配的配额使用水资源，而不能超配额使用，否则不仅导致下游水资源的紧张，也会造成流域整体的生态平衡失调。在产业布局上要尽可能地布局对环境污染小和耗水少的企业，淘汰和关停严重污染企业，限制高耗水行业，保护水环境，防止水污染和过度利用水资源。同时，我区东部地区跨盟市的河流也要合理分配水资源，严格按照上游60%、下游40%的比例利用水资源，保障下游用水和流域生态平衡。要进一步加强赤峰市和通辽市之间的协调，合理配置水资源。上游赤峰市要适度控制人口规模，加快农业节水措施推广，发展低耗水企业，节约水资源，留给下游通辽市，缓解下游通辽市多年地表水断流和过度开采地下水的问题，遏制地下水位的下降速度；同时，在科学论证的基础上，加紧实施调水工程，弥补通辽市水资源严重不足问题。

6. 加快推行盟市之间、行业之间、企业之间水权交易，更好地优化配置水资源

我区水资源地区间分布不均衡，农业用水量大且占比高，随着工业用水和城市用水的增长，缺水问题突出。目前，鄂尔多斯市用水量大的工业企业在河套灌区投资建设农业节水工程，提高农业用水效率，降低农业用水量，节约的水资源用于工业生产。因此，在总结鄂尔多斯水权交易的经验基础上，扩大水权交易范围，在盟市之间、行业之间、企业之间进行水权交易，将节约的农业用水用于工业生产和城市发展。政府要借助水权收储转让交易中心这个平台，制定交易规则，合理定价，建立第三方评估机制，保证水权交易有序进行，推进水资源利用管理的市场化，实现水资源优化配置。

作者：天莹系内蒙古社会科学院城市发展研究所所长、研究员
杜淑芳系内蒙古社会科学院城市发展研究所副研究员

我区肉羊产业发展的基本判断、若干反思及相关建议

焦志强

一、基本判断

笔者认为，肉羊产业出现过剩这一判断目前看已经基本成立，主要原因如下。

（一）连续3年的卖难问题愈演愈烈

2016年8月至9月，笔者在锡林浩特市周边进行调研时发现，牧户在市里各屠宰场、冷库普遍得排队3天才能进入肉羊屠宰程序，最高的甚至排了五天五夜。曾经价值不菲的羊皮、下水、羊小肠基本已经无人问津。悲观的价格预期和严峻的越冬成本考验，导致卖难压力不断加大，牧户实际损失比较大。加工企业近两年连续出现消极开工、被动开工的情况，这既是产能过剩的结果，又是判断产能过剩是否成立的重要依据。

（二）价格下降的趋势已经基本形成

以锡林郭勒盟为例。2013年，锡林郭勒盟羔羊（白条）出栏价格为每斤22～26元，2014年收购价格为每斤18～20元，同比降幅18.2%～21.2%。2015年，肉羊收购价格依旧没有摆脱颓势，秋季出栏时收购价为每斤16元左右。2016年，进入屠宰季之后，价格下降进一步加剧。悲观的预期使得收购环节反应更为剧烈。2016年秋季，锡林郭勒盟肉羊收购价格屡创新低，最低的羔羊收购价维持在每斤13元左右，这个价格比前几年最高收购价格减少近一半。从趋势运行来看，前些年羊肉价格迅猛增长的态势已经被逆转。虽然最近价格略有

回升，但只是局部的触底无量反弹，距离价格反转依然遥不可及。同时，进口羊肉的价格依然在不断走低，新西兰进口羊肉零售价在每斤13~15元，对国产羊肉价格的挤压作用始终存在。

（三）供给能力过剩很难在短时间内得到消化

以我区为例，羊的存栏量近几年不断攀升，迅速从8000万只增长到1亿多只。尤其在2014年牧业年度，内蒙古羊的存栏量同比增幅达到11.8%，增幅最大的兴安盟竟然达到28.2%。整体上看，除非出现极寒自然淘汰和大规模疫情的突袭，肉羊总体存栏量出现急剧下降的情况，否则日益庞大的供应能力短期内不会出现大调整。目前看前两种情况发生的可能都不太大。极寒自然灾害会造成一定程度的损失，但是牧户和政府的防灾抗灾意识和手段已经较前些年有很大提高。疫情只有局部发生的可能，大规模爆发近些年已经基本杜绝。与此同时，进口羊肉量近几年呈现不断增加的趋势，澳大利亚、新西兰的羊肉已经不再是遥不可及，未来中蒙、中俄的自由贸易协定谈判中，羊肉的进口肯定会被提及，大范围的进口冲击并不是天方夜谭。考虑到大部分冷库中均有往年存货和牧区羊数统计时很难杜绝的瞒报现象，供给过剩的局面短期内难以逆转。

（四）需求的提升空间被人为高估

前些年对肉羊养殖的宣传也存在一定的误区，片面地认为随着人们生活的不断改善，羊肉将走上越来越多人家的餐桌。这一判断只在局部地区有效，但增长有限。还有很大比例的消费者由于消费习惯和口味习惯的影响，并不会因为羊肉降价就开始加大羊肉的消费量。而近几年高端餐饮受政策调控的影响，普遍经营困难，采购量不断在下降，仅火锅行业的羊肉采购量就下降了30%左右。内地及沿海很多城市餐饮企业已经将原料锁定在进口羊肉上，价格上的劣势使我区羊肉很难重新占领这块阵地。自身供给过快的发展速度与低迷的消费增长之间的矛盾日益激化。据统计，2015年，我国羊肉产量约390万吨（含进口羊肉），而羊肉消费需求量为260万吨，供需相差130万吨，接近30%的差距。2016年，随着经济下行压力增大，国内消费需求不足，居民购买力下降，高档消费下降，中低层收入群众消费不振，即便超市竞相降价也难以激发购买热情。总体上看，羊肉市场供需失衡，供应量超过需求量已成事实。

二、几点反思

（一）对产能过剩的到来准备不足

面对日益庞大的肉羊养殖基数和增长乏力的消费市场，产能过剩这个新鲜事物将破天荒地出现在肉羊养殖这个公认的朝阳产业上来，而产能过剩的巨大危害将远胜于自然灾害，这一情况必须要引起相关主管部门的高度重视。从经济发展的普遍规律看，一个行业一旦进入过剩阶段，之后的复苏期将会比较长。国际公认的产业过剩消化期为3年以上。肉羊产业目前同时存在去产能、去杠杆、去泡沫的任务，整体行业低位徘徊仍有两年左右的时间预期。

从2014年秋季开始，每到肉羊出栏季节，锡林郭勒盟各牧业旗县及锡林浩特市均有为数众多的肉羊养殖户集体上访，很多都是少数民族牧户。上访者多数身穿民族服饰，眼含热泪地进行殷切诉求，给各级政府都带来了不小的信访压力。大家的不满主要集中在对收购价格和终端价格的价格差过大上，认为是中间商在其中作祟，要求政府托底、托市。其他牧区如呼伦贝尔也频繁遇到这样的事件，有的已经影响了基层政府的正常运转。2014年，锡林郭勒草原大旱并且爆发蝗灾，2016年呼伦贝尔草原、锡林郭勒草原大旱，自然灾害的频发更加重了牧户的负担，卖羊成了牧户开展自救的重要办法。在巨大的压力下，政府主管部门也在不同程度上参与了收购环节的具体工作。但现实情况是政府部门陷入极大的被动局面中，局部的维稳很难从根本上缓解巨大的卖压，这种直接参与定价的方式也不可持续。如何在国际通行的做法下，将中央和地方各级政府对牧户的关怀落在实处、落在阳光处，应该是地方政府未来发力的主要方向。

目前来看，应对不足的不仅仅是相关部门，部分牧户也缺乏相应的风险意识。部分牧民根据终端零售价与收购价存在较大价格落差，认为是中间商在剥削牧户，这种说法也站不住脚。中间商在给自己留有合理利润的情况下，并不能影响整个行业市场的走向。中间商并不是一个统一行动体，如果真的有那么巨大的利润空间，一定会有很大一部分中间商通过抬价收购去走量，但现实中这种情况基本没有出现。客观地说，肉羊上市要经历屠宰、批发、加工、零售这几个环节，这些环节大致要占去50%的利润，因为这被占去的50%的利润是羊肉上市的过程中不可避免的。那么真正影响肉羊价格的还是供需的失衡。悲观的预期在蔓延，终端价格反应慢一些，但最终还是会逐步降价，而这更加使得收购价格越走越低。

（二）财政金融扶持方向需要调整

1. 贷款扶持过度倾向规模化

总的来看，金融机构对牧户的贷款发放缺乏有效依据，突出表现在对维持生计的需求支持得不够，对规模扩张的需求支持得有些过度。近些年动辄百万只规模的联合体、加工基地占据了信贷资源的绝大部分，但真正需要低息贷款的普通牧户普遍反映贷款困难，无奈之下转投民间信贷、承受高利贷风险的例子比比皆是。当然，牧户自身也需要控制盲目做大的冲动，要充分认识牧业存在的风险。

2. 牧业保险产品严重缺失

内蒙古自治区目前农业保险相对推进平稳，而牧业保险多年来就在原地踏步，对生产经营中的市场风险或价格风险基本没有保障。巨大的风险让商业保险公司望而却步。与农业生产相比，牧业生产的天然性更加突出，靠天吃饭的局面很难改变，其巨大的市场风险也缺乏有效的预警机制，风险难控。另外，驻区的各保险公司均是分支机构，缺少决策权，主动参与的意识也不够，很难设计出符合牧民实际需求的牧业保险产品。

事实上，随着市场经济的发展，市场风险对农牧业生产的影响越来越大。以肉羊为例，其价格的剧烈波动不仅影响生产者的收入水平，还直接影响广大市民的消费福利水平。如何维持其平稳、健康发展，通过推行行业保险是一个切实可行的办法。

3. 很多专项资金的发放在设计上存在瑕疵

现在各种农牧业产业化项目资金都把扶持规模化作为优先发放资金的依据，对中小散养户的实际困难估计不足。这个做法虽然短期内效果明显，社会资本带动面较大，投入较为快速，但是一旦出现持续的产业低迷，社会投资资本迅速止损撤离的情况很多，设施浪费严重。所以未来在专项扶持资金的发放选择上，不能以扶持规模化作为唯一取向，要同时结合实际需求，把产业基本保障作为重要补充方向。

（三）产业扶持政策、扶贫项目选择过于集中

近几年，尤其是2013年以后，自治区将肉羊产业作为农牧业产业化项目中的重中之重来扶持，这符合内蒙古的实际，但是存在扶持资金投入比例过高的问题。2014年，内蒙古农牧业产业化资金的60%以上投向肉羊产业。另外，近几年，我区传统贫困地区，尤其是集中连片地区肉羊数量大爆发，前述兴安盟2014年令人惊异的存栏增幅就是一个显著例子。其中一个重要原因就是当年自治区对口帮扶兴安盟的各大部门，几乎清一色地将肉羊养殖作为扶贫项目，促使当地饲养数量激增。不可否认，产业扶贫带动了当地很多贫困户的积极性，但是短期内过于集中的专项投入，使得地区产业安全存在隐忧，一些条件并不适合养羊的地区也跟风进入，一旦遇到持续的产业低迷，过于集中的产业布局就会显露弊端。另一个例子，兴安盟科右前旗是一个半农半牧地区，但是这里肉羊存栏量已经超过锡林郭勒盟、呼伦贝尔市等地的传统牧业大旗，居全区第一位。从2015年开始，当地“一羊独大”的弊端逐渐显现，现正进行畜牧业内部调整，但难度很大。因此，扶贫项目的选择一定要符合当地实际，并且尽量多元化，否则就会出现“一荣俱荣、一损俱损”的情况。

三、政策建议

（一）做好牧户的基本利益保障工作

地方各级政府及相关部门未来几年的工作重点不能再片面地集中在防灾抗灾、扩大规模化养殖上，要认识到产能过剩是影响更加重大的灾害。在做好防灾抗灾工作的同时，工作的重心要逐步向在产能过剩下如何维护牧户基本利益、防止发生社会动荡过渡。

政府部门的定位要明确，尽量不要直接参与羊肉的定价过程，要尊重市场的决定性力量。适当地加大自治区级和盟市级别的地方储备是可行的，尽量不要托市、托底。事实证明，这种做法存在极大弊端，一方面加大了政府的支出风险，另一方面也使经营者的依赖性不断加强，不利于产业的长远发展。

（二）尽快组建地方牧业保险公司

1. 利用政策优势，先行先试

2014年，中央1号文件首次提出“建立农产品目标价格保险试点”。目前，国内外已有一些成功经验。发达国家的实践早已证明，在现代农牧业中，决定农牧业效益和农牧民收入的主导因素是市场需求。因此，欧美国家农牧业政策的着力点都放在了应对过剩条件下农牧民利益保护的问题上，这也正是我区肉羊养殖户迫切的现实需要，目前，美国和加拿大都开办了相应的价格指数保险，为种植、养殖者的利益提供保障。美国和加拿大的农业保险是商业与政府成功合作的典范之一，其农产品价格就是依靠农业价格保险实现调节的。近几年，国内不少地方开始探索农产品价格保险，主要有上海市探索蔬菜价格保险，北京市推出生猪、蔬菜等价格指数保险，江苏省试行农产品价格指数保险，成都市探索蔬菜、生猪价格指数保险，贵阳市开展生猪、蔬菜目标价格保险试点工作等。

国内作为省一级政府发起设立地方保险公司的先例不多，唯一可以参考的是新疆生产建设兵团发起设立过新疆农牧业生产保险公司（后改名为中华联合保险控股有限公司）。牧业保险在保险领域里虽然属于难点，但是是我区牧区生产生活中不可缺失的保障。应该利用我区民族自治地区优势和国务院相关的政策支持，做好与财政部、农业部、保监会等国家部委的先期沟通，尽快完成内蒙古牧业保险公司相关运行方案的设计、报批工作，先行先试。

2. 理顺投入机制，侧重保障

内蒙古牧业保险公司定位为政策性地方保险公司，不以盈利为最终目的。建立初期，资本金由自治区财政和农牧业产业化扶持资金以及扶贫专项和抗灾专项共同拨付，同时吸收各盟市和自治区农牧业产业化龙头企业为理事单位，多方筹资。

其基本操作方式是由内蒙古牧业保险公司设计应对畜牧产品市场风险的保险产品，与有意向的牧业生产者签订保险合同，当发生保险责任事故时负责定损与理赔工作。由于牧业保险定位为政策性保险，需要各级政府拿出一定资金给予保费补贴，补贴比例应在70%左右（参考其他地区农牧业保险保费的补贴比例）。

3. 做好产品设计，试点示范

以羊肉价格保险为例，可以考虑两种模式。

一是设立羊肉目标价格保险。当羊肉实际价格低于保险合同中规定的保障价格时即触发理赔条件。实际操作中，由于我区肉羊养殖的地域特色明显，生产方式差异巨大，可考虑分地区、分养殖方式（放牧为主和圈养为主）来科学合理地确定每一年的目标价格。

二是设立羊肉价格指数保险。可以参考其他省、自治区、直辖市生猪价格指数保险的做法。生猪价格指数一般是设立猪粮比，当猪肉和粮食（玉米）的价格低于6∶1的时候即触发理赔条件。考虑肉羊饲养方式的多样化，我区可分地域设计羊肉价格指数的理赔触发条件，如锡林郭勒盟可以参考羊草比，巴彦淖尔市可以参考羊料（饲料）比。

羊肉价格保险能否实施的关键是要有一套保险公司、投保者都认可的，具有较强科学性、权威性的羊肉目标价格或目标价格指数。建议由相关权威部门组织保险公司、中小牧户代表、规模化养殖代表、科研部门、物价部门共同制定并发布。

考虑到急迫性和代表性，建议在锡林郭勒盟先行建立羊肉价格保险试点，试运行1年，总结有效经验和相关缺陷，进一步完善后向全区推广。

（三）落实其他各项保障措施

1. 加大金融扶持力度

降低贷款门槛，提高低息贷款或贴息贷款规模，切实要让有需要的牧民可以享受到优惠的贷款。同时，配合牧业保险的推广，可以试点用保险缴费单据质押贷款，探索险贷联动的新模式。

2. 进一步降低加工企业的负担

要高度关注中小加工企业、屠宰企业（冷库）的资金需求。根据在锡林浩特市周边的调研，大部分中小冷库由于资产少、短时期资金需求量大，无法及时从正规贷款途径解决融资问题，很多资金是从社会高息（二分利左右）拆借而来。除了及时解决其资金不足的问题，也要在用水、排水、用电方面给予优惠，切实降低生产成本。

3. 若干政策应该考虑进行微调

农牧业产业化资金在扶持单一方向上投入要有限制，比例不要高于50%。扶贫项目投入方式方法要进行微调，对于贫困地区的产业扶贫，相关帮扶单位可以经过调研出台产业投资目录，让贫困户自主选择，防止出现大包大揽，进而加剧部分地区产业的单一性。另外，畜牧业内部产业结构的调整要进行，但要循序渐进。锡林郭勒盟提出“减羊增牛”，科右前旗提出要“小畜换大畜”，说明各地都感觉到了产业单一化发展的压力，认识到了“一羊独大”的风险。从目前看，近些年肉牛养殖业始终保持着相对健康的水平，牛肉价格也比较稳定，没有出现“过山车”式的产业发展。从牛肉的消费潜力来看，与羊相比，其确实具备一定的优势，但是调整畜牧业产业内部结构绝非短期内可以完成，要充分考虑当地实际，我区大部分传统牧区的草种分布、草株高度以及养殖习惯都决定了养牛在短期内不适宜大面积铺开，所以一定要防止出现从一个极端走向另一个极端的现象。

作者系内蒙古社会科学院科研组织处副处长、副研究员

内蒙古养老服务问题研究

霍　燕

当前，内蒙古老龄化、少子化[1]、空巢化较为严重，养老成为内蒙古各级党委政府关心、社会广泛关注、群众迫切期待解决的重大民生问题。积极应对人口老龄化，加快发展养老服务业，不断满足老年人持续增长的养老服务需求，既是保障和改善民生的迫切需要，又是促进经济社会持续健康发展的必然要求。

一、内蒙古人口老龄化及其趋势

人口老龄化是指当一个国家或地区60岁及以上人口占总人口比重达到10%或者65岁以上人口占总人口的7%，就认为这个国家或地区处于老龄化社会。自2007年起，内蒙古60岁及以上老年人口占总人口比例达到10.76%，开始步入老龄化社会。“十二五”以来，内蒙古人口老龄化呈加速发展的态势。

（一）内蒙古人口老龄化现状

截至2014年底，内蒙古常住人口2504.81万人，其中60岁及以上老年人口360.03万人，占比14.37%。与2007年相比，人口老龄化程度提高了3.61个百分点。“十二五”以来，我区人口结构出现了少儿人口比例和劳动年龄人口比例双降，老龄人口比例上升的局面。从我区人口年龄结构变化看，65岁及以上老年人口的比例，2010年突破7%，达到7.56%，2011年为7.78%，2012年为8.06%，2013年为8.37%，2014年为8.81%，2014年比2010年增加了1.25个百分点，人口老龄化进程明显加快（见表1）。我区人口老龄化呈现如下特征。

[1]　根据人口统计学标准，一个社会0 ~ 14岁人口占比15% ~ 18%为“严重少子化”，15%以内为“超少子化”。

表1 内蒙古人口年龄结构的变化趋势

年份	0 ~ 14 岁人口占比（%）	15 ~ 64 岁人口占比（%）	65 岁及以上人口占比（%）
2010	14.10	78.34	7.56
2011	13.95	78.27	7.78
2012	13.79	78.15	8.06
2013	13.61	78.01	8.37
2014	13.58	77.61	8.81

数据来源：根据2010年内蒙古第六次人口普查数据和《中国统计年鉴》2012—2015年相关数据绘制。

1. 老年人口规模急剧扩大，老龄化程度进一步加深

2010年，第六次全国人口普查数据显示，内蒙古65岁及以上老年人口为186.81万人，占总人口比例的7.56%。与2000年第五次全国人口普查相比，65岁及以上老年人数增加了59.68万人，占总人口的比例上升了2.21个百分点。在这两次人口普查之间的10年期间，内蒙古总人口规模仅增长了4%，而65岁及以上老年人口规模增长了46.94%[1]，表明老年人口数量增长迅速。截至2014年底，内蒙古65岁及以上老年人口达到220.67万人，占全区总人口的8.81%[2]，比2010年增长了33.86万人，增长幅度为18.13%。可见，老年人群体数量呈加速增长趋势。

2. 农村牧区老龄化程度高于城镇，城乡倒置现象明显

发达国家人口老龄化历程表明，城市人口老龄化水平一般高于农村。而我国情况则不同，内蒙古也不例外。2010年，第六次全国人口普查数据显示，内蒙古乡村65岁及以上人口比例8.20%，城市为7.05%，乡村高于城市1.15个百分点。而与2000年第五次全国人口普查

[1] 国务院人口普查办公室，国家统计局人口和社会科技统计司. 中国2000年人口普查资料 [M]. 北京：中国统计出版社，2002.

国务院人口普查办公室，国家统计局人口和社会科技统计司. 中国 2010 年人口普查资料 [M]. 北京：中国统计出版社，2012.

[2] 内蒙古自治区统计局 . 内蒙古人口老龄化现状及比较 [J/OL].[2015-10-16].http://www.nmgtj.gov.cn/nmgttj/tjbg/zzq/webinfo/2015/10/1441781736484193.htm.

相比，乡村65岁及以上人口比例上升了2.3个百分点[1]。内蒙古农村牧区人口老龄化水平高于城镇，城乡倒置现象突出。

3. 区域间老龄化差异显著，地区发展不平衡

内蒙古2010年第六次人口普查数据显示，我区65岁及以上人口比例超过7%的盟市共有6个，包头市位居全区首位，其余依次为乌兰察布市、呼伦贝尔市、巴彦淖尔市、呼和浩特市、赤峰市，大多集中于内蒙古东中部，人口老龄化进程在地区间差异显著（见表2）。

表2　内蒙古12个盟市人口老龄化地区分布统计

盟市	65 岁及以上人口（人）	比重（%）
包头市	233634	8.82
乌兰察布市	30398	8.54
呼伦贝尔市	206891	8.12
巴彦淖尔市	128510	7.70
呼和浩特市	218922	7.64
赤峰市	324112	7.47
乌海市	36914	6.93
锡林郭勒盟	68618	6.67
阿拉善盟	14908	6.44
通辽市	194188	6.19
兴安盟	97726	6.06
鄂尔多斯市	116434	6.00

数据来源：根据2010年内蒙古第六次人口普查相关数据绘制。

[1] 国务院人口普查办公室，国家统计局人口和社会科技统计司. 中国2000年人口普查资料[M]. 北京：中国统计出版社，2002.

国务院人口普查办公室，国家统计局人口和社会科技统计司. 中国2010年人口普查资料[M]. 北京：中国统计出版社，2012.

4. 老龄化与高龄化、空巢化、失能化、贫困化、少子化“五化”并发

一是老龄人口高龄化，80岁以上的高龄老年人口持续增长。根据自治区民政厅统计数据，2010年高龄老人数33.5万人，占老年人口总数的11.8%；2015年为80.7万人，占比21%，与2010年相比上升了9.2个百分点。二是我区城乡老年空巢家庭的比例较高，城乡空巢家庭接近30%，人口相对集中的几个城市已接近50%。三是失能、半失能老年人的比例不断增加。以呼和浩特市为例，截至2014年7月底，失能、半失能老年人数66062人，占户籍老年人口总数（39.84万人）的16.58%[1]。四是生活困难老年人数量较多。以呼和浩特市为例，生活困难老年人数116043人，占老年人口总数的29.13%，将近三成的老年人生活处于困难状态。五是少子化水平不断加重。2014年，内蒙古少儿人口比例为13.58%，与2010年相比下降了0.52个百分点，而同期老年人口比例则上升了1.25个百分点，我区已进入超少子化社会[2]。

5. “未富先老”，人口老龄化快于现代化

欧美发达国家是在基本实现现代化的条件下进入老龄社会的，当65岁以上人口达到7%时，人均国内生产总值一般都在5000 ~ 10000美元。而我区进入老龄化社会时，人均国内生产总值刚刚超过3000美元。故发达国家的人口是“先富后老”或“富老同步”，而我区呈现“未富先老”或“未备先老”的态势。时任自治区副主席连辑曾对内蒙古老龄事业的发展概括为“无备而至”，意即内蒙古人口老龄化的应对准备工作尚未具体开始，老龄化就已经到来，且来势迅猛。

---

[1] 市政协社会和法制委员会. 关于呼和浩特市养老服务业发展情况的调研报告 [J/OL].[2014-09-11].http://www.hhhtzx.gov.cn/text.asp?id=1973.

[2] 国务院人口普查办公室，国家统计局人口和社会科技统计司. 中国2000 年人口普查资料 [M]. 北京：中国统计出版社，2002.

国务院人口普查办公室，国家统计局人口和社会科技统计司. 中国 2010 年人口普查资料 [M]. 北京：中国统计出版社，2012.

内蒙古自治区统计局. 内蒙古统计年鉴 2015[M]. 北京：中国统计出版社，2015.

（二）内蒙古人口老龄化发展趋势[1]

据预测，至2020年，内蒙古65岁及以上老年人口占总人口比重将达到10.05%，每10个人中有1个老年人，且随着时间推移比重将持续扩大（见表 3 ）。

表3　2016—2020年内蒙古65岁及以上老年人口比例预测值

年份	65 岁及以上人口占总人口比重（%）
2016	9.14
2017	9.37
2018	9.60
2019	9.82
2020	10.05

“十三五”时期，老年人口将是个庞大的社会群体，必然对养老服务催生巨大需求，并表现出多样化、个性化的特征，而且对经济社会发展产生重大影响。

1. 老年人口抚养比不断上升

老年人口规模大且增长速度快于总人口的增长速度，使老年人口抚养比[2]逐年上升。也就是说，劳动年龄人口的相对负担逐步加重。2014年，内蒙古0 ~ 14岁、15 ~ 64岁和65岁及以上人口数量分别为

[1]　本文选取 2000—2014 年老年人口比例数据，利用相关分析，回归预测法对内蒙古自治区 2016—2020 年老年人口比例进行预测，以此分析内蒙古自治区未来人口老龄化趋势。

[2]　国务院人口普查办公室，国家统计局人口和社会科技统计司. 中国 2000 年人口普查资料 [M]. 北京：中国统计出版社，2002.

国务院人口普查办公室，国家统计局人口和社会科技统计司. 中国 2010 年人口普查资料 [M]. 北京：中国统计出版社，2012.

内蒙古自治区统计局. 内蒙古统计年鉴 2015[M]. 北京：中国统计出版社，2015.

339.65万人、1931.45万人和233.70万人，老年人口抚养比为12.10%，与2010年相比上升2.45个百分点，与2000年相比上升4.81个百分点[1]（见表4）。这意味着对老年人的抚养将占用更多的经济资源，长此以往，将会影响我区的经济发展速度及增长幅度。

表4　内蒙古老年抚养比

年份	老年人口抚养比（%）
1990	5.93
2000	7 .29
2010	9.65
2011	8.67
2012	10.06
2013	11.00
2014	12.10

数据来源：根据《中国统计年鉴》2011—2015相关数据绘制。

2. 养老成本呈不断增加趋势

随着生活水平的提高和医疗技术的进步，在人口老龄化的同时，高龄老人在老年人中所占比例不断上升。人口高龄化显示了自然寿命的延长，但同时也在很大程度上延长了人们带病生存期，使患病率、伤残率增加，自理能力下降，使得养老成本逐年增加。以离休人员为例，我区目前有1.3万多人，平均年龄已超过86岁，2012年人均医药费

[1] 国务院人口普查办公室，国家统计局人口和社会科技统计司. 中国2000年人口普查资料[M]. 北京：中国统计出版社，2002.

国务院人口普查办公室，国家统计局人口和社会科技统计司. 中国2010年人口普查资料[M]. 北京：中国统计出版社，2012.

内蒙古自治区统计局. 内蒙古统计年鉴2015[M]. 北京：中国统计出版社，2015.

支出为3.56万元，2013年为4.22万元，2014年为4.9万元[1]。同时，我区人口老龄化存在城乡发展不平衡的现象。与城镇相比，农村牧区老龄化带来的压力更大，解决的难度也更大。

3. 家庭养老功能逐渐弱化

根据第六次人口普查家庭户规模看，平均每个家庭户为2.82人，比第五次人口普查的3.31人减少0.49人。这就意味着家庭结构不断朝着小型化、核心化发展，逐步形成了“421”家庭结构。一对夫妻赡养4个老人、抚养1个孩子的现象越来越普遍，在生活照顾、精神慰藉等方面家庭养老的重担成倍增加。同时，2010年纯老年户（一对老夫妇）家庭比重21.83%，与2000年相比提高8.64个百分点，使得完全依靠家庭养老变得越来越艰难。

4. 对社会养老保障带来巨大压力

根据自治区人力资源与社会保障厅统计数据，2015年内蒙古城乡居民养老保险基础养老金月人均85元。而自治区民政厅数据显示，截至2015年底，内蒙古城市最低生活保障标准人均497元/月，农村牧区最低生活保障标准人均288元/月。也就是说，内蒙古城乡居民养老保险待遇不及贫困户低保金的一半。从理论上讲，基本养老金应当高于救助金，而在我区出现基本养老金低于救助金的状况，这将会降低城乡居民参加养老保险的积极性。2014年，我区基本养老保险基金当年支出额为645亿元，比“十一五”末增加412.67亿元，增长幅度达到177.6%[2]。这将导致养老金支付面临较大压力。

5. 给医疗保障制度带来巨大挑战

医疗保障制度与人口老龄化不相适应。基本医疗保险制度特别是农村医疗保险制度尚不完善。职工、城居、“新农合”三项制度存在覆盖面、公平性、可行性等问题。筹资机制尚不稳定，居民医保待遇还不高，异地就医难和患者负担重依然是他们纠结的问题，基本医疗保险制度的保障作用还不够给力。

---

[1] 马晓刚 . 内蒙古人口老龄化问题研究 [D]. 内蒙古大学硕士学位论文，2015.

[2] 内蒙古自治区统计局. 内蒙古统计年鉴 2015[M]. 北京：中国统计出版社，2015.

二、内蒙古养老服务存在的问题

近年来，我区养老服务工作取得了显著成效，养老服务政策法规体系日臻完善，社会基本养老服务体系初步形成，养老服务特殊福利制度基本建立，创新养老模式从单一走向多元化，养老服务多元化投入机制基本形成，奠定了养老服务体系的良好基础。但是，与日益严峻的人口老龄化形势、不断增长的社会养老服务需求和老年群众过上美好晚年生活的新期待相比，仍然存在一些问题和不足。

（一）养老服务组织体系还不健全

养老服务组织体系主要包括各级老龄办及老年协会。自治区老龄工作委员会的主任由自治区党委常委、组织部部长兼任，副主任由自治区副主席兼任，下设办公室挂靠自治区民政厅，办公室主任由民政厅厅长兼任，配副厅级专职副主任1名，办公室为只有7个编制的正处级单位。而各盟市老龄办普遍为2～3人，旗县几乎没有专职老龄工作人员。缺少必要的老龄工作机构和人手来管理和规范辖区范围内的老龄工作，养老服务各项工作难以深入细致地展开。老年协会虽能发挥联系群众多、工作时间有保证等优势，但普遍存在缺少必要的工作经费和工作章程，工作人员年龄偏大，不具有可持续性等问题，很难满足具体、繁杂、细致的工作需要。

（二）农村牧区养老服务体系尚未形成

农村牧区社会养老服务体系建设仍处于起步阶段，以福利性的机构养老服务供给为主，大面积的农村牧区养老服务工作尚未铺开。从操作层面看，在城市推广的一些养老服务模式，很难在地广人稀的农村牧区推广，尤其是牧区和贫困地区。从城乡差异看，城市养老服务因其较强的经济基础而有保障，农村牧区则囿于财力状况很难全面实施。从民政工作的层次看，长期以来，政府在农村牧区的养老服务建设大都集中在保障供养的五保老人、低保老人、特困户等重点人群，而对农村牧区失能或部分失能老人的养老问题虽也在逐步重视，但与众多老人的大量需求相比仍然是杯水车薪。从主观意识上看，农村牧区群众传统养老观念较重，部分老年人即便无人照顾，生活质量下降，也不愿接受外界的服务，更不愿意走出家门接受规范化养老服务。

（三）养老服务供给结构性矛盾突出

从城乡看，农村牧区留守老人、高龄老人、空巢老人数量均高于城镇，农村牧区养老服务设施建设落后于城镇，而农村牧区敬老院的空床率又高于城市。从区域看，呼和浩特、包头、鄂尔多斯三市养老服务业发展较快，无论是政府还是民间投资都高于其他盟市。从服务体系看，居家和社区养老服务是基础和依托，但其发展程度及服务有效性明显滞后于机构养老，绝大多数老人生活在家庭，各级政府也想方设法建了不少社区老年人日间照料中心，但是居家老年人入住率不高。从机构养老服务看，机构中面向失能、失智老人的医护康复服务功能较弱，出现床位一床难求和空置率高并存的现象。从政府投入和老年人养老的满足感比较看，“十二五”期间，政府和社会投入巨大，但有失能、失智老人的家庭依然没有完全解决养老服务保障问题。

（四）养老政策执行与落实力度不到位

养老服务业是急需政府扶持的产业。政府的扶持要通过相关政策来实现。“十二五”期间，国家和自治区出台了许多优惠鼓励政策，然而从实地调研来看，制约养老产业发展的一大问题就是政策“不落地”。由于优惠政策的落实往往牵涉诸多部门，涉及方方面面的利益调整，在现实中难以落实。比如，一些政府都规定，对于刚刚起步、经营比较困难的养老机构，政府将给予土地供应、水电气热、税收减免、政府补贴等政策优惠，但不少养老机构特别是民营养老机构，由于各种原因，实际上并没有享受到这些优惠，降低了民间资本和社会力量的积极性，严重影响了养老服务市场的发育。

（五）老龄事业和产业发展相对滞后

据了解，我区注册登记1700余家老年协会，但经常性开展老年活动的协会比例仅20%；全区有66所老年学校，其中老年大学22所，平均每个盟市不到2所，且大多是各级党委老干部局直属管理，普通老年人很难参加老年学校的学习和娱乐；目前还没有一家正式登记的、专业的老年医疗护理机构、老年人心理辅导中心和老年关怀临终医院；老年用品市场发展滞后，突出表现为生产老年产品的企业少，老年产品品种单一、设计简陋、功能局限，无法迎合当代老年消费者的个性化需求，专门以老年人为客户对象的商店或者专柜非常少，老年人休闲场所不多，缺乏为老年人提供专门服务的机构，电视媒体中的老年人专题节目比较少；社会各界用于扶持建立老年心理服务网络以及购买心理关爱服务、为老年人提供专业心理疏导等方面的人力、物力、财力投入严重不足。

（六）养老服务从业人员整体素质偏低

2012年以来，我区加快推进专业养老服务人员培养，至2014年底，初级、中级养老护理员人数达到2189人[1]，缓解了养老服务专业人员需求压力，提升了养老服务业整体服务质量和水平。然而，全区养老护理员职业技能鉴定合格人数794人[2]，占养老护理员总数的36.27%。与西部十二省、自治区、直辖市养老机构从业人员比较分析得知，社会工作师数量排在第七位，助理工作师数量排在第八位，在西部十二省、自治区、直辖市中处于中下游水平。同时，目前大量从事养老服务的从业者无职业资格鉴定证书和资质，有的仅仅是内部培训，农村牧区服务人员大多未经培训就上岗，存在从业素质偏低、服务质量难以保障等问题。

三、进一步推进内蒙古养老服务发展的对策建议

（一）加强养老服务业的顶层设计，建立和完善养老服务组织协调机制

养老服务业涉及民政、财政、税收、国土、城建、价格、质检等多个部门，由于机构间缺乏联动和协调机制，部门间也缺乏充分的信息沟通和分享，当前的养老政策往往政出多门，政策过于碎片化。借鉴发达国家多设有专门的老年管理机构，建议自治区在民政厅下设养老服务局，专门负责养老服务的顶层设计、养老服务业整体规划与政策协调。同时，建立完善党委统一领导、政府依法行政、部门密切配合、群团组织积极参与、上下左右协同联动的老龄工作机制，

[1] 霍晓庆. 内蒙古社会养老服务体系已初步形成[N]. 内蒙古日报，2015-06-21日（02）.

[2] 截至2014年底，全区有社会工作师262人、助理工作师532人（内蒙古自治区统计局. 内蒙古统计年鉴2015[M]. 北京：中国统计出版社，2015）。

形成养老服务工作大格局。在这个大领导体制的指导下，积极研究“十三五”期间以及未来一段时期我区老龄化特点和养老服务业发展实际情况，协调各方利益，形成社会合力，为开展养老服务工作提供制度保障。

（二）以老年人需求为导向，加快推进社会养老服务体系建设

第一，通过对有老年人的家庭实施税收优惠和发放补贴等办法来购买或鼓励家庭成员提供养老服务，构筑养老服务的第一道防线。通过法律、制度和社会舆论等方式，使家庭养老成为社会化养老服务的一部分，减轻老年人对其他社会化养老服务的压力。第二，建设覆盖城乡社区养老服务中心，完善社区养老服务功能。在城市，新建城区和居住（小）区把养老服务设施纳入住宅小区配套公建项目，要按标准同步建设；老城区和已建成居住（小）区要通过多种方式完善相关设施，为老年人集中供养或提供服务留出空间。在农村牧区，鉴于地广人稀的实际情况，考虑到城镇所在地基本公共服务供给条件相对成熟，建议养老设施建设向相邻的各城镇集聚集中是切合实际的，也是完全可行的。第三，调整公办养老机构功能，合理引导民营养老机构发展，形成多层次的养老机构。一是对公办养老机构的服务对象做调整，提供无偿服务或低收费服务。二是经营性的养老机构布局遵循市场化原则，但政府可利用产业规划进行调节，并通过政府补贴和税收引导部分养老机构向高龄老人和自理能力差的老年人倾斜，使其成为准福利机构。三是其他养老机构向高端发展，走优质高价的发展之路，满足部分老年人的高端需求。四是建成一批兼具医疗卫生和养老服务资质、能力的医疗卫生机构或养老机构，促进医养融合发展，推动健康内蒙古建设。

（三）制定中长期发展规划，积极推进养老服务业持续健康发展

第一，制定中长期发展规划。将发展养老服务业作为为民办实事的重点项目，抓紧制定和完善各项支持养老服务业的政策措施，将其纳入地方经济和社会发展的中长期规划中，纳入城乡建设规划，合理安排养老服务机构的定点布局。第二，引入市场机制，创新养老服务模式。在坚持政府主导下福利性、公办性养老机构社会化发展的同时，努力构建适应市场经济体制条件的养老服务业良性发展的运行机

制，向其他社会主体开放养老服务市场，引导社会资金参与，共同促进养老服务业发展，极大丰富养老服务供给。允许养老机构差别化经营，建设具有典型示范性的社会养老服务机构，为不同身体状况、不同年龄段、不同收入情况的老人提供服务内容有别、功能齐全的养老服务。第三，推动投资与运营分离，引导服务管理专业化。养老服务业与酒店业都是高投资、低回报行业。建议借鉴酒店投资方、酒店管理公司两者分离的运营模式，引导培育一批专业化、品牌化的养老服务运营管理公司，引导服务管理专业化。

（四）形成稳定的公共财政投入机制，增强养老服务业发展后劲

建议将养老服务所需经费列入同级财政预算，并建立逐年增加公共财政投入的保障机制，以弥补养老事业投入不足的历史欠账，像增收教育附加费和城建税一样，列出项目，规定比例。根据经济和财政收入增长状况以及养老服务扩展需要，确定养老费用的年度增长目标，形成养老服务经费投入机制和随地区生产总值、财政收入同步增长的机制，并以规划或立法的形式予以明确。但是，仅仅依靠财政的力量是不够的，还应支持和鼓励社会资金参加机构养老设施建设，推动和促进社会养老服务业的发展。建议建立带有某种强制性质的储蓄养老金制度，这种具有公积金性质的储蓄养老金制度，由于只设置个人账户，可能会调动更多劳动者的积极性，在年轻时为自己积累更多的养老金。

（五）完善法律和政策体系，为养老事业健康运行提供支撑

发达国家养老事业的发展过程中都有强有力的法律做支撑，法律在养老事业中起到了基础性、指引性作用。建议在不断探索的过程中吸收各地成功的经验和失败教训，将较为成熟的部分用制度或法律的形式确定下来，这样有助于明确养老事业的地位，使其得到推广与普及。养老服务的法律政策支持体系不仅包括对服务内容和标准的规定，还要对政府责任加以明晰，对行政机构在养老方面的权责、职能加以界定，以明确责任主体，提高服务效率。通过法律对除政府以外的其他服务主体加以正确的引导和鼓励，支持他们发展也十分必要。

（六）加强相关培训，造就一支热爱和专心养老服务的专业队伍

第一，发挥相关培训机构和大中专职业院校的作用，加强养老服务从业人员特别是专业技术人员的培训和培养，造就一支热爱和专心养老服务的专业队伍，多列出正式编制，积极创造拴心留人的环境，给予养老服务业的经营者、管理者和一线服务人员相应的待遇。第二，引导并支持现有的高等院校和高职高专院校增设与养老服务业相关的专业和课程，加强师资引进和基础设施建设，并鼓励校企合作，扩大招生规模，为市场输送大量的符合养老服务市场要求的人才。第三，对于报考养老服务业相关专业、毕业后从事这方面工作的学生给予相应的优惠政策，吸引其在养老福利机构从事老年护理服务等相关工作，将发展养老服务业与促进社会就业相结合。第四，加快培育社会养老服务志愿者队伍，积极推行志愿者注册制度，动员、组织和引导企事业单位、社会团体、慈善组织和广大居民为有需求的老年人提供各种公益性服务。

作者系内蒙古社会科学院公共管理研究所助理研究员

内蒙古“十个全覆盖”工程后续管理机制研究

苏　文

“十个全覆盖”工程是内蒙古建区以来投资规模最大、涉及部门最多、受益群体最广的农村牧区综合性民生工程。工程实施近3年来，有效改善了我区农村牧区基础设施和公共服务发展滞后的现状。随着工程项目陆续建成和投入使用，研究构建权责一致、分类管养、多元参与、因地制宜的后续管理机制，进而实现工程全面持久惠民之目的，就成为当前非常重要的工作。

一、内蒙古“十个全覆盖”工程实施的背景与成效

党的十八大提出，要在2020年全面进入小康社会，坚持把国家基础设施建设和社会事业发展重点放在农村，深入推进扶贫开发，全面改善农村生产生活条件。2013年12月，中共中央、国务院印发的《中共中央、国务院关于全面深化农村改革加快推进农业现代化的若干意见》中强调，“中国要美，农村必须美；中国要富，农民必须富。农业基础稳固，农村和谐稳定，农民安居乐业，整个大局就有保障，各项工作都会比较主动”。自治区党委、政府提出的“十个全覆盖”工程，正是确保内蒙古全面实现小康的战略布局和具体举措。

为缩小城乡差距、跟上时代步伐，从根本上解决这些问题，2014年初自治区党委、政府决定用3年时间，在全区所有行政村和较大自然村实行危房改造工程、安全饮水工程、嘎查村街巷硬化工程、村村通电及农村电网改造工程、村村通广播电视通讯工程、校舍建设与安全改造工程、标准化卫生室工程、文化活动室工程、便民连锁超市工程、常住人口养老医疗低保等社会保障工程（简称“十个全覆盖”工程），为我区农村牧区全面建成小康社会奠定坚实的基础。

截至2016年7月，工程已累计完成投资1961.66亿元。工程实施至今，危房改造工程已经完成112.6万户，累计投资达到539.28亿元，受益人口达334.42万人；解决了370.26万农村牧区人口饮水安全和基本安全问题，提升了农牧民的生活质量和健康水平；嘎查村（场）街巷道路硬化里程9.53万公里，改变了农牧民以往“晴天一身土，雨天两脚泥”的现状；解决了3253户农牧民通电问题及5.36万户低标准用户提升标准问题；村村通广播电视工程累计投资8.4亿元，实施广播电视户户通94.12万户，在11224个行政嘎查村和1144个农牧林场建设广播村村响工程；完成7921个嘎查村标准化卫生室建设，受益人口达807.28万人，农牧民足不出村就可以看病开药；完成了11437个行政嘎查村和较大自然村文化室建设及文化娱乐设备的配备；新建改进农家店和便民连锁超市累计达9768个，配送中心45个，让农牧民更加便利，生活变得更加丰富多彩；城乡居民享受到基本养老保险基础养老金待遇人口达210.04万人，城乡37.6万80岁及以上老年人享受到每人每月100元及以上高龄津贴，其中享受高龄津贴的低保老人达到11.4万人，社会保障工程，使农牧民像城市居民一样享受基本养老保险基础养老金待遇和高龄津贴待遇。[1]

二、“十个全覆盖”工程项目分类与后续管理方式分析

后续管理作为公共服务提供链条的末端环节，是公共服务的重要组成部分。因此，也应遵循公共物品的属性进行分类，进而采取有针对性的管理方式。

“十个全覆盖”工程是在政府部门的强力主导下实施的，是实现基础设施建设向农村牧区延伸、公共服务向农村牧区拓展、城市文明向农村牧区辐射的具体实践，其所提供的各项公共物品属于典型的准公共物品。准公共物品按照其属性又划分为公益物品和公共事业物品两类。公益物品是政府或其他社会组织为全体社会成员或部分成员免费提供的，带有扶持和救助性质，此类物品在后期提供和维护中无法通过用者付费的市场化方式进行，因此只能由政府部门通过出台政策

[1] 资料来源：内蒙古自治区统计局。

和投入专项资金解决。"十个全覆盖"工程中的街巷硬化工程、校舍建设及安全改造工程、文化室建设工程、标准化卫生室建设工程、危房改造工程和农村牧区常住人口养老医疗低保等社会保障工程属于此类准公共物品。公共事业物品是在当前市场经济体制下，为满足社会公共需求，维护和发展公共利益，由政府、事业单位、企业、私人提供的具有狭义社会公共事务性质的一类公共物品。公共事业物品与社会民众的生活息息相关，其在建成运作中是采取用者付费的市场化方式进行，具体运营机构或个人负责保障服务质量。因此，此类公共物品应是在政府监管下，以市场主导进行后续管理。"十个群覆盖"工程中的安全饮水工程、电力"村村通"和农网改造工程、村村通广播电视和通讯工程、便民连锁超市工程均属于此类准公共物品。详见图1。

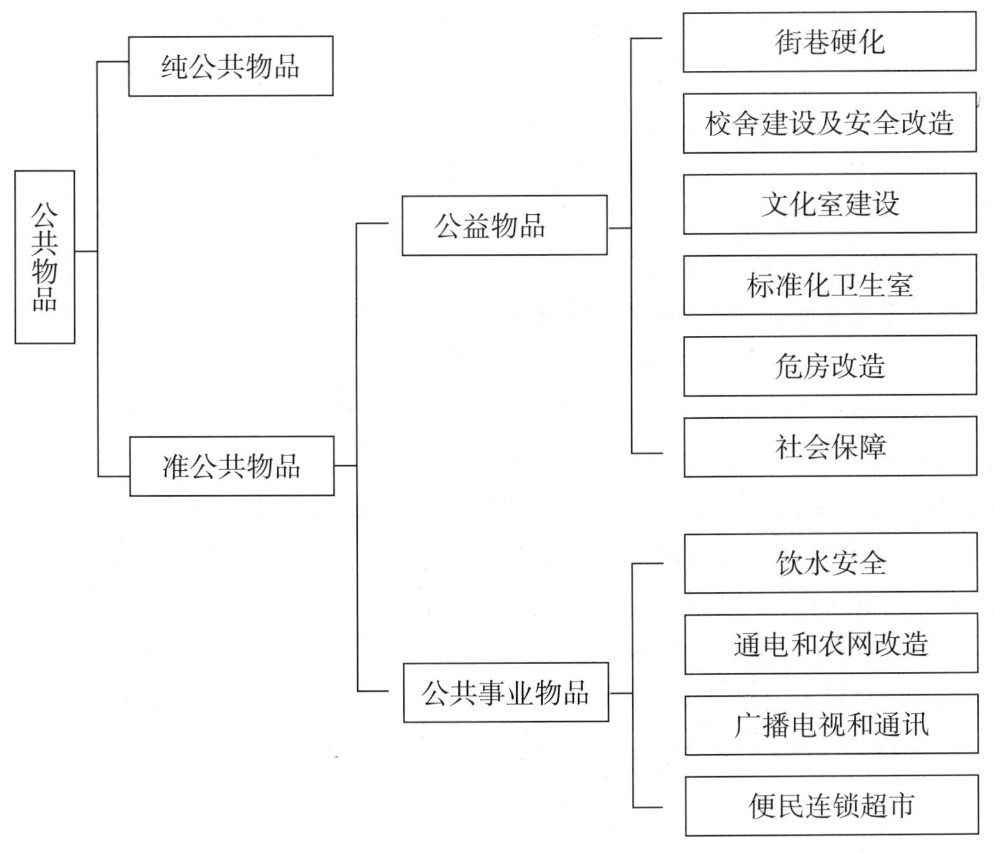

图1　公共物品分类结构图

三、“十个全覆盖”工程后续管理面临的挑战

（一）后续管理政策保障机制不健全，缺乏整体规划

目前，我区针对工程后续管理缺乏顶层设计、部门协调、上下配合的整体方案。自治区党委和政府尚未有部门牵头出台工程后续管理的整体指导性意见，各责任单位除自治区交通运输厅出台《进一步深化农村公路管理养护体制改革指导意见》外，均未出台相应的后续管理指导意见。整体方案的缺失导致各级政府的具体责任、划拨专项资金的来源与配套比例、各级主管部门和相关业务部门的协调配合机制、相应部门的监督检查机制都无法明确与建立。当前，后续管理的责任均由旗县一级政府承担，政策和资金都无法得到有效保障。虽然我区部分旗县开始陆续出台后续管理办法，但由于缺乏上级部门的指导性文件，出台的办法差异很大，有的旗县后续管理只侧重于乡村环境治理方面，未涉及工程其他项目；有的旗县虽对工程进行了分类管理，但所提任务目标过于笼统，缺乏现实指导意义；只有个别旗县制定的后续管理办法具有一定的系统性和可操作性。“十个全覆盖”工程后续管理政策保障制度的不健全，导致地方政府缺乏可参照的、科学合理的执行标准和模式，降低了后续管理工作的实际成效。

（二）后续管理资金保障存在风险

1. 地方政府债务负担沉重

地方政府作为“十个全覆盖”工程的具体提供者，其财政运行状况直接影响着公共服务供给的质量和水平。工程建设中，要求地方政府按照一定比例配套资金，但由于工程实施时间紧、项目多、范围广，许多地方政府实际配套投入的资金，往往超出了其自身财政承受能力，进而加剧了地方政府财政赤字状况。

截至2016年7月，我区12个盟市中已有4个盟市政府债务率超过了国家规定的100%地方政府债务整体风险警戒线，3个盟市政府债务率逼近警戒线，目前共有9个盟市政府债务率超过了国际通行的45%的

最高警戒线。[1]同时，“十个全覆盖”工程的建设也进一步加大了旗县政府的财政赤字。以商都县为例，作为国家级贫困县，其2014年和2015年地方公共财政收入共计3.39亿元，而这两年在“十个全覆盖”工程上投入的县级财政资金就达到了7.5亿元，超出了地方公共财政收入4.11亿元。此外，作为年地方财政收入不足2亿元的商都县，2016年“十个全覆盖”工程计划总投资16.03亿元，其中县级配套资金更是达到了7.04亿元，县级配套资金已经是其正常财政收入的3倍以上，财政赤字在4亿～5亿元左右。这仅是“十个全覆盖”工程一项造成的财政赤字，加上政府其他一般支出，实际财政赤字远远高于这个数字。

由于财政紧张，使得承建工程的部门和个人无法正常获得资金，甚至无法收回工程前期所垫付的资金，导致部分工程停建，出现工程质量得不到保障等问题，为后续管理带来了一定困难。当前，旗县政府财政赤字严重的现象不仅存在于像商都县这样的国家级贫困县，我区其他多数旗县也面临着同样的难题。这已是“十个全覆盖”工程后续管理面临的最大挑战。

2. 嘎查村集体经济发展不足

嘎查村级委员会作为农村牧区基本公共服务供给和后期维护过程中必不可少的参与主体，在供给和维护中发挥着重要作用，其集体经济发展水平则直接决定了参与供给和维护的能力、效果。而当前我区大部分嘎查村集体经济缺失、发展水平低、对上级财政投入依赖性强的现象依然普遍，严重制约了嘎查村在后续管理中充分发挥作用。

首先，覆盖后的基层嘎查村大多未能找到具有本地特色、能够支撑当地经济可持续发展的相关产业。以嘎查村合作社发展状况为例，根据2015年内蒙古社会科学院开展的内蒙古农村牧区嘎查村现状抽样调查（以下简称抽样调查）结果显示，在调查的不同地区的1011户农牧民中有671户选择本村没有合作社，占到了调查总户数的66.4%。近七成农牧民选择没有合作社，反映出了嘎查村特色产业缺失的现状。其次，有集体经济的嘎查村，集体经济发展水平低，负债现象严重。

[1] 2016 年各地（区）县债务率排名 [J/OL].[2016-10-01].http://business.sohu.com/20161001/n469517337.shtml.

以巴彦淖尔市磴口县为例，2016年全县47个嘎查村中有集体经济收入的35个嘎查村，年收入总额为76.67万元，平均每个嘎查村仅为2.2万元。同时，嘎查村由于办公室、小广场建设及嘎查村级油路建设投资，因应收未收借款等原因负债情况严重，47个嘎查村中就有42个负债，平均每个嘎查村负债14.58万元，债务总额高达612.25万元。“十个全覆盖”工程极大地推动了农村公共事业发展和基础设施的完善，政府财政投入解决了民生项目的前期建设问题，而作为工程后续管护的重要参与主体，集体经济的薄弱状态，势必会造成嘎查村出不起管护资金的被动局面。

（三）村庄空心化与老龄化加剧，基层管养难度加大

随着近年来青壮年劳动力的大量外出务工，使农村牧区常住人口数量不断减少，嘎查村空心化、老龄化的现象持续加剧，而这种现象在贫困地区更为严重。以乌兰察布市化德县为例，作为国家级贫困县，“十一五”以来，全县累计向外流出农村劳动力6万多人，农村常住人口也由2005年的12万人减少到2015年的5.8万人，部分村庄仅剩几户留守农民。同时，85%以上的村庄成为“老人村”，并且常住农村人口中60周岁以上贫困老人及五保、伤残人员达1.4万人，占到农村常住人口的23%。[1]农村牧区村庄空心化、家庭空巢化、人口老龄化趋势加剧，致使农村实际居住人群多为留守儿童、妇女和老人，而这类人群由于受到自身因素制约，从智力上无法提供合理的管理规划，从体力上无法提供必要劳动投入，其参与工程后续管护能力与外出务工的强壮年劳动力相比明显不足。

（四）基层民主不健全，农牧民参与意愿不足

“十个全覆盖”工程后续管理与维护是一项系统、繁杂的持续性工作，其长期惠民目标的实现，需要政府公共服务相关部门的重视与合力推动，同时更需要作为最终使用者和消费者的农牧民的支持和参与。但是当前农牧民受基层民主不健全和少数懒汉思想影响，参与工程后续管理的积极性不高。

[1] 李剑平. 化德县农村“十个全覆盖”工程纪实 [J/OL].[2016-05-10].http://www.northnews.cn/2016/0510/2167086.shtml.

首先，受到基层不民主工作方式的影响，村民缺乏参与响应意识。抽样调查结果显示，在被问及嘎查村“一事一议”项目、扶贫项目以及“十个全覆盖”项目具体由谁决定的问题时，有53.9%的农牧民选择是由上级机关、村长、支书和少数村民代表决定的，有30.2%的农牧民选择不清楚项目由谁决定，仅有15.9%的农牧民选择是由村民大会决定的。由于农牧民不能充分地参与嘎查村委会的具体决策，无法了解惠民政策的制定和实施过程，因此往往对“自上而下”供给的公共物品持续运营和维护关注度、参与度不高。其次，受政府以往大力帮扶方式的负面影响，少数人产生了“等、靠、要”的懒汉思想。抽样调查中，农牧民在回答“本村今后发展主要依靠”问题时，选择依靠“政策”的个案百分比高达48.5%；在回答“本村今后发展目标哪个重要”时，选择“给予更多补贴扶持”的个案百分比为14.4%。这些数据反映出当前农牧民存在着一定程度的“等政策”“靠扶持”“要补助”的思想，这势必会影响其参与工程后续管护的自觉性。

四、建立健全“十个全覆盖”工程后续管理机制的对策建议

“三分建设、七分管理”，维护好“十个全覆盖”工程建设成果，建立完善的后续管理机制，是决定工程发挥长期惠民效益的关键因素。只建不管或建后少管，不仅在资金使用上造成浪费，也会在群众中产生不良影响。

（一）充分发挥农牧民后续管理主体作用

农牧民作为农村牧区生产力中最活跃的因素、农村牧区社会进步中最重要的推动者和“十个全覆盖”工程建设最直接的受益者，发挥他们主体作用是工程后续管理的必然要求和根本所在。工程建设中，政府的投入、社会各界的参与都只是为其提供了必要的基础条件和可能的发展空间，能否合理高效地配置利用这些要素，并将外部所提供的资金、技术等援助转化为现实的生产力，关键仍在于农民主体作用的发挥。只有把健全完善后续管理、维护工程建设成果内化为广大农牧民的行动目标，充分发挥其主体作用，构建农村牧区发展的内在机制，实现外力和内力的有机结合，农村牧区经济社会才能持续发展。因此，工程后续管理工作中要以农牧民为主体，充分了解和尊重农牧

民的意愿，以农牧民为基本依靠力量，最广泛、最充分地调动农牧民的积极性、主动性和创造性，推进农村牧区生态环境的有效改善和农村牧区经济社会的全面进步。

（二）建立公益性项目自治区级后续归口管理机制

公益性项目的属性决定了其后续管理应由政府部门主导进行。因此，明确各项目具体主管部门，实行归口管理就是一个重要工作。属于公益性项目的街巷硬化工程、校舍建设及安全改造工程、文化室建设工程、标准化卫生室建设工程、农村牧区常住人口养老医疗低保等社会保障工程、危房改造工程，其后续管理的自治区级归口主管部门应该分别为交通运输厅、教育厅、文化厅、卫计委、人社厅和民政厅。自治区级归口管理部门应根据国家出台的相关政策，结合本职工作出台后续管理的指导性意见，明确分级管养体制，落实地方政府主体责任、最低投资标准、探索养护管理模式等方面提出具体要求，实现事有人管、人有保障。各盟市、旗县项目主管部门要根据工程项目实际情况，建立健全工作职责、人员管理、设备管护、信息公开、安全防卫、监督检查等制度办法，形成一套行之有效的规章制度。“十个全覆盖”工程公益性项目归口管理机制可以使主管部门研究制定有针对性和可操作性的指导意见，理清职责，明确分工，保障长期专项资金的投入，进而实现后续管理的持续性和有效性。

（三）完善公共事业性项目契约化市场运作和监管机制

公共事业性项目其投资建成后可通过用者付费的市场化模式运作，政府部门主要做好创建市场化运作环境和监管工作。其中，饮水安全和便民连锁超市工程后续运营中，政府在不改变所有权的基础上，外包项目经营权，通过签订承包合同明确各方权利义务，确保服务质量。同时，针对农村牧区承包经营利润较低的现状，政府应给予承包组织和个人一定补助。完善已市场化的电力“村村通”和农网改造、村村通广播电视和通讯工程的政府运营监管职能，采取行业主管部门及属地监管双重负责制。划分企业和用户的设备产权归属和定期检查维护责任，进行服务质量和价格标准的定期检查。由政府投资建设的大型农村牧区电力“村村通”和农网改造工程、村村通广播电视和通讯工程以及部分可并入城镇供水系统的安全饮水工程，主要是由所在地的旗县供电公司及其所属的镇供电所、文化旅游广电局和水务局进行监管；由政府投资建设的局部小型便民连锁超市工程和安全饮水工程，主要是由乡镇政府部门与嘎查村委会进行监管。通过进行目标管理、适度放权和保障经费的基础上，进一步下放监管职权，充分发挥各乡镇政府“七站八所”的检查、维护和协调作用。此外，积极推进完善运营行业客户服务热线服务功能向嘎查村的延伸，确保农牧民能获得优质高效的市场化服务。

（四）提高统筹层级，健全专项资金保障机制

在遵循“统筹安排，突出重点；全面覆盖，奖补结合；专款专用，强化监管”原则的基础上，由自治区财政厅研究制定《内蒙古自治区农村牧区“十个全覆盖”工程后续管理财政专项资金管理办法》，明确规范资金分配、使用范围、资金管理、监督检查等方面内容。专项资金的分配可采用财政补助和以奖代补两种方式。其中财政补助是依据地方经济发展水平采取不同标准的定额补助，适度提高贫困旗县补助标准。选取行政村个数、区域面积、农业人口和财政困难程度等指标，并设置权重，进而确定补助标准。以奖代补方式是根据“十个全覆盖”工程领导小组办公室提供的验收考评结果和各盟市、旗县实施项目整合投入资金情况进行分配。同时，有条件的嘎查村集体也要按照“谁受益、谁出资”的原则，通过“一事一议”、村集体组织等方式，拿出部分资金作为“十个全覆盖”后续管理基金，专门用于建成后的公共服务项目的管理与维护。

（五）发展集体经济，创建嘎查村财力提升机制

首先，选优配强村级班子。优化嘎查村支“两委”班子，选优配强嘎查村党支部书记，打破行业、身份、地域限制，从致富带头人、科技致富能手、返乡创业人员、退伍军人、大学生“村官”、国家正式干部等人群中，大胆选用思想解放、事业心强、思路清晰、懂经营、善管理的“能人”担任村党组织书记，不拘一格用人才。改进村级考核考评机制，把发展村级集体经济作为村级班子任期目标考核和年度目标考核的主要指标，与村干部年度考核、评先选优、提拔任用挂钩。同时，依托旗县党校、职业学院等培训基地，定期组织开展村干部专题培训，分期分批组织村党组织书记到区内外村级集体经济发展好的地方参观学习和挂职培训。其次，建立旗县、乡镇两级村级集体经济发展专项基金。整合各部门支农惠农资金，对发展计划可行、经营风险小、管理科学的村集体经营项目，采取贴息、奖励、补助等方式予以扶持，并按国家税收政策规定，依法享受企业所得税税收减征、免征优惠政策。充分利用结对帮扶、单位对口帮扶贫困嘎查村的形式，明确具体帮扶任务，促使帮扶部门切实“投资”“投智”助力村庄特色产业发展。在贫困嘎查村探索财政补助资金形成的资产折股量化为村集体和农民持有的股份，建立股权扶贫机制。创新生产经营模式，注重科技投入，推进农牧业供给侧结构性改革，探索“互联网+农牧业”“互联网+小镇（乡、村）”等新的发展模式，拓展农牧民致富空间、渠道。

（六）积极探索农村牧区新型物业管理机制

出台农村牧区物业管理试点实施办法，组织开展农村牧区嘎查村物业管理试点工作。选取经济发展水平、人口规模不同的嘎查村，积极探索委托专业物业公司、政府扶持建立和嘎查村委自行成立等不同类型的物业管理模式。在经济水平较高、村庄规模大以及人口数量多的嘎查村，通过减免税费、提供必要设备等方法，委托专业公司进行管理。在经济水平较低，村庄规模小以及人口数量较少的嘎查村，采取政府补助、社会赞助、嘎查村委出资以及村民自筹相结合的多种办法成立和运营物业管理机构，并依据农村牧区特殊的生产生活环境与习惯，制定科学合理的设备维护、环境清洁的“乡土化”物业管理成本核算制度。乡镇一级政府成立新型农村社区物业管理服务中心，负责辖区物业管理工作的组织、监督、协调、指导工作，并设置精干人员集中办公，整合社会资源，健全工作制度，畅通综合服务渠道。通过政策引导、企业和农牧民参与，形成以嘎查村为基本单位、农户为基本服务对象、物业服务技术员为基本队伍的物业化服务体系，逐步推行乡村环境治理、设施设备维护维修等内容的有偿服务，发挥惠民工程的长期效益。

（七）创新基层民主管理与农牧民参与机制

首先，我区可借鉴国内创新农村基层民主建设的成功典型地区经验，开展农村民主建设试点工作，并在总结经验的基础上逐步推向全区。如借鉴厦门市海沧区“清廉指数”考评村干部制度，出台考核办法，创建村干部廉洁班子建设、廉洁村务建设、廉洁工程建设、廉洁文化建设等多项具体指标，由村民量化考核村干部的清廉度。用数字说话，解决村民不知如何监督或碍于人情不愿监督的问题。通过积极创新农村基层民主建设，推动村民参与管理的积极性。其次，积极创建农牧民参与管理的利益激励机制。嘎查村在乡镇指导下，积极组织开展参与工程后续管理的农牧民“最美家庭”、星级文明户创建、美丽庭院创建、文明村镇创建等系列评选活动，郑重命名、及时表彰、大力宣传。各旗县、乡镇结合实际，对评选出的先进典型进行表彰激励，探索尝试与道德信贷、贴息扶持、项目实施、子女入学、看病就医、参军入伍等同群众直接相关的生产生活利益实现捆绑挂钩。

作者系内蒙古社会科学院公共管理研究所助理研究员

图书在版编目(CIP)数据

内蒙古自治区经济社会发展报告. 2016/张志华主编. -- 呼和浩特：远方出版社，2017.1

ISBN 978-7-5555-0849-6

Ⅰ. ①内… Ⅱ. ①张… Ⅲ. ①区域经济发展－研究报告－内蒙古－2016 ②社会发展－研究报告－内蒙古－2016 Ⅳ. ①F127.26

中国版本图书馆CIP数据核字(2016)第320129号

内蒙古自治区经济社会发展报告2016

主　编　张志华

出版发行	远方出版社
社　　址	呼和浩特市乌兰察布东路666号　邮编 010010
电　　话	（0471）2236471 总编室　2236460 发行部
经　　销	新华书店
印　　刷	内蒙古爱信达教育印务有限责任公司
开　　本	175mm×255mm　1/16
字　　数	390千
印　　张	25.5
版　　次	2017年1月第1版
印　　次	2017年1月第1次印刷
印　　数	1—2000册
标准书号	ISBN 978-7-5555-0849-6
定　　价	68.00元